走遍中国

江苏

以文化引导旅行

中国背包客的金牌旅行指南

《走遍中国》编辑部

中国旅游出版社

本书导读

作为一套以实用信息为主的自助旅行丛书，“走遍中国”尽可能地向读者提供最全面的信息，包括出发前需要了解的相关的人文地理知识，准备出发时所应掌握的衣、食、住、行的资讯以及大量来自“当地人”的景点推荐和特别提醒。

1. 江苏档案

决定去江苏旅行，总是希望能对它有一个大致的概念，什么样的地理特征造就了那样的美景，什么样的历史造就了这样的现今，“江苏档案”通过图文并茂的方式，为读者建立一个对江苏的具象感知。

2. 江苏解读

这片土地有着独具特色的风光、民俗和美食。“江苏解读”板块的设置就是想通过图文对照的方式，对江苏的人文地理进行梳理，以建立对江苏的感性认知。

3. 江苏经典

江苏有太多的美景值得去欣赏，有太多的民俗值得去品味，有太多的地方值得去旅行，如何在有限的时间里了解到最经典的江苏、最地道的江苏，正是这个部分的设想。

4. 准备出发

季节是影响旅行的关键因素之一，在不同的季节和不同的气候，风景会呈现出不同的韵味。此外，交通工具、交通状况、住宿条件和当地的美食风味，都是旅行者出发前最为关心的细节，因为这将决定旅行时间、行程安排甚至所需携带的衣物。至于花费，旅行专家们已经给出了一个建议性的预算方案。

5. 背包客推荐

“走遍中国”有众多的“背包客推荐”，来自旅行达人的亲身经验，为的是能为读者提供最贴心的旅行指南、最实用的旅行攻略。

6. 地 图

地图是旅行中不可或缺的一个重要元素，给予旅行者最具象的旅行方向，也为旅行者提供最方便快捷的旅行定位。“走遍中国”包括大量的详细地图，便于读者阅读和规划行程。

内文地图图例

G40 高速公路及编号	湖泊水系	饮品和酒吧
高等级公路	垭　口	商　店
G312 国道及编号	山　峰	银　行
S217 省道和县乡道	桥　梁	文化娱乐
铁　路	隧　道	火车站
快速路	首　都	汽车站
大　街	省级政府驻地	机　场
小　街	市级政府驻地	码　头
小巷和小路	县级政府驻地	停车场
徒步线路	村　镇	其他地点
地铁和轻轨	旅游景点	N 指北针
索道和滑道	宾馆、客栈	
国　界	饭　店	
省　界		
市　界		
长　城		
城　墙		

DISCOVER CHINA

目录 走遍中国·江苏 Jiangsu

CONTENTS

本书导读 2
镜花水月的世界 2

江苏档案
地理 6
历史 11
大事记 21

江苏解读
江南水乡孕育的吴文化 26
苏州园林：中国文人山水之园 31
昆曲的前世今生 37
画意江南 44
淡而不薄，淮扬菜 50
秦淮水逝，八艳留迹 56
七星拱照朱氏陵 62

江苏经典
江苏必访焦点 68
去江苏一定要尝试的事 73
江苏特色主题线路 76
江苏特色节庆 82
江苏最值得推荐的美食 84

准备出发
旅行与季节 92
到达与离开 96
住在江苏 99
吃在江苏 100
预算 101

南京地区
前世今生 105
旅行与季节 106
焦点 106
行程推荐 108
预算 109

南京
夫子庙—秦淮河风光带 110
江南贡院 116
乌衣巷 117
瞻园/太平天国纪念馆 118
白鹭洲公园 119
甘熙故居（南京民俗博物馆） 119
老门东历史文化街区 119
中华门 120
雨花台风景区 120
朝天宫（南京市博物馆） 121
总统府 122
1912时尚休闲街区 123
长江路历史文化街区 124
莫愁湖 124
太平天国壁画 124
侵华日军南京大屠杀遇难同胞纪念馆 124
鼓楼 125
玄武湖 125
鸡鸣寺 126
拉贝故居 127
颐和路民国公馆建筑群 127
阅江楼 127
南京博物院 128

明故宫遗址（午朝门公园） 129
明城墙 129
梅园新村纪念馆（国共谈判纪念馆） 130
钟山 130
中山陵 130
灵谷寺 133
藏经楼 / 孙中山纪念馆 134
中山植物园 134
明孝陵 134
梅花山 136
中科院紫金山天文台 137
南京长江大桥 137
栖霞山 137
石头城 139
燕子矶 139
汤山 140

南京周边最美乡村游
溧水 141
高淳 141
横溪 143
浦口 143

实用资讯
交通 145
住宿 148
餐饮 149
娱乐 151
购物 152

苏南地区
前世今生 157
旅行与季节 157
焦点 157
行程推荐 159
预算 160

苏州
拙政园 161

苏州博物馆 162
平江路 163
狮子林 164
留园 165
沧浪亭 166
苏州文庙 167
网师园 168
盘门 169
虎丘 170
山塘街 172
枫桥风景区 172
观前街·玄妙观 174
中国苏绣博物馆 175
苏州丝绸博物馆 175
耦园 176
曲园 177
艺圃 177
天平山 177
木渎古镇 179
灵岩寺 180
太湖风景区 181
光福古镇 183
上方山国家级森林公园 183

DISCOVER CHINA

走遍中国·江苏 Jiangsu

CONTENTS

周庄 184
同里古镇 187
甪直古镇 189
千灯古镇 190
锦溪镇 191
沙家浜风景区 191
虞山 192
尚湖 192

无锡
锡惠公园 193
锡山晴云 195
东林书院 196
薛福成故居 196
蠡园 197
鼋头渚 199
梅园 200
泰伯祠庙 200
灵山胜境 200
无锡影视基地 203
京杭运河无锡段 203

宜兴
善卷洞 205
张公洞 205
灵谷洞 205
慕蠡洞 / 西施洞 206
竹海 206
瀛园 207
周王庙 207
宜兴徐悲鸿纪念馆 208
太平天国辅王府 208
中国宜兴陶瓷博物馆 209
云湖旅游度假区 209
阳羡茶园 210

江阴
徐霞客故居 211
兴国寺塔 211

华西村 211
鹅鼻嘴公园 212
江阴文庙 212
悟空寺 212

常州
篦箕巷 213
天宁寺 213
红梅公园 214
文笔塔 214
常州中华恐龙园 214
淹城春秋遗址公园 215
圩墩公园 215
南山竹海 215
天目湖 216

镇江
焦山 217

金山 218
茅山 220
北固山 221
宝华山 221
西津古渡 222
季子庙 222
沈括故居梦溪园 222

实用资讯
交通 223
住宿 227
餐饮 229
购物 233

苏中地区
前世今生 237
旅行与季节 237
焦点 238
行程推荐 240
预算 240

扬州
瘦西湖 241
蜀岗景区 243
观音山 245
汉陵苑 246
个园 246
关东街 247
何园 247
冶春园 247
史公祠 248
扬州八怪纪念馆 248
文昌阁 248
小盘谷 249
二分明月楼 250
卢氏盐商住宅 250
朱自清故居 250
扬州博物馆 250
仙鹤寺 251
普哈丁墓 251
隋炀帝陵 252
宋大城西门遗址博物馆 252
西方寺 252
汪氏小苑 252
旌忠寺 253
吴道台宅第 / 测海楼 253
匏庐 253
茱萸湾风景名胜区（扬州动物园） 253
瓜洲古渡 254
高旻寺 254
文游台 254
高邮当铺 254
盂城驿 255
龙虬庄遗址 255

泰州
梅兰芳公园 256

DISCOVER CHINA

走遍中国·江苏 Jiangsu

CONTENTS

泰州老街 256
光孝律寺 256
崇儒祠 257
安定书院 257
日涉园（乔园） 257
中国人民解放军海军诞生地纪念馆 258
柳敬亭公园（柳园） 258
溱湖国家湿地公园 258
溱潼古镇 259
兴化千岛油菜花节 259
郑板桥故居、纪念馆 260
上方寺 261
黄桥古镇 261
曲江楼 261

南通
文峰公园 262
濠河 262
园艺博览园 262
滨江公园 263
南通博物苑 263
天宁禅寺 263
啬园 264
狼山风景名胜区 264
定慧禅寺 265
水绘园 266
广福禅寺 267
蚂蚜山 267
圆陀角 267

实用资讯
交通 268
住宿 271
餐饮 274
购物 280

苏北地区
前世今生 285
旅行与季节 285
焦点 286
行程推荐 287
预算 288

徐州
龟山汉墓 289
汉文化景区 289
沛县汉城 291
戏马台 291
徐州博物馆（原乾隆行宫旧址） 292
户部山古民居、徐州民俗博物馆 292
云龙山 293
徐州汉画像艺术馆 295
北洞山汉墓 296
圣旨博物馆 296
李可染旧居艺术馆 296
淮海战役烈士纪念塔 296
云龙湖 297
黄楼 297
耶稣圣心堂 297
马陵山风景区 297
快哉亭公园 297
燕子楼公园（江苏省园艺博览园） 297

连云港
花果山 298
海州古城 300
孔望山摩崖造像 300
海清寺塔 300
东西连岛 301
连云港海滨浴场 301
云台山渔湾 301
东海温泉 302
苏马湾生态园 302
秦山岛 302
徐福故里 302

宿迁
洪泽湖湿地保护区 303
乾隆行宫 303
项王故里 304
骆马湖湖滨浴场 304
嶂山森林公园 304

淮安
周恩来纪念馆 305
周恩来故居 305
周恩来童年读书处 305
镇淮楼 305
关天培祠 306
吴承恩故居 306
刘鹗书屋 306
勺湖 306
河下古镇 307
淮安府署 307
洪泽湖大堤 307
荷花荡 308
清晏园 308
盱眙明祖陵 308
淮安第一山 308

盐城
大纵湖 309
新四军纪念馆 309
盐城水街 309
陆公祠 310
盐城市博物馆 310
盐城大丰麋鹿自然保护区 310
盐城丹顶鹤自然保护区 311

实用资讯
交通 312
住宿 315
餐饮 317
购物 322

地图目录

南京地区旅行交通示意图 105
南京城区示意图 111
南京夫子庙周边地图 113
南京钟山景区示意图 132
南京地铁示意图 147
苏南地区交通示意图 157
拙政园景点示意图 162
苏州城区示意图 164
苏州观前街示意图 174
太湖东山西山旅行交通示意图 182
周庄景区示意图 185
同里景区示意图 188
苏南古镇分布示意图 190
无锡城区示意图 194
镇江茅山景区示意图 220
苏中地区旅行交通示意图 237
扬州瘦西湖示意图 242
扬州城区示意图 244
苏北地区旅行交通示意图 285
徐州城区示意图 290
云龙山景点示意图 294
连云港城区交通示意图 299

恬静的栖居、风雅的情调、古典的意象，这是一个镜花水月的世界。

镜花水月的世界

对于绝大部分中国人来说，“江南”是一个含混不清的指代，它泛指那片水光潋滟、烟柳繁华之地，是对江苏和浙江两省的统称，因为两地同样的温润、精巧、富足，甚至是同样的闲适。但相似的表象下，两地的人文特征各具千秋。

春夏之交的江苏是多雨的时节，那雨细密而又无声无息，只见得地上是湿的，人在户外霎时周身便也都湿了。而周遭的风景更应了古典小说里镜花水月的镜像，迷蒙中让人有种亦幻亦真的错觉。所以，读过些唐诗的人，这种时候总是吟诵着“故人西辞黄鹤楼，烟花三月下扬州”的诗句，身未动，心已远。

烟花·扬州·三月，现在已经演化成江苏旅游的一个固定的搭配，时间、地点和景象缺一不可，最好再配上那“二分无赖是扬州”的明月。想当年，这一切让隋炀帝动了开凿运河的心思，才促使扬州一度成为全国漕运、盐运的集散地，奠定了扬州作为全国经济中心的地位，才有了文人们“腰缠十万贯，骑鹤下扬州”的景象。现代化的铁路线通向扬州，使得这里多了游人的留恋。瘦西湖、平山堂、个园、何园，再加上精致到奢华的淮扬菜，扬州城曾经的繁华依然触摸得到。

如果把江苏等分成苏北、苏中和苏南，那么扬州便占尽了位居中部的各种好处。大运河不仅集聚了天下的财富，也贯通了南北的文化，淮扬菜的产生便是最好的证明。

从扬州往北是“两汉文化看徐州”的徐州城。从楚汉相争，到现代的淮海战役，徐州的硝烟迷离了人们的目光，只有战争的硝烟散尽，那些两汉遗迹才让这座城市闪烁出光彩。楚王陵、龟山汉墓、明祖陵，当我们重新打开那些墓穴的时候，前人对于时间的雕刻与想象被呈现在随葬品和墓壁的砖画之中。

如果说，徐州书写的是两汉的地下历史，苏州园林则凝结了中国古典文化的精神实质。

“姑苏城外寒山寺，夜半钟声到客船。”已有 2500 年建城史的苏州城，是一座园林般的城市，沧浪亭、拙政园、留园，一座座私家园林理水掇山、曲径通幽，达成了“不出城郭而获山林之怡，身居闹市而有林泉之乐”的理想世界。园林的制造者“一拳代山，一勺代水”，在移步易景中体现了中国文化中的写意手法，也体现了失意仕宦的隐世思想，更凝聚了传统文化中的价值观。

作为六朝古都的南京，在经历过六朝的繁华之后，在近现代史中却未能幸免于战争、炮火与流血。当一切归于平静，这座作为江苏省省会的城市依然有着从容与宽厚的气度，而曾经的伤痛也都隐匿在城市的细枝末节中了。

这就是江苏镜花水月的世界，有恬静的栖居，有风雅的情调，有古典的意象，却不缺乏可触感的历史真实。

天下文樞

走遍中国·江苏

JIANGSU ARCHIVES
江苏档案

地理 / 6
历史 / 11
大事记 / 21

走遍中国 · 江苏

JIANGSU ARCHIVES
江苏档案

地理

江苏全省境内有大小河道2900多条，湖泊近300个，是全国水域面积比例最大的省份，所以，水乡之美誉自然名不虚传。

江苏省地处富饶的长江三角洲，辖长江下游而兼东南沿海，有着漫长的海岸线、众多的河流湖泊，大片的平原上偶尔会有丘陵地形隐现。

10.26万平方公里的江苏省，比10.18万平方公里的浙江大不了多少，但海岸线长达650公里，而且囊括三大平原、两大河系和数不胜数的陆地明珠——那些物产丰富、景色秀丽的大小湖泊。我国五大淡水湖中有两个位于江苏省。江苏水网稠密、河流纵横、湖泊遍布，全省有大小河道2900多条，湖泊近300个，是全国水域面积比例最大的省份，水乡之美誉自然名不虚传。

三大平原

地势平坦的江苏，其平原面积占全省总面积的85%，平均海拔只有数米，山脉高度多在200米左右，海拔625米的云台山在多山的省份可能是不值一提的“丘陵”，可在江苏已是出人头地的第一高山。这些大小山丘，在远古时期都是滨海的岛屿，随着海岸泥沙的淤积，逐渐脱离海洋，成为陆地山脉，而当初的浅海陆架则成了如今的平原和沼泽。

流经江苏的两大河流——淮河和长江，把全省划分成了淮北、淮南和江南三大平原。淮北平原是山东地貌的衍生部分，属侵蚀平原，地势舒展，一望无垠，盛产小麦、杂粮、棉花，北国情调浓厚，表面土层厚度只有 30 ~ 60 米，其下是坚硬的岩石。与其他两个平原相比，淮北平原的降水量很不均匀，每年 6 月、7 月、8 月降雨占全年的 7/10，其余 9 个月往往干旱成灾。

淮南平原地势低浅，呈浅碟形，多沼泽。江南平原主要在长江以南，以太湖为中心，又称太湖平原。淮南平原和江南平原是长江三角洲的组成部分，长江入海处海底坡面平缓，加上常受海潮的顶托，江水夹带的泥沙不能顺畅流入大海，在这片地域逐渐沉积出大面积平原，而且始终在逐年扩大之中。另外，这两个平原的共同特点是河流湖泊分布广泛，交织如网，其湖泊在远古时期本是海洋的余迹——盐湖，自从和海滨隔离之后，经过无数次雨水冲刷，逐渐淡化，最终形成了现在的淡水湖泊。

两大河系

中国第一大河长江从安徽当涂流入江苏，经崇明岛泻入东海，在江苏省内流程 400 余公里。长江流经南京附近，取向由东北行改成东行，到了镇江，江面逐渐开阔，金山、焦山、北固山列队南岸，仿佛威严的战士，在向长江致敬，南京一带江面宽度尚为 1.2 公里，江阴以下则豁然开朗，越发展宽，至南通附近，江面宽达 30 公里，入海口增至 91 公里，形成一个喇叭形巨口，江海相接，水天一色，蔚为大观。

长江如一条天然的分界线，把江苏划分成苏北、苏南两大地域，它在省内的支流多半在苏南，以黄浦江、娄江和秦淮河为主，流经地区多为土地肥沃的平原，加上温暖的气候和充沛的雨水，为得天独厚的鱼米之乡奠定了基础。

然而，长江由于流量大，水深浪高，江岸不断受到冲刷，往往会出现一种叫作坍江的险情，常常万亩良田和整个村

长江如一条天然的分界线，把江苏划分成苏北、苏南两大地域

江苏境内有大小河道 2900 多条

镇一并落入水中。据历史记载，崇明岛附近的海门县，因为坍江严重，不止一次废县为乡；另外，冲刷下来的泥沙在流势舒缓的地域淤积，也经常引起江岸的变动，比如南京市水西门外本是热闹的江岸码头，如今已成了大片陆地，水泊的迹象荡然无存。这种江岸变迁，更有李白的名诗为证，《登金陵凤凰台》中的“三山半落青天外，二水中分白鹭洲”中的白鹭洲本来位于今天的南京水西门外莫愁湖附近，当时的白鹭洲本是长江中的沙洲，把江水从中一分为二，后来江流西移，白鹭洲与陆地相连，自然也就不复为“洲”，可谓沧海桑田，唯有古诗留其名了。

淮河发源于河南，东入黄海。江苏境内的淮河属其下游，它起初是单独入海的大河，自从下游河床被黄河的泥沙淤积之后，改道向南流入长江，成为长江的支流之一。由于泥沙淤积和雨水分布不均，自宋元以来淮河经常决口，有“害河”之称，每逢雨季必然泛滥成灾，为淮河下游平原赚来了一个“洪水走廊”的恶谥。据统计资料，500 多年以来，淮河曾发生 350 多次大水灾，280 多次旱灾，“大雨大灾，小雨小灾，无雨旱灾”，无数良田或成泽国，或久旱荒芜，令历代统治者头痛不已。新中国成立后经过几十年治理，修建了数百座大小水库，相当程度地缓解了天灾的损失。

两大湖泊与一座水下古城

江苏境内地势舒缓、平原辽阔、无崇山峻岭，而多名湖巨泽，其中最出名的当数太湖和洪泽湖了。有“万顷湖光”之称的太湖是江苏最大的湖泊，古称“震泽”，总面积 2420 平方公里，号称 36000 顷，在我国五大淡水湖中面积位居第三，由于位处吴越繁华富庶之地，素有“包孕吴越”之誉。太湖虽大，湖水并不深，平均深度 1.5 米，最深处 5 米左右。距今 1 万多年前，太湖还是茫茫大海中的一个海湾，而虞山、天平山、洞庭东西山等一系列山脉都还是这片大海中的岛屿。直到三四千年前，这片水域才逐渐与大海隔绝，成为今天的大型浅水湖洼。

烟波浩渺的太湖，湖山相映，富饶而又俏丽，湖面共有48个岛屿，其中最大的是洞庭西山和马迹山，岛上峰峦俊秀，花果遍布。尤其洞庭东西山这两座花果山，自古以来便是江苏省最重要的杨梅、枇杷、柑橘产地，其中红橘自唐初便被列为贡品，2001年的热播电视剧《橘子红了》的拍摄基地就在洞庭东山。每逢秋风乍起，初霜普降，洞庭两山万绿丛中金橘点点，宛如繁星洒落人间。当年白居易任苏州刺史时，睹此盛况不禁诗兴大发，佳句迭出："浸月冷波千顷练，苞霜新橘万株金。幸无案牍何妨醉，纵有笙歌不废吟。十只画船何处宿，洞庭山脚太湖心。"大政治家王安石也曾为太湖美景倾倒，留诗为证："地留孤屿小，天入五湖深。柑橘无千里，鱼虾有万金。"

"太湖熟，天下足。"太湖物产丰富，但说起太湖渔业，就不能不提驰誉中外的太湖三宝——银鱼、梅鲚和白虾，其中以银鱼为三宝之冠。银鱼俗称面条鱼或面杖鱼，身长数寸，体态略圆，相传吴王食脍有余，弃之水中，化而为鱼，故又有"脍残鱼"的古称。太湖银鱼有大银鱼、雷氏银鱼、短吻银鱼和寡齿短吻银鱼四种，前两种身材较大，后两种身材较小，鱼身除两鳃有黑点外，全身洁白，透明无骨，产期集中在每年五六月，这时也是捕捞盛季。银鱼通常会被晒制成鱼干，形如玉簪，营养丰富，色香味经久不变。梅鲚又称湖鲚，俗称毛叶鱼，头尖口大，腹部略宽，整体呈窄长的毛竹叶形。这种鱼比银鱼体形略大，故民间又把它叫作"银鱼的阿哥"。说到太湖白虾，它的最大特点就是煮熟了颜色依旧不变，照《太湖备考》的记载，"太湖白虾甲天下，熟时色仍洁白"，也是一种稀罕的美味。

除了太湖，江苏的第二大名湖当数地处苏北平原的洪泽湖。洪泽湖是我国第四大淡水湖，面积约2069平方公里，平均水深不到4米，最深处8米，它接纳淮河下游以及支流的水量，经三河、

太湖熟，天下足

苏州雨荷

高邮湖注入黄海，因为苏北地区雨季旱季降雨悬殊，所以洪泽湖湖面随着水位不同变化显著。它的另一个特点是湖底高出东部大平原 4 ~ 8 米，俨然呈悬湖状，万顷湖水全靠湖堤为屏障。洪泽湖成为当代大湖的资历并不悠久，据历史记载，隋朝时期它还不过是一个叫破釜塘的水洼。616 年，隋炀帝从洛阳南下江南游幸，经过破釜塘时恰逢大雨，于是把破釜塘改名为洪泽浦，到了唐代，改为洪泽湖，不过那时的湖水面积并不大，直到南宋时期，黄河改道夺淮，大量河水聚积在淮北一带，使得洪泽湖等湖荡洼地逐渐汇集，合众为一，湖面扩大，才有了如今的大湖规模。

自古以来，洪泽湖附近的人们都传说湖底有一座古城，近年来的考察已证实此言非虚。时至今日，这座名叫“泗州”的神秘古城已经在洪泽湖底安静地沉睡了三百多年。历史上的泗州城设置于北周，隋朝时期属于京杭大运河通济渠的一段，唐宋时期位于入淮口，曾经是当时的漕运中心和南北交通要冲，一度市井繁荣，人烟熙攘，有“水陆都会”之称。明朝初年，朱元璋在城北 13 公里处为他的高祖、曾祖和祖父修建了三代祖陵，泗州的历史地位也随之大大提高。然而，就是这样一座繁衍千年的历史名城，突然在清康熙十九年（1680）于一夜之间退出历史舞台，永远从地图和历史记载中销声匿迹了。

原来，洪泽湖在形成过程中经常受到黄淮溃决的破坏性影响，湖底泥沙沉积，容水量减少，不断向周遭城镇侵淹，据历史记载，从 1437 年的明英宗时代到 1680 年的清康熙年间，曾四度发生过水淹泗州的悲剧。1680 年，即清康熙十九年，连续下了 70 天暴雨之后，泗州西门附近的城墙倒塌，洪水第四次也是最后一次漫过全城，从此，泗州古城再也没有浮出水面。直到 1966 年，淮河流域大旱，淮水断流，洪泽湖部分地区干涸见底，湖西南部露出一些高于湖底的城墙，据考察，认定这就是泗州古城的遗迹。

如今，每逢枯水季节，泗洪县明陵大队境内还会显露出两排长约 200 米的大型石刻群，其石兽巍然，翁仲雄浑，依稀和南京明孝陵的神道相仿。这座时隐时现的神秘陵墓群，不用说，就是那位白手起家的农民天子——朱元璋先辈的栖息地了。

历史

从太伯（泰伯）奔吴、楚汉相争，到六朝古都；从强吴时代的崛起、隋唐时的烟柳繁华，到抗日战争时期的血雨腥风，江苏从北到南，一直是中国大地上的政治舞台和权力中心之一。

吴地渊源

要想剖析江苏的历史变迁，还得远溯禹夏时期，禹分九州，江苏地跨其中的徐州和扬州，直到殷商时期，这一带还是不入流的落后地区，在经济和文化方面都和中原相去甚远，古书中称这片土地“南有荆蛮，北有淮夷、徐戎”。“荆蛮”指的就是居住在长江下游一带的民族，“淮夷”指的是居住在淮河流域的民族；“徐戎”则是在今天徐州一带出没的土著，他们骁勇善战，一度对周王朝构成很大的威胁。

江苏在春秋时期分属楚、吴、越、宋等国，不过有关吴记载的文化史则始于太伯奔吴的史话。太伯与仲雍（虞仲）这对兄弟原本是周朝始祖周太王的长子和次子，因为太王三子季历生了个不同寻常的儿子姬昌（后来的周文王），姬昌自幼“有圣德”，考虑到部落的长远利益，太伯、仲雍决定把氏族首领的位置留给季历和他的儿子，两人相约逃往荆蛮之地，“地在楚越之界”，即今天的太湖无锡附近，在那里建立了吴国。

太伯、仲雍把北方先进的生产技术

描述太平天国起义的彩绘

天王宝座

错银铜牛灯

传授给江南人民，同时也入乡随俗，“文身断发”。“文身断发”的风俗并非出于修饰需要，“断发”是为了方便下水捕鱼，“文身”是在身上刻画龙纹，以表示自己是水族后代，据说可以避免淹死。太伯无子，君位传给了仲雍，此后一直传到十九世孙寿梦。寿梦年间，楚国大夫申巫臣弃楚奔吴，向原本只善水战的吴兵教习御车布阵的陆战法，从此吴国逐渐强大，成为紧邻楚国和越国的致命威胁。

寿梦是一个富有远见的君主，他仰慕中原文化，朝见周天子，多次和中原诸侯会盟，这些活动扩大了吴国的外交影响，促进了与先进地区的经济文化交流，为随后吴国登上中原历史舞台、与中原诸大国争权夺霸奠定了基础。他的儿子诸樊南徙吴，其子阖闾在今天的苏州建都，阖闾胸怀大志，跃跃欲试想要称霸中原，他招揽天下英才，励精图治，借伍子胥和孙武的帮助，于公元前 506 年入侵楚国，五战五胜，一举攻下楚国国都郢。这一战役使得吴国声威大振，楚国元气大伤，中原为之叹服。

然而风水轮流转，刚刚击败超级大国的吴国，一转眼却在小小越国面前栽了跟头。首先是阖闾于公元前 496 年趁越王允常去世之际，亲率大军伐越，可惜由于过于轻敌，致使越军大胜，阖闾也在退兵途中因伤势过重而身亡。接着是公元前 494 年，听说吴王夫差为了复仇正在积极从事战备，越王勾践决心先发制人，于是主动率领军队登门造访，两军在今天的江苏苏州相遇。吴军同仇敌忾，加上伍子胥足智多谋，重创越军。勾践逃至会稽山，派遣大夫文种献上美人珠宝，投降议和。夫差志在中原，一心想北上称霸，所以接受了议和。随后数年，越王勾践卧薪尝胆，休养生息，吴王夫差却忙着和中原大国齐国、晋国较量。公元前 482 年越国乘虚而入，不但焚烧了吴都姑苏，还俘虏了吴太子友，重挫了吴国的锐气。接下来的 10 年里，越国屡次伐吴，势如破竹，终于在公元前473年彻底摧毁了吴的基业，吴王夫差自杀殉国。

秦汉江东

秦始皇统一全国后，在全国推行郡县制，江苏被划归会稽、九江、泗水、东海诸郡，不到20年，就成了一代枭雄项羽、刘邦的逐鹿之地。秦汉之际，应该说是苏北在历史上最辉煌的时期，因为项羽、刘邦这两位不世出的人才都是苏北人，一个出生在宿迁，一个出生在沛县，两地相去不过数百里。鸿门宴上大出风头的樊哙，在家乡时干的是屠狗行当；另一位名臣周勃，早先的专业是编席子，副业是吹箫送葬，自从跟了刘邦之后，地位逐级上升，晚年终成大器，当了一人之下、万人之上的汉丞相。此外，汉高祖刘邦晚年故地重游之后，还曾减免沛丰赋税，为当地百姓造福不浅。

无情未必真豪杰。作为同乡，项羽、刘邦才智虽有高低之分，但在浪漫主义精神上却殊途同归，表现之一就是两人都喜欢以歌抒志，失意者唱的是“力拔山兮气盖世，时不利兮骓不逝”；得意者唱的是“大风起兮云飞扬，威加海内兮归故乡”。另一表现就是两人都重乡情，有着深厚的恋家情结。项羽攻进长安后一把火烧尽秦宫，又“心怀思欲东归”，说了一句千古名言：“富贵不归故乡，如衣绣夜行，谁知之者！”而刘邦则把这种情怀抒发得更为透彻，他在和父老乡亲聚会时叹道：“游子悲故乡。吾虽都关中，万岁后吾魂魄犹乐思沛。”

回想当年，就在这方圆数百里的苏北平原上，两人曾围绕着战略要塞彭城争夺得你死我活，这个彭城，就是今天的徐州。公元前206年，项羽自号西楚霸王，“王九郡，都彭城”。刘邦不甘心被分封到偏远地区，趁项羽在对付反叛的齐王之际，大举东进，先定关中，后袭占彭城，抄了项羽的老巢。项羽闻之，引兵回师，和汉军在彭城郊外睢水岸边交战，大破汉军，杀戮无数，睢水为之断流，汉王的父母妻子也被俘为人质，手下更是众叛亲离，除了一帮当年共同起兵的沛丰老弟兄外，诸侯各国“皆去汉复为楚”。是时仓皇奔逃之际，还发生了一出颇富戏剧性的小插曲，就是汉王刘邦在逃跑中途遇自己的儿子和女

秦淮河

儿，把他们接上了车，可是追兵逼近，汉王担心车载过重，又多次把两个孩子推下马车，幸好马车上还有一个叫夏侯婴的好心人，他曾是沛县的马倌，与汉王识于微时，汉王把孩子推下车，他就把他们又拉上来，如此反复多次，汉王有十来次连夏侯婴都想一并杀了，这样吵吵闹闹，孩子们最终还是被侥幸带离了战场。而汉王的老父亲就没有那么好的运气了，当了俘虏后，差点被项羽煮来吃了，眼看老父亲给搁在砧板上，六亲不认的汉王也只不过说了句："我俩曾约为兄弟，我爸就是你爸，如果你非要把他煮了吃，请也分给我一碗肉汤喝喝。"

公元前 202 年，项羽又中刘邦诡计，二分天下后，在结盟东归的途中被刘邦偷袭，兵败垓下，最终落得自刎乌江的下场。临终之际，乌江亭长劝项羽渡江，谓："江东虽小，地方千里，众数十万人，亦足王也。"项羽却答道："天之亡我，我何渡为！且籍与江东子弟八千人渡江而西，今无一人还，纵江东父兄怜而王我，我何面目见之？纵彼不言，籍独不愧于心乎？"就这样，隔江相望，一代霸王放弃了他回返故乡的最后机会，还上演了一出千古绝唱——霸王别姬。

孙权像

六朝古都

翻过楚汉相争这一段令人唏嘘的历史，苏北有好长一段时期归于沉寂，随着政权的南移，苏南地区逐渐走上历史舞台。东汉末年，孙策、孙权在江东崛起，三国之中，数这两位统帅年纪最幼，孙策 17 岁丧父，为了积蓄力量，他四处结交豪杰，先后跟周瑜等人相识，197 年，孙策在江东建立了自己的武装力量和根据地，198 年，获封为吴侯。孙策年少有为，俊美姿颜，英气逼人，不但谋略出众，善用人才，而且打起仗来也奋勇异常，据他写给朝廷的奏折说："臣身跨马栎陈，手击急鼓，以齐战势。吏士奋激，踊跃百倍，心精意果，各竞用命。越渡重堑，迅疾若飞。火放上风，兵激烟下，弓弩并发，流矢雨集，可谓惊心动魄。"令枭雄曹操也不禁慨叹："狮儿难与争锋也。"可惜就是这样的少年勇将，刚刚尽吞江东六郡，就于次年被仇家刺杀，死时年仅 25 岁。

200 年，孙策死，他弟弟孙权（字仲谋）时年 18 岁，被部下推举上台，受封为征虏将军兼领会稽太守，从此，孙权成为江东的实际统治者。这位弟弟才略不下其兄，他一方面镇抚山越（地方土著），同时又招延俊秀，把江东士族稳稳地控制在手里。208 年，孙权和刘备联兵在湖北赤壁打败曹操军队，奠定了三分天下的基础。213 年，曹操曾率军南侵，“望权军，叹其齐肃，乃退，谓:‘生子当如孙仲谋’”。除了赤壁之战，孙权打过的另外几场硬仗，包括219年击败荆州关羽之战，222年击退刘备复仇大军，从此确保了江东的偏安局面。229年，孙权自武昌迁都南京，这是南京历史上第一次成为国都。同年，孙权称帝，正式建立吴政权，史称东吴。孙权礼贤下士，为人宽宏，不过他一反其兄的雄才大略，虽然年纪轻轻，性格却相对保守，谨慎有余，霸才不足，在三国之中始终持自保态度，幻想靠长江天险偏安一方，对蜀汉的北伐袖手旁观，最终落得被曹魏逐个击破的下场。《三国志》中孙策曾评价他说:“举江东之众，决机于两陈之间，与天下争衡，卿不如我。举贤任能，各尽其心，以保江东，我不如卿。”因而，与其说孙权是一个有雄图的开国帝王，不如说他是一个慎微的守成之君。

西晋末年，北方匈奴再起，黄河流域战乱不止，长安、洛阳几个北方城市逐渐残破败落。317年，晋元帝不堪受兵乱之扰，率领大批中原汉族南渡，在南京建立了东晋，南渡士子们心怀故土，还留下了一个叫“新亭对泣”的典故。当时每逢闲暇，这些新来的北方人经常相约到长江边的新亭饮宴，其中的名士周侯中有一天感慨道:“风景不殊，正自有山河之异。”这句话触动了大家的伤痛，在座众人感怀中原落入夷手，纷纷落泪。为首的王导突然厉声道:“当共戮力王室，克复神州，何至作楚囚相对泣邪！”

众人听王导这么说，都感到十分惭愧，决心振作起来。话虽这么说，可惜实力不逮，接下来的数百年里，这批中原的名门望族再也没有机会打回老家，而是逐步把江南经营成了新的故乡，其中尤以王、谢两家最为昌盛，以至于后人把他们当作江南世家的领袖来缅怀。在东吴、东晋的基础上，宋、齐、梁、陈四朝都看中了江南的太平和繁华，陆续选择了南京为他们的国都，南京也因此得名六朝古都，“江南佳丽地，金陵帝王州。逶迤带绿水，迢递起朱楼”。南朝诗人谢朓的这首诗可谓六朝盛况的最好注脚。

苏州博物馆展品

隋唐扬州

自隋朝开通了京杭大运河之后，江苏作为大运河的主要流段，经济大为振兴，其中尤以扬州受益最多。说起扬州，不得不提隋炀帝的扬州情结。不知怎么，在北方长大的隋炀帝却始终对扬州仰慕不已，隋炀帝开凿大运河，其中一个原因就是为了乘龙舟游览扬州，隋炀帝对扬州真是一片深情:放着洛阳的牡丹不看，独爱扬州的琼花，618年死在扬州兵变中，身后还葬在了扬州。

经过隋炀帝的一番诗化的推崇，扬州也成了隋唐诗人的梦中家园，天下文士蜂拥慕名，就算乘不起龙舟，也要“孤帆远影”来拜访一下。诗人心目中的扬州是一个文化名城，不过对于芸芸商人来说，他们千里迢迢赶到这里，还是因为扬州的经济地位。唐代扬州的农业、商业和手工业相当发达，出现了大量的工场和手工作坊，其地理位置南邻长江，

扬州瘦西湖五亭桥

北接淮水，旁枕运河。作为水陆交通枢纽，唐王朝规定每年二月江南运粮船集中于扬州，于是扬州凭过境货物富甲天下，一跃成为东南第一大都会，号称“雄富冠天下”。

当时的扬州不但是南北粮、草、盐、钱、铁的运输中心，也是中国对外交流的门户。作为对外交通的重要港口，扬州专设司舶使，负责和外商打交道。

唐代侨居扬州的阿拉伯商人数以千计，日本、韩国商人也为数众多。也就在这个时候，日本留学僧人荣睿、普照慕名来到扬州，恳请扬州僧人东渡日本，传授佛教真谛，由于海程遥远，扬州僧人“默然无应”，最后还是当地佛教领袖54岁的鉴真表示“是为法事也，何惜身命”，遂决意东渡传教。

鉴真东渡，并不是十天半个月的事儿，其难度之大，不亚于玄奘西行求法，这趟远行前后历时11年，5次无功而返，在这5次失败的旅程中，鉴真一行几乎游历了大半个中国，最远的一次居然漂流到了今天的三亚，其中还充满了悲喜交集的戏剧性情节。第一次东渡，因为鉴真两个弟子互相嘲笑，其中一位弟子一怒之下，跑去官府诬告鉴真和海盗相勾结，准备攻打扬州，于是鉴真一行还没出海就被逮了回来。由于官府严加搜捕，第二次、第三次东渡也相继告败，为此两位日僧不得不潜藏起来，其中的荣睿有一次被投入大牢，靠假装“病死”蒙混过关。第五次东渡最为艰险，不但漂流到了海南，鉴真还为庸医所误，导致双目失明，邀请他的日本僧人荣睿也在途中病逝。

753年第六次远航之际，鉴真已65岁，以其执着的决心和坎坷的经历而声

苏州张士诚记功碑

名大噪，这最后一次东渡的过程也颇为不易，当时的唐玄宗崇信道教，想要派道士去日本，结果遭到拒绝，恼羞之下遂不允许鉴真出海。不过，顽强的鉴真一行人还是秘密出航，于当年12月抵达日本。鉴真在日本传教十年，成为日本佛教律宗的开山祖师，对日本文化的形成有深远影响。763年，其圆寂的消息传到扬州，扬州僧众全体服丧三日，以示哀悼。

朱明江苏

1368年，朱元璋在南京建立明朝。这时的江苏人烟稠密，经济繁荣，其太湖流域是全国人口密度最大的地区，平均每平方公里居有220人，总人口达706.9万。明代苏南因其先进的纺织工业，成为全国经济中心，其赋税之重也名列全国榜首。作为全国工业化和城市化程度最高的地区，江苏的经济实力不但表现在纺织业上，还表现在造船业上。

1405年，明太监郑和从南京下关起航，开始了中国历史上第一次大规模的越洋远航活动。据《明史·郑和传》记载，郑和航海的宝船共有63艘，最大的长44丈，宽18丈，是当时世界上最大的海船。这种宝船分4层，可容纳千人，要动用200人才能起航。当时为了制造这种大型海船，做了多年的准备工作，从洪武初年起就开始在南京朝阳门外蒋山阳“建立园圃，广植棕、桐、漆树各四万株”，以备造船使用，还从浙江、江西、湖广、福州等地专门调集来了400多户人才。明代的南京龙江船厂占地39042亩，船坞宽20丈，后来在此地发掘出来一根约15米长的舵，这与明史所述宝船的大小相符。郑和七下西洋，每次携人数有27000多人，曾到过爪哇、苏门答腊等30多个国家，最远曾到达非洲东岸，甚至有可能到过澳洲。

这次远航比欧洲达·伽马、哥伦布等人的航海早80多年，证明当时我国的航海技术、船队规模、航程距离皆领先于同期西方国家。

到了明代，已经没有人怀疑江苏在全国的领先地位。不过，随着封建王朝的衰落，苏南也一度成了明末党争的核心地带。1604年，革职回乡的吏部郎中顾宪成在故乡无锡与其弟顾

明孝陵神道两侧石骆驼

明孝陵石生像

允成以及高攀龙、安希范等合力修复东林书院，发起东林大会，自此，东林学派兴起。它标榜气节，崇尚实学，并在讲学之中经常触及当时社会的现实问题，议论如何改变政治腐败、民不聊生的状况。久而久之，这批学者逐渐由一个学术团体转变成了一个政治派别，东林书院也随之成了明末的舆论中心。“东林党人”反对宦官专权，要求改革朝政，一时间士大夫们闻风响附，部分在朝官员也遥相呼应，令天启年间的阉党领袖魏忠贤为之侧目。1625年，魏忠贤诏毁全国书院，并颁布了东林党人榜，列榜人数309人，江苏籍尤多。榜中除了东林党人，还有东林党的同情者和虽非东林党但也反对阉党的官吏。凡是榜上有名的，生者削职为民，死者追夺官爵。从此，东林党人和阉党渐成世仇。如果是在和平时期，这种党争还有其积极意义。可惜崇祯年间乃战乱之际，两党彼此拆台，群殴群讦，置国家兴亡于不顾，令明末朝政乱成一团，无力对抗外敌。崇祯亡后，两党一直打闹到福王的江南小朝廷上，其中部分朝臣在投降清朝之后仍旧相互攻讦，最后被严令制止。因此，有人说明朝不是亡于李自成，而是亡于党争，不无道理。

清代苏南

清朝初年，由于反抗满族入侵，江苏一度遭受严重打击，其中尤以江阴、扬州屠杀为最，历史上就有“嘉定三屠，扬州十日”的记载。但随着康乾盛世的到来，江苏很快就恢复了元气。这一时期的江南景象可以从《红楼梦》及其作者曹雪芹的家世中略见一斑。苏南自宋以来，一直是蚕桑织造业的中心，清朝入关，正是江宁丝织的鼎盛时期，当时南京有织机3万多台、织工超过5万，城南秦淮河两岸，为机户集中之地。丝织业的繁荣带动了相关20多个行业。为此，清朝廷一攻下南明小朝廷，就在南京城里设置了江宁织造一职，该职兼管官营、民营丝织业，同时收集情报，监督地方官员，直接听命于皇帝。

自康熙初年起，曹雪芹家族连续接任了江宁织造和苏州织造这两个要缺，就在苏南这片毓秀的土壤上，曹家逐渐被熏陶成了钟鸣鼎食的文化世家，曹雪芹祖父曹寅既是著名藏书家、刻书家，又精通诗词、戏曲和书法。

康熙六下江南时，曾四次在江宁织造署下榻。据史料记载，江宁织造署不但是当时全国最大的云锦生产基地，而且作为康熙南巡的行宫，其建筑和园林艺术也是我国古代建筑艺术的典范。曹雪芹在《红楼梦》中曾借贾雨村之口缅怀了江宁织造署的景物，形容其厅殿楼阁“峥嵘轩峻”，花园里的树木山石“有蓊蔚洇润之气”。

清朝晚期，太平天国和湘军在苏南地区拉开了历时10多年的战幕，这场波及城乡的拉锯战导致百姓无心生产，忙于逃难，钱粮运输四处受阻，作为一次历史上罕见的以江苏为主战场的长期战乱，它对整个江苏的经济造成了严重的损害。譬如苏州，清人孙嘉淦在《南游记》中描述过康乾盛世时的苏吴盛况："姑苏控三江，跨五湖而通海，阊门内外，居货山积，行人水流，列肆招牌，灿若云锦，语其繁华，都门不逮。"1860年，这个繁华的都市在李秀成的进攻中被焚，整个阊门商业区付之一炬。大批苏州市民携带资金逃往上海租界避难，成为后来上海市民的重要组成部分。虽然清军于1863年收复了苏州，但其全国经济枢纽的位置却从此拱手转让给了上海。

清末的南京还目睹了中国外交史上第一个不平等条约的签订，这就是1842年在下关江面上，由耆英代表清政府和英国签订的《江宁条约》(《中英南京条约》)。作为第一次鸦片战争的后果，这个城下之盟把香港割让给了英国，同时开放广州、厦门、福州、宁波、上海五处为通商口岸，中国的大门被强行撞开。从此，一度傲视全球的东方古国开始遭受外国资本的奴役，独立主权不复完整，中国的社会性质也就此发生了根本性的变化。在接下来的若干年里，其他西方列强也趁火打劫，胁迫清政府陆续签订了一系列的不平等条约，中国的殖民地程度日益深化。

从南京总统府看近现代中国

"大江日夜向东流，聚义群雄又远游。六代绮罗成旧梦，石头城上月如钩。"鲁迅的这首诗讲述了发生在金陵的一段风起云涌的往事，可谓近代江苏史的引子。

由两江总督署改建的总统府在中国近现代史上地位超拔，如同唐玄宗时期的白头宫女，见证了清末和中华民国的几乎每一段历史。它原本是上文提到的江宁织造署的一部分，1853年太平天国定都南京时，在此兴建了规模宏大的天王府，1864年城破之际，洪秀全的尸体被秘密埋葬在府内，后来被清军挖出炸毁。1870～1872年，曾国藩在天王府的废墟上重建了两江总督署。清同治十年(1871)，督署尚未最后竣工，曾国藩就迫不及待地搬了进去，当晚在日记里写道："是日移居新衙门，即百余年江督旧署，乱后，洪逆据为伪宫者也。本年重新建造，自三月兴工，至是粗竣，惟西边花园工尚未毕，虽未能别出丘壑，而已备极宏壮矣。"就是这座新督署，奠定了后来总统府的大致规模。

南京宝船公园

南京总统府

1912年1月1日清晨，孙中山从上海北站出发，赴南京就任中华民国临时大总统，火车于傍晚时分抵达南京城东车站，孙中山登上一辆蓝色丝绸绣花马车，以军乐为前导，驱车前往两江总督衙门，沿途街面店铺皆张灯结彩，一路市民夹道欢呼，人人争睹大总统风范。当晚，孙中山在总督署大堂暖阁宣誓就职，改总督署为总统府，揭开了中华民国的序幕。可惜好景不长，临时政府随即和清政府内阁总理大臣袁世凯达成协议，宣统退位，孙中山下野，袁世凯顺利篡取了革命的成果。1912年4月南京临时政府解散后，总统府改为留守府。这段故事，就是鲁迅诗中“聚义群雄又远游”的背景。

临时政府解散后，随着时局的变动，各路军阀你来我往，留守府时运不济，先后被改为江苏都督府、江苏督军署、江苏将军府、江苏督办公署、副总统府、宣抚使署、五省联军总司令部、直鲁联军联合办事处等机构，真如走马灯一般让人眼花缭乱。1927年蒋介石结束北洋军阀时代，在南京成立国民政府，该建筑顺理成章成了国民政府办公地。当时还对它进行了一系列的西式改建，内部增建了一栋五层的子超楼，作为国民政府的办公楼。外面拆除了东西辕门，重新修建了门楼。建成后的大门，朝南立面有八根古罗马爱奥尼式石柱，立面向外，有三座拱形门洞，四周是巴洛克风格的线脚，这就是我们今天熟知的总统府大门。

1937年12月日寇占据南京，酿造了举世震惊的南京大屠杀。30余万南京人的血迹未干，梁鸿志便于1938年3月在南京成立了中华民国维新政府，他铲去了门楼上的“国民政府”字样，改由江亢虎题写了新匾。不过这个政权也没维持多久，两年后，更大的汉奸汪精卫来到南京，把梁鸿志苦心经营的小朝廷连锅端，归进了自己的“中华民国国民政府”。为了宣扬自身的正统地位，该政权自然也坐落在国父孙中山开创的旧基业上。为了和蒋介石的国民政府区分开来，汪精卫的这个摊子后来被贬称为“汪伪政权”。1946年，蒋介石国民政府回到南京。1948年5月20日，根据宪法，国民大会选举蒋介石为中华民国总统，于是这栋命运多舛的建筑绕了一个大圈子，又恢复了总统府的原称。

然而，不到一年后的1949年4月21日，解放军发动了渡江战役，23日军队攻入城内，24日凌晨，集结于鼓楼的104师特务连跑步占领总统府。据老战士回忆，当时的总统府已经人去楼空，到处飘散着纸张文件，废弃报纸，还不时冒起缕缕青烟。在俘虏兵的带领下，解放军战士登上总统府顶楼，用一面红旗换下了中华民国的青天白日旗。不久，刚挂上不到一年的“总统府”金字匾也被拆掉，于是，一部民国史就这样兴于总统府、亡于总统府了。

大事记

距今约50万年前

活动着南京汤山猿人，为迄今江苏境内发现年代最早的古人类化石。

距今六七千年前

江苏境内有多个新石器文化，著名的有淮安青莲岗文化、苏州草鞋山文化、南京北阴阳营文化等。

约公元前12世纪

周太王长子太伯、次子仲雍奔江南，建立吴国，带来了中原地区先进的农耕和青铜器文化。

公元前482年

吴王夫差会诸侯于黄池（今河南封丘），取得霸主地位。

公元前473年

越灭吴，大会诸侯，成为新的霸主。

公元前333年

楚灭越，江苏大部分为楚所有。

公元前223年

秦灭楚。

公元前221年

秦统一六国，实行郡县制。江苏分属东海、泗水、会稽、九江四郡。

公元前209年

陈胜、吴广于蕲县大泽乡起义反秦，刘邦在沛（今江苏沛县）、项羽在会稽（今江苏苏州）起兵响应。

南京明故宫遗迹

公元前206～前202年

楚汉之争，刘邦最终取得胜利，建立汉朝。

公元前154年

吴（都广陵，今扬州）楚（都彭城，今徐州）等七个诸侯国发动叛乱，当年即被平定，史称“七国之乱”。

公元前106年

汉武帝分全国为十三刺史部，江苏分属徐州、扬州刺史部。

211年

孙权改秣陵为建业，在今南京市区营建建业城，并在建业城西北临长江处筑石头城。

229年

孙权正式定建业为吴国都，这是南京建都之始。

317～589年

东晋和南朝宋、齐、梁、陈相继建都建康（南京），与孙吴合称六朝。六朝是南京历史上最辉煌的时期，由于北方的动荡，百姓南迁，江南地区得到进一步开发。

548～552年

侯景之乱，建康及江南地区遭到严重破坏。

589年

隋灭陈，平毁建康城，另设蒋州于石头城。

605～608年

隋炀帝开大运河。大运河的开通促进了沿岸地区的发展和南北方经济文化的交流。

755～763年

发生了历史上的“安史之乱”，使中原经济遭到破坏，大量居民南迁，随后全国经济重心南移，“天下以江淮为国命”，江苏成为全国最富庶的地区。

紫金山天文台

扬州因是南北交通要冲，成为全国最繁华的商业都会，时称“扬一益二”。

907～975年

五代十国时期，吴和南唐相继在今南京建都。

975年

宋灭南唐。

1129年

韩世忠在黄天荡（今南京东北）大败金军。

1141年

宋金达成绍兴和议，划淮而治，江苏分属金和南宋。由于战争破坏，扬州衰落，苏州逐步取代扬州成为江南都会。

1368年

朱元璋建立明朝，定都应天府（今南京），下诏“以金陵、大梁为南北京”，此为南京得名之始。

1399～1402年

燕王朱棣发动“靖难之役”，攻入南京，夺取帝位，即明成祖。

1421年

明成祖正式迁都北京，南京降为留都。

1405～1433年

郑和七下西洋。郑和船队的宝船由南京下关的宝船厂制造，从太仓刘家港出海。明南京周边地区直属南京六部，称南直隶，包括现在的江苏、安徽和上海。这是江苏省第一次完全属于一个一级行政区划。

1569年

海瑞以右佥都御史巡抚应天，惩治贪官污吏，受到人民拥戴。

1594年

吏部郎中无锡人顾宪成革职还乡，修东林书院，与高攀龙等讲学、议论朝政，时称东林党。

1626年

苏州居民反对阉党滥捕东林党人，发生民变，后颜佩韦、杨念如等五人投案被杀，葬于虎丘，称“五人墓”。

1628年

张溥等联合江南各社团，结成复社，继承东林党，反对阉党的腐败政治。

1644年

3月，李自成起义军攻占北京，崇祯帝自缢死，明亡。4月，明山海关总兵吴三桂引清军入关，5月，占据北京。明福王在南京即位，建立南明弘光政权。

1645年

清军攻陷南京，弘光政权覆亡。江南人民奋起抗清，遭到残酷镇压，扬州、江阴、嘉定被屠城，史称扬州十日、江阴三日、嘉定三屠。清政府改南直隶为江南省。

1667年

分江南省为江苏、安徽两省，江苏省名取自江宁、苏州二府。江苏正式成为一级行政区。清代的江苏省辖区包括今江苏省和上海市。

1684年

康熙帝首次南巡。此后于1689年、1699年、1703年、1705年、1707年又有5次南巡。

1751年

乾隆帝首次南巡。此后于1757年、1762年、1765年、1780年、1784年又有5次南巡。

1842年

鸦片战争中国战败，清政府与英国在南京签订第一个不平等条约——《南京条约》。

1853年

太平天国攻陷南京，改为天京，定为都城。从这年起直到1864年太平天国失败，江浙地区清军与太平军连年战争不断，社会经济遭到严重破坏。

南京博物馆展品

南京大屠杀纪念馆

1912年

1月1日中华民国临时政府在南京成立，孙中山任临时大总统。4月孙中山让位给袁世凯，首都迁往北京。

1927年

国民政府定都南京。

1937年

7月，抗日战争爆发。10月，国民政府迁都重庆。12月南京陷落，日军杀戮中国居民30余万，制造了震惊中外的“南京大屠杀”。

1940年

汪精卫伪政府在南京成立。

1945年

8月15日，日本宣布无条件投降，抗日战争胜利。9月9日，中国战区日本投降仪式在南京举行。

1946年

国民政府还都南京。

1948年

11月6日淮海战役打响，主要战场在苏北，整个战役解放军共歼灭国民党军55万余人，国民党军主力丧失殆尽。

1949年

4月21日解放军强渡长江。23日解放南京。6月2日江苏全境解放。

1958年

江苏省嘉定、宝山等10县划归上海市，现在江苏省辖区形成。

走遍中国·江苏

JIANGSU INTERPRETATION
江苏解读

江南水乡孕育的吴文化 / 26
苏州园林：中国文人山水之园 / 31
昆曲的前世今生 / 37
画意江南 / 44
淡而不薄，淮扬菜 / 50
秦淮水逝，八艳留迹 / 56
七星拱照朱氏陵 / 62

走遍中国 · 江苏

JIANGSU INTERPRETATION 江苏解读

江南水乡孕育的吴文化

吴文化卓尔不群，既有务实的遗风，又有飘逸的气质。它首先是以太湖为背景的水文化，无论是经济上的渔业稻米，还是文化上的山水园林，都离不开江南如织的江湖水网。

所谓吴地，传统上是指春秋时期吴国的主要地域，即今天以长江、太湖为中心的苏、锡、常地段。作为苏南的核心，这片土地在数千年的历史发展中逐渐形成了特色鲜明的吴地文化。它和黄河流域的中原文化相互融合促进，但偶尔也发生冲突较量。

太伯奔吴

早在周朝尚未建国之前，太伯、仲雍就从陕西岐山千里迢迢来到苏南，在无锡梅里附近的土著勾吴族中建立了勾吴国。勾吴族原本是古越族的一个分支，虽然在太湖这片区域已经繁衍了上万年，可相对于从事耕种、蚕桑的黄河流域民族而言，吴人主要以渔猎为生，其文明程度相当原始。司马迁在《史记》中评论说，“自太伯作吴，五世而武王克殷，封其后为二：其一虞，在中国；其一吴，在夷蛮。”从这段文字可以看出，当时的吴国地处夷蛮之邦，尚不属于时人心目中的“中国”。“太伯奔吴”可谓历史上第一次北人南迁，他们把中原先进耕种技术带给苏南土著民族，成为吴文化的始祖。

北人南迁

继“太伯奔吴”之后，历史上还出现了4次大规模的北人南迁，除了最后一次朱元璋的明初徙民之外，其余3次都构成了吴地文化的重要渊源。

首先是西晋末年的“永嘉之乱，衣冠南渡”。当时的北方“羌胡相攻，无月不战”，适逢西晋永嘉五年（311），匈奴军攻陷洛阳，俘获晋怀帝，纵兵焚掠，杀太子及诸大臣，士民死伤者三万余人。数年后，匈奴攻破长安，西晋末代皇帝晋愍帝出降。同年，琅邪王司马睿率中原士族挥泪南渡，在晋朝贵族和江东大族的支持下于南京登基为帝，建立了东晋王朝，这是中原汉人第一次大规模南迁，“衣冠”即文明的意思，衣冠南渡就是中原文明南迁。

据统计，在170多年里，南渡的人口约有90万，由于帝都定在南京，苏南接受的移民数目也最为多，这些北方士人起初还把江左视为暂居之地，然而数百年里中原不复，习久而安，渐渐不再有北归之想，遂成地道的南人。永嘉南渡是中华民族发展史上的一大转折，中原士人举族搬迁，为江苏地区带来了先进的生产技术和文化艺术，从此北方黄河流域日渐衰落，南方长江流域日渐开放，江苏的历史地位大大提高。

隋唐时期，随着京杭大运河的开通，江南经济进一步兴旺发达。京杭大运河始于春秋吴国为北伐齐晋而修建的“邗沟”，隋代统一南北之后，全国局面是政治中心在北方，经济文化中心在南方，为了保证南方的赋税和物资能够源源不断北上，开凿南北大运河成为当务之急。隋炀帝登基后，在“邗沟”的基础上又陆续开挖了几段运河，使之相连，成为世界上最长的古代运河。这条南北大运河北起北京，南到杭州，沟通海河、黄河、淮河、长江和钱塘江五大水系，全长1794公里，江苏段约占其中的2/5。隋唐时代的江苏经济繁荣、战祸罕闻，在这种背景下，当“安史之乱”在北方爆发，中原再次出现战乱不休的局面时，北民选择涌入江苏也就不足为奇了。据《旧唐书·地理志》中说：“自至德后，中原多故，襄邓百姓，两京衣冠，尽投江湘。”仅苏州一地，人口就增加了30%。

接下来的一次南迁发生在北宋的

太湖风光

“靖康之变”后。1126年，金兵大举南袭，战祸遍及整个黄河中下游，金兵入汴京时，“百姓军人夺万胜门奔逃者达四万余人”。次年，高宗经汴河退至扬州，后定都临安。宋都南徙后，“民从之者如归市”，包括孔子后裔在内的大批衣冠士族南渡淮河，这是第一高峰；第二高峰发生在1161年，金主完颜亮毁约南侵，南宋政府以优待政策招徕北人，于是大批北方人口再次渡淮。北宋大臣包拯曾说过：“东南上游，财富攸出，乃国家仰足之源，而调度之所也。”而宋室南迁则进一步促进了吴地的开发，这时的苏南粮食产量上升到前所未有的水平，蚕桑业后来者居上，茶叶、棉花种植陆续走上轨道，城乡经济日新月异。南宋时期，长江以南的人口首度超过北方，标志着吴地经济文化成熟期的到来。

如果说“太伯奔吴”是为吴地文明播种的话，那么“永嘉南渡”就为吴地注入了先进的文化基因，而京杭大运河的开通以及随之而来的移民潮则促生了吴地的经济。在随后的明清时期，吴地文化不但完成了向中原文化学习的过程，还出现了后来者居上的现象，当然，因这种发展而引起地域性冲突和竞争也在所难免。譬如，朱元璋建都南京之际，苏南的文明程度已经远超其他省份，有人根据《二十四史》分析，发现江苏在南宋以前历史名人的数目占全国第五六位，到了明代已提升到第二位。明初发生了一起南北相争的科场案，从中可以看出北人南迁的文化意义。

状元之乡

要想理清这个明初科举案的来龙去脉，首先得了解相关的背景知识。

首先我们知道，科举考核一向是传统中国教育程度的最直接反映。就有史可考的状元籍贯而言，“安史之乱”前，北人状元占87.5%；“安史之乱”后，南人状元逐渐增多，其中又以江南为最。唐代安史之乱后的11名南方籍状元中，有7名出生在今天的苏州一带。北宋时期北籍状元有8名，南籍状元有27名，即便这种相差悬殊的名单，也是在对南方多有歧视的情形下选定的，比如出生

吴文化以水文化为首，源自江南如织的江湖水网

苏州博物馆展品

陕西的北宋名臣寇準曾说过“南方下国，不宜多冠士”。他在一次评定状元人选时竭力主张把南籍文士肖贯中更易成山东人蔡齐，为此逢人夸口道：“又为中原争得一状元。”到了明初，南北士人之争已到了不可开交的地步。明洪武三十年（1397）的会试揭晓后，人们发现上榜的52人全为南籍考生，北方举子激愤之下，砸烂皇榜，并到礼部示威。朱元璋为此亲自过问主考官刘三吾，刘三吾坦然回答说，北方文化在异族统治下大受摧残，南优北劣也属正常。朱元璋派翰林院张信找来落第北卷，增录北人入仕。可是复阅后的北方试卷仍旧文理不佳，张信不得不如实禀报，认为南北考生成绩确实相差悬殊，皇榜末名也比北人优秀者高出甚多。最后，为免南北之争，朱元璋干脆改立南北榜，南卷取60%，北卷取40%，总算暂时平息了这场科举风波。

萌芽中的资本主义

到了清代，吴地的科举之盛更是空前绝后，清代状元人数最多的省份是江苏，共出现49个状元，而苏州府一地就占据了其中的24名，因此有人戏称状元是苏州的特产。当然，状元产量不是文化发展的唯一标准，明清时代吴文化的另一特征是资本主义的发端，而这一现象恰巧也出现在状元之乡苏州。明代中叶，众多苏州机户不断两极分化，一部分上升为手工作坊主，另一部分沦落为雇佣机工，两者之间的关系是“机户出资，机工出力，相资为生”。这种由直接生产者转变成资本家的过程，正好是马克思经典哲学中资本主义经济的主要特征。除了丝织业，苏州的造纸等行业也出现了典型的资本主义生产方

江南贡院，中国古代最大的高考考场

无锡影视城表演

式。清代乾隆年间的苏州“议定纸坊条例章程碑”就是吴地这种资本主义萌芽的最好见证。该章程碑共分十一条，内容包括纸坊工资制度、工作定额、考核制度、学徒制度等条文。碑文告诉我们，乾隆年间苏州共有36家纸坊，工匠800多人，纸坊主占有全部生产资料，包括机房、机器和原料，每月给工人价银一两二钱，每个工人每日刷纸六百张，超过者“给茶点银半分”，反映了资本主义生产中的物质刺激的特点。

到了近代，吴地经济发展的先锋首推无锡民族工商业。甲午战争后，中国的殖民经济逐渐深化，眼看国家积弱，有识之士提倡“实业救国”，无锡的近代工业就是在这种形势下发展起来的。和其他城市的官办产业不同，无锡工业一开始就由民族资本兴办。1895年，杨宗濂、杨宗瀚兄弟创办业勤纱厂，成为无锡近代工业企业的滥觞。1900年，荣宗敬、荣德生兄弟与朱仲甫合伙创办保兴面粉厂。1904年，周舜卿开办裕昌丝厂。不到十年，无锡就兴起了以棉纺织业、缫丝业、面粉加工业为三大支柱的近代工业。这个时期的吴文化在全国经济文化中占主导地位，鼎盛时期的吴文化充满竞争活力和改革精神，在工业制度上的变革往往开全国之先河，成为其他地区的学习榜样。

综上所述，吴文化的发展隐含着一条主线，就是黄河流域和长江流域文化的此消彼长。成熟期的吴文化特色清新，卓尔不群，既有务实的遗风，又有飘逸的气质，它首先是一种以太湖为背景的水文化，无论是经济上的渔业稻米，还是文化上的山水园林，都离不开江南如织的湖泊水网。发达的经济、葱郁的风景、安定的生活，使吴地产生了好学尚文的诗书传统，这不但反映在科举制度中，更反映在众多像唐寅、祝允明这样的旷达才子身上。和北京的皇家园林、扬州的盐商大宅不同，明清两代的苏锡园林以其典雅幽静的格调、望而脱俗的情趣为后人称道。苏锡园林曲折变幻、错落有致，体现了临水叠筑的水乡风格，其最大特点是“不出城郭而获山水之怡，身居闹市而有林泉之致”。这一阶段的吴文化可谓青出于蓝而胜于蓝，它和中原文化并驾齐驱，共同构塑了一幅相融而又相互独立的中国文化景观。

苏州园林：中国文人山水之园

苏州的园林是配合了江南的山水景致、归隐的仕宦人文而存在的，同时又是对中国传统文化中哲学、绘画、诗歌的审美与价值取向的物化形式。

不论到没到过苏州的人，大都会把苏州与园林作为一个词组来组合。因为园林建筑是中国文化的一个独有的形式，不论南北，只要有一片山或一泓水，就不难看到依山傍水的园林建筑，而各处园林的摹本也几乎源自于苏州园林，或者说，或多或少是受了它的影响或启示的。所以，想要懂得欣赏中国园林的妙处与精彩，就不得不到江苏，不得不到苏州去亲自逛一逛苏州古典园林。

苏州园林中的诗画情怀

“会心处不必在远”，假如非要把苏州园林的意境和精髓一言以蔽之，梁简文帝萧纲那看似寻常不过的几句言语是最恰当不过的了，“翳然林水，便自有濠濮间想也，觉鸟兽禽鱼自来亲人”。人工的景观和自然的意趣在这里得到奇妙的结合，即使只是“一拳代山，一勺代水”，而文人与工匠的惨淡经营、叠石引流却如仙家的造化之功，似乎只是弹指之间便在喧嚣闹市中立辟一方清静之地，宾主盘桓其中，尽可以清心涤虑，洗尽凡尘。城市生活的便利和山林隐居的高洁原本是个两难，但在文人雅士的手中，这样的矛盾竟然轻易地被化解了：高洁原来不必去岩处巢居，自讨苦吃，完全可以夏午绿荫蕉廊，冬夜梅影雪月，春时丽日繁花，秋日红蓼芦塘，在四时宜人的壶中天地中优游卒岁。古语所谓文人狡狯、善于取巧的化境大概不过如此吧。古人还有这样一个说法，就是要仕宦三代，才能学会穿衣吃饭——这是针对不可一世的暴发户而言，构建园林其实也难免成为附庸风雅、炫财斗富的手段，就像《红楼梦》中讽刺的“暴发新荣之家，滥使银钱，一味抹油涂朱，

退思园

毕则大书‘前门绿柳垂金锁，后户青山列锦屏’之类，则以为大雅可观”。其实所谓文化不过是众多琐碎细节的积累和沉淀，所以中国传统观念中最看重的就是历史渊源和文化积淀的厚重，而这种人文关怀在苏州的诸多名园里体现得最为深刻，那种精致生活和风雅韵事的点点滴滴都体现了主人的书卷气质和诗画情怀，根植于苏州深厚的文化土壤，是难以效颦、一蹴而就的。

苏州园林中的隐逸文化

“未成大隐成中隐，可得长闲胜暂闲”，苏州的名园如沧浪亭、拙政园、网师园等，创建之始和得名之由都和主人的仕宦失意有关，所以苏州园林和传统士人文化中的隐逸思想有着很深的渊源，其中透露出古代文人的生存智慧，还渗透了他们的心期寥落和欲勘破世情又难以真正解脱的苦闷。

孔子曾经说君子应该能有看清世道时运的眼光，“邦有道则仕，邦无道则可卷而怀之”，大可不必在乱世中枉自断送了性命，只要有自己坚守的道德底线，不随波逐流、“穷斯乱矣”就足够了。然后孟子又将这些发展为“穷则独善其身，达则兼济天下”的理论，这就给后世的士人的处世选择上留下了很大的空间：学而优则仕。古代的科举制度给了读书人一个立身扬名、经纶济世的机会，进可以学成文武，货与帝王家，一时失势也还有一片精神的家园可以退守——纵然有点矫情，有点自欺欺人的意味，但总比凄凄惶惶如丧家之犬要好得多。

苏州有很深的隐逸文化传统：宋代范成大曾经撰写《三高祠记》，将历史上三位著名的隐士范蠡、张翰、陆龟蒙并祀于吴江。而且苏州也是文化的渊薮，在历代的科举选士中人才辈出，据统计明清时期一共产生202名状元，苏州地区就有35名，占全国状元的比例达17%，既然从这里走出去当官的人多，自然失意而归的人也不少，何况还有慕名前来卜居的人呢？

网师园

那些名园佳筑也就应运而生了。网师园、拙政园和退思园，多少名园的兴建源于官员的罢官归隐，其间又透露出多少当事者隐约难明的心迹，或许有人身处江湖心存魏阙，或许有人怀着酸葡萄心理，或许有人故作清高、心恋利禄，或许有人仅仅是贪图生活的舒适。

在这缩微的山水和精致的建筑中，游览者可以在一日之间领略人世百态和历史沧桑，而沧浪亭就是阐释传统文化中隐与仕冲突矛盾的最佳范本。

沧浪亭在苏州现存诸园中历史最为悠久，其创建原因和北宋朝廷的党争有着解不开的联系。北宋仁宗在位时期，为了改变国弱民贫的局面，士大夫当中要求改革弊政的呼声日益高涨。北宋庆历元年（1041），仁宗任命杜衍为参知政事，第二年又升任他为同中书门下平章事，范仲淹任参知政事，富弼、韩琦、欧阳修等也担任了朝廷要职，开始实施“庆历新政”。苏舜钦受到范仲淹推荐，任集贤殿校理、监进奏院。他虽然位卑言轻，却敢于直谏，加之身为宰相杜衍的女婿，就成了保守派要构陷的目标。庆历四年（1044）秋天，汴京城各衙门照例要举行祭祀、赛会。进奏院为了祭祀“仓王”（传说创造文字的仓颉），也援例召伎乐举办赛会。苏舜钦和同僚一起将院中积存多年的废纸卖掉，又凑集了份金，邀约志趣相投的诗友来聚会，酒酣之际集贤殿校理王益柔更即兴作了首《傲歌》，大家诗酒快活了一日。孰知此事竟被有心人作为把柄弹劾，他们被冠以监守自盗的罪名下开封府劾治，苏舜钦和刘巽除名，其他与会之人都是知名人士，也贬的贬，罢的罢，共十几人被牵连，掀起这场轩然大波的主使人王拱臣高兴得直说：“吾一网打尽矣。”苏舜钦素来慷慨多大志，一旦前途成为泡影，失落之情可以想见，连累到那么多同僚好友，愧疚之情也是难免，他曾向好友欧阳修诉说内心的煎熬：“但以遭以构陷，累及他人，故愤懑之气，不能自平，时复嵘屹于胸，一夕三起，茫

西园寺

狮子林

苏州园林多以造景的手法，以达到“芥子纳须弥”的境界

然天地间，无所赴诉。”但他人生的得失荣辱与积聚在内心的无奈和郁闷彷徨却在“近水远山皆有情”的苏州得到宣泄和消解。一日他闲步到郡学东面，看到一片荒地，三面皆水，草树郁然，询问得知是吴越国近戚孙承佑的废园，于是仅仅花了四万钱买了下来，稍作修葺，在偏北的地方新建了一个亭子，取不凝滞于外物、能与世推移的意思，名为沧浪亭，并写了一篇《沧浪亭记》，记述自己摈小舟独寻幽景时“鱼鸟共乐”“形骸既适”的真趣，和从中体悟到的不为外物和情欲所溺陷，回归自我本性的玄得。欧阳修看到此文后写诗以“清风明月本无价，可惜只卖四万钱”相调侃，传为佳话。

宋人朱长文记载：“子美（苏舜钦字）尝谓吴中‘渚茶、野酿足以销忧，莼鲈、稻蟹足以适口。又多高僧隐君子，佛庙胜绝。家有园林，珍花奇石、曲池高台，鱼鸟留连，不觉日暮’，遂终此不去焉。”可见苏州确实是疗伤消忧的净土，但终老于此并非苏舜钦的本心，他的出世之志始终没有消磨，其仅存的一首词作《水调歌头·沧浪亭》中说：“丈夫志，当景盛，耻疏闲。壮年何事憔悴？华发改朱颜。拟借寒潭垂钓，又恐鸥鸟相猜，不肯傍青纶。刺棹穿芦荻，无语看波澜。”将那种欲弃难舍、壮心不已的心境和盘托出，也为隐逸文化的内涵作了另一种诠释。

苏州园林中的写意风格

苏州的古典园林，原来都是私家花园，一般并不太大，大者不过几十亩，小的只占半亩地。但园林建造者多以写意化的造景手法，利用借景、框景、对景和空间渗透等方法来增加空间层次感，以达到“芥子纳须弥”的境界，在有限的空间里组合千变万化的景观，使景致曲折掩映，给人以无穷的意趣，在流转往复、回环无穷中创造出一种超逸、空灵而隽永的意境。小巧别致的苏州园林的空间布局“纡徐委曲，若不可测”，和北方皇家园林的大体量建筑、空旷的环境是大异其趣的。世界遗产委员会评价说：“没有哪些园林比历史名城苏州的四大园林更能体现出中国古典园林设计的理想品质。咫尺之内再造乾坤，苏州园林被公认是实现这一设计思想的典范。这些建造于 16 ~ 18 世纪的园林，以其精雕细琢的设计，折射出中国文化中取法自然而又超越自然的深邃意境。”想来苏州筑园的传统和春秋时曾泛舟五湖的吴江三高士之首的范蠡或许有着某种契合。

《齐民要术》中转载《陶朱公养鱼经》，范蠡向人传授养鱼的秘诀，说要凿六亩大小的鱼池，其中按九州的方位垒出小岛，鱼儿在“池中周绕九州无穷，自谓江湖也”，心情好了自然就容易长大。《关尹子》中也有“以盆为沼，以石为岛，鱼环游之，不知其几千万里而不穷”的说法，而且以盆为沼好像也远没有六亩大，空间更加狭小。古人有知鱼之乐的说法，似乎他们也并不在乎把自己当作鱼来养，所以从先贤养鱼的经验中得到启发，营造出一个个方亩的山林胜景，先把自己绕得晕头转向，然后就知道鱼之乐到底是何等滋味了。

拙政园

然而鱼儿却用不着像人一样为了给自己营造一个安乐窝而苦心经营，绞尽脑汁。当然苏州有不少造园叠山的职业工匠，但是更不能缺少的是文人画家和具有较高艺术造诣的大匠主持其事、参与设计。计成《园冶·兴造论》云：“独不闻三分匠、七分主人之谚乎？非主人也，能主之人也。”主持工程的人要有一定文化修养，通过凿池堆山、栽花种树，创造出具有诗情画意的景观。

苏州园林被后人称为“文人写意山水园”，是“无声的诗，立体的画”。明代大批文人画家参与构园，他们能自出机杼，以意创为假山，峰壑湍濑，曲折平远，经营惨淡，巧夺天工，参照李成、董源、黄公望、王蒙等宋元大画家的笔法来堆山叠石。比如山水画皴法中有“大斧劈”“小斧劈”等皴法，叠山也将绘画的笔法借鉴过来，堆出斧劈形的石壁，重峦叠嶂者越深越妙，特出独立者纵逸多姿。拙政园兰雪堂前的观赏石峰“缀云峰”，原为明代画家、叠山高手陈似云用大小不等的湖石叠成，自下而上，逐渐硕大，其巅尤壮伟，其状如云。峰顶用黄鹤山樵（王蒙）云头皴法，缀成峥嵘一朵。留园主人徐泰时邀请画家周秉忠所叠高三丈、阔可二十丈的石屏，袁宏道极为叹赏，称之为“玲珑峭削，如一幅山水横披画，了无断续痕迹，真妙手也”。

园林环境的空间布局也像文人画的画面构图一样，讲究深远而有层次。园林设计重在“巧于因借”，不仅要善于借外景，而且要善于借园内之景，运用各种借景的手段，俗则屏之，嘉者收之，园中各类长廊就起到分隔园景，使园林有纵深感，激发游人探幽寻胜的兴趣和相互沟通，起到借景、对景的作用。比如留园入口处有一段暗廊，廊壁辟有一排花样各异的漏窗，窗外花木葱茏，曲

缩微的山水和精致的建筑却让人领略到人世百态和历史沧桑

桥流水，游人在窗花的间隙中观之，迷离惝怳，似真似幻。而沧浪亭又不同，在园边有依水而筑的复廊，它把一条走廊在中间砌墙，里外一分为二，形成一条走廊两面廊屋的格局，俨然成了背靠背的两条走廊。这复廊的廊墙上也嵌设漏窗，廊北是园外的一汪悠悠绿水，廊南是一脉郁郁的青山，通过廊墙上的漏窗，把园外与园内联系起来，使游人突破了视觉的界限，从而扩大了园林的空间。在园中透过漏窗看水，还可以见到对岸的杨柳依依；在园外透过漏窗观山，咫尺近山在窗花的间隙隐约朦胧，有一种色彩斑驳的韵味。

楼阁厅堂、亭台榭舫，这些建筑似乎是园林的主体了，也最有实用的价值，但是在造景功能上和山水花草树木等自然因素相比却只好退居客位了。修筑小亭是为了“常倚曲阑贪看水，不安四壁怕遮山”。如果游人能够沉心静气，就连阶砌旁边栽的几丛带草，窗前的几竿修竹或一树芭蕉，庭前盘曲嶙峋的藤萝枝干都无不是一幅幅好画。

虽然说园林是空间的建筑，但时节变迁、朝暮不同、阴晴雨雪等自然时空的变化都会给各个景点带来不同的意趣，其意境随着时间而演替。一个高妙的设计者应该能逆料到这种变化，并将这种浓浓的诗意发挥到极致。“荷风四面”宜夏，“梧竹幽居”宜秋，“雪香云蔚”宜冬……在意境的变化中，要以最佳状态而又有一定出现频率的情景为意境主题，最佳状态的出现是短暂的，但又是不朽的，即《园冶》中所谓“一鉴能为，千秋不朽”。只有在特定的季节、时间和特定的气候条件下，才是充分发挥其感染力的最佳状态。李商隐诗中有“秋阴不散霜飞晚，留得枯荷听雨声”的句子，再平常不过的词句却成为千古绝唱，就是因为捕捉到那一刻短暂而永恒的感悟，而苏州园林中的留听阁、听雨楼又将这刹那的灵光留住，使我们这些混迹于世俗尘网中的人们能够一洗凡尘，去尚友古人，领略其中的诗情画意。

昆曲的前世今生

“曲高和寡”“阳春白雪”现在已经成了“昆曲”的固定搭配，虽然有小说家白先勇对昆曲作了“青春版”《牡丹亭》的尝试，但昆曲依然还是高高在上。作为“百戏之祖”，这实在是吴文化对中国文化的又一大贡献。

往事已成空，还如一梦中—中国戏曲之母

用“迁化有常然，盛衰自相袭”这句古诗来概括昆曲的历史是最合适不过了。从明代隆庆、万历之交至清代嘉庆初年，昆曲经历了长达200余年之久的繁荣鼎盛时期。那时候，多少人为之如痴如狂，有人为了研究唱腔、创作剧本呕心沥血，有人为了排演新剧一掷千金，而明末出现的“虎丘曲会”，更是昆曲全民性狂热之时的见证。即使不年不节的时候，苏州人也喜欢聚集在虎丘千人石上习唱昆曲为乐，乃至“群声轰起，歌管并陈。正若秋树蜩螗，不胜嘈杂”(吴中彦《游虎丘记》)。每到中秋节更是盛况空前，张岱《陶庵梦忆》中写道:“土著流寓、士夫眷属、女乐声伎、曲中名妓戏婆、民间少妇好女、崽子娈童及游冶恶少、清客帮闲、傒僮走空之辈，无不鳞集。”参与者可谓三教九流，无所不包。但曾几何时，一切的繁华都成了前尘旧梦，自清代中叶开始，雅部和花部之争拉开了序幕，昆曲也逐渐走向消衰。尽管昆曲被文人士大夫视为“雅乐”“正音”，但还是敌不过京腔、秦腔、梆子腔、罗罗调、二簧调等“花部”的冲击。这些被通称为“乱弹”的剧种曲文质直通俗，声腔节奏性强，深得民众的喜爱，清乾隆五十五年(1790)，徽班进京庆贺乾隆皇帝八十寿诞，标志着京剧的发轫和花部全面告捷。花雅之争，以雅部昆曲失败而告终。

但也就是在这个冲突的过程中，昆曲确立了“百戏之祖”的地位。“四方歌者皆宗吴门”，昆曲对这些新兴剧种的滋养也显而易见，雅和俗是相互融合、相互促进的。比如，“徽汉合流”的京剧在其形成过程中，也参取了昆曲的演唱技巧和表演程式，而且“徽班老伶无不擅昆曲”，这种修养使得他们的表演雍容大雅，不同流俗。京剧之所以能够发展为全国性剧种，昆曲的浸润不容忽视。历史上，昆乱同台的情况并不鲜见，而至今，文武昆乱不挡还是对京剧演员的最高要求。除了

往事已成空，还如一梦中

昆曲被文人士大夫视为“雅乐”“正音”

京剧，川剧、湘剧、婺剧、祁剧、赣剧、桂剧、柳子戏和广东正字戏等地方剧种中都仍然保留着昆曲的部分剧目、声腔和曲牌，甚至20世纪才形成的越剧，其细腻传神的表演也是继承了昆曲的衣钵。

自清嘉庆以来，昆曲的舞台逐渐萎缩，就像没落的世家子弟，只是在文人曲会雅集的拍曲声中仿佛忆起曾经的繁华旧梦。当然，期间也并非没有复兴的契机。1921年，昆曲爱好人士穆藕初等人，合力在苏州创办昆剧传习所，培养了一批表演人才，延昆曲传承于一脉。1956年，浙江省昆剧团带着新编昆曲《十五贯》进京，连演47场，轰动京城，使式微的昆曲重新焕发生机，演绎了“一出戏救活一个剧种”的佳话。2001年5月18日，昆曲被联合国教科文组织列为“人类口头遗产和非物质遗产代表作”，名列19个评选项目之首，昆曲再度引起了人们的关注。

近年来，白先勇和他的青春版《牡丹亭》以及《1699·桃花扇》的演出又掀起了一场昆曲热潮。当年的凄风苦雨中，杜丽娘在即将离开人世时含恨唱出了“怎能够月落重生灯再红”的企盼，昆曲又何时能够月落重生灯再红呢？或许盛衰有常吧，我们不能奢望昆曲回归其全盛时期，只祈求那委婉悠长的曲韵能够薪火相传。

吴地音乐与昆曲的发祥

在文化渊薮的江南，昆曲奇葩的萌芽和生长离不开其他思想文化、艺术形态对它的补益和浇灌，而其中影响最为直接的是吴地悠久的音乐传统。

早在春秋时期，《左传·襄公二十九年》中便记载了吴公子季札出使鲁国观周乐的故事。季札盛赞中原诸国礼乐制度，作了一番细致入微的分析，并借音乐的性质来说明周朝和诸侯政治的盛衰强弱之势，颇中时要。西汉著名史学家司马迁称赞他“见微而知清浊”；南朝刘勰在《文心雕龙》中也认为季札对音乐的体会理解是“精之至也”“不直听声而已”。被后世称为“至德第三人”的延陵季子，他的“知音”不同于伶工的辨音析节，而是有着深厚的文化底蕴，为千载而下的吴地音乐奠定了基调。

“不提防余年值乱离，逼拶得歧路遭穷败！受奔波，风尘颜面黑；叹衰残，霜雪鬓须白。今日个流落天涯，只留得琵琶在！”(《长生殿·弹词》)“安史之乱”后，曾经供奉宫廷的乐师李龟年辗转流离，流落到江南，带着个琵琶卖艺换饭吃，一面弹，一面唱出今昔兴亡之感。“正是江南好风景，落花时节又逢君”，他在那里遇到了诗圣杜甫，二人相对唏嘘。而巧合的是，也正是在唐朝玄宗的开元、天宝年间，两个在诗、乐方面有着很深渊源并做出了重大贡献的人物，陶岘和黄幡绰，先后来到了昆曲的发源地——昆山。

陶岘，陶渊明的九世孙，唐开元二年（714）卜居昆山千墩（今千灯镇）陶家桥，在浪迹三十余年后又归老于此。不同于乃祖的淡泊萧散，陶岘更喜欢的是放浪形骸，他雅慕谢灵运之为人，自言终当乐死山水，蓄养着昆仑奴和女乐，三只大船载着宾客遍游江湖，往往数月不归，吴越之士号之为水仙，甚至子孙长大成人后陶岘竟然叫不出他们的名字。就是这样一个诗酒风流的人，对音乐也有极深的造诣，他撰写《乐录》八章，评论乐理得失，并且训练自己的那支女子乐队演奏“清商之曲”。据说曾经风靡城乡、曲调秀雅委婉的江南丝竹，创始人就是陶岘。

黄幡绰是正经的昆山人，早年因才艺被朝廷选充梨园弟子，他精通歌舞音乐，幽默诙谐，能言善辩，被称为“滑稽之雄”。在唐朝宫廷 30 多年的演艺生涯中，黄幡绰经常和另一位宫廷名角张野狐联袂表演参军戏，配合默契、妙趣横生，在京城风靡一时。在“安史之乱”时，他随唐玄宗迁西蜀，不仅目睹了马嵬惨祸，也在剑阁陪皇帝一起聆听了凄凉的夜雨淋铃，留下了“三郎郎当”的妙语。玄宗死后他流落民间，回到原籍设馆传艺，死后葬于绰墩山，此山也就是因此而得名。而与绰墩山相连的有“傀儡湖”，数百年来，当地村民都会演傀儡戏，也叫“弄参军”，这不仅是黄幡绰的嫡传，也是盛唐元音的余绪。据徐渭研究，戏曲中“净”的角色，其最初

昆曲集中了中国画和古典园林的美学特质，移步换景，渐入佳境

中国昆曲博物馆

的来源就是“因明皇奉黄幡绰首而起”，为“优中最尊”。明代戏曲音乐家魏良辅在《南词引正》中说：“唯昆山为正声，乃唐玄宗时黄幡绰所传。”黄幡绰被当地人奉为昆曲的祖师爷，每到新年至初夏，都有各地戏班会聚绰墩山搭台唱戏，少收钱甚至不收钱，常年成为惯例，来纪念这位表演艺术家。

典雅细腻的昆山腔

如果仅从戏曲发展历史来看，昆曲是宋元南戏的一个支脉。据祝允明《猥谈》云：“南戏出于宣和之后、南渡之际，谓之温州杂剧。”南戏在北宋末年起源于浙江温州地区，南宋时已经在南方广泛传播，元朝灭宋之后影响渐至全国，逐渐派生出弋阳、海盐、余姚诸腔。元代后期，南戏流经昆山一带，与当地语音和音乐相结合，经昆山音乐家顾坚的歌唱和改进，至明初遂有昆山腔之称。

昆山腔的创始人顾坚也是昆山千墩人，和他的乡贤陶岘一样，都是神仙一流的人物，从他的别号“风月散人”中就可想见其风采。他生逢乱世，只以诗酒自娱，往来的知交如杨铁笛、顾阿瑛、倪元镇都是当时文坛或艺术界的翘楚。尤其是顾阿瑛家世豪富，资雄乡里，他的“玉山佳处”便筑于绰墩山畔，园林胜境，冠绝一时，而且鸿儒往来，为山水增色。后人把“玉山雅集”与晋代绍兴的“兰亭雅集”、宋代洛阳的“西园雅集”相提并论，足见其历史文化地位之高。作为世界首批“人类口头和非物质遗产代表作”的昆曲就是在这样的艺术氛围中萌芽。顾坚精于南曲，又潜心涵泳其中，而顾阿瑛广蓄声伎，汇集于玉山草堂的胜流如柯九思、杨维桢、高明、熊梦祥等人或善于戏文制曲，或善于鼓琴吹箫，如此的机缘之下，“流丽悠远，出乎三腔之上，听之最足荡人”的昆山腔也就应运而生了。

那时的昆山腔还不具有表演的性质，只是“小红低唱我吹箫”，自娱自乐而已。但20年后，明朝开国皇帝朱元璋于洪武六年（1373）召见昆山111岁的老寿星周寿谊时问道：“闻昆山腔甚佳，尔亦能讴否？”于是昆山腔在朝廷亮相，以后至明弘治、正德年间逐渐流行起来。

明嘉靖十年至二十年（1531～1541），居住在太仓的魏良辅借苏州的洞箫名手张梅谷、昆山的著名笛师谢林泉等民间艺术家的帮助，主要是汲取北曲的艺术成就，在原有南曲的基础上加以革新和创造，并兼采海盐、弋阳等腔的长处，对昆腔加以改革，总结出一系列唱曲理论，从而建立了委婉细腻、号称“水磨调”的昆腔歌唱体系。水磨调闲雅整肃、清俊温润，但当时主要还是限于俗称“冷板凳”的清唱，直至嘉靖末年，昆山人梁辰鱼继承了魏良辅的成就，与郑思笠、唐小虞等一起对昆腔作进一步的研究和改革，并编写了第一部昆腔传奇《浣纱记》，演出后扩大了昆腔的影响，从此文人学士争用昆腔新声撰作传奇，习昆腔演唱者也日益增多。

昆曲之美

“江南好，画舫听吴歌。万树垂杨青似黛，一湾春水碧于罗。懊恼是横波。”清代诗人王渔洋的一阕《望江南》，道尽了昆山腔足以移情动魄的魅力。那清扬婉转的曲调将人引入一个远离尘嚣的境界，箫笛悠扬而起的一刹那，一幅小楼疏雨杏花村的江南水墨图卷仿佛在听者面前徐徐展开。江南之地自古便是销金窟，社会经济的繁荣是昆曲形成不可或缺的土壤，自昆曲诞生之日起，便刻下了六朝金粉的烙印。然而深谙富贵者唯言气象，昆曲犹如金陵王谢子弟，秀气胜韵，得之天然，曾经繁华而不损其真，在悠久文化积淀的浸润下，养成了闲雅飘逸的林下风度。

“细腻水磨，一字数转，清柔婉折，圆润流畅”，昆曲声腔的魅力就在于字调的协婉，倚声填词可不是件容易的事情，很难灵感乍现，一挥而就。炼字不仅要辨平上去入四声，还要分阴阳清浊，相传洪昇在创作《长生殿》时一边锤炼词句，一边哼唱打着拍子，以至于脚下的地砖都被踏穿。

演唱昆曲讲究发声跟收声，往往一个字延长到十几拍，对于观赏者而言，粗枝大叶、心性浮躁的人是难以体会昆曲之美的，甚或连曲词都听不清楚。然而如果真的能够洗净凡尘，沉心静气地去体味，那丝丝入扣的感觉能使人心弦一颤，有一种久违的亲切之感，而圆润流畅的曲调仿佛一股清泉，滋润着肺腑，让人通体舒泰——听昆曲就像喝上七碗阳羡茶一样，都是可以“通仙灵”的。

昆曲之美还在于表演时歌舞并重。昆曲的舞蹈具有严格的程式化的规定，唱到哪个字，眼睛应该看哪里，手应该怎样，脚应该怎样，都由老师传授下来，世代遵守着。然而在刻板的规矩中又有极强的写意性，往往一个眼神、一个身段能准确地传达出剧中人难以言说的种种情思，妥帖而自然，剧情也随之推向

留园

昆剧《牡丹亭》

了高潮。与这百戏之祖相比，其他剧种难免显得粗糙。

就京剧而言，虽然现在青衣行当已经不再抱着肚子干唱，表演程式比起其他地方戏来也算得是体系庞然了，然而比起集大成的昆曲，还是有小巫见大巫的感觉。

昆曲还集中了中国画和古典园林的美学特质。中国画讲究神似，苏东坡就讲："论画以形似，见与儿童邻。"昆曲的表演不仅能做到细腻婉转，表演人物毫发不失，而且直摄其神，能从根本上体贴剧情。另外，不同于西方绘画技巧中的焦点透视关系，中国画采取散点透视法，观者不是站在一个角度去欣赏画境，而是移步换景，由虚转实，渐入佳境。苏州园林的营建也是如此，沈复在《浮生六记》中言其妙诀为"大中见小，小中见大，虚中有实，实中有虚"，布置得法则方亩之地而山水幽然深邃而其境难穷，楼阁杂错却显得绰然有余。昆曲的表演也是如此，舞台上并没有什么繁复讲究的道具和布景，主要的切末也就是一桌两椅，而通过演员的表演却幻化出种种虚境，构造出一个完全架空现实的时空背景，剧情也从中徐徐展开，让观众在演员细腻丰富的表演和婀娜多姿的形体语言中感受到无限的意境，和国画园林一样，仿佛蜃气结成的仙山海市，曼妙而神奇。

昆曲之情

暂且撇开传世的明清传奇剧本那典雅藻丽、灵动优美的语言不谈，单单是那其中缠绵之情，怜深似病，而且昆曲伴奏以笛箫为主，清冷幽咽，更使人魂销心醉。"情不知何起，一往而深。生者可以死，死可以生，生而不可与死，死而不可复生者，皆非情之至也。"杜丽娘的魂魄依稀徘徊在山石梅树之畔，望着多情书生柳梦梅痴痴地对着小像声声呼唤，又是怎样的感动呢？而才情或许远胜于杜丽娘的冯小青却红颜薄命，抑郁而终："冷雨幽窗不可听，挑灯闲看《牡丹亭》，人间亦有痴于我，岂独伤心是小青。"死死生生，现实和剧情已经混合在一起，没有必要强去分辨了。怨去吹箫，或许只有昆曲才能承载这样的深情。

“埋没英雄芳草地，耗磨岁序夕阳天，洞房清夜秋灯里，共简庄周说剑篇。”昆曲并不是只以儿女之态示人。实际上，昆曲是最适于表现历史沧桑之感的剧种。那些地方小戏自不必说，也只好敷衍一些悲欢离合、个人发泰的故事罢了，即使是京剧，也缺少昆曲那种从容的大气，京剧的历史剧给人以太具体的感觉，使观众过度关注剧情的冲突，而忘了其他的东西。

昆曲的历史悲剧中也不乏插科打诨、诙谐戏弄，但笑过之后，观众的心又很快能沉下来，涵泳盛衰兴亡的意味。比如，以昆腔水磨调制曲填词的开山之作，梁辰鱼的《浣纱记》，原名就叫作《吴越春秋》，范蠡、西施，勾践、夫差，还有伍子胥、伯嚭、文种，几十个人物，纷繁复杂的矛盾线索和情节头绪有条不紊地展开，境界开阔，历史不再是平面的叙述，而是立体丰满、亲切可感的。感时伤世，“试寻往古，伤心全寄词锋”的作者也就能通过剧情人物，以他人杯酒浇自己之块垒了。

再如作为南明小朝廷败亡实录的《桃花扇》,《馀韵》一出中，神州陆沉后，昆曲笛师苏昆生和说书艺人柳敬亭以劫余之身相遇，回思南明往事，既有“眼见他起高楼，眼见他宴宾客，眼见他楼塌了”的冷眼观世，又有“残山梦最真，旧境难丢掉，不信这舆图换稿”的亡国之恨，只得“诌一套哀江南，放悲声唱到老”，在落寞中了此一生。

由于魏良辅在研创水磨调时很大程度上总结参取了北曲演唱的优点，所以昆曲唱腔中也不乏响遏行云的激昂和壮阔豪迈的悲慨，画家程十发这样评价昆曲的文学性：“你看关公单刀赴会的时候，驾着一叶扁舟，向江东进发，那早晨的太阳照着江水，波光粼粼，天也是红的，水也是红的，激起英雄无限豪情，于是唱出‘大江东去浪千叠’,看到剧本，闭着眼睛，就是一幅画。这时周仓插话道‘好水呀,好水！’关公说,这不是水，这是‘二十年流不尽的英雄血’！”

哀婉也罢，豪放也罢，这就是昆曲。怨去吹箫，狂来说剑，两样销魂味，箫心剑气在传统的文化品格中，是一种令人叹为观止的结合。

背包客收藏：游园惊梦——苏州园林中的昆曲

中国园林，从明、清发展到了成熟阶段，尤其自明朝中叶后，昆曲盛行于江南，园与曲有不可分割的关系。不但曲名与园林有关，而曲境与园林更互相依存，有时几乎曲境就是园境，而园境又同曲境。

昆曲的“水磨调”，经过推敲，身段细腻，咬字准确，文辞美丽，而音节抑扬，宜于小型的会唱与演出。因此苏州园林中的亭榭、水阁，都是最好的表演场所，婉约含蓄，正如苏州园林的结构一样，“以少胜多”，耐人寻味。《牡丹亭·游园》唱词的“观之不足由他遣”。“观之不足”,恰是苏州园林的精神所在。苏州园林，以“雅”为主,“典雅”“雅趣”“雅致”“雅谈”“雅健”等，莫不突出以“雅”。而昆曲之高者，所谓必具书卷气，其本质一也，就是说，都要有文化，将文化具体表现在作品上。园林高低起伏，有藏有隐，有动观、静观，有节奏，宜细赏，人游其间的那种悠闲情绪，是一首诗，一幅画，而不是匆匆而来，匆匆而去，走马看花，到此一游，而是宜坐，宜行，宜看，宜想。而昆曲呢，亦正为此，一唱三叹，曲终而意未尽，十分缠绵婉转。

园林中欣赏昆曲的场所：怡园藕香榭、网师园濯缨水阁、拙政园卅六鸳鸯馆。

画意江南

人在江南，便有置身画中之感。这是普通人对于江苏最直接的感受，难怪在中国的绘画史上江苏籍的丹青大家到了数不胜数的程度。

江苏自古是人文荟萃之区，几乎所有的艺术门类在这里都源远流长、蔚为大观。江苏绘画根植于吴文化这块博大精深、涵美蕴秀的土地，是吴地艺苑里一朵明艳的奇葩，在中国美术史上具有举足轻重的地位。

丹青大师指不胜屈

历史上，即使不算流寓在江苏的画家，数起本籍的丹青大家也是指不胜屈的：从东晋画《洛神赋图》的顾恺之，到五代十国时期在南唐翰林图画院供职的周文矩、顾闳中和山水画“淡墨轻岚为一体”的董源、巨然，再到南宋遗民龚开，元季四家中就有两位是江苏人：黄公望原名陆坚，本贯是常熟，因为出继永嘉黄氏才成了浙江人，但他的山水画“探阅虞山朝暮之变幻，四时阴雾之气运”，受到家乡山水的艺术滋养；倪瓒是一个狷介散逸、不协俗调的文人，他的画大多取材于太湖一带景色，好作疏林坡岸，浅水遥岭之景，其构图多为平远的风光，具有“古淡天真”的意趣，明代江南人家就以有无倪画来判雅俗和清浊。

明清时期，江苏成为全国绘画的中心，明中期苏州的沈周、唐寅（字伯虎）、仇英、文徵明号称吴门画派，又被后人称作“明四家”。明末清初，江苏籍的画家更是占了半壁江山，比如“清初六家”王时敏、王鉴、王恽、王原祁和吴历、恽寿平就是江苏人。再有清初以龚贤为首的金陵八家是聚集于江南地区的一批遗民画家，他们遁迹山林，洁身自好，重视师法自然，主要描写南京一带风光，揭示山川之美，画作清新怡人。清中期，扬州八怪异军突起，各领一时风骚。

到了近现代，徐悲鸿、刘海粟、吴湖帆、吴冠中、李可染、钱松、潘玉良——生于斯长于斯的名家大师引领了中国画坛的风气，也为这片诗意的土地增添了色彩。

从顾恺之到徐悲鸿

如果说这样流水账般数说古人名姓，似乎有类于录鬼簿，难以真正体现江苏绘画的传统和成就，那么从顾恺之和徐悲鸿这两个异代不同时的开山大师

洛神赋图卷

徐悲鸿的《奔马图》

身上，我们能更深刻地认识江苏艺术土壤的深厚。

顾恺之是东晋时无锡人，字长康，小名虎头，由于他的名气，后代读书人都喜欢把姓顾的朋友戏称为虎头，这也是带有一种尊重意味的昵称。他擅文学，工诗赋，喜书法，尤其精妙于绘画，才情风神一时无两，谢安都说这样的人实在是“自苍生以来未之有也”。他性格率真通脱，喜好矜夸，也很幽默诙谐。

据说顾恺之把自己最得意的画装了一橱柜寄存在桓温之子桓玄那里，并且橱柜上都贴了封条，题上字。桓玄偷偷开启封条窃去了画，把封条重新贴上。当顾恺之发现这些画一张都不剩时，却非常兴奋地说“妙画通神，变化而去，亦犹人之登仙”。还有一则逸事甚至成了笑林经典，《晋书·顾恺之传》记载：“桓玄尝以一柳叶绐之曰：‘此蝉所翳叶也，取以自蔽，人不见已。’恺之喜引叶自蔽，玄就溺焉，恺之信其不见己也，甚以珍之。”因此时人赠予他三绝之号——才绝，画绝，痴绝，似乎比史传上说的“博学有才气，丹青亦造其妙”更加传神。这种痴黠各半的文人气质在后代的画家如倪瓒、明四家、扬州八怪等人身上也可以找到，似乎是一脉相承的。

顾恺之的人物画最为著名，其次为山水，元人汤垕说他的笔法如“春蚕吐丝”，像“春云浮空，流水行地”，勾画精准，飘逸而细腻。可惜传世的画作《洛神赋图》和《列女仁智图》都是后人的摹本，但从中透露出的风骨神韵正如汤垕所言有“不可以言语文字形容者”，也足以让我们叹为观止了。

顾恺之作画十分强调眼神的重要，为人画像往往留下点睛的最后步骤，数年不肯动笔，人们问其原因，他回答道：“四体妍蚩，本无关于妙处，传神写照，正在阿堵中。”阿堵是六朝人的口头语，意思是“这、这个”，这里代指眼睛，并非后世特指钱的“阿堵物”。顾恺之论画最重“传神”，他第一个明确提出“以形写神”的主张。“迁想妙得”“神仪在心”的主张其实就是后世意在笔先、胸有成竹等说法的蓝本。

郑板桥《梅兰竹菊》

现代国画大师潘天寿说："顾恺之在画论上的成就，真是精深宏远，无大不包，无微不至。自然他的画论的成就，是由于他绘画上的造诣而来。也由于他学问的渊博、文艺的深至，相互辅助而完成的。可说自晋迄今的诸大画家未能跳出他的范围一步。"

关于徐悲鸿更是不必笔者饶舌，这个名字对我们来说真是如雷贯耳了。

徐悲鸿是江苏宜兴屺亭桥人，自小看惯了太湖烟波、阳羡山水的署画美景。近代画坛有"三重臣""三驾马车"之说，徐便为其中之首。他的画熔古今中外技法于一炉，古为今用、洋为中用。他把西方艺术手法融入中国画中，创造了新颖而独特的风格，素描和油画则又渗入了中国画的笔墨韵味。

他的代表作油画《田横五百士》《徯我后》，中国画《九方皋》《愚公移山》等巨幅作品，充满了爱国主义情怀和人民群众威武不屈的精神，表达了对民族危亡的忧愤和对光明解放的向往。尤其他常画的奔马，几乎成了其中国画的象征和标志。徐悲鸿在美术史上起到了承前启后、继往开来的巨大作用，中国现代美术的奠基者之称不遑多让。

附带再说几句。画坛三重臣中，除了林风眠原籍广东外都是江苏人。

刘海粟出生于江苏武进，17 岁便筹办了全国第一所美术学院——上海图画美术院。刘海粟大胆引进裸体模特儿写生课程，引起了轩然大波，被卫道士指为艺术叛徒，受到了军阀势力的打压，甚至秘密下令要孙传芳逮捕他。虽然经过十余年的斗争最终不得不妥协，但还是为中国的美术教育树立了里程碑。

明四家与扬州八怪

如果说顾恺之和徐悲鸿代表了江苏绘画的最高成就，那么最能代表吴地社会面貌和文化特点的画家就莫过于明四家和扬州八怪了。明清两代，商品经济和市民文化极度繁荣。此时社会意识也悄然发生着变化，文人雅士不再孤芳自赏，而是与市民阶层、富户巨贾之间形成了某种联盟，画家逐渐成为一种职业，艺术家身上有了商人味，公开开列润格，出售自己的诗文字画。

首先是文人画家的职业化。在明四家中，沈周因家训未曾出仕，唐寅是科举失意，只有文徵明在 54 岁时被授予“翰林院待诏”之职，但 4 年后稍不如意即辞官退隐。他们为了生计，需要卖画，昔日不轻易为人落笔的文人也放下了架子。比如，沈周即使遇到“贩夫牧竖”来索画，他也“不见难色”。

然而此路一开，求画之人便纷至沓来，稍微知名的画家都会感到应付不来，有人写诗形容画债高筑的窘态：“纷纷画债未能偿，日日挥毫不下堂。郭外有山闲自在，也应怜我为人忙。”据说沈周在苏州嫌索画人太烦，逃到杭州，住在西湖宝石峰僧舍，谁知还是被发现了，那里求画之人更多。好友写诗笑他“送纸敲门索画频，僧楼无处避红尘。东归要了南游债，须化金仙百亿身。”说要还这些画债，只有像神仙那样有分身术才能应付得了。这种供不应求的情形不可避免带来假画的泛滥。除了不知名的画家画匠借此牟利，名家自己也请代笔捉刀。所以明代韩昂《图绘宝鉴续编》中有“(沈周)因求画者众，一手不能尽答，令子弟摹写以塞之，是以真笔少焉”之说。还有文徵明常请同乡朱朗代他画青绿山水，朱朗也私下借他的名字换钱。有一次某人封了银子，要朱朗伪造文徵明的画作，不料信错送到了文徵明手中。文徵明非但不责怪，反而给那个求画者亲笔画了一幅，还回话说：“假朱朗可否？”此事一时传为佳话，但对此类事情最为头痛的恐怕就是现在的收藏家们了。

再者是职业画家文人化。仇英漆匠出身，在当时的社会，文人和工匠是有很大差别的。市民阶层虽然在自己的生活圈子里自得其乐，但是对能够学而优则仕的读书人还是极端艳羡的，他们不讳俗，而又力图求雅。所以仇英的画之所以能够为社会主流所接受，与沈、文、唐齐名，除了因为千锤百炼的功力外，主要原因还是符合文人的审美趣味。比如他的《柳下眠琴图》，山坡上孤石矗立，旁有高柳斜出，枝叶在微风中婆娑，柳荫下一位高士正在倚琴休憩，坡下童子负笈而来，正所谓“道书摊未读，柳下故人思”。画面没有设色，但用笔润泽，气韵高古，抒写自然，颇有元人的水墨遗韵。

扬州八怪李方膺扇面

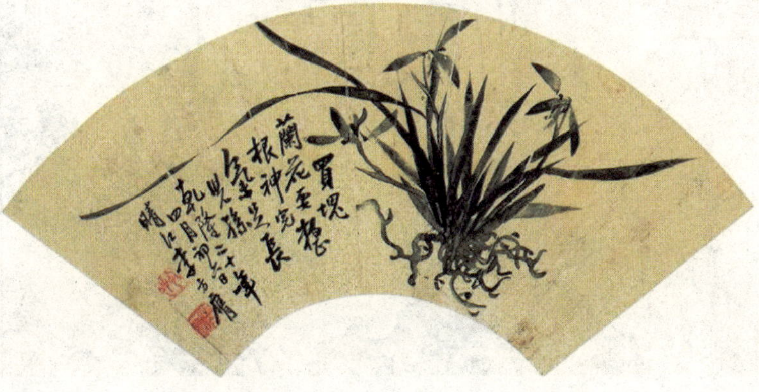

明四家的画风虽然各有所长，但共通的是都能兼宗南北，博采众长。他们的画作大多笔法老到，细劲而不失圆厚，酣畅而无鲁莽灭裂之弊，设色淡雅，意境清幽，高迈隽逸。而且他们的画作往往能雅俗共赏，除了要表现自己“淋漓水墨余轻狂”的文人故态外，用笔也非常讲究工细精准，结构整饬而富有装饰性，题材上也不乏市民喜闻乐见的界画楼阁、工笔仕女等，受到工商阶层的广泛欢迎。

然而在商品经济大潮中，画家们仍然保持狷介的气质和独立的精神。文徵明为求画之人立了个标准，就是“生平

桃花坞年画

三不答应，宗藩、中贵、外国也"，对皇族藩王和当权太监都一概回绝。唐寅遭遇过科场冤案，一生饱受世态炎凉的滋味，益发放浪形骸，纵情诗酒。他以诗自况他的卖画生涯："不炼金丹不坐禅，不为商贾不耕田，闲来写幅丹青卖，不使人间造孽钱。"

用画来换钱不是什么充满铜臭的俗事，反而能够远离蝇营狗苟的利益纷争，自给自足，无求于人。他自号江南第一才子，一生行事也是桀骜不驯，晚年生活不免陷于困顿，贫病交加，死时年仅53岁。

如果说这种狷介的气质在明四家身上表现为"狂"，那么在扬州八怪身上则走向极端，成为一种乖张怪癖了。

"扬州八怪"之说，由来已久。但八人的名字，其说互有出入。据李玉棻《瓯钵罗室书画过目考》中的"八怪"为罗聘、李方膺、李鲜、金农、黄慎、郑燮、高翔和汪士慎。这是比较通行的说法。此外，各书列名"八怪"的，尚有华喦、高凤翰、陈撰、边寿民、闵贞、李葂、杨法，一共有15人之多。而据当地人的说法，八怪在扬州话中就是奇奇怪怪的意思，和具体的人数倒没有太大关系。

扬州作为东南都会，商业经济高度繁荣，此地聚集着富可敌国的盐商巨贾，对字画等文化产品有极高的消费需求。对于布衣寒士来说，这是谋生的机会，但其间的心理落差也是巨大的，何况在繁华背后又掩盖了多少社会矛盾和民族冲突的潜流，他们不可能毫无体察。"八怪"作为士的阶层，在维护自身利益的前提下，和富商之间保持一种若即若离的关系。他们喜欢画怪石，画梅兰竹菊四君子，刻意表现石的坚贞，梅兰的傲骨和高洁。郑板桥题《柱石图》诗云"谁与荒斋伴寂寥，一枝柱石上云霄。挺然直是陶元亮，五斗何能折我腰"，回顾自己得罪长官大吏，罢官而归的往事，他没有懊悔，反而是透出并肩古人的得意。

八怪们自我审视中有一种孤芳自赏的情结，而当他们的眼光放到社会中时，又不免牢骚满腹，愤世嫉俗。罗聘有感于人情世态，画了《鬼趣图》八幅，以夸张手法描绘出一幅幅奇异怪谲的鬼怪世界，借以讽喻社会现实，引起时人轰动，著名文人翁方纲、钱大昕、蒋士铨、袁枚等皆有题诗，其中张问陶题句云"对面不知人有骨，到死方信鬼无皮"，骂人骂世，入木三分。有人作诗问罗聘："却愁他日生天去，鬼向先生乞画人。"先生他日升天之后，鬼要求你为它画人又当怎么办呢？对于此问不知罗聘曾经作何回答，但近人唐弢替他想出了个简便直截、奇思绝妙的解决方法："两峰（罗聘之号）只要带着这八帧画去见鬼，同时告诉他们说：'这便是人！'"

淡而不薄，淮扬菜

川、粤、鲁、淮四大菜系中，川菜属于典型的平民菜；粤菜属上古菜；鲁菜讲究的是排场；淮扬菜是文人菜，味虽清淡，却淡而不薄，回味悠长，很有宁静致远的意境。

江苏人的“讲究”生活

清代大诗人袁枚在《随园诗话》里讲了一个真实而有趣的故事。说一个翰林学士放了一任福建学政，得了一两千两银子（这在当时可是一大笔钱），于是就烧包得不行，过苏州时买了一位貌美能诗的才女做妾，谁知到京师后美妾却因“南北地殊，服食不惯”上吊自杀了。时人一针见血地指出个中缘由：“日日食鲜鱼活虾，瓦鸭火腿，绍兴酒，龙井茶，何以养之？”北京一官宦之家竟然养不起苏州一妾？让当时人也让后人很不理解。

殊不知，那不过是一个中产之家的正常饮食而已，并非明清时的苏州就多么穷奢极侈。

江苏人讲究生活的细节，讲究吃得滋润，南方人特有的勤快很大程度上体现在经营日常的餐饮上。北方人有句俗话：好吃不过饺子，好受不过倒着。但是二者之间必须有一个平衡的选择，如果过于追求好受的话，饺子是一年也吃不上几回的。相比之下，江苏人对好吃和好受的追求不同于北方的质朴实在，而是更高层次的精致。住得舒服，不是热炕头上囫囵一倒，而是曲院回廊，逍遥自在；吃得舒服不是食无兼味，而是鱼虾时蔬，随节令不同尝新尝鲜。《清稗类钞》中说“苏人以讲求饮食闻于时，凡中流社会以上之人家，正餐、小食，无不力求精美”，当北方人还只习惯一天只吃两顿饭的时候，江苏人已经一日三餐甚至更多了。当年乾隆皇帝数次下江南，巡幸时大快朵颐，回到北京后向大臣们批评江苏人的恶俗：“吴俗奢侈，一日之中，乃至食饭五次，其可知。”五餐之说有夸大的成分，但是从这则逸事中，我们也可对江苏人的生活态度略窥一斑，就是食不厌精，忙中取闲，在精致和讲究的生活细节中优游卒岁。

淮扬菜三套鮰鱼狮子头

四大菜系之淮扬菜伊始

说起淮扬菜，扬州人说扬州菜是代表，淮安人说淮安菜是正宗，其实它们都只是淮扬菜的一部分，互相作用下发展成了今天的淮扬菜。准确地说，淮扬菜包括扬州菜、淮安菜和镇江菜，当然非要说扬州菜就是淮扬菜也没错，因为“禹分九州”，古时扬州地域辽阔，北起淮水，东南到海，南为浙江、安徽和江西三省北部地区，地域包括长江下游和淮河下游，而两个下游是汉以后中国最富裕的地区。在最富裕的地区发展出中国最好吃、最有品位的淮扬菜也就顺理成章，而苏州菜、无锡菜、南京菜、杭州菜和上海菜不是淮扬菜的分支，就是从淮扬菜发展而来。

四大菜系中，粤菜崇尚生猛海鲜是上古菜，川菜喜用辣椒、花椒，属平民菜。而鲁菜又叫京鲁菜，是宫廷菜，重色重盐，讲究富贵排场。淮扬菜是文人菜，原汁原味，咸淡适中，南北皆宜的清雅风格（集合了南方菜的鲜脆嫩和北方菜的咸色浓），吃一顿淮扬大餐仿佛是在听一出昆曲《牡丹亭》，戏中既有北人的豁达豪放，又有南人的婉约细腻。

淮扬菜发轫于先秦，隋唐时已声名远播，经过宋元至明清已经成为中国菜系中的主要流派，满汉全席 108 道菜 66 道来自淮扬菜。1949 年开国大典前夕，周总理招待中外宾客的第一次国宴即为淮扬菜，所以淮扬菜有了“开国第一宴”的别称。

那么淮扬菜是如何从茹毛饮血的原始阶段发展到浓而不腻、淡而不薄的文人菜，继而成为菜中极品的呢？

淮安、扬州两地地处江淮腹地，濒临黄海、东海，北有洪泽湖，南邻太湖，滔滔运河纵流南北，境内大小湖泊星罗棋布，时令蔬菜四季常熟，两淮鳝鱼、太湖银鱼、镇江鲥鱼、阳澄湖大闸蟹、南通狼山鸡、高邮鸭、如皋火腿，泰兴猪皮薄肉嫩，南京矮脚黄清菜梗白肉嫩味甜。据清人李斗所著《扬州画舫录》记载，两淮“山地种蔬，水乡捕鱼，采莲踏藕，生计不穷”。丰厚的物产为淮扬菜系的形成提供了必不可少的物质条件。

扬州炒饭

而淮扬先民早在 4000 年前，就已经挣脱了茹毛饮血的蒙昧状态，超越了伏羲火上燔肉、神农石上燔谷的原始萌芽时代，开始使用陶质器皿，懂得用火和水一起烹制熟食。而到了古邗国，也就是中原夏、商、周时期，在仪征破山口出土了属于这一时期的青铜鼎（煮肉用具）、青铜鬲（炒菜用具），同时出土的还有酒器尊和卣、乐器钟，以及祭祀时盛具牛、羊、猪的四凤盘（食器）。据此可知，淮扬先民 3000 年前就生活在礼乐之邦，就已经懂得如何善待自己、善待生活。

到了西汉，扬州一跃成为东南封都，“淮左名都”由此得名。由于得煮盐铸

大烧黄鱼

铜之利，吴王刘濞“富可敌国”，才有日后吴王率七国叛乱。而汉赋大家枚乘在其代表作《七发》中为楚太子开列了一席菜单，大多是扬州豪宴中的美味佳肴，它真实地反映了淮扬地区上流社会的饮食生活。文中涉及的佳肴有笋蒲配小牛腹腴、石耳狗肉羹、炖熊掌、五味调和的酱、烤兽脊肉薄片、鲤鱼脍、烹野鸡、烹豹胎、烹秋蔬等。

虽然枚乘四处推举，但此时的淮扬菜依然默默无闻。淮扬菜的大踏步前进得感谢一个人，那就是隋炀帝。隋炀帝虽然荒淫无道，但大运河的开凿贯通了海河、黄河、淮河、长江、钱塘江五大水系，“每岁漕上给于京师者，数千百艘，舳舻相衔，朝暮不绝”。扬州作为这条大动脉的交通枢纽，南北货物统统汇集扬州城。隋炀帝三下扬州，将长安、洛阳等中原美食带进扬城隋宫，进而外传民间食坊。而其途经之处，更是“夜煮百羊，以供酒馔”，州县上贡珍馐，庖厨刻意斗妍，天下名厨纷纷集聚扬州，扬州本地厨师得以大开眼界，吸收各地精华，整体水平从王侯级提升到帝王级。扬州烹饪业因隋炀帝而日渐兴盛。

唐代，扬州已发展为东南经济文化中心，“天下三分明月夜，二分无赖是扬州”“万商日落船交尾，一市春风酒并垆”“春风十里扬州路，卷尽珠帘总不如”，商贾、文人、士大夫纷纷“腰缠十万贯，骑鹤下扬州”。而扬州的瘦西湖更像是一条清新婉约的美人鱼，两岸柳色迷蒙，花影幢幢时放时收，于是商贾斥巨资纷纷筑起一座座亭台楼榭。连大诗人杜牧也乘胞弟在扬州患眼疾之机，百日官假过期还赖着不走，继而弃官不做在扬州享受“落魄江湖载酒行，楚腰纤细掌中轻”的悠闲生活。金钱和诗意都去了扬州，美女自然也就跟着来了。一批有闲有钱还有几分诗情的有闲阶级刺激了扬州的餐饮发展，厨师们的技艺也越发精湛，淮扬菜从此自成体系。

大运河与淮扬菜

自隋唐以来，东南有三大政即盐、漕、河。到了明清两代，淮安逐步成为漕运和河道中心，而扬州自大运河开凿以来就一直是漕运和盐运的枢纽。

先说盐业。两淮盐业到明清已经发展成为全国最大的盐区，两淮盐业足以影响全国经济。据乾隆《两淮盐法志·序》中记载："全国赋税之半来自盐课，而两淮盐课又居天下之半。"乾隆年间两淮每年食盐吞吐量为5.5亿斤左右，两淮盐商每年可赚银1500万两以上。清乾隆三十七年（1772）国库总资产为7800余万两白银，两淮盐商的总资产竟达7000万两以上。

到了嘉庆年间"两淮盐课当天下租庸之半。损益盈亏，动关国计"。

再说漕运。明永乐十三年（1415），漕运总兵陈开浚清江浦河，南北运河全线贯通。漕运是关系国家政治经济命脉的要政，历任漕运总督都由国家重臣担任。明漕督驻节淮安，负责督催、盘验、接受南方各省缴纳的皇粮，各省督粮道都归其管辖，同时兼理海防河防。有些漕督还兼巡抚淮安、扬州、庐州、凤阳四府及徐州、和州、滁州三州事。淮安一跃成为"南北之襟喉，漕运之要津"。明又在清江浦设户部分司，为满足对内河漕船的需要，工部沿清江浦河南岸23里兴建了当时国内最大的造船基地——清江督造船厂。清康熙十七年（1678），河道总督迁驻清江浦。到1775年，仅清江浦人口已达到54万，超过两江总督驻节地江宁（南京），而扬州人口更是多达60余万，淮安和扬州成为名副其实的大都市。

如果没有盐业和漕运，没有大运河，也就没有淮扬饮食文化的繁荣与发展。漕运和盐运使淮安和扬州得以发展，粮商和盐商以及督管漕运、盐运、河务的大小官员们则是推动淮扬菜走向鼎盛的主力军。据明代科学家宋应星在《野议·盐政论》里记载，扬州盐商每年利润900万两，除了100万两交税外，一半以上花在衣食住行等个人消费上。扬州盐商们极尽奢华，淮安的漕运官员们也不甘落后，"脂膏流于街衢，珍异集于胡越"。

出于与官府交际以及商务应酬的需要，加之炫财露富和及时行乐的心态，不少盐商"衣服屋宇，穷极华靡；饮食器具，备求工巧；俳优伎乐，恒舞酣歌；宴会戏游，殆无虚日……骄奢淫逸，相习成风。各处盐商皆然，而淮扬尤甚。"

慢工细活的文人菜、功夫菜

淮扬菜的形成是其地理环境和淮民性格决定的，能取得今天的成就，三个皇帝功不可没。第一个就数隋炀帝，没有他就没有大运河，没有大运河就没有繁荣的漕运和盐运，没有漕运和盐运就

每一道淮扬菜都像吟一首诗，需要仔细琢磨、慢慢推敲

没有淮扬两地的繁荣昌盛。

剩下是一对祖孙，也就是康熙和乾隆。没有他们的几下江南，淮扬菜也不可能得到长足发展。而没有盐商和粮商以及漕运官员们的附庸风雅和炫财斗富，淮扬菜也只是一般平民百姓的家常小菜。其实，淮扬菜最应该感谢的还是文人墨客，是他们将淮扬菜定了性。

中国文人不是儒家子弟，就是老庄徒孙。儒家讲究的是中庸之道，平淡才是人世间最好最美的滋味，而道家则推崇道法自然、清静无为，两家追求的都是“天地有大美而不言”“无极即是太极”。因此，清淡就成了淮扬菜的重要特色，从豪门盛宴到市井百姓家的平常饭菜莫不如此，每一道菜看上去都清新淡雅，吃起来又都回味悠长。不会品的人自然是尝不出滋味来的。

文人墨客的参与使淮扬菜成为功夫菜，成为闲情逸致菜，做每一道菜就像吟一首诗，需要慢慢推敲、仔细琢磨，着急上火是做不了淮扬菜的。而一道复杂的淮扬菜多则三五天才能做成，就是不怎么费事的淮扬家常菜——馄饨啤酒鸭也要花费 30 多个小时。

这只是一道普通的家常淮扬菜，而淮扬极品淮安软兜长鱼虽然烹制程序并不复杂，但要想将它做到完美，突出它的风味特点，难度就大了。此菜由于烹制后嫩度极好，用竹筷一夹，鳝丝两头就柔软地靠在一起，形似小孩的红兜肚，并且能够将芡汁全部兜住，故名“软兜长鱼”。这 108 道长鱼席中的第一名菜绝非浪得虚名，它选用小嫩的活鳝鱼，取其脊背肉，在油锅内旺火烹制而成，而食材部位的不同决定了这道菜的品位，绝非用鳝鱼肚皮肉做的响油鳝糊可以匹敌。该菜色泽乌亮，吃在嘴里娇嫩爽口，远远就能闻到一股浓郁的香气，鲜美绝伦。盛入玉盘，盘如满月，鳝脊细长，蜿蜒其中，恰似嫦娥舒广袖，故又名“嫦娥善舞”。

扬州名菜三套鸭

淮扬菜种类繁多，既有花三五天才能做成的大菜，又有眨眼就是一道的美味佳肴。无论工序简单还是复杂，每道菜的选料、刀功、火候以及配用的高汤都极为讲究，一点也不能马虎。“鲜活”是淮扬菜的第一要素，每道菜对原料都有严格要求，而原料特点在制作过程中必须得到充分发挥，这就看厨师们的精湛功夫了。吃淮扬菜就是吃功夫，培养一名淮扬菜厨师至少要花三年时间，而一个淮扬菜厨师仅练“刀功”就要切掉一吨重的生姜。一块两厘米厚的嫩豆腐先劈成 30 片，再切成可以穿过绣花针鼻的细丝。精细的刀功，娴熟的拼摆，精当的色彩配搭，使淮扬菜如同精雕细琢的工艺品。淮扬大厨们根据古人提出的“以火为纪”的烹饪纲领，把握着鼎中之变的精妙变化，通过火功的调节体现菜肴的鲜、香、酥、脆、嫩、糯、细、烂等不同特色。家鸭套野鸭、野鸭套菜鸽、用火腿冬笋做辅，逐层套制的三套鸭又将淮扬菜富于变化、想象力丰富的特色演绎得精美绝伦。淮扬风味的形成，与调料、汤料的应用是分不开的。除一般调料之外，淮扬厨师喜用蟹油、笋汁、蕈露、虾子增鲜。汤料则煮浓汤，吊清汤，“汤清见底，汤浓如乳，淡而不薄，浓而不腻”。

园林、文人、饮食，三位一体地鼎立起淮扬烹饪文化的特殊构架。在淮扬饮食文化传统中：园林是依托，文人是主体，饮食是对象。文人们在园林里吟诗作画，品酒尝鲜。从枚乘写王府园林文宴，到李白、秦观、陆游、司马光、吴师道、郑板桥、孔尚任等都吟咏了大量扬州美食的佳作，欧阳修、苏东坡在平山堂行诗文酒会更为扬州百姓熟道。从满汉全席到面点小吃，都成了文人们笔下浓墨重彩的咏叹，淮扬菜被骚客们从食苑领进了文苑。

蟹黄汤包

如果说做淮扬菜是吟诗，那么吃淮扬菜就是品诗了。大部分淮扬菜都要趁热吃，但又不能太急，得慢慢品尝。心急吃不了平桥豆腐、文楼蟹黄汤包、清炖狮子头、软兜长鱼，心急也吃不了花了 30 多个小时才做成的馄饨啤酒鸭。馄饨啤酒鸭虽然普通，但吃在嘴里回味无穷。其实，最好吃的是馄饨和鸭汤。馄饨要一勺一勺慢慢吃，鸭汤要一口一口缓缓往下咽。吃完，满口余香。吃淮扬菜要懂得回味，要慢慢品。吃淮扬菜，品龙井茶，一种天地间醇正之味沁人心脾，令人神游天外。因此，吃淮扬菜不但要舍得花工夫，还得有个好环境。一个吵吵闹闹、嘈杂之地是吃不出淮扬菜的好味道来的。吃淮扬菜如品茶、如读诗，不但要有知识储备，还要有味蕾储备，不花工夫顶多觉得好而已，好在哪就云里雾里了。而三下五除二吃顿淮扬菜简直是暴殄天物。

秦淮水逝，八艳留迹

说南京就不能不提秦淮河，充盈着六朝金粉的十里秦淮，流传着多少帝王、才子、佳人的故事。"秦淮八艳"不只是八个女人的命运，也是一个朝代的政治、权力与经济的反射。

秦淮河不算长，但绝非只有十里。秦淮河从南京城区武定门外分为两汊，一汊作为干流绕城而过，为外秦淮河，穿城而过一汊叫内秦淮，从通济门附近得东水关入城，又在淮清桥分为南北两支，其中南支经夫子庙、镇淮桥，自水西门附近的西水关出城，就是历史上享有盛誉的"十里秦淮"。这十里柔波，见证了千年古都的鼎盛繁华。就如朱自清在《桨声灯影里的秦淮河》中感叹的那样："秦淮河的水是碧阴阴的，看起来厚而不腻，或者是六朝金粉所凝么？"泛舟于月下的秦淮河，如果要发一些思古之幽情的话，或许并不会去慨叹"三百年间同晓梦"的六朝兴废，去感伤旧时王谢、高门华胄的陵夷，去思考千年王气究竟钟于何处——帝王将相争霸逐鹿的历史毕竟过于沉重，这缕缕涟漪又如何承载得起呢？倒是明末随着一代王朝水逝烟消的几个青楼出身的奇女子，令我们颇涉遐想。

马湘兰、顾横波、董小宛、卞玉京、李香君、寇白门、柳如是、陈圆圆，"秦淮八艳"之称脍炙人口，而她们大都出身南京旧院，其事迹曾被明代遗民诗人余怀看作"一代之兴衰，千秋之感慨所系"。作为承平盛事的亲历者和陵谷巨变的见证人，余怀或许就是所谓伤心人别有怀抱吧，以我们现在的心境很难真正体会这种感慨。然而毫无疑问的是，不管是出于猎奇还是为了以资谈助，去追寻这些名妓的旧迹往事是到江苏旅行的另一种乐趣，在探幽寻胜的过程中也可以更深入地了解这自古流淌的秦淮河和六朝古都的文化底蕴。

旧院兴衰与秦淮灯船

秦淮河是长江的一条支流，本名龙藏浦，汉朝始称淮水。相传秦始皇东巡时，望见金陵上空紫气升腾，认为是王气，必须要加以镇压，于是通过"凿方山，断长垄为渎入于江"来破除王气，故而

充盈着六朝金粉的十里秦淮，流传着多少帝王、才子、佳人的故事

秦淮河的水是碧阴阴的，看起来厚而不腻

后人误认为此水是秦时所开,称之为“秦淮”。它有两个源头，分别是江苏句容境内的宝华山和溧水的东庐山，全长约110公里。

公元前472年，越王勾践筑越城于秦淮河畔，自此两岸逐渐繁荣昌盛，孕育了灿烂的秦淮文化。“郎骑竹马来，绕床弄青梅。同居长干里,两小无嫌猜”,李白笔下那对青梅竹马的小夫妻所居住的长干里就在秦淮河畔最繁华的临水街区，这里早在秦汉六朝时期就已经是人烟稠密、商贾云集的地方了。桃叶渡、乌衣巷、朱雀桥、凤凰台、赏心亭……多少人们耳熟能详的名胜古迹散落在秦淮河畔，组成了一个诗意的链条，而旧院就位于秦淮南岸，是明后期南京名妓的聚居之地。

“江南佳丽地，金陵帝王州”，南朝诗人谢朓的诗句似乎是为这千年古都的人文风貌定下了基调。江山形胜、富贵权势、风流文采，在南京的历史中什么都不缺，而明代官妓的兴盛也是这几种因素的凑泊，除了经济文化的影响外，又与几个皇帝的暴虐荒唐联系在一起。官妓制度古已有之，但明朝无疑是其鼎盛时代。明太祖朱元璋为了招徕四方宾客,修建了所谓“十六楼”作为娱乐场所，遍布在南京城内。楼中广置官妓，各楼还都起了如轻烟、淡粉、梅妍、柳翠、集贤、乐民、雅歌、鼓腹等好听的名号。据说朱元璋还为妓院题写对联：“此地有佳山佳水，佳风佳月，更兼有佳人佳事，添千秋佳话；世间多痴男痴女，痴心痴梦,况复多痴情痴意,是几辈痴人。”当然这位文盲皇帝未必有这样的水平，诸君姑妄听之，不必当真。除了用风花雪月来粉饰太平外，皇帝最主要的目的还是课取“脂粉钱”，增加税收，而且他永远不会为官妓的来源发愁：元末的割据势力吴王张士诚被他击败后，其士卒的妻子都被掳掠为妓，有数万之多；时局平定后朱元璋屡兴大狱，屠戮功臣，每次杀人动辄上万，同时籍没的女子应该不在少数。

他的儿子明成祖朱棣在这方面可谓青出于蓝，不逊乃父。朱棣兴兵夺了侄子建文帝的皇位，用“瓜蔓抄”的方式诛杀建文帝的旧臣，其妻女亲戚都被发配教坊，如此开源畅流，又何愁此业不盛呢?

朱棣迁都北京后，南京城中的脂粉产业难免有所衰落，所存只有旧院、珠市、南市几处。但随着社会经济和文化的发展，弥漫其中的戾气也逐渐淡化。而正德年间的皇帝南巡犹如烈火烹油，繁花着锦，为南京旧院的兴盛并成为同行中的翘楚提供了契机。正德帝朱厚照应该算中国历史上最荒唐的皇帝之一，但幸好不是亡国之君，依照成王败寇的标准，在民间野史中只是调侃戏说的对象，就拿他和李凤姐的艳事来说，京剧

《游龙戏凤》中正德的形象颇有幽默感，到了越剧《梅龙镇》中又变成了贾宝玉式的多情种子，可见口碑不算最差。话说明正德十四年（1519）六月，南昌的宁王朱宸濠造反，江西巡抚王守仁很快平定叛乱，但正德帝又怎肯错失如此良机，便自封“总督军务威武大将军总兵官太师镇国公”，浩荡南下，御驾亲征去了。他一路游玩，十二月来到南京，一直住到第二年的七月。半年多的时间里，有多少游龙戏凤的故事发生不难想象，而这位闲游戏耍皇帝最为垂青的还是位于秦淮河畔不远的旧院。皇帝遍选声伎，旧院中的名妓一经品题，便身价百倍，而原十六楼之一的南市，这时已经是“卑屑妓所居”，难登大雅之堂了。

正德南巡之后，宫廷音乐和北曲演唱也借以流传于南方，秦淮灯船与旧院乐舞，从此便繁荣兴盛起来，成了明中后期南都繁盛景象的两大招牌。余怀称“秦淮灯船之盛，天下所无”，当时的盛况虽然早已水逝烟消，但从古人的文字中仍能体味那烟月灯火相交映的繁华。

两岸河房，雕栏画槛，绮窗丝障，十里珠帘。主称既醉，客曰未晞。游楫往来，指目曰：某名姬在某河房，以得魁首者为胜。薄暮须臾，灯船毕集，火龙蜿蜒，光耀天地，扬槌击鼓，踢顿波心。自聚宝门水关至通济门水关，喧阗达旦。桃叶渡口，争渡者喧声不绝。——余怀《板桥杂记》

画船箫鼓，去去来来，周折其间。河房之外，家有露台，朱栏绮疏，竹帘纱幔。夏月浴罢，露台杂坐。两岸水楼中，茉莉风起动儿女香甚。女各团扇轻绔，缓鬓倾髻，软媚着人。年年端午，京城士女填溢，竞看灯船。好事者集小篷船百什艇，篷上挂羊角灯如连珠，船首尾相衔，有连至十余艇者。船如烛龙火蜃，屈曲连蜷，蟠委旋折，水火激射。舟中钹星铙，宴歌弦管，腾腾如沸。士女凭栏哄笑，声光凌乱，耳目不能自主。午夜，曲倦灯残，星星自散。——张岱《陶庵梦忆》

旧院的兴盛还在于其得天独厚的地理位置。中山王徐达的私家园林东花园，坐落在十里秦淮南岸，也就是今天的白鹭洲公园。南面不远处的周处台下，古鹿苑寺前，明初设有留守后仓，俗呼蟒蛇仓。为便利物资的运输，开挖了一条小运河，以通秦淮，叫作长塘，塘上搭板为桥，就是大名鼎鼎的长板桥了。旧院的大门就正对长板桥，与西边的东花园隔水相对。权贵富豪和狭斜冶游往往是共生体，有开国元勋做近邻，除了不愁客源，还有意想不到的便利。比如正德皇帝两次到徐达的后人徐霖家中做客并在东花园垂钓，临幸旧院，或许正是一个意外的收获。

另外不得不提的是秦淮河北岸的贡院。南京贡院是科举时代规模最大的考场，而江南又是人文荟萃之区，读书人多以才子自诩，备考之余不免追逐风月以资笑乐。余怀说：“旧院与贡院遥对，仅隔一河，原为才子佳人而设。”明代人欲解放，而且世人最重科举功名，所以文人狎妓在当时人看来不是什么有辱斯文，倒是颇值得艳羡的风流韵事。当然其中也有一部分士子学识才气过人，能与姿容娟好、才情雅致的名妓倾心相许，既可通两情欢洽之好，更能以诗文书画酬唱切磋，风流之中饶有风雅文采，或许可以略洗恩随金尽、寡情薄幸之羞吧。

旧院名妓多有很高的文化品位，所以其居所环境也相当清雅幽静，据称旧院中“屋宇精洁，花木萧疏，迥非尘境”。其中最著名的是八艳之一顾横波的眉楼：“绮窗绣帘，牙签玉轴，堆列几案，瑶琴锦瑟，陈设左右，香烟缭绕，檐马

多少人们耳熟能详的名胜古迹落在秦淮河畔

叮当”，陈设雅致，说是文人雅士的书房精舍也不为过。余怀曾经将眉楼比作隋炀帝在扬州修建的迷楼，亦可见其精美奢华。

院墙外数十步的长板桥更是一个可以入画的地方，略微荒野的氛围更增加了几分诗意。李商隐诗有云“良辰未必有佳期”，可这里最不缺的，恐怕就是名士倾城之间靡曼倾心的“佳期”了。每当风清月朗的时节，他们携手闲行，佳人卸下严妆，鬓上随意簪着鲜花，信步走到哪里，便慵懒地倚在栏杆上细说情话，遇到相识的姊妹，自然少不了一番言笑戏谑。夜定人稀，万籁俱静，院中忽而传来悠扬的洞箫声，引得桥下的鱼儿也浮出水面偷听。这种气氛也只有在太平之世才有，“旷远芊绵，水烟凝碧”，在这带有几分荒野气息的静谧中演绎的仍然是繁华盛世。

然而这瞬息的繁华、一时的欢乐在无情的历史长河中也不过是浮沤水沫，难以凭仗。1644年，闯王李自成率兵攻破北京，部将刘宗敏霸占了宁远总兵吴三桂的宠妾、秦淮八艳之一陈圆圆，驻守山海关的吴三桂索性投降了异族，将满洲人引入中原，成为千古的罪人。第二年，清兵突破长江天堑，又是八艳之一柳如是的老夫婿、礼部尚书钱谦益带头出门纳降，偏安一隅的南明小朝廷弘光政权就此覆亡，旧院在清兵铁骑的蹂躏下迅速走向衰落，沦为菜园，名士佳人也都作鸟兽散，生死暌隔，流落四方了。清代诗人蒋超的《金陵旧院》绝句云“锦绣歌残翠黛尘，楼台已尽曲池湮。荒园一种瓢儿菜，独占秦淮旧日春”，言下尽是盛衰无常之感。倒是“长桥烟水”，成了清代的金陵一景。

侠客文人心自许

倚门调笑，送往迎来，妓女的职业历来是为正统道德所不容的，然而旧院名妓、秦淮八艳又何以盛名不衰呢？其中固然有轻薄文人的炒作因素，然而最根本的原因，还是她们能够在命运难以自主的情况下没有随波逐流，并一定程度上保持了独立的人格，而在明清之际，政局复杂，神州陆沉，她们虽无力改变历史，但她们的选择却足以“表彰我民族独立之精神，自由之思想”（陈寅恪语，见《柳如是别传·缘起》），而色艺双全、文学俱佳等评语，只是题中应有之义了。

名妓中有的以“侠”著称，她们不斤斤计较于钱财得失，更看重的是知己间的倾心相许，深情不渝，以真挚的态度对待爱情，在“俯仰异趣，哀乐由人”的卖笑生涯中寻求心理的慰藉。另外，明末文人的党社活动频繁，除了文期酒会、切磋文字外，还有一定的政治目的。名妓大多有较高的文学修养，能吟诗作画，谈吐不凡，也赢得了文士才子的敬重，成为座上宾，而她们对政治是非，也有自己的见解。

明天启年间，大太监魏忠贤乱政，把朝野上下搞得乌烟瘴气，东林党人受到残酷的打击。崇祯朝惩治了巨奸，但没有除恶务尽，阉党余孽马士英、阮大铖等人处处与东林党的后身复社为敌，一直折腾到南明弘光时期，直至亡国。明末四公子是与阉党斗争的代表人物，而四人中就有两个与秦淮八艳渊源颇深——冒襄娶了董小宛，侯方域（字朝宗）娶了李香君。与其说才子选择了佳人，倒不如说是佳人倾慕前者的风义才学，“福慧几生修得到，家家夫婿是东林”，对人的选择中也折射出了她们的政治倾向。

柳如是

而且在关键时刻，她们的立场往往更加坚定。阮大铖为了拉拢能够引导舆论的侯方域，在侯方域与李香君合卺之夕置备了酒席和价值不菲的妆奁，李香君得知真情后愤然脱去送来的钗钏裙衫，连侯方域都觉得“香君气性,忒也刚烈”，认为她“这等见识，我倒不如，真乃侯生畏友也”。后来侯方域远徙避祸，李香君为反抗贵戚的掳掠，血溅桃花扇，又在阮大铖筵席上拼得一死,怒骂权奸。“冰肌雪肠原自同，铁心石腹何愁冻”，纵然身难自主，却仍有一颗正气侠义之心。

清兵入关，明朝覆亡，在这陵谷巨变中，名妓们也经历了不同的人生。南京陷落后，原来旧院中才艺无双的葛嫩娘随着夫婿孙克咸来到福建，在杨文骢麾下领兵抗清，事败双双被执。葛嫩娘大骂清酋，“嚼舌碎，含血喷其面”，抗节而死，孙克咸见状大笑曰：“孙三今日登仙矣！”同时被杀。

造化弄人，不是所有怀有报国之心的儿女们都能这等慷慨壮烈，求仁得仁。柳如是和顾横波就难免有这样的遗憾。“蘼芜诗句横波墨，都是尚书传里人”，诗人托讽遥深，他的本意恐怕是“都是贰臣传里人”吧。柳如是嫁给了明朝的礼部尚书钱谦益，清军兵临南京城下，柳如是劝钱谦益自杀殉节，并率先跳进了池水中，钱却推说水太凉了，不肯从死，把柳如是也硬拽了上来，自己带着文武百官去开城迎降了。顾横波几番择婿，选中了兵科给事中龚鼎孳，龚也是才华横溢的翩翩才子，正是意气风发的时候，顾横波嫁过来没几天就因弹劾宰相贪庇误国，坐进了锦衣卫大牢，熬到第二年出狱还没等回过神来，李自成就攻破了北京城。他倒不用人劝，一心要和顾横波做对“并命鸳鸯”，二人相拥跳了井，但是不巧被邻居救了出来，一番开导之下，就都不想死了。后来龚鼎孳搁不住拷掠夹打，投降李自成，做了个巡城御史，转而降清，成为双料贰臣。

命运如此，柳、顾二人时常会感到有违初心吧。但钱谦益和龚鼎孳也并非不可救药。钱谦益和柳如是一直与反清势力如郑成功、张煌言保持联系，策动复明；龚鼎孳一直在做官，当然不可能有丝毫反意，但是他确实庇护了一大批遗民义士，其中包括破家抗清的阎尔梅。据说为了掩护阎尔梅躲避官军的追捕，顾横波冒着风险将他藏在内室，可见其胆识，"礼贤爱士，侠骨峻"洵非虚誉。

最后再让我们说一说秦淮八艳最后归宿吧。马湘兰心有所属，至老未能如愿，在为意中人祝贺七十大寿，宴饮累月之后一病不起，端坐而逝；董小宛嫁冒襄后多在忧患劳瘁中度过，病逝时年仅二十七岁；卞玉京和吴梅村有缘无分，几经波折后出家做了女道士，病逝于无锡惠山；寇白门先后嫁保国公朱国弼、扬州某孝廉，均不得意，流落乐籍而死，空赢得"女侠"的名号；李香君与侯朝宗分手后再没有机会重逢，病死在南京城外的栖霞山葆贞观；陈圆圆随吴三桂来到云南，削发为尼，在五华山华国寺长斋绣佛，后吴三桂反清作乱，病死长沙，陈圆圆也在昆明城破之际沉于寺外莲花池；钱谦益死后族人哄抢家产，柳如是留下遗书从容自尽，其女据书告状，胜诉；龚鼎孳降清后，元配童夫人说："我经两受明封，以后本朝恩典，让顾太太可也。"所以顾横波是八艳当中唯一作为正室，受到皇家诰封的。清康熙二年（1663）秋顾横波病逝于北京，"吊者车数百乘，备极哀荣"。

在李香君曾经倚过的窗下河边，还有一尊铜像——风流倜傥的晚明才子侯方域

纸短言长，秦淮名妓的故事又是如何能在仓促之间讲得完呢。自清末学者叶衍兰《秦淮八艳图咏》一书问世以来，秦淮八艳之名便为人乐道，几年前，秦淮八艳图登上南京夫子庙文化墙，还引发了很多争议。炒作名妓纯属无聊多事，但也大可不必惊诧气愤。如果怀着哀矜勿喜之心，古人的悲欢离合中是可以体会涵泳古今盛衰之理的。

七星拱照朱氏陵

朱元璋的明孝陵开创了中国帝王的一个崭新的陵寝制度，而与之相去不远的中山陵在某种意义上来说是结束了这一制度。

明孝陵坐落于南京市钟山南麓玩珠峰下，为明朝（1368 ~ 1644）开国皇帝朱元璋和皇后马氏的合葬陵墓。作为中国明陵之首的明孝陵壮观宏伟，代表了明初建筑和石刻艺术的最高成就，直接影响了明清两代500多年帝王陵寝的形制。依历史进程分布于北京、湖北、辽宁、河北等地的明清帝王陵寝，都是按南京明孝陵的规制和模式营建的。

明清帝陵的“楷模”——明孝陵

明洪武十四年（1381）朱元璋下令建陵。第二年八月，马皇后去世，九月葬入此陵墓，定名为“孝陵”。孝陵之名，取意于谥中的孝字，有“以孝治天下”之意，一说是马皇后谥“孝慈”，故名。明孝陵于永乐三年（1405）建成，历时25年。明皇室先后调用军工10万，耗费了大量人力、物力。明孝陵规模宏大，建筑雄伟，形制参照唐宋两代的陵墓而有所增益。建成时围墙内享殿巍峨，楼阁壮丽，南朝70所寺院有一半被围入禁苑之中。陵内植松10万株，养鹿千头。因屡遭兵火，明孝陵除陵寝地宫外，现仅存神道、下马坊、大金门、四方城等。

墓区的建筑大体分为两组：第一组神道部分，从下马坊起，到孝陵正门；第二组是主体部分，从正门到宝城、明楼、崇丘止。现存建筑有神烈山碑、禁约碑、下马坊、大金门、四方城及神功圣德碑、孝陵殿、大石桥等。

明洪武三十一年（1398），做了31年皇帝的朱元璋去世，礼葬孝陵。朱元

明孝陵下马牌坊

明孝陵享殿台基四周的螭龙首

璋及皇后合葬的地宫俗称“宝城”，是一个直径约400米的圆形大土丘，它的四周有条石砌成的石壁，其南边石壁上刻有“此山明太祖之墓”七个大字。宝城厚实坚固，依山势高低起伏，下砌巨石，上用明砖垒筑，厚约1米，是中国现存最大的陵墓之一。历经600余年的风雨之后，近年来宝城墙体出现了局部坍塌，墙面剥落，个别地方因为地基沉降逆向撕裂而形成巨大裂缝。南京市文物部门先后投资300多万元，采用东南大学古建筑专家的保护方案，按照修旧如旧的要求，对墙体进行了维修，如“缝合”裂缝，整平“墙面”，对变形的墙体进行修补和防水防渗漏“手术”。为方便游客一睹“龙脉”真容，还修建了一条青石板游览步道，让游客能登上宝顶看到明孝陵全貌。

七星拱照的风水宝地

中国建筑学会建筑史学会副会长、东南大学建筑学教授刘叙杰说：“明孝陵代表着明初皇家建筑的艺术成就，是中国陵墓建筑和陵墓文化的缩影。”明孝陵从起点下马坊至地宫所在的宝顶，纵深达2600多米，沿途分布着300多处不同风格、用途各异的建筑物和石雕艺术品，整体布局宏大有序，单体建筑厚重雄伟，细部装饰工艺精湛，凝聚了当时政治家、艺术家和建筑师们的才智。

明孝陵的开创性地位还体现在其依山势地形蜿蜒曲折的陵墓神道。陵墓的神道从四方城开始。四方城是一座碑亭，位于卫桥与中山陵之间，是明成祖朱棣永乐三年（1405）为其父朱元璋建的“大明孝陵神圣功德碑”。其顶部已毁，仅存方形四壁，内有立于龟趺座上的石碑一块，碑高8.78 米。碑文由朱棣亲撰，计2746字，详述明太祖的功德。碑座、碑额雕琢瑰丽。神道由此向西经外金水桥（今红桥），绕过梅花山再折向北，长约1800米。其中段为石象路，这段路上相向排列着12 对石兽，分别是狮、骆驼、象和马等6 种，每种两对，姿态是一对伏、一对立。后面是一对高大的华表，上雕云龙，气势非凡。折向北面的神道上分别列着四对身着盔甲或蟒袍的文臣武将，有些已经损坏。石人石兽的体形都很巨大，是明代石刻的艺术珍品。明孝陵首开了第一代皇帝陵寝的神道作为后世子孙陵寝共用神道的制度。神道两边分布的12对石像和4对石人，石刻风格多样，造型厚重简朴，融整体宏大与局部精细为一体，也代表了中国明初石雕艺术的最高水平。

明孝陵的帝陵神道蜿蜒曲折不同常规，有何实际用途和象征意义？明孝陵的考古一直充满重重谜团。考古专家进行了长达六年的科学探测后，推断出明孝陵地形建筑设置呈北斗七星状。

将以前历代帝陵前的笔直神道改成一个弯曲的形状，颇出人意料。因此，自明代以来就众说纷纭，近年来有关神道弯曲的种种推测更是此起彼伏。负责这项考古工作的贺云翱教授介绍，目前最流行的三种说法是：一、朱元璋是农民出身的皇帝，做事随意，包括建自己的陵墓也别出心裁；二、朱元璋要让孙权这条好汉给他的陵墓看大门，所以避开梅花山使神道变得弯弯曲曲；三、朱元璋尊重自然，顺应山水形势，设计出了这座前无古人的陵寝布局。

明孝陵作为当时的一项国家工程，整个陵寝建造跨洪武、建文、永乐三朝，时间延续25年。如此漫长的建陵时间，不可能没有一套设计方案和设计思想，只不过其设计理念未能得到记载而保存下来。不会简单地像传说中的那样，一定有别的道理。带着这一思考，贺教授在每一次的野外考古调查中，总是多问几个为什么，强烈地关注陵墓地形建筑设置。直到有一天，他看了一幅20世纪80年代测绘局绘制的明孝陵航拍地图后，茅塞顿开："明孝陵的平面布局不就是像北斗七星吗？"他对自己这一重大的发现感到很吃惊，太伟大，太奇妙啦！于是，贺云翱教授开始了求证。

"天为帐幕地为毯，日月星辰伴我眠，夜间不敢长伸腿，恐把山河一脚穿。"这首气贯长虹的诗篇出自朱元璋之手。结合该诗的思想内涵，贺教授认为，它显示了朱元璋君临天下，拥有四海的雄心，也隐含了朱元璋对天象的崇仰。经过多日思考，贺教授将明孝陵的7个主要建筑析出，发现"下马坊""大金门""望柱""棂星门""五龙桥""享殿""宝城"分别构成了北斗七星的"勺头""勺身"和"勺柄"。因此，得出朱元璋深信"魂归北斗""天人合一"思想的结论，他死后仍想乘坐"北斗"这一"天帝之车"关照大明江山。

尽管朱元璋出身寒微，又曾混迹于佛门，但天地神灵、阴阳风水、生死轮回等说都会对他产生一定的影响。墓址风水的好坏直接关系到社稷的安稳、帝业的承嗣，岂能马虎。在规划布局上，明孝陵的风水地貌北以钟山为背屏，山有西、中、东三峰，正符合"华盖三台，尊极帝座"之说；独龙阜东有龙砂，西有虎砂，后有玩珠峰，为玄武象；前面案山梅花山，符合"平底似楫，拜参之职"的要求；更远处有江宁的东山，做远朝。前湖水面开阔，又呈朱雀之象，"玄武低头，朱雀翔舞"，在此得到了体现。

神道前的望柱通常是立在最前面的，朱元璋却将其放到神道中间（石像路与翁仲路之间），这恐怕就与星座有关。留孙权墓在前也不仅仅是因为他是条好汉，梅花山孙陵岗在整个明孝陵的建筑群中是一个古地貌学上的"近案"，通俗地讲好似现代的茶几。这样一来，明孝陵整体上就符合了"远朝近案，前有照后有靠，左右有砂环抱"的吉祥格局（远朝：指江宁的东山；近案：指梅花山；前照：指前湖；后靠：指钟山；左右砂：指独龙阜山峰东西边的小山，即龙砂、虎砂）。

南京明故宫遗址公园

风流总被雨打风吹去

明孝陵的朱红大门坐北朝南，正对梅花山，门额上书"明孝陵"三字。门外东侧立有一个石刻告示，系清宣统年间两江洋务总局道台、江宁知府以六国文字刻的"治隆唐宋"四个金字，是清康熙帝第三次南巡时亲笔题书。碑亭后

洪武帝墓

原建有两御亭，西边叫宰牲亭，东边的称具服殿，今均已毁坏，仅存一些石柱和石井栏等。在原享殿的位置上尚可见到 64 个石柱的基础，由此可以想象当年享殿的规模是很大的。现在享殿为清同治十二年（1873）复建，比原来的要小得多，内供奉朱元璋画像。享殿后是一片纵深百余米、宽数十米的空地，是当年露天祭祀的场所，中间有甬道，两边林木茂盛。甬道尽头有石桥，称大石桥，又称升仙桥，意思是过了此桥即为“仙界”。

桥北是一座宽 75 米、高 16 米、进深 31 米的城堡式建筑，称方城，是明孝陵最后的一重建筑。方城以大条石砌成，正中开拱门式斜隧道，有台阶可步入，计 54 级。出隧道东西各有石级可登城顶。城顶原建有宫殿式建筑明楼，明楼顶部及木质结构已毁，现仅存四面砖墙，南面有拱门三个，另三面各有拱门一道。在方城顶上极目远眺，东面有中山陵，南面是梅花山，西面有中山植物园，北面是“宝城”，四周树木葱茏，松涛阵阵，不禁令游人发思古之幽情。宝城是一个直径约400米的圆形大土丘，即朱元璋和马皇后合葬的地宫，它的四周有条石砌成的石壁，其南边石壁上刻有“此山明太祖之墓”七个大字。梅花山因三国时东吴君主孙权及其夫人葬此，古称孙陵岗，位于明孝陵正南 300 米处。

在中国帝陵建筑史上，明孝陵具有里程碑的地位。它继承了前朝帝陵“依山为陵”的制度，通过改方坟为圜丘，开创了陵寝建筑平面呈“前方后圆”的基本格局，并一直规范着此后明清两代 500 多年 20 多座帝陵的建筑体制。2003 年 7 月，联合国教科文组织世界遗产委员会第 27 届会议将明孝陵和北京十三陵作为明清皇家陵寝的扩展项目正式列入世界遗产名录。明清皇家陵寝分布于北京、河北、辽宁、安徽、江苏等地，是中国明清两朝皇帝陵寝建筑群，按照严格的等级规制营建，具有完整的地上、地下建筑体系，布局严谨，规模宏大，建筑华美，工艺精细，体现了中国封建社会最高的丧葬制度。经历了 600 多年的风风雨雨，明孝陵保持了陵寝原有建筑空间布局的完整性，并以其独特的历史文化价值，列入世界遗产名录。

走遍中国·江苏

CLASSIC JIANGSU
江苏经典

江苏必访焦点 / 68
去江苏一定要尝试的事 / 73
江苏特色主题线路 / 76
江苏特色节庆 / 82
江苏最值得推荐的美食 / 84
不能错过的淮扬传统名菜 / 84
不能错过的江苏小吃 / 86

走遍中国 · 江苏

CLASSIC JIANGSU
江苏经典

江苏必访焦点

这里的自然景观与人文景观交相辉映，小桥流水的古镇水乡，众口传颂的千年名刹，精巧雅致的古典园林，烟波浩渺的湖光山色，规模宏大的帝王陵寝，雄伟壮观的都城遗址，将纤巧清秀与粗犷雄浑交汇融合，可谓是“吴韵汉风，各擅所长”。江苏 13 座城市，每一座都有其极具代表性的旅游资源：南京的六朝胜迹；镇江的寺院山林；常州的主题公园；无锡的太湖风光；苏州的园林古镇；扬州的汉唐文化；泰州的国粹风采；南通的江涛海潮；盐城的珍禽灵兽；淮安的伟人故居；宿迁的田园风景；徐州的两汉遗韵；连云港的海域仙境等。

1. 南京

作为“七大古都”之一，历史的渊源赋予了南京深邃的古韵，现代化的发展赐予了其蓬勃的朝气。秀丽而端庄的南京，山朗、水清、林幽、城奇，山水城林交相辉映。东览钟山晴云，紫金山挺拔苍翠；西观大江风貌，扬子江滔滔东流；南醉秦淮灯影，秦淮河璀璨迷人；北拥玄武秀洲，玄武湖百花争艳。踏春，可往梅花山访梅、牛首山踏青；消夏，可去清凉山避暑、老山纳凉；品秋，可登临栖霞山赏枫、幕府山登高；玩冬，可驻足夫子庙观灯、温泉之乡养生怡情。春夏秋冬，四季皆有风情。

南京明孝陵

苏州狮子林

2. 苏州

“上有天堂，下有苏杭”。苏州这处汇聚了小巷园林、小桥流水和昆曲评弹的风雅之地，保持着明清建筑风貌，依旧是粉墙黛瓦、飞檐翘角、风景幽隐。城内河道纵横交错，依河街巷林立、商贾云集；街桥环环相连，别有洞天；河畔民宅比邻，显现了典型的“君到姑苏见，人家尽枕河”的绮丽风光。千年的历史停留在这安逸而宁静的城市，柳条飘飘于水面，走着走着，就会忽然见到谁家的宅院，而深宅大院里就是一处精致的园林。古民居旁，涓涓溪流清澈见底，青瓦顶上掩映波光粼粼。水景相融，完美保留了城市山林的自然之趣。

3. 扬州

“烟花三月下扬州”，初春的扬州烟雨蒙蒙，杨柳吐丝，琼花绽开，万般的诗情画意尽现其中，自古以来就是文人墨客心仪的胜地。烟雨中逛古街小巷、游瘦西湖、品淮扬小吃，可领略到扬州独有的风韵。美丽的扬州拥有秀丽的瘦西湖、雄伟的大运河、庄严的千年古刹，还有近代盐商风格各异的私家园林。瘦西湖融“南秀北雄”为一体，在清代康乾时期即已形成格局，有“园林之盛，甲于天下”之誉。所谓“两岸花柳全依水，一路楼台直到山”，名园胜迹散布在窈窕曲折的一湖碧水两岸。四时八节，风晨月夕，使瘦西湖幻化出无穷的天然之趣。丰富的历史文化，使瘦西湖如醇厚的佳酿，常看常新，品味其中，回味无穷。

4. 江南古镇

“醇正水乡，旧时江南。”江苏拥有众多洋溢着水乡风情的古镇，既有名扬海内外的周庄，也有名不见经传的同里、木渎、角直、锦溪、千灯。中国第一水乡古镇周庄历经900多年沧桑，仍完整地保存着原来水乡集镇的建筑风貌，有近百座古典宅院和60多个砖雕门楼。同里镇内家家临水，户户通舟，明清民居，鳞次栉比，构成层次错落有致的优美画卷。古镇的水道有的可以直接通到宅院，主人足不出户就可以上船。它们共同构造了一幅美妙的“小桥、流水、人家”的水乡风景画，在这儿听一曲昆曲，尝一回阿婆茶更是别有韵味。

苏州太湖

无锡

5. 太湖

太湖湖区有48座岛、72座峰，湖光山色，相映生辉，有“太湖胜景”之称。著名的鼋头渚独占了太湖风景最美的冰山一角，山清伴着水秀，碧波映着亭阁，天然胜景，浑然天成。由十里芳径、鹿顶迎晖、万浪卷雪、中犊晨雾、太湖仙岛，鼋渚春涛、广福禅寺、充山隐秀、湖山真意、江南兰苑等构成的鼋头渚十景，犹如一卷园林长轴让人应接不暇。太湖的周围群星捧月一般分布着淀泖湖群、阳澄湖群、洮滆湖群等。纵横交织的江、河、溪、渎，把太湖与周围的大小湖荡串联起来，形成了极富特色的江南水乡。

6. 无锡

江南烟雨、太湖碧波，孕育了无锡的过往和现在。糯软的锡剧唱腔，和着灵山的佛音，佐以二泉映月的曲调，再配上无锡排骨等各色小吃，时间就可以在此停住了。看着沿街的景象，听着当地方言，让人恍惚间以为身在一部老电影中，昏黄古旧的建筑下透出这座城市平静的呼吸和心跳。

7. 兴化

恐怕没有一个地方能像兴化，把油菜花和水景结合得如此美丽了。万亩油菜花海如漂浮于水中，云蒸霞蔚，水漾花娇，如梦如幻，煞是壮观。在这里，港汊密集，河如阡陌。乘木船的优雅不输贡多拉，花垛田的美丽不输威尼斯。每一处转角，都是徜徉在花田的惊喜。兴化以千岛样式形成的垛田景观享誉全国。传说垛田是当年泰州知州岳飞大战金兵摆设的八卦阵。每当清明前后，油菜花开，蓝天、碧水、金岛织就了“河有万湾多碧水，田无一垛不黄花”的绮丽画卷。

8. 京杭大运河江苏段

有2500多年历史的京杭大运河正在被打造成为除万里长城、丝绸之路之外，我国第三条世界级旅游线路。京杭大运河江苏段形成了一条以自然生态景观为核心主轴，以历史街区、文化园区、博物馆群、寺庙庵堂、遗

兴化油菜花田

产遗迹为重要节点的文化休闲体验长廊和水上旅游黄金线。京杭大运河流经江苏段时，两岸因水而生的历史遗迹星罗棋布，人文景观众多，如璀璨明珠点缀着运河。沿线的林泉祠园、米市货栈、古墩风情、南禅塔影、古桥情韵、老街民宅等，构成一幅江南名城的历史画廊。

9. 镇江

镇江自古就有“城市山林”的美誉。山与水构成了镇江的灵魂——浩渺长江将金山、焦山、北固山组合成壮美的“天下第一江山”图画。因此，镇江具有了北方的豪迈、粗犷、刚毅，南方的清秀、精致、婉约。最著名的风景区是沿江夹峙的京口三山——金山、焦山、北固山，以及南郊风景区。金山以峙立著称，焦山以雄奇见长，北固山以险峭称奇，南郊则以幽静取胜。这里，是长江与京杭大运河唯一的交汇枢纽，如同一颗明珠，镶嵌在闻名遐迩的十字黄金水道上。

京杭大运河苏州段

镇江金山寺

10. 洪泽湖

乾隆皇帝下江南时曾赞誉洪泽湖为"水乡泽国，人间仙境"。洪泽湖烟波浩渺，珍禽聚栖，渔舟帆影，美不胜收。登岛远眺，水天一色，大湖风光，万千气象，可领略到"落霞与孤鹜齐飞，秋水共长天一色"的壮丽景观。景区内湖水浩渺，原野广袤，荷苑飘香，曲桥蜿蜒，芦荡深深，阳春百鸟和鸣，盛夏乳燕奋飞，深秋旅鸟迁徙，寒冬雄鹰翱翔，一年四季，百鸟齐鸣。置身其中，宛如走进一幅原始、自然的旖旎画卷。下草湾文化遗址向人们静静地诉说着泗洪古老、悠久而灿烂的文化历史，将泗洪的古老文明与自然风光有机融为一体。

洪泽湖畔的落日晚景

去江苏一定要尝试的事

1. 夜游一条护城河

“夜游”被誉为江苏旅游的精华所在，一度被称为“水天堂、夜游城”，因为水城在夜色中的美更甚。想充分领略江苏水城的魅力，就一定要乘坐画舫夜游护城河。值得一提的是，秦淮风光带素为“六朝烟月之区，金粉荟萃之所”，更兼十代繁华之地，被称为“中国第一历史文化名河”。旧时乘坐游船边品茶边看戏被看成极其奢侈之事，只有达官贵人才可如此享受。如今，人人都可以乘船夜游，当华灯初上，乘上画舫，在习习凉风中欣赏两岸风光，是再快乐不过的事。两岸全部是古色古香的建筑群，飞檐漏窗，雕梁画栋，画舫凌波，桨声灯影，加之人文荟萃、市井繁华，构成了集中体现金陵古都风貌的游览胜地。

2. 欣赏一段传统戏曲

听昆曲推荐去苏州昆曲博物馆（在中张家巷 14 号），这里不仅有演出，还能欣赏昆曲的古老乐器和传统服饰等。

夜游秦淮河

听一曲昆曲

听评弹，城区还是选择多多的。要说环境适宜，就去苏州评弹博物馆，在平江路中张家巷内，原是清末民初沈家大宅，修缮后绝对是个雅俗共赏的地界儿，每天下午都有演出，一点半开始。最最妙的是若有缘，就能碰到像袁小良这样的名家在教学或示范演出。

作为梅兰芳的故乡，江苏泰州文化里有着很深的戏曲元素，是戏迷心中的圣地。想要跟泰州最资深的戏迷票友学上几段，梅园是不二选择。梅园即梅兰芳纪念馆，这里戏曲水平之深厚全国闻名，不少名人名家千里迢迢来到泰州，就为了在梅园与当地票友共唱一曲京剧名段。

3. 南朝四百八十寺里请一炷香

不管你信不信佛，都值得请一炷香，为自己和亲友祈福。江苏佛教文化极其深厚，历史上，这里名刹林立、高僧辈出。所以，在江苏烧香祈福，自然也就成了感受佛缘必不可少的行程。不用担心找不到寺庙，江苏庙宇之多，用“十步一庵堂，百步一寺院”来形容绝不为

鸡鸣寺请一炷香

过。如果要推荐，南京鸡鸣寺、苏州寒山寺、扬州大明寺、镇江金山寺、常州天宁寺、无锡南禅寺、泰州光孝寺、南通广教寺、徐州宝莲寺、淮安慈云寺、盐城永宁寺、连云港碧霞寺、宿迁菩提寺都是不错的选择。尤其是南京鸡鸣寺，自古有“南朝第一寺”“南朝四百八十寺”之首寺的美誉，是南朝时期中国南方的佛教中心。

4. 游一座江南古镇

如果时间富余就不要错过这些古镇，找个心仪的待上一两天，感受一下温婉如小家碧玉的古镇情怀。

印象中的古镇，或许是白墙黑瓦，流水青石，当你身临其境后会发觉它的风景显然不止这些。从高处俯瞰周庄，湖水恰将周庄环抱入怀。湖水潺缓，虽没有河流的湍急、大海的善变，却有它独特的味道。偶尔湖上划来一只橹船，摇橹人有力的臂膀、橹船发出的节奏分明的吱吱声与湖水交织成一曲动静互融的恋曲，粉墙乌瓦和小桥流水构成的周庄，船的梭织连成的周庄，是一种禅境，是物化了的精神家园，总让人有一种安宁和平的感觉，让人散开心中的积郁。

5. 体味古典园林的优美

中国山水园林融合了江南私家园林和北方皇家园林，是中国汉族建筑在世界园林发展史上独树一帜的重大成就体现，是全人类宝贵的历史文化遗产。“江南园林甲天下，苏州园林甲江南”，苏州素以园林美景享有盛名。“上有天堂，下有苏杭”的苏州之所以获得“天堂”的美称，在很大的程度上在于它拥有全国以至世界知名的古

同里

蟹黄包配碧螺春

苏州退思园

典园林。园林以水为中心，山水萦绕，厅榭精美，花木繁茂，充满诗情画意，具有浓郁的江南水乡特色。此外，江苏著名的园林还有南京的瞻园、煦园，扬州的个园、何园等。漫步在江苏的园林，相信你一定会为中国古典园林艺术的博大精深而感叹！

6.“皮包水”早茶与“水包皮”泡澡

“早上皮包水”是吃早茶的意思。“吃在扬州”这句老话一点也不假。扬州厨工善用刀法，做工刀法细腻，尤其在蔬菜、豆制品、肉片等做工上，让人赞不绝口。起个早，去瘦西湖畔的三大早茶名店之一的冶春茶社。说是茶社，其实是座精致的花园，满园的春色从墙中透出，也难怪这里永远都挤满了前来品尝早茶的人们。蟹黄煮干丝、三丁大包，再斟上杯碧螺春，便是此地早茶的“标配”了，一套下来20多元钱，可以笃悠悠地坐上2小时。几个人聚一起，一口茶、一筷子干丝，然后从家长里短聊到国家大事。值得一提的是，老街不少早茶店保留着评书表演，一边吃早茶一边听书看戏。

扬州的特色服务业，正是被公众一致认同的“三把刀”——剪发刀、扦脚刀、厨刀。下午去扬州的澡堂泡个澡，再去理个发、泡个澡、扦个脚，这可都是扬州特色的享受。扬州理发师善用刀剪、剃推，修面齐整、按额捶肩，颇有独到之处。扦脚用刀推、拉、磨、扦、搂、挖等工艺，使人舒畅无比。

7. 感受一次老行当

在网络上流传一组老行当的照片，让不少人怀古感慨，而这组照片中近百项老行当出自江苏。虽说时代变迁，“老行当”对于现代人来说已经渐行渐远，不过江苏依然保存着这些老工艺、老传统，联合国教科文组织甚至授予人类贡献奖。这里有一座“老行当展示馆”，不仅展示了布鞋、推车、碾米机等传统工艺品，还汇集了修钢笔匠、钟表匠、卖叉叉糖、炸爆米花等众多泰州老行当手艺人。所以到了江苏，就要去感受感受老行当。

江苏特色主题线路

1. 全景江苏

从南京出发，瞻仰伟人孙中山的坟墓，在秦淮河畔追寻金陵的风情；到镇江，在镇江香醋微醺的滋味中游览北固山、金山、焦山，登高怀古；随后扬州，虽不一定是烟花三月，但仍可欣赏到扬州的美景，最后在苏州落脚，品味“上有天堂，下有苏杭”，最后结束愉快的旅程！

D1 南京→夫子庙→鸡鸣寺→中山陵→玄武湖→南京总统府

钟山风景区早上 7 点钟就开门了，时间有限，可以在中山陵、灵谷寺、明孝陵等景点中选两个游玩。中山陵园区一路上都是绿树成荫，下雨的时候雾气萦绕在山间，感觉像是云游在天上；明孝陵的中日友好樱园美到让你穿越至前世；灵谷寺不仅是整个钟山景区风景最美的地方，据说在那里求姻缘也很准。

下午可以去玄武湖公园逛逛，看荷花，晒太阳，惬意地度过下午时光。晚上，梦中的秦淮河畔酒家林立，婆娑灯影，夜夜笙歌。夜宵在夫子庙解决吧，一定要吃南京最具特色的鸭血粉丝汤。

D2 镇江→金山→焦山→北固山→茅山→南山风景区

上午，乘市内公交车 2 路至终点即到金山，游览金山的江天禅寺、慈寿塔、白龙洞、芙蓉楼、天下第一泉等；中午用餐后可乘 4 路到焦山，游览焦山的定慧寺、碑林、古炮台、万佛塔、郑板桥读书处、摩崖石刻等。然后乘 4 路车至北固山，游览试剑石、铁塔、祭江亭、多景楼等。

D3 扬州→瘦西湖→个园→何园→大明寺→扬州古运河

早晨参观过大明寺后前往瘦西湖，游览五亭桥、白塔、二十四桥等，十里湖光，清澄缥碧，花木扶疏，连绵滴翠，亭台楼榭，错落有致；随后参观个园和何园，个园最负盛名者乃四季假山之说，如破土春笋般的石笋砌成的春山、太湖石叠成的夏山、安徽黄石堆就的秋景、宣石堆起的冬景，给人以假山真味之感；何园，又名寄啸山庄，建筑布局由园居、东西花园、片石山房组成环环相扣、内外有别、中西合璧、居游两便的人居环

瘦西湖

周庄

境，中国私家园林的建筑审美和居游功能在此达到高度和谐与极致完美。

D4 苏州→拙政园→留园→寒山寺→十全街→狮子林

前往苏州，以园林的名义下江南，去拙政园、狮子林和苏州博物馆串门子，再逛逛七里山塘品味古色古香，晚上吃过观前街的正宗苏帮菜，夜游护城河结束探访姑苏之旅。

■ **旅行季节**

春、夏、秋

■ **旅行焦点**

夫子庙、中山陵、总统府、金山寺、瘦西湖、个园、何园、大明寺、古运河、拙政园、留园、寒山寺、狮子林、山塘河。

2. 江南古镇水乡

江苏旅游少不了去看看江南古镇，幽静美丽。江苏的古镇众多，有昆山的周庄、苏州的同里、苏州的木渎、角直和太仓的沙溪等。除了这些，还有素有“吴头越尾”之称的震泽、以柳亚子故居而闻名的黎里，以及著名的昆曲之乡千灯。这些古镇多居于江南之地，故水乡是它们共有的一大特色，但是它们从未雷同。对于旅游者来说，是欣赏江南水乡风情和古民居的极好去处。

D1 周庄：太平桥→贞丰桥→文化街

周庄位于上海和苏州之间，是一个典型的江南水镇，周庄“镇为泽国，四面环水”，河流呈井字形从镇中穿过，“咫尺往来，皆须舟楫”。周庄镇已有 900 年的历史，镇内河流呈井字形，镇中桥梁很多，其中历史在 400 年以上的古桥的就有八九个，明代时这里住着江南首富沈万三，他出资修了南京明城墙的三分之一。沈万三在各地都有许多产业，却始终把周庄作为根基。小桥流水人家是水乡的特色，在水乡几乎家家都有自家的码头。

D2 同里：务本堂→陈去病故居→退思园→崇本堂

同里属太湖水网平原中的湖荡平原，周边大小湖荡星罗棋布，河港浜密如蛛网，四面临水，八湖环抱，镇内被“川”字形市河及其支流纵横分割，形成 15 个圩。沿岸“屋宇丛密，街巷逶迤”。镇内自成水网，民用水河桥比比皆是，悠悠绿水，水活水清，“家家临水，

角直

户户通舟”。

D3 木渎→严家花园→虹饮山房→古松园→灵岩山→天平山

园林古镇木渎位于苏州城西，太湖之滨，是江南著名古镇，风光秀丽，物产丰饶，又恰在天平、灵岩、狮山、七子等吴中名山环抱之中，故有“聚宝盆”之称。

D4 角直：万盛米行→叶圣陶纪念馆→保圣寺

角直古镇位于苏州城东 18 公里处，以水流纵横、桥梁密布、古朴幽逸的风情而著称，是中国十大历史文化名镇、江南六个著名古镇之一。镇上河水清清，环境幽雅，名胜古迹星罗棋布，鸭沼清风、分署清泉、吴淞雪浪、海藏钟声、浮图夕照、莲阜渔灯、长虹漾月、西汇晓市被概括为“甫里八景”，虽然历经磨难，大部分已经被拆除，但仍能找出它们当年的恢宏的风采。

D5 黎里：柳亚子故居→禊湖道院→弄堂

古镇黎里，位于苏州市吴江区，别名梨川，又称梨花里，为柳亚子故居所在地，是一座保存较好的典型江南古镇，历史可追溯至 2500 年前。一条流贯东西的市河，将三里长街分成南北两岸，河道两旁排布了 252 个拴船石，精致的如金石家手下的印章，方寸之间而趣味无穷，既是系船的极好设施，又是珍贵的艺术佳品。除拴船用，这些石头还代表着这户人家的学识背景。从故居附近的居民情况来看，黎里也是少数保存完好的古镇中的一个。

D6 震泽：师俭堂→禹迹桥

江苏吴江的古镇震泽有“吴头越尾”之称，小桥流水老街的古镇风貌，精美异常的古建筑师俭堂是古镇的标志。进入震泽，按照当地人的指点走到一条傍河的老街宝塔街，由西往东，便能看到师俭堂。还有一处必去的景点是禹迹桥，坐落在宝塔街东、慈云寺前，南北走向，拱形单孔。清康熙年间为纪念大禹治水而建，和慈云塔一道为震泽镇标志，电影《林家铺子》和《一盘没有下完的棋》都将此景入镜。

D7 千灯：龙石桥→顾炎武故居

走在千灯古镇那条据说是全江苏最长的石板街上，听两边老房子里传出委婉细腻的昆曲曲调，让人感觉穿越历史烟云。千灯浦上最可看的是桥，其中最著名的是七座建于明清时期的拱形环龙石桥。千灯是明末清初大思想家顾炎武家乡。顾炎武的故居以及亭林墓当然都是游千灯必看景点；而秦峰塔和千灯浦沿岸的民居构成经典的水乡图画，是不得不拍的景色；此外，延福禅寺里有世界最大的玉卧佛；而喜好昆曲的自然要到顾坚纪念馆去。

■ 旅行季节

春、夏、秋

■ 旅行焦点

周庄、同里、木渎、角直、黎里、千灯

盐城新四军纪念馆

3. 苏北历史怀旧之旅

D1 盐城：大纵湖→新四军纪念馆

无锡出发直达盐城大纵湖景区，看柳堡的故事发生与拍摄地——大纵湖（眺一望无垠的湖荡水面，登临兴湖塔俯瞰纵湖全景，欣赏大世界基尼斯之最的芦荡迷宫八卦阵，乘船勇闯芦荡迷宫，放喉歌唱《九九艳阳天》，到柳堡村新四军大礼堂看《柳堡的故事》经典电影，看鱼鹰捕鱼表演、水上婚礼表演、听二十四孝与宗保救母的传说，参观板桥书屋、宋曹纪念馆等。随后前往盐城市区，参观新四军纪念馆（该馆系目前全国规模最大、史料最翔实的新四军纪念馆，瞻仰新四军重建军部后五位领导人的群雕、毛泽东起草并亲笔书写的中央革命军事委员会命令，缅怀新四军驰骋江淮、浴血奋战的丰功伟绩）。

D2 淮安：周恩来故居→淮安府衙→河下

沿途欣赏苏北里下河美丽的水乡景色，前往参观周恩来故居。后赴江苏省唯一保存较为完好的府衙淮安府衙（窦娥冤故事的原型地）。参观周恩来纪念馆，远观镇淮楼外景，沿途观赏“中国第一进士镇”河下的淳朴风情，参观一代文豪吴承恩故居，猴王纪念馆。

D3 泰州：齐园→泰州老街

前往泰州，游览素有江南小乔家大院之称、苏北地区现存最古老园林之一的乔园。随后继往泰州老街，游览泰州老城，品尝草庐烧饼、泰州干丝鱼、金刚脐等特色小吃。

■ 旅行季节

四季皆宜

盐城丹顶鹤

■ 旅行焦点

盐城丹顶鹤自然保护区、新四军纪念馆、淮安府衙、周恩来纪念馆、泰州老城

4. 苏州园林之旅

“上有天堂，下有苏杭”，兼具了湖光山色、烟波浩渺的气势和江南水乡小桥人家的诗韵的苏州，有着中国最美丽、最精致的园林建筑——苏州园林。这里品位高雅、意境深远，不仅展现了中国造园艺术与中国古典文学和中国古代绘画艺术之间难解难分的关系，也体现了一种天人合一、取法自然的广阔精神境界。因此，四季变换的自然景观，加之丰富的社会文化内涵，苏州园林成为人们纷至沓来的旅游胜地。

从沧浪亭出发，于车水马龙的闹市中找到一座清幽古朴的建筑，毫不起眼的大门却仿佛将一切喧嚣隔绝门外，自成一方自在的天地。慢慢沉入建筑与植物所营造的静谧当中，“秋色入林红黯淡，日光穿竹翠玲珑”，一扇扇精美的漏窗，一片片流转变换的景致，美之极致也大抵如此。

游过沧浪亭，便往拙政园去，穿梭于错落有致的亭台楼阁之间，流觞曲水，家田种秫，好似桃源之境。清风徐来，荷香扑鼻，一阵低回婉转，是那挥之不去的水磨长调，如痴如梦，似真似幻。出了拙政园，不远处是有“假山王国”美誉的狮子林，“林中竹万固，竹下多怪石”，暗香疏影，曲径通幽，林中还有宋代四大名家苏轼、米芾、黄庭坚、蔡襄的书法碑刻，一路游来韵味无穷。苏州四大名园中余下的留园及以小而精见称的网师园也是各具其趣，它们共同构成了江南园林建筑的精华所在。除此之外，苏州还有因唐代诗人张继的《枫桥夜泊》而名扬天下的寒山寺、伍子胥所建造的吴国八门之一的盘门和“吴中第一名胜”吴王阖闾的虎丘之墓。

苏州园林

■ **旅行季节**

四季皆宜

■ **旅行焦点**

沧浪亭、拙政园、狮子林、留园、网师园、寒山寺、盘门、虎丘

5. 江苏山水风光自驾之旅

江苏多山水，虽然不像广西、云南那样的绝美大气，但同样也为这片土地增加了非同凡响的魅力。不妨绕着江苏游玩一番，体会一下不同的水光山色。

预计时间：5 ~ 6天

线路推荐：连云港→南京→常州→苏州

途经路段：沪蓉高速—京沪高速

连云港花果山，以古典名著《西游记》所描述的“孙大圣老家”而著称于世，因美猴王的神话故事而家喻户晓，名闻海内外。丰富的人文景观和秀美的自然景观令游客赞叹不已。

南京以紫金山和玄武湖为中心，南京的众多景点都围绕着它们铺展开来，仿佛一幅巨大的卷轴，秦淮河、夫子庙、中山陵、明孝陵、梅山等，都是画中精华。

常州天目湖周边群山环抱，湖水清冽，间有画若棋盘的田畔，疏密错落的茶园，到处是一幅幅纯自然的田园风光图，湖岸蜿蜒曲折，自然景色与人工点缀相得益彰。山、水、林、禽、兽同生共荣，构成一幅奇特的大自然生态图。

苏州除了精致的园林，还有“秀绝冠江南”的灵岩山，内有楼台亭榭，依山势而建，九曲长廊因地形而走，清池涓流，岸曲水回，每逢秋季，更是满山鲜红，枫叶如火，一片胜景。

■ **旅行季节**

四季皆宜

■ **旅行焦点**

花果山、紫金山、天目湖、灵岩山、秦淮河、夫子庙、中山陵、苏州园林

春日里的紫金山

江苏特色节庆

寒山寺除夕听钟声活动

金陵灯会

1. 寒山寺除夕听钟声活动

时间：每年大年三十晚

地点：苏州寒山寺

“姑苏城外寒山寺，夜半钟声到客船。”寒山寺听钟声活动自 1979 年开办，中国传统的除夕年夜饭揭开听钟声活动的序幕，席间穿插文艺表演、幸运抽奖等活动为游客助兴。寒山寺弄和枫桥大街展示龙灯、舞狮、高跷、荡湖船、乘轿等传统民俗活动；零点前夕，游人们聆听由寒山寺住持敲响的 108 响钟声。钟声悠荡除旧岁烦恼，虔诚吉祥；爆竹噼啪庆新年来到，欢快热闹。辞旧迎新、祈祷祝福。

2. 金陵灯会

时间：正月初一至月底

地点：南京夫子庙广场、大成殿

始于六朝，盛于明清。相传明代洪武年间，朱元璋下令闹花灯，以示与民同乐，共庆升平，自此数百年来，相沿成俗，至今不衰。灯会期间 200 多个品种、数十万盏各具特色造型各异的花灯云集于此，流光溢彩，汇成灯的海洋。尤以市民自扎花灯，千姿百态，极具特色。游人徜徉其间，宛如置身灯的海洋、光的世界。

3. 扬州烟花三月旅游节

时间：4～5 月

地点：扬州

“故人西辞黄鹤楼，烟花三月下扬州。”春天是扬州最美的季节，你可踏着昔日乾隆皇帝着迷的"乾隆水上游览线"，去寻访闻名遐迩的二十四桥，观赏“天下三分明月夜，二分无赖是扬州”的美景，品尝四大菜系中的淮扬美食，欣赏有浓郁地方特色的风情和丰富多彩的文艺活动。

4. 兴化千岛菜花节

地点：兴化

时间：4 月初至 5 月初

每年 4 月初至 5 月初油菜花绽放时举办，届时可以观看万亩菜花黄，水乡菜花的灵秀，欣赏到乌巾荡“水上大舞台”的精彩演出。

5. 溱潼会船节

时间：每年清明次日

地点：姜堰市溱潼镇

溱潼会船节位于江苏省里下河地区。这里河网交织，水面开阔。每逢清明时节，四乡八镇数百条会船云集溱湖，上万船民来此聚会，举办富有民俗特色的会船节，观众游客超过十万人，其恢宏壮观的场面、惊心动魄的竞赛、多姿多彩的表演，堪称民俗文化之大观、水乡风情之博览。

6. 苏州虎丘庙会

地点：苏州虎丘

时间：10 月

每年 10 月在苏州虎丘景区举办，融民间文艺表演、手工艺表演、风味小吃和展销为一体。庙会以“弘扬中华民俗文化，再现传统庙会盛况”为宗旨，内容有开封盘鼓、兰州太平鼓、海城高跷、吴桥杂技、苏州评弹等。

7. 徐州云龙山庙会

地点：徐州

时间：农历二月二十九

云龙山庙会始于清代康熙年间，是徐州乃至淮海经济区内最具影响力的民俗活动之一。每逢庙会期间，数万人潮涌而至，景象热闹非凡。

这一天可以逛庙会；看舞狮、高跷等民间艺术表演；品地方风味小吃，还能选购民间手工艺品。

8. 盱眙龙虾节

时间：每年 6 月

地点：盱眙县城

盱眙十三香龙虾是淮安市盱眙县近年来新创的名菜，原料是价廉物美的螯虾，由十多味中药及特殊方法制作而成，色泽鲜艳，口味鲜美，深受消费者欢迎。

中国龙虾节是江苏唯一被国际节庆协会评为“IFEA 中国最具发展潜力十大节庆”的特色节庆活动。

9. 无锡吴文化节

时间：每年 4 月 10 日

地点：无锡吴文化广场

无锡是吴文化的主要发源地之一，3000 多年前，周太王长子太伯携弟仲雍从陕西岐山来到“荆蛮之地”的江南，定居梅里（今无锡梅村镇），建国勾吴，开启了吴地文明，吴文化由此而发端。太伯由于其“三让天下”，被孔子誉为“至德太伯”，受到后人的敬仰。吴文化也成为中华文化的重要组成部分，并成就了无锡的百年繁华和今日辉煌。

10. 江阴集场

时间：农历二月初八到八月二十八，江阴有大大小小 40 多个集场

地点：江阴各地

江阴集场是一个展示江阴民间民俗文化的日子，又称“庙市”或“节场”，在江阴地区悠久的民俗传统中，庙会集场已有上千年的历史。

古时候的寺庙因为要增加人气，借此提升寺庙的声望，选定一个时日，杜撰一个名目。每逢这个节日，就会有全国各地蜂拥而来的信徒们赶来庆祝，有许多老百姓也来凑热闹，商贩们就抓住商机，这样就无形中由庙会形成了集场。

江苏最值得推荐的美食

不能错过的淮扬传统名菜

1. 蟹粉狮子头

久负盛名的扬州地区传统名菜。据传，此菜始于隋朝。狮子头有多种烹调方法，因清炖嫩而肥鲜，比红烧出名。如“蟹粉狮子头”，成菜后蟹粉鲜香，入口而化，深受人们欢迎。

2. 松鼠鳜鱼

属苏菜系，在江南各地一直将其列作宴席上的上品佳肴。相传清代乾隆皇帝下江南时，曾微服至苏州松鹤楼菜馆用膳，厨师用鳜鱼出骨，在鱼肉上刻花纹，加调味稍腌后，拖上蛋黄糊，入热油锅嫩炸成熟后，浇上熬热的糖醋卤汁，形状似鼠，外脆里嫩，酸甜可口。

3. 大煮干丝

又称鸡汁煮干丝，属淮扬菜系，是一道既清爽，又有营养的佳肴，历来被推为席上美馔，淮扬菜系中的看家菜。干丝，就是豆腐干丝，对刀工要求极为精细，多种作料的鲜香味经过烹调，鲜香扑鼻，火腿和开洋的鲜味渗入极细的豆腐干丝中，丝丝入扣，然而不见一滴油花，没有一毫豆腥，乃是脍不厌细的代表作。

4. 水晶肴蹄

又名水晶肴肉，是江苏镇江传统名菜，属于苏菜系，迄今已有300多年的历史。水晶肴蹄成菜后肉红皮白，光滑晶莹、卤冻透明，犹如水晶，故有“水晶”之美称。食用时，具有瘦肉香酥、肥肉不腻、酥香嫩鲜等特点，佐以姜丝和镇江香醋，更是别有一番风味。

5. 清蒸鲥鱼

属于苏菜系。此菜选用富春江鲥鱼，以端午节前后捕获的最好，配以火腿、笋肉、香菇等清蒸而成。鱼身银白，肥嫩鲜美，爽口而不腻，是文人居士肴馔中的名菜，为江南三味之一。食时，若再蘸以镇江香醋和姜末，更是别有风味。

蟹粉狮子头

松鼠鳜鱼

清蒸鲥鱼

6. 鼋汁狗肉

江苏省沛县最有名的汉族传统特色名菜。鼋汁狗肉呈酱红色，色泽鲜亮，味美醇香，肉质韧而不挺，烂而不腻，可谓色、香、味俱佳。沛县狗肉以凉食为主，食时用手撕肉不用刀切，其味尤佳。历代名人，如北周庾信、南宋文天祥、明武宗朱厚照等过沛，皆以品尝“狗肉佐美酒”为乐事。

7. 荷花铁雀

江苏连云港市沿海地区著名的小吃，属于苏菜。将铁雀捋去毛后炸至外焦脆、里鲜嫩，浇上糖醋汁即成，吃时酥脆爽口，色泽金黄，骨酥肉香。

8. 双皮刀鱼

属于淮扬菜。无骨无刺，肉质极为细嫩，其味鲜美，同时具有预防高血压、心肌梗死等心血管疾病、养肝补血、泽肤养发健美的功效。

9. 三套鸭

扬州一带盛产麻鸭（古时扬州各地盛产麻鸭，现扬州高邮一带专门养殖，所以又名高邮麻鸭，是全国三大名鸭之一。三套鸭的烹饪技巧以焖菜为主，口味属于咸鲜味，家鸭肥嫩，野鸭喷香，菜鸽细酥，滋味极佳。有人赞美此菜具有“闻香下马，知味停车”的魅力。

10. 阳澄湖大闸蟹

产于江苏昆山，蟹身不沾泥，俗称清水大蟹。体大膘肥，青壳白肚，金爪黄毛，肉质膏腻，十肢矫健。每逢金风送爽、菊花盛开之时，正是金爪蟹上市的旺季。农历九月的雌蟹、十月的雄蟹，性腺发育最佳，煮熟凝结，雌者呈金黄色，雄者如白玉状，滋味鲜美。

11. 盱眙龙虾

热气腾腾，香味扑鼻，诱人食欲。吃的时候，麻、辣、鲜、美、香、甜、嫩、酥、肥、亮，令人欲罢不能。吃后余味不绝，叫人无法忘记。龙虾不仅是肉洁白细嫩，味道鲜美，且高蛋白，低脂肪，营养丰富。

12. 太湖银鱼

形如玉簪，细嫩透明，色泽如银，故名银鱼。清康熙年间，银鱼被列为贡品，与白虾、梅鲚并称“太湖三宝”。冰鲜银鱼大部分出口，远销海外，人称“鱼参”。经过暴晒制成的银鱼干，色、香、味、形经久不变，可烹制成各种名菜佳肴，如银鱼炒蛋、干炸银鱼、银鱼煮汤、银鱼丸、银鱼春卷、银鱼馄饨等，都是别具风味的湖鲜美食。

不能错过的江苏小吃

1. 南京盐水鸭

在桂花盛开的季节制作，又名桂花鸭。清除翅尖、脚爪、内脏和血管，放入清水中浸泡，以去血水。将精盐、花椒、五香粉炒成的炒盐把鸭身里外都抹匀，腌 1 小时后放入清卤中浸 2 小时，浸好后吹干。用净锅，放入鸭子加足清卤烧开、沥干、冷却即成。鸭皮白肉嫩、肥而不腻、香鲜味美，具有香、酥、嫩的特点，中秋节前后的盐水鸭最为可口。

2. 秦淮八绝

所谓“秦淮八绝”，指南京八家小吃馆的十六道名点：魁光阁的五香茶叶蛋、五香豆；永和园的蟹壳黄烧饼、开洋干丝；奇芳阁的鸭油酥烧饼、麻油干丝；六凤居的葱油饼、豆腐脑儿；奇芳阁的什锦菜包、鸡丝面；蒋有记的牛肉锅贴、牛肉汤；瞻园面馆的薄皮包饺、红汤爆鱼面；莲湖糕团店的五色小糕、桂花夹心小元宵。

3. 鸭血粉丝汤

由鸭血、鸭胗、鸭肠、鸭肝等加入

鸭血粉丝汤

三丁包

鸭汤和粉丝制成的一道南京风味小吃，口感鲜香，爽口宜人。南京是著名的鸭都，南京人自然十分爱吃鸭子，不仅鸭肉，连鸭内脏、鸭血都能做出一番文章来。而回味鸭血粉丝汤这家店，正是把这几样东西的美味发挥到极致。鸭血粉丝汤是用粉丝、鸭血、鸭肝、鸭肠配以老鸭汤烧制而成。小小一碗粉丝汤，却把鸭的美味包含其中。喝一口汤汁，吸一口粉丝，咬一块鸭血，让人不由得感叹这些不起眼的东西竟能烧制出如此世间美味。

4. 扬州三丁大包

以鸡丁、肉丁、笋丁及多种配料制成馅心，皮子捏拢成鲫鱼嘴收口，荸荠肚形。包大馅多，鸡肉鲜、冬笋嫩、猪肉香，鲜美可口，造型美观。

5. 扬州翡翠烧卖

青菜略焯、剁碎，以精盐、白砂糖、熟猪油拌匀成馅，以半熟烫面擀成薄皮，捏成菊花形，颈口馅心微露，用少许火腿蓉点缀。皮面白亮，馅心碧绿，甜润清香。

6. 扬州千层油糕

面粉发酵擀成长方形面皮，匀撒白砂糖，拌油丁，边擀边压，卷叠成16层长方形，并对叠4折，共为64层。糕面撒红瓜丝儿，上笼蒸熟。糕呈半透明状，层次清晰，色香味俱佳，与翡翠烧卖合称为“扬州双绝”。

7. 高邮咸鸭蛋

高邮一带所饲养的鸭子个头大，毛皮紧，潜水深，觅食力强，一般都在水网地区放养，多食鱼虾，所生鸭蛋蛋质细、黄油多，平均每只蛋重105克左右。每年清明节前，当地人将鸭蛋拿来腌渍，一个月后即可取食。煮熟后的咸鸭蛋，颜色红而多油。据记载，早在清乾隆年间高邮咸鸭蛋已成为席上珍品了。

8. 太仓肉松

已有百多年的制作历史。1915年还在巴拿马国际博览会上得过奖。它选用新鲜猪后腿精肉，配以酱油、冰糖、鲜姜、大茴、黄酒等作料加工而成，纤维细长，滋味鲜美，特别适合产妇、幼儿及病人食用。只要封口好，能存放4个月左右。

9. 南通跳面

南通跳面又叫“曹顶面”“切面”或“小刀面”。由于加工工艺讲究，外观粗细均匀，条长爽滑，柔韧筋道，因而久煮不煳。食时，韧而不硬，耐嚼有味。倘若配以各种不同的浇头，佐以酱油、猪油、味精等拌炒，味道特别可口。

10. 常州大麻糕

油酥面饼，重酵重油，精工揉制，外敷脱皮白芝麻，涮以饴糖水，入炉烤成。馅分甜、咸两种。口味香、脆、松、酥。

11. 无锡小笼包

以皮薄卤多而誉遍沪、宁、杭一带，是无锡传统名点，已有百年历史。选用上等面粉制作、选料精细、小笼蒸煮，南方口味。具有夹起不破皮，翻身不漏底，一吮满口卤，味鲜不油腻等特色。由于小笼包汤汁丰盈，吃法也颇为讲究，要“轻轻提，慢慢移，先开窗，后吸汁”。

12. 泰兴黄桥烧饼

因1940年秋新四军东进苏北进行黄桥决战，泰兴黄桥地区群众赶制烧饼支援前线而闻名全国。其造型美观，制作精细，具有香、酥、脆等特点。分甜、咸两类，共十余个品种，咸者有肉松、火腿、葱油、开洋、鲜肉等；甜者有桂花、豆沙等。

桂花小元宵、烫面蒸饺、文蛤饼、鱼汤面都是当地有名的小吃。

博愛閣

走遍中国·江苏

READY TO START
准备出发

旅行与季节 / 92
到达与离开 / 96
住在江苏 / 99
吃在江苏 / 100
预算 / 101

走遍中国 · **江苏**

READY TO START
准备出发

旅行与季节

江苏属亚热带和暖温带地区，气候温和，雨量适中，寒暑变化显著、四季分明。春季，梅花山梅花盛开，景致迷人；秋季，栖霞山上红叶如火；夏季，南京有“火炉”之称，6月中旬～7月下旬梅雨季节，7～8月极端最高温可达40℃；冬季，如果在12月份有机会遇上南京的大雪，那也是令人神往的，江南的雪景妩媚动人。汤山温泉会给冬天的你带来暖意。

特别提醒： 如果旅行重点是长江沿线比如南京、苏州、扬州，那么春季正是江南好风光。但对于苏北地区的几个自然保护区而言，秋冬季却正值动植物活动的黄金时节。

■ 春季 · 江苏

最佳推荐地：南京梅花山、玄武湖、江宁、莫愁湖，无锡梅园，太湖鼋头渚，泰州，兴化

江苏春季气温变化大，特别是每年的2～3月会出现寒潮。4月局部地区有冰雹、雷暴、大风等强对流天气。全省平均气温为15℃，其中苏北地区春季平均气温为15.1℃，苏南地区春季平均气温为16.4℃，南京春季平均气温为16.5℃。

特别提醒：烟花三月下扬州，春季是到苏州、无锡、扬州旅行最适宜的季节。

南京：赏花、泡温泉、逛古镇

先到梅花山欣赏那连片的梅花，再到灵谷寺拜佛观樱，晚上到夫子庙看灯，夜宿温泉酒店泡汤；第二天到高淳老街体验民俗，到桠溪国际慢城体验乡村慢生活。

梅花山是全国四大赏梅胜地之一。南京的赏樱佳处，公园要数玄武湖樱洲、梅花山上的樱花园、情侣园中的樱花路、古林公园和雨花台，道路上则以鸡鸣寺的樱花街、莫愁新寓的樱花路、进香河路为妙。大学里的樱花要数南林大的樱花大道。另外，南医大、东大及东大浦口校区都有不错的景色。

赏油菜花佳处：江宁（横溪镇、方山、将军大道）；浦口前往珍珠泉的路上；六合（金牛湖边）；江心洲、溧水、高淳等南京周边农田。

此外，莫愁湖公园种植海棠有50多年的历史，是赏海棠的必去之地。

南京樱花

无锡：赏花踏春

到梅园看梅花，到乡间挖春笋、挑野菜、打麦汁、做菜团……去梅园、鼋头渚、阳山景区、锡惠公园等处，其中太湖鼋头渚的樱花谷最迷人，有陆上、水上两条赏樱线路可供游客选择。

泰州：赏花吃美食

在泰州凤城河周围品尝“舌尖上的尘世幸福”，去泰州品味早茶小吃“皮包水”，而兴化的千岛菜垛田风景区的万亩菜花更被人们称为“中国最美油菜花海”，人在花中游，别有一番风味。

特别提醒：徐州云龙山的千里一色、常州天目湖的万顷碧水、苏州古典园林的婉约风雅、南通狼山的满目葱茏、连云港花果山的神奇浪漫、淮安铁山寺自然保护区的鸟语花香、盐城沿海麋鹿保护区的金滩银荡、扬州瘦西湖畔的清风拂面、镇江金山寺的魂牵梦绕、宿迁骆马湖的烟波浩渺等春游新线路，都令人神往。

■ 夏季·江苏

最佳推荐地：周庄、同里、苏州园林、宜兴竹海、南通正港、高淳、盐城

梅雨是初夏季节长江中下游特有的天气现象，持续连绵的阴雨、温高湿重是梅雨的主要特征。每年6月中旬江苏长江沿线进入梅雨时节，7月上旬梅雨结束，盛夏随之到来。全省夏季平均气温25.9℃～28.5℃，南京因暑热更是曾经被誉为全国“三大火炉”之一。梅雨、干旱、台风、暴雨、高温、低温阴雨都会出现在这个季节。尤其是近年来频发的台风天气对江苏沿海城市影响较大。

特别提醒：夏季到江苏旅行最好避开高温的南京，闷热的苏州、无锡以及台风来临时连云港、南通的沿海地区。相对来说，苏北几个自然保护区的夏季气候还比较凉爽。

古村渔港：清凉一夏

周庄、同里、西津渡、溱潼古镇等江南水乡古村演绎温情浪漫，南通正港海鲜等夏令美食令人大饱口福，处处体现江苏夏季旅游的别样风情。

园林竹海：绿荫凉意

不妨去逛一逛姑苏园林，在曲径通幽、绿荫密布的深深庭园里，感受清流四溢的拂人凉意；或是穿行绿影叠翠、清幽深邃的宜兴竹海，倾听溪流淙淙、翠鸟声声，回归一次自然。

高淳盐城：赏荷品夏

可慢游南京高淳邂逅“三十里荷花香”，体验静荷之秀美；驰骋盐城东部广袤滩涂湿地，在芦苇摇曳中与仙鹤共舞，做一番有氧“深呼吸”。

特别提醒： 江苏还有很多亲子旅游项目。想要追求梦幻新奇，就去常州中华恐龙园、常州环球动漫嬉戏谷、苏州乐园、无锡三国水浒城，那里有七彩斑斓的娱乐狂欢。想要亲近自然，也可去南京江心洲摘葡萄、无锡阳山采鲜桃，体验夏耕妙趣。也可驻足南京江宁织造府、扬州双博馆、南通博物苑、淮安淮扬菜博物馆，以及苏州的山塘街、泰州的老街、盐城的水街，体味人文华章世事变迁，这些都是温馨快乐暑期里不容错过的精彩。

背包客收藏：台风

每年西太平洋要产生29个左右的台风，而影响江苏的台风平均每年有3.1个，最多年份有7个。每年7～9月是江苏台风的高发期。台风来临时苏南地区的最大风力可以达到11级，而且伴随强暴雨大风天气。台风来临时，容易发生一些广告牌掉落、树木被刮倒、电线杆倒地的意外事故，因此旅行者在台风来临时最好不要出门，以防发生被砸、被压、触电等不测。已经在室外的旅行者要特别注意高空坠物，以免发生事故。出门时也应尽量走宽阔的大路，避开狭小的巷子，不要离建筑物太近，尽量穿雨衣避免撑伞，并注意路面积水。

■ 秋季·江苏

最佳推荐地：栖霞山、沙家浜湿地、阳澄湖、太湖

从时间上来说，9月份江苏整体旅游气候最宜人。除了9月中下旬会有少量的几天“秋老虎”高温以外，全省秋季平均气温都在18℃左右。

特别提醒： 如果想要对江苏做个全线游览，秋季最合适不过了。

栖霞山：红叶美景

目前，栖霞山的红叶品种多达十余种，其中的主打品种——枫香，百年以上的就达500余株，加上其他各类色叶树种共计50余万株，色彩斑斓。层次感极强，使“秋栖霞”红叶色彩更丰富。霜红苑、乾隆御花园、话山亭、小营盘区域、景区主干道两侧是比较理想的观赏地点。

沙家浜湿地：赏芦花赛雪飘

沙家浜是华东地区最大的芦苇生态湿地，深秋里芦花吐絮，漫天飞扬，轻柔飘逸，梦幻多姿，“春夏芦荡一片绿，秋后芦花赛雪飘”。泛一叶轻舟在芦苇荡中穿梭，芦香扑鼻，花絮随风飞扬，日落西山，晚霞中芦花瑟瑟，别有一种风韵。

湖区：品蟹美食好口福

金菊怒放的深秋时节，正是菊香蟹

虎丘

肥之际，南来北往的旅游者不少是专程来品蟹尝鲜的食客，一时间持螯饮酒赏菊便成为江苏旅游的一张王牌。而眼下的大闸蟹也已不独阳澄湖出名，太湖、固城湖、宝应湖、洪泽湖、高邮湖、白马湖等处出产的大闸蟹也都成为佳品。江苏以出产大闸蟹闻名，江苏人也以会吃大闸蟹而很有名气，从明代开始出名的兴化中堡醉蟹，以及靖江、淮安、南京龙袍等地的蟹黄汤包，也以加工精良、口味醇鲜闻名，成为难得一尝的美味。

■ 冬季 · 江苏

最佳推荐地：南京秦淮灯会、汤山、高淳、栖霞寺、惠山寺、重元寺、金山寺、花果山

冬季全省年均气温 3℃上下，苏北地区平均气温比苏南地区低 5℃，南京地区的降水比江苏北部多。阴雨绵绵、大雾频繁是冬季江苏的气候特点。每年冬季，一群群丹顶鹤便从遥远的北方飞到盐城丹顶鹤自然保护区越冬，这时是观赏丹顶鹤的最佳季节。

南京汤山高淳：优质慢生活

南京作为古都，有着底蕴深厚的民风年俗文化，可以体验民俗、度假休闲、农家美食、文博研修等。比如春节，可以上午观秦淮灯会，游老门东街区后，再前往江宁汤山，在汤山七坊品尝地道的农家午餐；吃完饭后，就近在汤山温泉旅游度假区泡汤休闲，然后返回市区。或者去高淳国际慢城体验“慢生活”，吃农家餐，下午游老门东街区，晚上品尝秦淮小吃，坐画舫观赏秦淮灯会。

古寺：除夕夜聆听梵钟鸣响

遍布江苏的古刹名寺，香火鼎盛，名扬八方，“南朝四百八十寺，多少楼台烟雨中”。如今在江苏，辞旧迎新之际聆听梵钟鸣响，已经不单单是一座寺院，南京的栖霞寺、毗卢寺、鸡鸣寺、玄奘寺，无锡的开原寺、惠山寺，苏州的重元寺，镇江的金山寺、隆昌寺，扬州的大明寺，常州的天宁寺，泰州的光孝寺、庆云禅寺，常熟的兴福寺，如皋的定慧寺，东台的护国禅寺，海州的碧

寒山寺

霞寺等著名佛教名刹，茅山九霄万福宫，南京天妃宫，苏州穹隆山上真观，泰州和南通的城隍庙，海州龙洞庵等著名道教宫观，也都会以祈福撞钟、撞钟法会、财神法会、敬头香、敲锣祈福等不同活动辞旧迎新。

花果山：云雾山顶奇观东海胜境

冬季，千万别错过连云港花果山的雾凇。黄海之畔的花果山以古典名著《西游记》所描述的“孙大圣老家”而著称于世，自古就有“东海第一胜境”美誉。花果山雾凇是难得一见的景观。登上山顶，放眼望去，满山雪松、花木、树梢凝霜挂雪，晶莹剔透，如梨花盛开，格外妖娆，蔚为大观。

秦淮灯会：正月里逛古都灯会

春节观灯已经成为南京的传统盛事，南京人有句俗话：“过年不到夫子庙观灯，等于没有过年；到夫子庙不买只灯，等于没过好年。”金陵灯会，每年农历正月初一至正月十五在南京最繁华的秦淮风光带举办，又称秦淮灯会或夫子庙灯会，是南京地区流传最久、老幼妇孺最喜爱的一种民间传统习俗，也是中国最著名的灯会活动之一。

南京市秦淮区有“中国民间灯彩艺术之乡”之称。金陵灯会的观灯人数超过 300 万人次，尤其元宵节当日，秦淮两岸灯如海，人如潮，举城沉浸于欢乐祥和之中。

除此之外，江苏境内的苏州姑胥元宵灯会、无锡崇安寺元宵灯会、南通和泰州城隍庙元宵灯会、宿迁楚街灯会和周庄古镇水乡元宵灯会，以及扬州瘦西湖、盐城的灯谜竞猜活动，都已经成为春节里的风景。

到达与离开

江苏省位于我国大陆东部沿海中心，地居长江、淮河下游，东濒黄海，西连安徽，北接山东，南与浙江和上海毗邻。境内地势平坦，平原辽阔，而多名山巨泽，河港交叉，水网密布，海陆相邻，湖泊众多。省境除北部边缘、西南边缘为丘陵山地，地势较高外，其余则自北而南为黄淮平原、江淮平原、滨海平原和长江三角洲共同组成的坦荡大平原。进出江苏既可以通过航空，也可以乘火车、汽车或者走水路。

■ 航空

江苏省已有 9 大机场：南京禄口国际机场、常州奔牛机场、徐州观音机场、连云港白塔埠机场、苏南硕放机场、南通兴东机场、盐城南洋机场、淮安涟水机场和扬州泰州机场，航线 150 多条，每天均有航班飞往全国各主要旅游城市。

苏南地区

南京禄口国际机场位于南京市东南部，距南京市中心直线距离为 35.8 公里，是江苏两大枢纽航空港之一。每周近 700 个航班，辐射全国 44 个主要城市以及法兰克福、新加坡等国际城市。

无锡硕放机场：江苏两大枢纽航空港之一。位于无锡国家高新技术开发区内，距无锡市区 14 公里，距苏州市区 23 公里，沪宁高速公路和 312 国道近在旁侧，到离港城市有：北京、贵阳、广州、深圳、昆明、重庆、大连、武汉、天津、张家界、兰州、长沙、西安、成都、香港、澳门、大阪、东京、成田等。

常州奔牛机场：坐落于常州市新北区，距常州市城区 18 公里。到离港城市有:北京、广州、深圳、沈阳、哈尔滨、泉州、天津、厦门、重庆、昆明、大连、成都、西安、桂林、张家界、三亚、温州等。

苏中地区

南通兴东机场：位于南通市通州区兴东镇，距南通市区约 18 公里。到离港城市有：北京、天津、广州、深圳、武汉、成都等。

苏中江都机场（即扬州泰州机场）：由扬州、泰州两市联合共建，位于扬州市江都区丁沟镇境内，距扬州市区约 30 公里，距泰州市区约 20 公里。到离港城市有：北京、沈阳、大连、哈尔滨、厦门、深圳、广州、三亚、长沙、丽江（旅游包机，未通航）、张家界（旅游包机，未通航）、武汉、郑州、成都、昆明、重庆、西安、银川。

苏北地区

徐州观音机场：位于徐州市东南方向的睢宁县双沟镇境内，距离徐州市区 45 公里。到离港城市有：北京、上海、广州、深圳、海口、成都、大连、温州、厦门、杭州、呼和浩特、台北、香港。

连云港白塔埠机场：位于连云港市西 25 公里处，为军民合用机场。到离港城市有：北京、大连、成都、广州、徐州、深圳、宁波、沈阳、温州、厦门、上海。

盐城南洋机场：位于盐城市南洋镇境内，距市中心8.3公里。到离港城市有：上海、北京、南通、广州、长沙、昆明、香港、韩国首尔等。

淮安涟水机场：位于涟水县陈师镇与蒋庵乡境内，距离淮安市中心22公里。到离港城市有:北京、上海、广州、厦门、重庆、西安、武汉、宁波等。

■ 铁路

铁路主要干线有京沪高铁、沪宁城际铁路、陇海线、宁芜线、宁启线等，南京、徐州为铁路枢纽，联系南北各地。乘火车安全经济，是省内城市往来的首选。

苏州平江路

大运河航道

京沪高铁开通后，从京沪沿线各大城市到达江苏省，首选为火车。

京沪高铁在江苏省内的停靠站点：昆山南站、苏州北站、无锡东站、常州北站、丹阳北站、镇江南站、南京南站、徐州东站。

沪宁城际铁路在江苏省内的停靠站点：南京、仙林、宝华、镇江、丹徒、丹阳、常州、戚墅堰、惠山、无锡、无锡新区、苏州新区、苏州、苏州工业园区、阳澄湖、昆山南、陆家浜南、安亭北、南翔北、上海西、上海。沪宁城际列车开通后，沪宁间最快 73 分钟互达，比原来“D”字头动车提高了一小时。

■ 水路

江苏的交通以水运最为发达，有长江和大运河两大主干水系。省内南京、苏州、南通都有水路通航，往省外可沿江到达杭州、重庆、上海等地。

乘水路可观赏沿途风光，但运行速度慢，会将旅行的大部分时间耗费在船上。

■ 公路

江苏有公路约 2.6 万公里，高级公路约占一半，以南京为最大枢纽，辐射全省并与邻近各省 100 多个市县相连。有国道 14 条、省级干线 100 余条，县乡公路近 1600 条。

包括东北同江—三亚、北京—福州的两条纵向国道干线，连云港—霍尔果斯（新疆）、上海—成都的两条横向国道干线，以及经过南京的北京—福州 104 国道、山海关—广州 205 国道、上海—聂拉木（西藏）318 国道、烟台—上海 204 国道、烟台—汕头 206 国道、连云港—天水 310 国道、徐州—西峡

背包客推荐：江苏城际交通最佳方案

省内去苏南城市最佳方案：铁路。苏南城市之间：以上海和南京为起止点的沪宁城际线，覆盖了苏南的大部分旅游城市，南京到上海最快只要 1 个多小时，经停城市有镇江、常州、无锡、苏州等。苏中、苏北去苏南城市：公路或铁路。公路在苏中、苏北较发达，铁路班次较少，公路较为方便。

省内去苏中城市最佳方案：苏中城市间：公路或铁路。苏中地区铁路建设没有苏南地区发达，以南京、南通为起止点的铁路线，几乎囊括了扬州、泰州、南通等苏中旅游城市，但每日发车密度不高。选择公路交通则比较快捷，各苏中旅游城市均有多个公交车站，均有到达省内各城市的汽车班次。苏南、苏北至苏中：选择公路较为快捷。

省内去苏北城市最佳方案：苏北城市间：公路或铁路。苏中、苏南到苏北距离较远，公路、铁路均可。徐州到南京可乘坐京沪高铁。

311 国道、上海—伊宁 312 国道、连云港—菏泽 327 国道、南京—海安 328 国道等。宁沪、宁合以及南京环城的高速公路均建成通车。

出入江苏境内，公路交通较灵活，发车周期短，不必像火车那样，要长时间等待班次，而且车票也容易买到。但江苏的公路交通费用相对来说偏高，约比内陆省份交通费用多 1/3。

住在江苏

江苏位于长江黄金水道的下游，同时又毗邻上海经济开发圈和浙江经济开发圈，消费水平远在全国城市平均消费水平之上。这里拥有全国最高档最豪华的酒店，也有普通档次的类似青年旅舍的住宿，但价格也超过了内陆城市的普通旅馆住宿价格。

■ 宾馆及星级酒店

对于一星级、二星级的低档宾馆，在江苏的南京、苏南、苏中地区最低也得 150 元 / 间，就算消费稍低的苏北也要 120 元 / 间。100 元 / 间的宾馆在江苏的大城市少之又少，如果有也仅是一些从普通招待所升级而来的“宾馆”而已。

■ 便宜的住处

类似国际青年旅舍的低廉住宿在江苏的中部和南部十分普及，是在江苏自助旅行住宿的首选。价格一般为 50 元 / 床。如周庄、同里这些古镇上都有很多的家庭旅馆，标准间 80 ~ 120 元 / 间。

■ 低价位的星级享受

江苏不是纯旅游产业的省份，不像海南那样淡季、旺季住宿价格呈天壤之别。但通过一些订房网站或者团购等方式，提前预订还是能找到较低折扣的宾馆酒店。比如江苏三星级的酒店通过网上预订，基本上价格在 200 ~ 300 元 / 间。

■ 特色住宿

园林是江苏旅游的最大特色，苏州平江客栈、扬州长乐客栈等宾馆均由古园林建筑改建而成。

苏州平江客栈是由姑苏古老民房改建而成，历史可以追溯到明朝望族“方家大宅”。客栈内的房间依据苏州

长廊是中国古典园林的建筑形式之一

传统民居布置，木梁瓦顶，回廊小苑，清幽恬静。扬州长乐客栈为文物保护建筑，分别由民国初年钱业经纪人李鹤生的逸圃、清末民初盐商华友梅的华氏园，以及清代名将李长乐的将军府三处古宅及其他宅院翻建而成，是集历史风貌、传统特色、原生态与时尚休闲于一身的古建筑民居式主题精品酒店。

吃在江苏

江苏菜主要由淮（安）扬（州）、苏（州）锡（无锡）、徐（州）海（启）三个地方风味所组成，并以淮扬菜为其代表。菜式讲究选料，注重火候，色调淡雅，造型清新，口味咸甜适中。苏州尤其以烹制鱼虾蔬果见长，注重造型，善用煮炸技巧；色调浓重，口味偏咸；喜欢用葱、姜、蒜、辣椒调味，辣味尤其重。

■ 江苏不可不知道的几大风味

淮扬菜的特点是选料严谨，注重刀工和火候，强调本味，突出主料，色调淡雅，造型新颖，咸甜适中，口味平和，故适应面较广。在烹调技艺上，多用炖、焖、煨、焐、焙、烘、蒸、烧、炒之法。其中南京菜以烹制鸭菜著称；镇江、扬州菜以烹鸡肴及江鲜见长；其细点以发酵面点、烫面点和油酥面点取胜。

蟹粉狮子头、清炖圆鱼、砂锅野鸭、大煮干丝、三套鸭等都是淮扬菜的代表。

苏锡菜与淮扬菜有同有异，其虾蟹莼鲈、糕团船点味冠全省，茶食小吃尤优于苏菜系中其他地方风味，注重造型，讲究美观，色调绚丽，白汁清炖别具一格，兼有糟鲜红曲之味，食有奇香。口味上偏甜，无锡尤甚，浓而不腻，淡而不薄，酥烂脱骨不失其形，滑嫩爽脆不失其味。

苏州的碧螺虾仁、雪花蟹斗、莼菜塘鳝鱼片、松鼠鳜鱼；无锡的梁溪脆鳝、肉骨头、香脆银鱼、镜箱豆腐；常州的糟扣肉、糟蛋、素火腿、雪花蜗牛；常熟的叫花鸡、脱壳鳜鱼、棋子腿筒都是苏锡菜中的精华。

徐海菜原近齐鲁风味，肉食五畜俱用，水产以海味取胜。菜肴色调浓重，口味偏咸，习尚五辛，烹调技艺多用煮、煎、炸等。近年来徐海菜色调亦偏向淡雅，有向淮扬菜看齐的趋势。

大煮干丝

狮子头

预算

■ 无法省掉的开支

名目众多的门票是江苏旅行中占比较大比重的开支。随着南京中山陵、玄武湖等景点的陆续免费开放，景点门票占旅行开支的比例逐渐减小。江苏全年对游客免收门票的旅游景点总数在全国居前列，不仅如此，还包括南京中山陵陵寝和秦淮风光带、苏州金鸡湖、南通濠河风光带等国家5A级旅游景区的主要景点，这在全国也不多见。建议做江苏行程计划时，尽量挑选重点景区。比如宜兴的善卷洞、张公洞、灵谷洞，三个洞的景观其实差别不大，游客可根据自己的兴趣选择其中的一个游览。

■ 行程中最大的开支

江苏省内交通发达，航空、铁路、水路、汽车高速纵横全境。最经济的旅行交通途径还是铁路，其次是长途汽车。省内大城市的出租车起步价都在10元左右，相对内地城市高很多，幸运的是几个代表旅游城市都有自己的旅行专线公交车。比如扬州的空调游1路、游2路，线路贯通扬州城内几个重要景点，上车才2元。

■ 弹性最大的开支

住宿是逃避不了，但又最能节省的开支。比如选择青年旅舍住宿，或者家庭小旅馆，或者政府办事处性质的招待所（比较安全），这样的住宿可以控制在100元以内。若要按普通宾馆消费来预算，南京、苏南、苏中三个地区的标准间平均在150～200元/间，而苏北标准间则低一点，约120元/间。

■ 可以省掉的开支

太湖的鱼干、宜兴的紫砂陶具、苏州扬州的手工艺品等都是江苏有名的土特产。现在国内经济交流发达了，这样的土特产全国各地的商店几乎都有卖的，而且说不定价格比原产地更便宜。在原产地购买最多只是一种心理上的纪念而已，其实没必要在已经负重的旅行背包里塞加一些超市里都能买到的东西。

NANJING
南京地区

前世今生 / 105
旅行与季节 / 106
焦点 / 106
行程推荐 / 108
预算 / 109

南京

夫子庙—秦淮河风光带 / 110
　秦淮灯会 / 113
　夫子庙 / 114
江南贡院 / 116
乌衣巷 / 117
　李香君故居 / 117
瞻园 / 太平天国纪念馆 / 118
白鹭洲公园 / 119
甘熙故居
（南京民俗博物馆）/ 119
老门东历史文化街区 / 119
中华门 / 120
雨花台风景区 / 120
　雨花台烈士陵园 / 121
　雨花石博物馆 / 121
朝天宫
（南京市博物馆）/ 121
总统府 / 122
　东花园 / 122
　煦园（西花园）/ 123
1912 时尚休闲街区 / 123
长江路历史文化街区 / 124
莫愁湖 / 124
太平天国壁画 / 124
侵华日军南京大屠杀
遇难同胞纪念馆 / 124
鼓楼 / 125
玄武湖 / 125
鸡鸣寺 / 126
拉贝故居 / 127
颐和路民国公馆建筑群 / 127
阅江楼 / 127
南京博物院 / 128
明故宫遗址
（午朝门公园）/ 129
明城墙 / 129
梅园新村纪念馆
（国共谈判纪念馆）/ 130
钟山 / 130
中山陵 / 130
　美龄宫 / 132
灵谷寺 / 133
藏经楼 / 孙中山纪念馆 / 134
中山植物园 / 134
明孝陵 / 134
　四方城 / 135
　神道 / 135
　大红门 / 135
　方城 / 136
梅花山 / 136
中科院紫金山天文台 / 137
南京长江大桥 / 137
栖霞山 / 137

明镜湖 / 138
栖霞寺 / 138
千佛岩 / 138
舍利塔 / 139
石头城 / 139
燕子矶 / 139
汤山 / 140

南京周边最美乡村游

溧水 / 141
天生桥 / 141
观音寺 / 141
南京周园 / 141
祠堂文化 / 141
古镇美食 / 141
高淳 / 141
高淳老街 / 142
游子山风景区 / 142
高淳美食 / 143
横溪 / 143
浦口 / 143
珍珠泉 / 144
万成生态园 / 144
帅旗农庄 / 144
浦口火车站 / 144
老山森林公园 / 144

走遍中国 · **江苏**

NANJING
南京地区

南京又称金陵，是江苏省的省会，地处长江下游的丘陵山区。

春游牛首烟岚、夏赏钟阜晴云、秋登栖霞胜境、冬观石城霁雪，游南京可谓四季皆宜，各有风情。古老的秦淮河玉带般蜿蜒舒展。立于两岸，眼前宛然是历史在悠悠流过；点缀两旁的玄武湖和莫愁湖静如处子，似在悠然倾诉；钟山、栖霞山迤逦悠长，“神龙”般延续着千年的守卫；金陵古城默然而立，城内的沧桑繁华刻写着它的年轮。中山陵依山而建，结构严整，观之而生一股浩然之气；夫子庙建筑群古色古香，漫步其间，让你遐想明清时代的市井繁荣；中华门气势宏伟，设计巧妙，置身城内，壁垒森严，耳边似有战马嘶鸣；此外还有灵谷寺、石象路、三国东吴所筑石头城遗址、明代朱元璋的陵墓（明孝陵）以及革命纪念地雨花台等，引人遐思无限；1912 民国文化休闲街区的现代时尚与近代韵味融合，令人回味无穷。古老悠久的文化遗产、现代文明的都市，与蔚为大观的自然景观构成了南京独特的园林城市风格。历史与现实、浮华与厚重、追思与畅想，在这里交错，皇家气韵与江南秀丽在这里融为一体。南京，一个承载了太多记忆的城市，一座博爱之都。

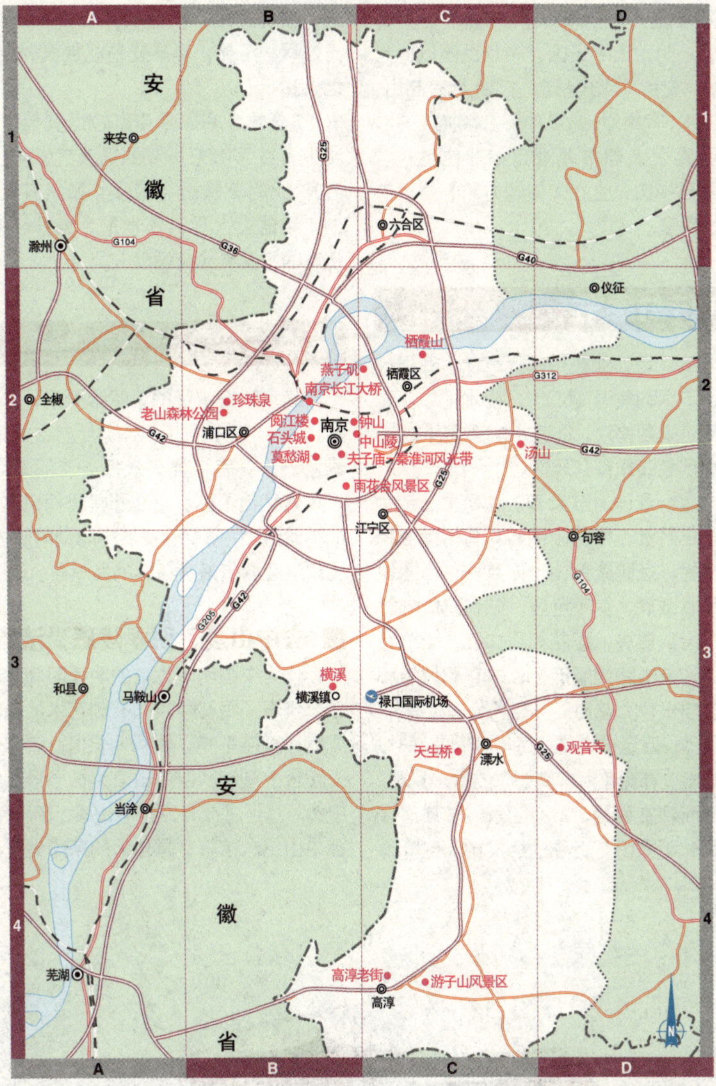

南京地区旅行交通示意图

前世今生

提起历史古都南京，总是令人悠然神往，发思古之幽情。“六朝金粉地，金陵帝王州。”有着6000多年文明史和2400多年建城史的南京，与北京、西安、洛阳并称为“中国四大古都”。建城将近2500年之久的古金陵，自公元229年东吴孙权迁都南京以来，历史上先后有10个朝代在此建都，故有“十朝都会”之称。

这块虎踞龙盘之地从公元3世纪初到6世纪末的300多年间，先后有孙吴、东晋、宋、齐、梁、陈共6个汉族政权在南京建都，史家称为“六朝”。另有南唐、明、太平天国、中华民国以此为都城，史称“十代都会”。“此地有高山，有深水，有平原，此三种天工，钟毓一处，在世界之大都市诚难觅如此佳境也。”这是孙中山先生在《建国方略》中对南京的赞誉。

旅行与季节

南京地处亚热带季风气候，四季分明，年平均气温 15.3℃，降水适中。无论何时来到南京，总有一些理想的去处，春夏秋冬四季皆有风情。

旅行最佳时节为春、秋两季。金陵美景三月天，梅花山的梅花与博爱阁相互映衬，远眺紫金山、南京城，山水城林尽收眼底，美不胜收。站在鸡鸣寺路上，抬头望去，樱花如雪如云，十分壮观，沿着道路蜿蜒而上，一直到城墙脚下连成一片片花海。莫愁湖公园植有 48 个品种、万余株海棠，每年春季花开时，呈现出“春潮花海醉莫愁”的秀美景观。

而观赏秋景，最有名气的莫属“金陵第一明秀山”之称的栖霞山。红叶如火，层林尽染。栖霞山东峰的太虚亭，正处枫林深处，环亭皆是观赏枫树绝佳之处。

“夏热冬寒”是南京较之其他江南城市有过之而无不及的显著气候特征，通常 12 月下雪机会最多。如果有机会在南京遇上大雪，那也是令人神往的，江南的雪景更显妩媚动人。

焦点

南京这座曾经的金陵帝王州，如今的江南端庄城，山环水绕，虎踞龙蟠，景色宜人。南京拥有众多一流的景点，以风景优美著称。走在那些梧桐树遮挡的林荫道上，感受这座城市隐动的脉搏，发现这座城市最富情感的另一面。

■ 去中山陵、明孝陵感受清幽

作为中国明陵之首的明孝陵壮观宏伟，代表了明初建筑和石刻艺术的最高成就，直接影响了明清两代 500 多年帝王陵寝的形制。以中山陵为核心景点的中山陵景区主要景点有中山陵、音乐台、孙中山纪念馆等，是伟大的革命先行者

中华门

秦淮河看桨声灯影

孙中山先生的陵墓。中山陵主要建筑排列在一条中轴线上，体现了中国传统建筑的风格。

■ 拜访雨花台、大屠杀纪念馆，祭奠历史

雨花台是中国新民主主义革命的纪念圣地，是重点文物保护单位、爱国主义教育示范基地。南京大屠杀纪念馆全名应为“侵华日军南京大屠杀遇难同胞纪念馆”，坐落在南京江东门，是侵华日军集体屠杀遗址和遇难同胞的埋葬地，以史料、文物、建筑、雕塑、影视等综合手法，全面记录了南京大屠杀特大惨案。

■ 玄武湖泛舟

玄武湖位于南京市东北城墙外，湖岸呈菱形，湖内有5个岛，把湖面分成四大片，各岛之间有桥或堤相通。湖中养鱼，并种植荷花。夏秋两季，水面一片碧绿，粉红色荷花掩映其中，满湖清香，景色迷人。

到玄武湖，既可欣赏独特的地质景观，又可乘筏漂流。小峡谷潺潺的火山矿泉和两岸形状各异的玄武岩，让人在赞叹大自然鬼斧神工的同时，也在享受着大自然的美好和恩赐。

■ 逛逛夫子庙

南京夫子庙始建于宋，位于秦淮河北岸的贡院街旁，由文教中心演变而成的繁华闹市，人们通常所说的夫子庙，实际包括夫子庙、学宫和贡院建筑群。南京在历史上曾经十一次定都，六朝时代，夫子庙地区已相当繁华。在明代，夫子庙作为国子监科举考场，考生云集。

南京夫子庙灯会作为一项重要的民俗文化活动，是历代南京民众延续和传承民俗文化的重要空间，已成为当地文化的重要组成部分。每年的南京夫子庙灯会吸引了众多海内外游人。

■ 秦淮河看桨声灯影

秦淮河是南京第一大河，分内河和外河，流入南京城的内秦淮河东西水

关之间的河段，素有“十里秦淮”“六朝金粉”之誉。两岸全部是古色古香的建筑群，飞檐漏窗，雕梁画栋，画舫凌波，桨声灯影，加之人文荟萃、市井繁华，构成了集中体现金陵古都风貌的游览胜地——秦淮风光带。在众多的南京人和外地人心目中，秦淮似乎是个永恒的话题。它是古城金陵的起源，又是南京文化的摇篮，被称为“中国第一历史文化名河”。秦淮风光，以灯船最为著名。河上之船一律彩灯悬挂，游秦淮河之人，以必乘灯船为快。由朱自清名篇《桨声灯影里的秦淮河》，可领略灯船风采一二。乌衣巷在夫子庙文德桥南，地处秦淮河畔南岸，现为民间工艺品的汇集之地。

■ 去湖南路吃个肚圆

湖南路位于南京市区的西北部，过去是一条名不见经传的小路，现在则成为远近闻名的小吃集中地。南京著名的鸡汁汤包、鸭血粉丝汤、金陵桂花鸭、鸭油饼。湖南路商业街上，盐水鸭味道不错，旁边卖的鸭油烧饼也不错；回味老鸭汤味道算很正了，汤头也鲜亮，7元/份，加肝再加2.5元；尹氏汤包口感略甜，味道超好，像上海的小笼，但比小笼要大不少，包子都是手工现场包的，建议吃的时候配一碗清汤；绿柳居素鸭在美食街靠外面的一条小马路上，味道很好。东西是称重卖的，分量足。

行程推荐

■ 民国之旅

必游景点：中山陵、总统府、中山路、北京路

可以尝试：中山路、北京路寻访民国建筑；总统府感受风云岁月的沉淀；中山陵拜访中山先生

历史积淀出了每一座城市独特的气质与风度。南京文化积淀深厚，特别是民国文化在其历史上留下了深刻的时代印记。

中山陵—灵谷寺公园—美龄宫—总统府—梅园新村—毗卢寺—石鼓路天主教堂—圣保罗教堂—蒋介石温泉别墅—中山码头、中山北路、中山路、中山东路沿线建筑—北京东路、北京西路、颐和路民国建筑区—太平南路商业街—南京1912

■ 明文化之旅

必游景点：明孝陵、阅江楼、莫愁湖公园、中华门、夫子庙、贡院

可以尝试：明孝陵探幽、中华门访古、秦淮河赏景

1368年，朱元璋定都南京，开创了明王朝，第一次将南京提升成为全国的政治、经济和文化中心，明成祖虽迁都北京，但南京始终作为陪都具有举足轻

中山陵孙中山雕像

重的地位。漫步这座古城，随处可见大明胜迹……

明孝陵—灵谷寺—明故宫遗址（午朝门公园）—台城—阅江楼—静海寺、天妃宫—朝天宫（南京市博物馆）—石头城遗址公园—宝船厂遗址公园—鼓楼公园—莫愁湖公园—中华门瓮城—秦淮风光带—夫子庙大成殿—江南贡院—李香君故居陈列馆—王导谢安纪念馆—瞻园（太平天国历史博物馆）—白鹭洲公园—秦淮画舫—明文化村（阳山碑材）

■ 南京 3 日游

必游景点：夫子庙、秦淮河、中山陵、总统府、明孝陵

可以尝试：夜游秦淮河看舫船交错、品尝金陵小吃淮扬名菜、观赏经典水上演出、逛 1912 文化特色街区

D1 总统府—雨花台—夫子庙—秦淮河

D2 中山陵—灵谷寺—明孝陵—瞻园

D3 莫愁湖—新街口—鼓楼—南京大学

■ 南京—黄山 3 日游

必游景点：夫子庙、秦淮河、中山陵、总统府、明孝陵、黄山、西递、宏村

可尝试的事：游秦淮河、逛 1912 文化特色街区、登黄山、逛古村

D1 中山陵—明孝陵—总统府—1912—夫子庙—秦淮河风光带

D2 古鸡鸣寺—湖南路商业步行街—玄武湖公园—下午去南京火车站坐去黄山的车，晚上到达黄山

D3 看日出—上午游黄山—下午去西递宏村

南京大屠杀纪念馆祭奠历史

预算

南京城市消费水平在江苏省内算是较高的，除去门票开支，旅行者平均 300 元 / 天的预算。南京小吃有特色而且不贵，如果是单独出行，建议以小吃为主，既充饥又美味，两全其美。

南京

夫子庙—秦淮河风光带

【"桨声灯影处、六朝金粉地"，千百年过去，仍是南京的繁华商业区】

夫子庙—秦淮河风光带是指南京城南，东起秦淮河东水关淮清桥秦淮水亭，越过文德桥，直到中华门城堡延伸至西水关的内秦淮河一带，这里是历代文人笔下"桨声灯影处"的所在，更有"六朝金粉地"的香艳与喧哗，所以又有"十里珠帘"的美称，是外地人了解金陵古都民情风俗之处，也是南京市民日常娱乐的聚居地。

《桨声灯影里的秦淮河》是近现代作家朱自清以秦淮河风光为主题的一篇散文，作家叙述了秦淮风光中最著名的、盛行于明代的灯船，复原了时间长河中秦淮河上的那段往事。经过修复的秦淮河风光带，以夫子庙为中心，秦淮河为线索，涵盖了瞻园、夫子庙古建筑群、白鹭洲、中华门城堡以及从桃叶渡至镇淮桥一带的秦淮水上游船和沿河景观。

夫子庙—秦淮河风光带游览线路推荐从明远楼始，步行至贡院西街，入孔庙大成殿参观。结束后，在夫子庙的贡院西街一带品尝小吃，下午到魁星阁下的码头，乘仿古画舫游览秦淮河，船上有导游讲解秦淮河及相关历史，全程约45分钟。下船后，沿李香君故居、乌衣巷参观。一路大致包括了所有的沿线景点。

交通：1. 乘坐4路、7路、40路、44路、49路、62路、304路公交车可到；2. 地铁1号线三山街站，南京地铁3号线夫子庙站即可达。

开放时间：王谢故居：周五、周六、周日8：00～21：00，周一～周四8：00～20：30。李香君故居：8：00～18：00。

门票：夫子庙风光带联票：A线：50元，含5个景点（大成殿、江南贡院、李香君故居、王导谢安纪念馆、秦状元府）；B线：100元，含8个景点（秦淮画舫、大成殿、江南贡院、中华门城堡、白鹭洲公园、李香君故居、王导谢安纪念馆、秦状元府）

网址：http：//www.njfzm.net/

特别提醒：可在以上任何一个景点售票处购买到联票，其中秦淮画舫只限白天（18：00前）使用。联票当日购买，当日使用，隔日作废。"五一""十一"及春节正月初一至十五期间，不销售和使用联票。

背包客收藏：秦淮河的历史

秦淮河是长江的一条支流，全长约110公里，是南京地区的主要河道，古称"淮水"，本名"龙藏浦"。

相传秦始皇东巡时，见金陵上空紫气升腾，以为王气，于是凿方山，断长垄为渎，入于江，后人误认为此水是秦时所开，故名"秦淮"。远在石器时代，秦淮河流域内就有人类活动，从东水关至西水关的沿河两岸，自东吴以来一直是繁华的商业区和居民地。六朝时成为名门望族聚居之地，商贾云集，文人荟萃，玄学鼎盛。隋唐以后，渐趋衰落，却引来无数文人骚客来此凭吊，咏叹"旧时王谢堂前燕，飞入寻常百姓家"。到了宋代逐渐复苏为江南文教中心。明清两代，是"十里秦淮"的鼎盛时期。金粉楼台、鳞次栉比、画舫凌波，桨声灯影构成一幅如梦如幻的美景奇观。千百年来，秦淮河哺育着古城南京，"锦锈十里春风来，千门万户临河开"，夫子庙附近的河房绮窗丝幛、十里珠帘、灯船之盛甲于天下。

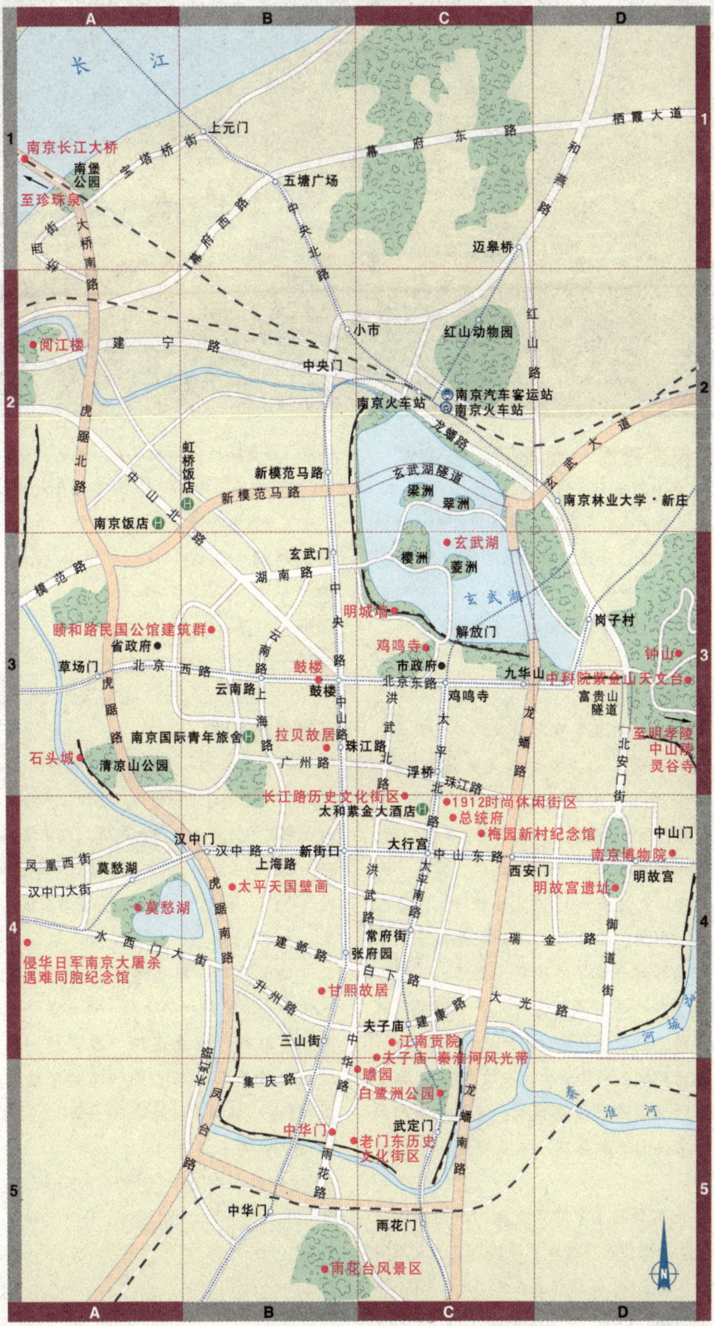
A
B
C
D
1
2
3
4
5
长江
上元门
栖霞大道
幕府东路
和燕路
南京长江大桥
南堡公园
宝塔桥街
五塘广场
至珍珠泉
幕府西路
中央北路
迈皋桥
大桥南路
西华街
小市
红山动物园
红山路
阅江楼
建宁路
中央门
南京汽车客运站
南京火车站
南京火车站
龙蟠路
玄武大道
虎踞北路
虹桥饭店
新模范马路
新模范马路
玄武湖隧道
梁洲
翠洲
南京林业大学·新庄
南京饭店
中山北路
玄武湖
樱洲
菱洲
玄武门
模范路
湖南路
中央路
玄武湖
明城墙
岗子村
颐和路民国公馆建筑群
省政府
云南路
解放门
鸡鸣寺
钟山
草场门
北京西路
鼓楼
市政府
北京东路
九华山
中科院紫金山天文台
云南路
鼓楼
鸡鸣寺
富贵山隧道
虎踞路
上海路
中山路
洪武北路
太平北路
龙蟠路
南京国际青年旅舍
拉贝故居
珠江路
北安门街
至明孝陵
中山陵
灵谷寺
石头城
清凉山公园
广州路
浮桥
珠江路
长江路历史文化街区
1912时尚休闲街区
太和紫金大酒店
总统府
梅园新村纪念馆
中山门
汉中门
汉中路
新街口
大行宫
中山东路
南京博物院
凤凰西街
莫愁湖
上海路
西安门
明故宫
汉中门大街
太平天国壁画
洪武路
太平南路
明故宫遗址
莫愁湖
虎踞南路
御道街
常府街
瑞金路
水西门大街
侵华日军南京大屠杀遇难同胞纪念馆
建邺路
张府园
白下路
甘熙故居
升州路
大光路
夫子庙
建康路
护城河
三山街
江南贡院
中华路
夫子庙-秦淮河风光带
瞻园
长虹路
集庆路
凤台路
白鹭洲公园
龙蟠南路
秦淮河
武定门
中华门
老门东历史文化街区
雨花路
中华门
雨花门
雨花台风景区
N

南京城区示意图

背包客推荐：秦淮河画舫游览

秦淮河是南京的母亲河，全长110公里，在流入南京城时，在城东通济门外九龙桥分成两股支流：一股绕着南京明城墙外流过，作为南京的护城河，称外秦淮；另一股从东水关入城，从西水关出城，称内秦淮。

内秦淮河游览

内秦淮河游览线路全长约5公里，史称"十里秦淮"，是秦淮风光带精华所在，沿岸分别有东水关遗址公园、秦淮水亭、桃叶渡、白鹭洲公园、江南贡院、苹苑公园、王导谢安纪念馆、李香君故居、瞻园（太平天国历史博物馆）、秦大士故居、沈万山故居、中华门瓮城等景点。泛舟秦淮，不仅可以得到全程导游讲解，更可以饱览沿岸的名人故居、历史遗迹、著名桥梁、江南名园、秦淮灯彩等四十余处景点和景观，观看大型水上实景演出《夜泊秦淮》，聆听导游为您道来的历史典故、逸闻趣事。如今"乘画舫、游秦淮"成了游览南京首选活动。

游览线路：中华门瓮城（游世界第一瓮城）→老门东（漫步明城墙根）→大石坝街→江南贡院(体验科举人生)→大成殿(孔庙里面猜灯谜)→乘画舫游秦淮河（线路：泮池—白鹭洲公园—东水关—泮池）→贡院街(览贡院街示范段新貌)→秦淮小吃城(品小吃)→东牌楼（逛灯市）

开放时间：9：00 ~ 22：00

地址：夫子庙泮池码头

门票：白天60元，晚上80元

电话：025—52300870、52205010

外秦淮河游览

外秦淮河为一千年前断开的吴杨城濠，为南京古城外南部和西部的屏障，如今又成为城中之河。外秦淮河由通济门经中华门绕行南城外的东、南、西三面，流经中华门外，过汉中门、草场门、定淮门，循石头城北流至三汊河入长江。

游览线路：石头城遗址公园→鬼脸照镜子→清凉门→明城墙→西水关→赏心亭→赛虹桥→牧童遥指→杏花村→越城遗址→长干门→长干桥→南都繁绘石刻图→中华门城堡（时间约60分钟）

开放时间：旺季（4月1日至11月30日）：9:30、14:00、16:00、19:00、20:00；淡季（12月1日至3月30日）：10:00、15:00、19:30

地址：南京市鼓楼区秦淮河沿岸石头城路1号石头城遗址公园游船码头

门票：100元

南京夫子庙周边地图

■ 秦淮灯会

【秦淮灯彩甲天下】

每年大年三十至正月十八是夫子庙最热闹的时候，全国各地的游人来到夫子庙观灯、赏灯、买灯。届时，秦淮河畔流光溢彩、桨声灯影、歌舞浪漫汇成一片繁华的盛况。

灯会展出的花灯品种繁多，传统的手扎花灯与现代的工艺花灯交相辉映，兔子灯、蛤蟆灯、蜻蜓灯、飞机灯、莲花灯、人物壁灯、灵巧的走马灯共同点亮秦淮的繁华。

开放时间：8：30 ~ 22：30，春节期间一般会延长到23：00。

夫子庙

【中国现存的、规模较大的孔庙之一】

夫子庙是当地人对孔庙的俗称，是供奉和祭祀孔子的地方，始建于宋，位于秦淮河北岸的贡院街旁。夫子庙建筑群由孔庙、学宫、江南贡院荟萃而成。

孔庙前的水池一般称为"泮池"。鲁国学宫设于泮水之畔，周朝时"天子之学为雍，诸侯之学为泮"，以后相沿成习。夫子庙建庙前将流经广场的秦淮河一段河道改造为泮池，从而使夫子庙成为全国孔庙中仅有的一座用天然活水作泮池的庙宇。

泮池南岸是建于明万历年间（1575）的大照壁，长达110米，高10米，是全国照壁之最。在风水上，照壁起着装饰和遮蔽的作用，反映了中国古代建筑"前有照，后有靠"的风水建制。

夫子庙中心广场占地26300平方米，四周建筑左右对称，具有典型的明清建筑风格，在这里可看到全国最长的照壁、墨韵四溢的聚星亭、娟秀的棂星门、壮伟的文枢坊、庄重的文德桥和端庄的魁星亭。

大成殿

夫子庙的核心景点，为供奉和祭祀我国古代著名思想家、教育家孔子的庙宇，其布局为前庙后学宫。大成殿殿内正中悬挂一幅全国最大的孔子画像，高6.5米，两侧有四亚圣颜回、曾参、孔伋、孟轲的汉白玉雕像，四周墙壁是38幅反映孔子生平事迹的巨幅彩石镶嵌壁画。门前古狮雄踞，门左右辟角门。在封建时代只有官员可以由大门出入，一般士子只能从旁边进出。

进入门内，映入眼帘的是一座汉白玉卧碑，正面是古代名书法家题的"南京夫子庙"，北面镌刻详细记载了重建夫子庙的经过。

开放时间：8：00 ~ 21：30

门票：30元

特别提醒：殿内陈设仿制2500年前的编钟等古代祭孔子乐器，定期进行古典、雅乐演奏。

背包客收藏：秦淮灯会

秦淮灯彩的产生可追溯到六朝时期，老百姓通过扎灯、张灯、赏灯、闹灯等形式，祈求吉祥美好，表现对生活与艺术美的追求，南朝时期灯彩开始由深宫禁苑走向民间大众。每逢上元节等传统节日之时，南京便呈现"灯火满市井"的景象，堪称全国之冠。北宋著名诗人贺铸在秦淮边写道："楼台见新月，灯火上双桥。"随着明朝开国皇帝朱元璋大力倡导灯节活动，秦淮灯会之盛天下所无，城南一带家家走桥，人人看灯。享有"秦淮灯彩甲天下"的美名。

现在，每年正月初一至十五，这里都会举行金陵灯会（又称秦淮灯会），届时夫子庙、瞻园、江南贡院等处都是热闹非凡的赏灯地点。

秦淮灯彩精华游：从瞻园路进入夫子庙景区→秦淮小吃城（品小吃）→东牌楼（逛灯市）→贡院街（览贡院街示范段新貌）→大成殿（孔庙里面猜灯谜）→江南贡院（体验科举人生）→乘画舫游秦淮河（线路：泮池—白鹭洲公园—东水关—桃叶渡）→桃叶渡微停吧（休闲驻足）

背包客推荐：夫子庙—秦淮河风味小吃

茶楼、饭店、小吃店是组成夫子庙—秦淮河风光带的重要部分，这里集中呈现了以秦淮传统美食为特色的餐饮文化。秦淮传统美食工艺精细、选料考究、口味细腻，有趣的是，南京秦淮区风味小吃研究会将挑选出来的八套秦淮风味名点小吃称为“秦淮八绝”，正可与那八位历史美女“秦淮八艳”相映成趣。这“八绝”分别为：魁光阁（五香茶叶蛋、五香豆、雨花茶）；永和园（开洋干丝、蟹壳黄烧饼）；奇芳阁（麻油干丝、鸭油酥烧饼）；六凤居（豆腐脑儿、葱油饼）；奇芳阁（什锦菜包、鸡丝面）；蒋有记的牛肉汤、牛肉锅贴；瞻园面馆（薄皮包饺、红汤爆鱼面）；莲湖甜食店（桂花夹心小元宵、五色糕团）。

秦淮小吃城位于秦淮河边、来燕桥畔，与夫子庙步行街西牌坊隔街相望。古朴典雅的建筑风格，浓郁深厚的人文气息，舒适优美的就餐环境，加上正宗美味的传统小吃，堪称夫子庙之最。凭栏而坐。点一杯雨花茶，上几款经典小吃。窗前，秦淮画舫摇曳而过；耳边，《梅花三弄》阵阵飘拂……

老字号

奇芳阁：麻油素干丝、开洋干丝、什锦素菜包、重糖细沙包

莲湖：莲子赤豆元宵、桂花糖粥藕、如意糕、佛手糕等

六凤居：萝卜丝端子、豆腐脑儿

永和园：杂色小笼、鲜肉烧饼

鸡鸣汤包：鸡鸣汤包、菊叶汤包、蟹黄汤包

金春锅贴店：金春锅贴

悦华大酒店：金陵薄皮小笼包、金陵全素蒸饺

名小吃

祁大妈面馆：皮肚面（寡妇面）、全素面

黄记：凉粉、如意回卤干

教敷巷阿婆：五香茶叶蛋

云娘饭店：松茸豆腐、双味螺蛳

冷氏早点：葱油饼、鸡丝馄饨

金熙楼酒店：雨花石汤团、萝卜丝酥饼、金陵老卤干、蜜柿小甜点

迎春小吃：干烙韭菜盒、豆腐煎饺

江南贡院

学宫

科举时代江苏学子读书的最高学府，为使士子接受教化，渐知遵循先圣先贤之道，所以学宫总是和孔庙建在一起。作为江苏古代文教中心的学宫位于大成殿后，以明德堂、尊经阁为主体，“东南第一学”门匾由清末状元秦大士题写。

交通：后门走出，即进入学宫区。

江南贡院

【中国古代最大的科举考场之一】

始建于南宋，起初为县学、府学考试场所。1368 年，明太祖朱元璋定都南京后，集乡试、会试于此。1421 年，明成祖朱棣迁都北京，这里留作乡试考场。后经不断扩建，至清光绪年间已形成一座考生号舍达 20644 间的中国最大考场。仅在清代江南贡院考区，高中状元者达 58 名，占整个清代状元总数的 52%。明清两代名人，吴承恩、唐伯虎、郑板桥、吴敬梓、翁同龢、张謇等均出于此。

明远楼是贡院内楼宇之一，位于贡院中间，原是用来监视应试士子和院落内执役员工有无传递关系的设施。其中，江南贡院历史陈列馆是我国第一座以反映科举制度为主要内容的专业性博物馆。馆内至今仍完好保存着 23 块《省级重点文物保护单位——贡院碑刻》等一批珍贵历史文物，浓缩了中国科举制度的精华。

开放时间：8：30 ~ 22：30

地址：夫子庙金陵路 1 号江南贡院历史陈列馆

交通：地铁 1 号线三山街站下至夫子庙，或乘公交车 1 路、2 路、游 2、游 4、4 路、7 路、14 路、16 路、31 路、40 路、33 路、44 路、49 路、81 路、87 路、101 路、102 路、103 路、106 路、304 路等到夫子庙、平江府路或长乐路站。

门票：25 元

电话：025-86626556

乌衣巷

【“旧时王谢堂前燕，飞入寻常百姓家”】

在夫子庙文德桥南。这里曾是东吴都城建邺禁军的营房所在地，因当时士兵身着黑色服装，故以“乌衣”为巷名，至今巷内还遗有“乌衣井”一眼。东晋时期，乌衣巷是朝廷达官贵人的居住区。巷内华宅高第，鳞次栉比。六朝时期的世家大族王谢家族的代表人物王导、谢安即居住于此。唐代刘禹锡曾到此寻访，写下了“朱雀桥边野草花，乌衣巷口夕阳斜。旧时王谢堂前燕，飞入寻常百姓家”的千古名篇。

王导谢安纪念馆坐落在南京夫子庙秦淮河南岸乌衣巷内，是一座展示六朝文化艺术及王、谢两大家族家世的专题性陈列馆。馆内有来燕堂、鉴晋楼等建筑，陈列了珍贵的六朝时期文物。

开放时间：9：00～21：00

交通：同江南贡院

门票：8元

李香君故居

【“秦淮八艳”之李香君的“绣楼”】

李香君故居坐落在夫子庙来燕桥南端，秦淮河畔，为明末清初名妓“秦淮八艳”之一——李香君的故居。李香君虽为一名青楼女子，但深明大义，善辨忠奸，具有高尚的民族气节，受到后人的敬仰。清代著名的戏剧家孔尚任以她和复社文人侯方域的爱情故事为题材，创作出《桃花扇》这部不朽之作。

媚香楼为一座典型的清代河厅河房建筑，三进两院，院内丹桂、藤萝、蕉影婆娑，与玲珑的太湖石相映成趣，古风盎然，是“八艳”中所存不多的旧居之一。故居由“秦淮八艳”史料陈列馆和李香君故居展室等组成。内有秦淮八艳——柳如是、马湘兰、陈圆圆、李香君、卞玉京、顾横波、寇白门、董小宛的生平展出，故居展室包括李香君的卧室、书房、客厅和琴房。

开放时间：9：00～22：00

地址：南京钞库街38号

背包客收藏：夫子庙儒学文化中轴线

夫子庙秦淮风光带的核心景点，是祭祀我国古代著名的思想家、教育家孔子的庙宇。整个儒学文化中轴线由文庙、学宫两部分组成。自南向北依次有：大照壁、泮池、天下文枢坊、棂星门、大成门、大成殿、东南第一学大门、明德堂、钟鼓楼、尊经阁（夫子庙民间艺术大观园）、卫山、敬一亭等景点，布局左右对称，具有典型的明清建筑风格。它的最大亮点就是庙、市、街、景合一。

夫子庙民间艺术大观园内的南京顶级民间工艺大师们还为游人现场表演制作民间工艺产品，如灯彩、剪纸、微雕、绳结、烙画等，游人还可观摩与聆听南京地方戏曲和地道的南京白局，感受金陵派古琴的神韵，随时随地切身体验秦淮河畔的民风民俗。

开放时间：9：00～22：00

地址：夫子庙广场

交通：地铁1号线三山街站下，或乘坐公交车1路、2路、游2、游4、4路、7路、14路、16路、31路、40路、33路、44路、49路、81路、87路、101路、102路、103路、106路、304路等到夫子庙、平江府路或长乐路站。

门票：儒学文化中轴线30元，民间艺术大观园10元。

南京瞻园太平天国历史陈列，龙袍

交通：乘1路、游2、4路、7路、30路、31路、40路、44路、49路、62路、304路等公交车至"夫子庙"站下

门票：16元

电话：025-52248894

瞻园 / 太平天国纪念馆

【列入"江南名园"，并非"出身高贵"，还因其园林格局之精巧】

瞻园是南京现存的历史最悠久的江南名园，与无锡寄畅园，苏州拙政园、留园并称为"江南四大名园"。原为朱元璋称帝前的王府，称为吴王府，称帝后新建了皇宫，于是被赏给了明功臣中山王徐达。入清改为布政使衙署，乾隆下江南时，曾驻跸斯园，并取苏轼"瞻望玉堂,如在天上"之诗句赐名"瞻园"。太平天国时为杨秀清的东王府。园中东部以一组古建筑为主，西部为园林，园中以假山及水榭著称，尤以湖石驰名遐迩，其中以宋徽宗"花石纲"久负盛名，有金陵第一园美誉。园中有三座各具风姿的假山，为明代遗物。

园内的太平天国纪念馆原址为东王杨秀清府邸，于1951年太平天国运动100周年时筹建，现有藏品1600余件，为全国唯一的太平天国专史博物馆。

开放时间：8：00～21：00

地址：瞻园路128号

交通：地铁1号线到三山街站下；可乘游2、游4、2路、14路、16路、23路、26路、33路、43路、44路、46路、49路、63路、81路、87路、101路、102路、103路、106路、305路到长乐路站下，或乘4路、7路、40路、62路、304路到夫子庙(东)站下,301路到瞻园路站下。

门票：30元（不含讲解），50元（含讲解），70元（晚上）

电话：025-52201849

背包客推荐：夫子庙—秦淮河经典演出

夫子庙民间艺术大观园

敬一亭对面的古戏台上表演南京地方曲艺——白局、评话、白话，此外还有各种曲艺在此表演，如昆曲、京戏、扬剧、皮影戏等。

开放时间：参看中心广场售票处演出公告栏。

地址：民间艺术大观园古戏台

门票：凭大观园门票免费观看

《夜泊秦淮》大型水上实景演出

整台演出以秦淮历史文化为主线，撷取了东晋以来各个历史阶段具有秦淮特点的代表性诗词、典故和传说，通过"桃叶团扇""香君撕扇""夜泊秦淮""太祖出巡"等节目，演绎了秦淮在六朝的风情、盛唐的风月、南唐的风韵、大明的风华以及清代的风雅,体现了历史上南京和秦淮的人文魅力。

地址：白鹭洲公园内

白鹭洲公园

【昔日吴王府的东花园，如今寻常百姓休闲地】

相传为中山王徐达的东花园。

园中有藕香居、烟雨轩、水榭、假山等景色，其中尤以桥为特色，园内宛如襟带的小桥有15座之多。公园与繁华喧嚣的夫子庙相距甚近，却有清旷疏朗之境，不啻为一世外桃源。

游人可以乘画舫由秦淮河直接进入公园，欣赏自然美景，观看大型水上实景演出《夜泊秦淮》，感受历史脉动，品味文化神韵。

开放时间：6：00～22：00

地址：夫子庙白鹭村1号

交通：乘44路、49路、304路至"平江府路"站下，或乘23路、43路、63路、81路、87路、88路、103路、301路、305路至"武定门"下；地铁1号线从三山街站下。

门票：白天：20元（不含演出），晚上：40元（不含演出），80元（含演出）。

甘熙故居（南京民俗博物馆）

【南京现有面积最大、保存最完整的私人民宅】

俗称"九十九间半"，为晚清著名文人甘熙父亲甘福所造。甘熙故居的建筑特点基本反映了南京清中、晚期及民国初年南京的民居特色，与明孝陵、明城墙并称为南京明清三大景观。

严格按照封建社会的宗法观念及家族制度而布置，讲究子孙满堂、数代同堂，这些意识致使大宅的规模庞大、等级森严，各类用房的位置、装修、面积、造型都具有大致统一的等级规定。故居分为四个部分——城南旧影、梦回童年、宅院、花园，有皮影戏、泥人、魔术、剪纸等展示，游客可以当场学艺。

开放时间：9：00～17：00

地址：南京白下区南捕厅19号

背包客收藏：甘熙

甘熙生于1797年，1838年中进士，与历史上有名的曾国藩，还有李鸿章的父亲李文安是同榜进士。在北京雍和宫旁成贤街的孔庙内（国子监东侧的大院），有元、明、清三朝陆续立下的进士碑林，计100余块，清道光三十八年（1858）的那块进士碑刻有"甘熙，江宁县"，可以作证。

交通：乘坐公交车35路、100路升州路站下；地铁1号线三山街站下。

门票：20元

老门东历史文化街区

【传统民居生活，重新感受老街巷历史风貌】

老门东是南京老城南地区的古地名，位于南京夫子庙箍桶巷南侧一带。历史上的老城南是南京商业及居住最发达的地区，如今按照传统样式复建的中式木质建筑、马头墙，集中展示传统文化，再现老城南原貌日前，一座仿古牌坊在门东地区北界亮相，坊额上写着"老门东"3个字。老门东保护区东到江宁路，西到中华门城堡段的内秦淮河，北到马道街，南到明城墙。

地址：南京市秦淮区箍桶巷

交通：地铁1号线三山街站下沿中华路直行至中华门城堡，新民坊路进入；公交车14路、46路、88路、101路、102路、106路到箍桶巷下，或乘23路、33路、43路、63路、81路、301路公交车在琵琶巷下。

中华门

【是我国现存最大、最为完整的堡垒瓮城】

为明都城南门，建于元至正二十六年至明洪武十九年，明清两代叫聚宝门，是南京城门中最雄伟的一座。因形似陶瓮，又称“瓮城”，1931 年更名为中华门。蒋介石亲书“中华门”三个字，今天依然可以从城门上看见整个城堡。城堡南北长 129 米，东西宽 118 米，城墙最高处达 21.45 米，全部建筑用石灰、桐油和糯米汁做黏合剂，极为坚固。

城门规模宏大，设计巧妙，结构复杂，共有四道券门、三道瓮城，以及 27 个藏兵洞，并有马道可骑马登城，在我国城门建筑史上占有极其重要的地位。三个瓮城呈“目”字形结构。每道瓮城都有一门一闸。门是双扉包铁门，内设有闩槽，用来供木闩紧闭大门所用。在冷兵器时代，假设敌军攻破城门，涌入城内，瓮城一门一闸关闭，就可以将敌军困于“瓮”内，可谓“瓮中捉鳖”。27 个藏兵洞可以藏兵 3000 余人，现已成为研究我国古代军事设施的重要实物资料。

开放时间：8：00 ~ 21：00

交通：乘游 2、游 4、2 路、4 路、49 路公交车到达，或乘坐地铁 1 号线在三山街站换乘游 4、游 2 路到中华门站下，换乘 16 路、2 路、46 路、33 路、26 路公交车在中华门内站下。

门票：34 元

雨花台风景区

【新民主主义革命的纪念圣地】

雨花台风景区是国家首批 AAAA 级风景区，绿地覆盖率达到 90% 以上。雨花台，三国东吴时称石子岗、玛瑙岗、聚宝山；明、清两代，景区内的“雨花说法”和“木末风高”分别被列为“金陵十八景”和“金陵四十八景”之一，为江南著名风景游览胜地。

现今的雨花台风景名胜区由名胜古迹区、烈士陵园区、雨花石文化区、雨

中华门

花茶文化区、游乐活动区和生态密林区六大功能区组成。

开放时间:6:30 ~ 17:30(淡季);6:30 ~ 18:30(旺季)

地址：南京市秦淮区中华门城堡南

交通：乘 2 路、16 路、26 路、49 路、88 路、33 路、44 路公交车即可到达或从中山陵、总统府、夫子庙乘坐游 2 专线车直达雨花台景区。地铁 1 号线从中华门南站下，向东 500 米到雨花台北门。

门票：免费（不含雨花石文化区、怡园盆景园、雨花阁）。雨花石文化区 10 元；怡园盆景园 5 元；雨花阁 5 元；联票 15.00 元

■ 雨花台烈士陵园

【爱国主义教育基地】

国民党统治时期这里成了屠杀革命者的刑场，新中国成立后在这里兴建了烈士陵园，并建有革命烈士纪念馆和烈士事迹陈列馆。

开放时间：8：00 ~ 17：00，周一闭馆。

■ 雨花石博物馆

【中国首家赏石文化专业馆】

在雨花台景区内，原是安稳寺遗址。展厅共 800 平方米，重点介绍雨花石的来源与成因、历史与文化、审美特征与馆藏珍品；集中展示了雨花石的收藏与研究成果。展览分：序言篇、文化篇、欣赏篇、弘扬篇四个部分。

朝天宫（南京市博物馆）

【江南地区保存最为完整的一组清朝文庙建筑群】

“朝天宫”，取“朝拜上天”“朝见天子”之意，为朝廷举行盛典前练习朝廷礼仪的场所，也是官僚子弟袭封和文武官员学习朝见天子礼仪的地方，明清被誉为“金陵第一胜迹”。现朝天宫内恢复了一些礼仪项目的表演，如驾幸、进表、传制、觐见、歌舞升平、还宫等。

开放时间：8：00 ~ 17：00，16：00 停止售票

地址：南京市白下区莫愁路治城山

交通：乘 4 路、13 路、23 路、28 路、48 路、82 路、83 路、312 路朝天宫站，43 路、306 路、317 路、中六线朝天宫东站下。

门票：20 元

雨花台烈士陵园

背包客收藏：雨花石

被誉为“天赐国宝”“中华一绝”的雨花石，最早产于雨花台。南朝时期，相传高僧云光法师在雨花台上讲经说法，感动上苍，天降雨花，坠地成石。

这个神话传说，不仅使雨花石上升为天赐神品，也赋予了它深厚的文化底蕴。雨花石文化由此发祥，绵延至今，在一脉相传中，蔚为大观，美不胜收，雨花石进而受到越来越多人们的珍爱，成为金陵古都悠久历史文化的象征物。雨花石是古长江的长年冲积形成，形状如鹅卵石，一般只有蚕豆大小，质地晶莹，放入水中，便显露出绚丽多彩的花纹颜色。因为个体小，便于收藏和欣赏，价格便宜，因此深受广大群众喜爱。

总统府

总统府

【一个有着显赫历史的、中西合璧的建筑群】

一座迄今已有600多年历史的建筑：明朝初年曾是归德侯府和汉王府；清朝为江宁织造署、江南总督署、两江总督署；清朝康熙、乾隆皇帝下江南时均以此为“行宫”；太平军占领南京后，定都天京，洪秀全在此兴建了规模宏大的太平天国天朝宫殿（天王府）。

1912年1月1日，孙中山在此处宣誓就任中华民国临时大总统，并组建了中国历史上第一个共和制的国家政权——中华民国临时政府。一座总统府，半部民国史，它完整地经历了从中国近代史的起点到终端的百年荣辱沧桑，成为中国近代百年史上最有力的物证。

开放时间：7：30～18：00（3月1日～10月31日）；7:30～17:30（11月1日～30日）；8:00～17:00（12月1日～2月28日或29日）

地址：南京市玄武区长江路292号

交通：1. 地铁1号线到新街口站，转3路到总统府站，或转5路、9路、25路道大行宫站。2. 乘游1、游2、游3、29路、31路、44路、65路、68路、80路、95路公交车均可到达南京总统府。

门票：40元；官网37元。

电话：025-84578700

网址：www.njztf.cn/flash.html

背包客推荐：总统府游览线路

南京总统府有三条游览线路，分别为中轴线参观线路、东苑参观线路和煦园参观线路。

中轴线参观线路：入口—总统府大堂—麒麟门—总统府文物史料陈列—子超楼—防空洞（参观时间约40分钟）

东苑参观线路：行政院—清两江总督署史料展—陶林二公祠—马厩（参观时间约60分钟）

煦园参观线路：煦园—桐音馆—夕佳楼—孙中山临时大总统办公室—孙中山起居室—忘飞阁、花厅—江苏禁毒展览馆—出口（参观时间约70分钟）

■ 东花园

【历经了南京国民政府、总统府、南京市政府机关，见证了中国近现代的历史变迁】

1927年4月南京国民政府成立后不久，即于9月移驻这里办公。1928年

10月，国民政府实行“五院制”，辟国民政府东院（东花园）为行政院办公处，国府西院（西花园）为国民政府参谋本部和主计处。1948年5月20日，蒋介石、李宗仁在“行宪国大”分别当选总统和副总统后，国民政府改称总统府。

1949年4月23日南京解放，24日，中国人民解放军占领总统府。从此，揭开了中国历史新的一页。南京解放后，总统府一直作为机关的办公场所。自20世纪80年代以来，机关单位陆续搬迁，并于1998年在总统府旧址之上，开始筹建南京中国近代史遗址博物馆。

博物馆总共分3个参观区域。中区（中轴线）主要是国民政府、总统府及所属机构。西区是孙中山的临时大总统办公室、秘书处和西花园以及参谋本部等。东区主要是行政院旧址、马厩和东花园。

■ 煦园（西花园）

【这座清代建筑曾为太平天国洪秀全的议事厅】

煦园建于清代道光年间，距今已有150多年的历史，是一座富有江南特色、以水为主体的园林。桐音馆是煦园内最大的建筑物，是当年太平天国洪秀全与部下商议国事的地方。现在桐音馆内陈设了反映太平天国时期的一些资料和展品。

1912时尚休闲街区

【民国风情建筑群，时尚与古典交融的生活路标】

1912时尚休闲街区位于玄武区，环绕总统府，是具有典型民国文化意义的时尚休闲街区，占地4万多平方米。19栋民国府衙式独立建筑呈“L”形分布，是一个既有文化品位又有历史底蕴的休闲消费场所。1912年为民国元年，时尚街区的名称正来源于此。漫步在1912，历史的怀旧情怀与现代的时尚气息在这里交融，民国的前世今生在这里汇聚和张扬，或走进一家餐馆，或点上一杯茶，细细品味百年历史沉淀的味道，慢慢聆听老建筑讲述它们的故事。

街区拥有共和、博爱、太平、新世纪4个文化休闲广场，成为国际国内知名商家及品牌聚集地：俏江南、粤鸿和、MAZZO、A8、苏荷、星巴克、必胜客等

1912时尚休闲街区

背包客推荐：
1912时尚休闲街区摄影技巧

可以选择在黄昏时分，泛黄的光线照在毫无修饰与浮华的青砖上，仿佛民国的沧桑重回眼前。别光顾着拍大场景，很多细节有时才是出彩之处。也不妨试着从室内往外看，说不定会有另一番感受。晚上一定要三脚架，或是找好一个支撑点。夜色里古朴和时尚交融的美景是绝对不容错过的。

52家风格各异的品牌商家会聚于此，休闲、娱乐、餐饮业态三分天下。

交通：太平北路长江后街路口南京1912街区，近总统府

长江路历史文化街区

【漫步长江路，可以见证从六朝到明清、民国再到现代文明的历史变迁】

长江路东起汉府雅园，西至中山路，全长约2公里。从西向东可经过人民大会堂、江苏美术馆、江宁织造府博物馆、1912街区、总统府旧址、梅园新村街区、古毗卢寺等。除此之外，长江路上还有南京市文化艺术中心、金陵图书馆、南京图书馆、现代美术馆、博爱广场、520广场等文化设施。六朝文化、清代红楼文化、民国的建筑文化、佛教文化以及现代休闲文化在这里达到高度的统一融合。

地址：玄武区长江路

交通：地铁1号线、2号线新街口站，公交车游1、游2、3路、44路、65路、60路、80路、95路、304路、313路、31路大行宫北站下车。

莫愁湖

【悠久历史的江南古典名园】

始建于六朝，清乾隆年间，在园内建郁金堂，筑湖心亭，现园内有胜棋楼、郁金堂、粤军阵亡将士墓等景点。

开放时间：6：00～22：00（3月1日～9月1日）；6：00～23：00（9月1日～次年2月1日）

地址：建邺区水西门外大街194号莫愁湖公园内（莫愁湖西路口）

交通：1.南门：游4路，7路、13路、19路、37路、41路、48路、83路公交车在莫愁公园站下。2.北门：游4、5路、18路、29路、68路、82路在莫愁新寓站下。

门票：15元

太平天国壁画

【历经百年沧桑的太平天国壁画】

这座建筑第三进的墙壁与屏风门和第五进的木板壁与门楣上，保留下来18幅墨迹清晰、色彩艳丽的壁画，经太平天国史专家罗尔纲鉴定为太平天国时期的艺术作品。

地址：汉中门附近的堂子街88号

侵华日军南京大屠杀遇难同胞纪念馆

【用建筑、雕塑凝固和再现一段中国人不能忘记的历史】

坐落在南京江东门的南京大屠杀遇难同胞纪念馆是侵华日军集体屠杀遗址和遇难同胞的埋葬地。为悼念遇难同胞，南京人民于1985年修建了纪念馆，后经1994～1995年，2005～2007年两次扩建，占地面积约7.4万平方米，

背包客收藏：南京大屠杀

侵华日军南京大屠杀遇难同胞纪念馆建立在南京大屠杀江东门集体屠杀场地及“万人坑”遗址之上。据史料记载和见证者的回忆，1937年12月，侵华日军曾在江东门集体屠杀1万多名中国俘虏及平民，遇难者尸体经慈善团体就地掩埋于“两个水塘和一条壕沟内”。1984年、1998年和2007年间，曾先后三次在此地发掘近千具遗骸，经史学、法医学、考古学等多学科鉴定，确认为南京大屠杀遇难者的骸骨。

鼓楼

建筑面积达 2.5 万平方米，展陈面积达 9800 平方米，新馆于 2007 年 12 月 13 日南京大屠杀 30 余万同胞遇难 70 周年之际建成开放，分展览集会区、遗址悼念区、和平公园区和馆藏交流区等 4 个功能性区域，是一座纪念性的遗址型历史博物馆，也是全国爱国主义教育基地和全国文物保护单位。

建筑物采用灰白色大理石垒砌而成，气势恢宏，庄严肃穆，以史料、文物、建筑、雕塑、影视等综合手法，全面展示南京大屠杀特大惨案的历史。

开放时间：8：30 ~ 16：30，每周一闭馆。

交通：乘坐 7 路区间、37 路、61 路、161 路等公交车到茶南下车，或乘坐 161 路、170 路到江东门下车。乘地铁 2 号线在云锦路站下，步行即到。

地址：南京市建邺区水西门大街 418 号（近云锦路）

电话：025-86612230

网址：www.nj1937.org

鼓楼

【当年击鼓报时的场所，堪称明代首都之象征】

建于明洪武十五年（1382），现楼基是明代原建，楼上建筑为晚清重修。康熙在 1684 年南巡时曾来鼓楼，次年在楼上建一巨碑，改鼓楼为碑楼，但当地人仍习惯称其为鼓楼。

交通：乘游 1、11 路、16 路、20 路公交车可达。地铁 1 号线在鼓楼站下。

玄武湖

【江南三大名湖之一，江南最大的城内公园】

玄武湖内共有梁洲、樱洲、翠洲、菱洲四个小岛。在晋朝时，这里曾是水兵训练基地。现在玄武湖已成为南京人节假日休息娱乐的场所。节假日期间，里面会举办各种文艺、商贸活动。

地址：南京市玄武区玄武巷 1 号（近洞庭路）

鸡鸣寺

交通：乘1路、2路、3路、游1、304路公交车可达，与南京火车站相邻。地铁1号线到玄武门站下。

门票：免费

鸡鸣寺

【南京最古老的梵刹之一】

鸡鸣寺，又称古鸡鸣寺，位于鸡笼山东麓山上，是南京最古老的梵刹之一。鸡笼山东接九华山，北邻玄武湖，西连鼓楼岗，山高62米，因山势浑圆似鸡笼而得名。鸡笼山背湖临城，满山浓荫绿树，翠色浮空，山清水秀，风景绮丽。鸡鸣寺寺址所在，三国时属吴国后苑之地，早在西晋永康元年（300）就曾在此倚山造室，始创道场。东晋以后，此处被辟为廷尉署，至南朝梁普通八年（527）梁武帝在鸡鸣埭兴建同泰寺，才使这里从此真正成为佛教圣地。

寺址在三国时属吴国后苑之地，历经劫难后，古建筑早已不存。现在的寺院为1985年修复的，所以难免有失古韵，而显簇新。

药师佛塔为1990年重新建造，是鸡鸣寺历史上的第五座大佛塔，而塔内供奉的药师佛铜佛像原供奉于北京雍和宫，塔内每层中间还有四个佛龛，为明代金丝楠木雕，原为北京中南海旧物，每个龛内供奉有一尊楠木的药师佛像。观音楼左侧的豁蒙楼，东面的景阳楼，原为两座名楼，是供人凭栏远眺的，今已分别辟为茶座和素餐馆。每逢观音菩萨诞生、成道、出家纪念日，平日幽静之地也人头攒动。

开放时间：8：30～17：00；晚上仅在农历二月十九、六月十九、九月十九的前一天和除夕开放。

交通：游1、3路、31路、15路、48路、70路可达；3路、20路、15路、31路、52路到北极会堂下；11路、24路、304路到鸡鸣寺下；途经公交车有140路、44路、802路、游1路。地铁1号线在鼓楼站下车。

门票：10元，登药师佛塔免费，春节期间20元，购买门票赠送三炷香。

特别提醒：鸡鸣寺里面的素面非常有名，财神面28元，平安面15元。素斋也相当好吃，尤其是梅花肉片。

拉贝故居

【电影《拉贝日记》主人公旧居】

拉贝故居是一座德式小洋楼，和孙中山故居中山楼都位于南京大学南园内，是南京国际安全区主席约翰·拉贝（John H. D. Rabe）的故居。

“南京大屠杀”期间，约翰·拉贝曾在自己的院子里收容了600多名中国难民。同时，他还不顾个人安危，联合友人在南京设立了国际安全区，筹建了25个难民收容所，救济了20多万中国难民。此外，拉贝的战时日记还记载了日军的暴行，为保存历史的真相做出了极大贡献。拉贝因他的人道主义精神而被称为“中国的辛德勒”。1996年12月，拉贝的外孙女莱茵哈特夫人在美国纽约公开了《拉贝日记》。2009年，这段感人至深的历史被拍摄为电影《拉贝日记》。

背包客推荐：颐和路建筑分布

以宁海路环岛为中心，包括宁海路、颐和路、牯岭路、莫干路、江苏路、北京西路。公交站莫干路或江苏路。

颐和路：2号原泽存书库、8号汪精卫公馆旧址、15号菲律宾公使馆、18号、25号、29号苏联大使馆、32号澳大利亚大使馆、34号、38号、6号原陈布雷寓所、罗马教廷公使馆（颐和路44号）、汪精卫公馆（颐和路38号）；

宁海路：2号、5号马歇尔公馆旧址、11号原蒋锄欧寓所、14号巴西大使馆、15号瑞士公使馆、17号原刘嘉树寓所；

天竺路：15号墨西哥大使馆、25号罗马教廷公使馆、3号加拿大大使馆

武夷路：4号、13号原意大利大使馆；

天山路：39号原国立编译馆旧址；

珞珈路：50号原巴基斯坦公使馆、46号瑞士公使馆

地址：南京市小粉桥1号（南京大学鼓楼校区内）

交通：地铁1号线珠江路下车；或乘坐132路、48路、65路、6路、806路、91路到珠江路（广州路）下车，步行23米。乘坐132路、48路、65路、6路、806路、91路、地铁1号线、南延线到珠江路下车，步行59米。乘坐16路、1路、25路、38路、801路、816路到珠江路（南）下车，步行77米。

颐和路民国公馆建筑群

【具有浓郁民国风情的特色建筑群】

南京乃至全国最大的原民国政要名人公馆区，曾是民国政府上层人士的聚居地区，同时也是南京至今保存较为完整的具有民国特色的高档住宅区。“一条颐和路，半部民国史”。这里曾经居住过蒋纬国、陈布雷、于右任、陈诚、汤恩伯、马歇尔等名人，幻影出百年风云。

阅江楼

【江南四大名楼之一，明代皇家风格建筑典范，眺望长江绝佳处】

阅江楼坐落在南京城西北的狮子山巅，濒临长江。狮子山为历代兵家必争之地，六朝古都南京的江防要塞。重建的阅江楼建筑面积5000平方米，高52米，共7层，气势恢宏，碧瓦朱楹，檐牙摩空，朱帘凤飞，彤扉彩盈，具有鲜明的明代建筑风格，古典的皇家园林气派，为江南四大名楼之一。

景区总面积31公顷，其中水面占1/3，陆地占2/3，绿化覆盖面达90%。景区内旅游资源极为丰富，有玩咸亭、古炮台、五军地道、明城墙、孙中山阅江处、李时珍采药处、地藏寺、五色土、静海寺、天妃宫等20余处人文景观和

背包客收藏：《阅江楼记》

1360年，朱元璋指挥8万伏兵在卢龙山大败陈友谅40万人马，为其建立大明王朝、定都南京奠定了基础。朱元璋称帝后，于1374年，再次登临卢龙山，感慨万端，意欲在山上建一座高耸入云的楼阁，并亲自撰写了《阅江楼记》，其文气势磅礴，纵横捭阖，又因卢龙山“一峰突兀，凌烟霞而侵汉表，远观近视，实体狻猊（狮子的别名）之状”，故将其名赐改为狮子山。是年春天，朱元璋又令群臣撰写《阅江楼记》一百余篇，其中以大学士宋濂所撰写为上乘，并被选入《古文观止》。

历史遗迹，是一个融人文景观与山、水、城、林为一体的全国知名旅游胜地。

阅江楼文化底蕴深厚，以明文化为主题，分“统一、开放、发展”三大主线展示。阅江楼内的《郑和下西洋全图》瓷画、《江南四大名楼》双面绣、《阅江楼记》汉白玉碑、阅江楼鼎、狮岭阅江浮雕均为“全国之最”。

阅江楼滨江而居，登楼远眺，浩瀚大江风光一览无余，古都金陵全景尽收眼底，令人心旷神怡，目不暇接。

开放时间：阅江楼：7：00～18：00（4月1日～10月31日），7：30～17：30；天妃宫：8：00～17：30（11月1日～次年3月31日）；静海寺：9：00～17：00

地址：南京市下关区建宁路202号

交通：市内乘公交车10路、54路、150路、21路、132路、18路、39路、12路、16路可到。

门票：阅江楼40元，天妃宫10元，静海寺免费。阅江楼、天妃宫联票45元。

南京博物院

【蔡元培先生倡议创建的我国第一座综合性大型博物馆】

南京博物院之前身是1933年由我国近代民主革命家、教育家、时任国立中央研究院院长的蔡元培先生倡议创建的国立中央博物院筹备处。

现博物院有9个陈列厅，展示了江苏地区从原始社会到近代的数千年历史发展的历程，着重反映了江苏地方历史的文化特色。

南京博物院有各类藏品40余万件，藏品上至旧石器时代，下迄当代，包括石器、陶器、玉器、青铜器、瓷器、书画、织绣、竹木牙雕、民俗和当代艺术品等，国家一级以上文物1062件。藏品中，考古发掘品具有很高的历史、艺术和科学价值。其中新石器时代的“玉串饰”，战国时期的“错金银铜壶”“郢爰”，西汉的“金兽”，东汉的“广陵王玺”“错银饰青铜牛灯”，东汉的“鎏金

背包客推荐：南京博物院与南京博物馆的区别

南京博物院是中国最早创建的博物馆之一，是一座大型综合性的省级历史与艺术类博物馆，其前身是1933年蔡元培等倡建的国立中央博物院筹备处（也就是国民政府时期的中央博物院），1950年更名为“南京博物院”，位于南京城东中山门内中山东路321号，占地约13万平方米，是目前我国仅次于北京故宫博物院的第二大博物院，为全国重点文物保护单位。

南京博物馆其正式名称应为“南京市博物馆”，其前身为解放初期成立的南京市文物保管委员会，1978年更名为“南京市博物馆”，是南京市级的一座综合性历史艺术类博物馆，位于朝天宫4号，是江南地区最大的古建筑群，为江苏省重点文物保护单位。

南京博物院

镶嵌神兽铜砚盒”，西晋的“青瓷神兽尊”，南朝的“竹林七贤与荣启期”模印砖画，明代的“釉里红岁寒三友纹梅瓶”等10件藏品为国宝级文物。南京博物院每年还举办40个左右临时陈列，包括院藏文物专题展、其他省市的文物精品展、当代艺术大师的作品展以及国外有影响的艺术品展等。

开放时间：周一9：00～12：00（11：00停止入场），逢国家法定节假日全天开放；周二至周日9：00～17：00（16：00停止入场）；非遗馆夜间开放时间请关注南京博物院官网。

交通：乘5路、9路、34路、36路、55路、游1、游2、游5公交车在中山门站下车即可，或乘地铁2号线，到明故宫站下，由一号出口向东300米处。

门票：基本陈列常年向观众免费开放

明故宫遗址（午朝门公园）

【北京故宫的蓝图，明初三代皇宫】

曾作为明初洪武、建文、永乐3代皇宫，直到明永乐十九年（1421）明成祖朱棣迁都北京，长达54年之久。明故宫建筑群毁于太平军与清军的战乱，现于旧址上建起了明故宫广场和午朝门公园。

地址：中山东路南北两侧

交通：游1、游2、5路、9路、17路、34路、55路、65路、118路、173路、805路公交车可到，或搭乘地铁2号线在明故宫站下。

门票：皇城部分免费，宫城部分门票2元。

明城墙

【世界现存的最长、规模最大的砖石结构都城城墙】

南京明城墙建于1366～1386年，是世界第一大城垣，由内向外形成了皇城、宫城、京城、外城等四重环套的格局。南京明城墙目前作为“中国明清城墙”项目列入中国申遗预备名单。南京明城墙分为6段：神策门—太平门段，长6公里；中山门—光华东街段，长2公里；东水关—西水关，长6公里；清凉门—国防园段，长1公里；定淮门—狮子山段，长4公里；钟阜路—中央门段遗迹，长2公里。神策门—玄武门、东水关—

背包客推荐：明城墙暴走地图

西北段：定淮门至狮子山穿过三座公园，最长免费城墙受欢迎。

北段沿着狮子山，中段比邻绣球公园，南段则在小桃园东侧，蜿蜒秀美，是欣赏南京春色的好去处。

西段：清凉门至国防园

沿城墙边走便能远眺石头城，外秦淮河和石头城则有着许多的典故。

南段：东水关至西水关

整段城墙像一个手掌，包括了著名的中华门城堡，将城南的秦淮风光带捧在手心。

西水关，这些近百年无法畅游的城墙，市民都可以爬上去观光游览。

门票：中华门34元、神策门5元、台城15元。

梅园新村纪念馆（国共谈判纪念馆）

【中国共产党代表团在南京的办公旧址】

位于长江路东段汉府街偏北的梅园新村30号、35号和17号。

1946年5月至1947年3月以周恩来为首的中国共产党代表团，在这里同国民党政府进行了10个月零4天的谈判。其中梅园新村30号是周恩来和邓颖超同志当年办公和居住的地方；35号是董必武和李维汉、廖承志等代表团成员当年办公和居住的地方；17号是代表团工作人员办公和居住的地方。

开放时间：8：00～17：30，周一闭馆。

交通：乘游1、游2路，5路、29、30、31路、304路公交车可达。地铁2号线在西安门站下车步行可到达。

门票：免费

钟山

【“中华城中人文第一山”，有钟山龙蟠的美誉，是南京名胜古迹荟萃之地】

钟山位于南京东北郊，自古被誉为江南四大名山，因山顶常有紫云萦绕，又得名紫金山。这里亦是全国生态文化示范地、世界文化遗产明孝陵所在地。钟山以“龙蟠”之势，屹立在扬子江畔，饮霞吞雾，历经千年而郁郁葱葱，纳十朝君王和英雄豪杰而松青柏翠。

开放时间：7：00～18：30

交通：可乘坐公交车游2、游2、20路明孝陵下。南京火车站、汽车站都有公交车或旅游大巴直达景区

门票：套票（包含明孝陵景区、灵谷景区、音乐台和美龄宫）100元。中山陵免费；明孝陵景区70元；音乐台10元；灵谷景区（含灵谷寺庙）35元

中山陵

【中西合璧的建筑风格，被誉为“中国近代建筑史上的第一陵”】

中山陵是中国近代伟大的政治家孙中山先生的陵墓，它坐落在南京东郊钟山东峰小茅山的南麓，西邻明孝陵，东毗灵谷寺，傍山而筑，由南往北沿中轴线逐渐升高，整个建筑群依山势而层层上升，气势宏伟。

1925年3月12日，孙中山在北京逝世，遵照他生前安葬在钟山的遗愿，自1926年春开始动工，1929年夏建成了坐北朝南，占地8万多平方米的中山

背包客推荐：中山陵游览线路

林荫大道—行健亭—牌坊—陵门—碑亭—祭堂—永慕庐—议政亭—孙中山纪念馆—仰止亭—流徽榭—音乐台。

中山陵牌坊

陵。从空中往下看，中山陵像一座平卧在绿绒毯上的“自由钟”。山下中山先生铜像是钟的尖顶，半月形广场是钟顶圆弧，而陵墓顶端墓室的半球形的穹隆顶，就像一枚溜圆的钟摆锤，广场南端的鼎台（现改为中山先生的立像）为大钟的钟钮，“鼎”在古代是权力的象征，因此整个大钟乃含“唤起民众，以建民国”之意。

陵墓入口处有高大的花岗石牌坊，上有中山先生手书的“博爱”两个金字。石牌坊后是长达375米、宽40米的墓道。前行为陵门，它以青色的琉璃瓦为顶，门额上为孙中山的手迹“天下为公”。琉璃瓦的青色象征苍天，含“天下为公”之意。再进为碑亭，一块高约6米的碑石上刻着“中华民国十八年六月一日中国国民党葬总理孙先生于此”的镏金大字。从牌坊开始上达祭堂，共有石级392级，8个平台。石级寓意：《总理遗嘱》中“革命尚未成功，同志仍需努力”的含义，台级材质为苏州花岗石。最高的平台有华表两座，后为祭堂。仿宫殿式的祭堂有3个拱门，门额上分别书有“民族”“民权”“民生”，而门楣上刻有孙中山手书“天地正气”4个字，表达了孙中山先生奋斗的理想。

堂中有中山先生大理石坐像，高4.6米，是世界名雕刻家保罗·兰窦斯基的杰作，祭堂东西护壁大理石刻着中山先生手书的遗著《建国大纲》和胡汉民等人书写的《总理遗嘱》。堂后有墓门二重，两扇前门用铜制成，门框则以黑色大理石砌成。上有中山先生手书“浩气长存”横额。二重门为独扇铜质，门上镌有“孙中山先生之墓”石刻。

进门为圆形墓室，直径18米，高11米。中央是长形墓穴，上面是中山先生汉白玉卧像，瞻仰者可围绕汉白玉栏杆俯视灵柩上的卧像，此像系捷克雕刻家高棋按遗体形象塑造，十分逼真。下面安葬着孙中山先生的遗体。

开放时间：8:30～17:00，周一关闭祭堂、墓室，进行保养修护。如恰逢法定节假日，中山陵正常开放。

交通：乘游1、游2、游3路，9、20、315路公交车可达，地铁2号线苜蓿园站下，换乘游3路到中山陵站下车。景区内交通：1. 中山陵到明孝陵有旅游小火车来往，5元，持景区门票或套票可免费乘坐；2. 电瓶车，有导

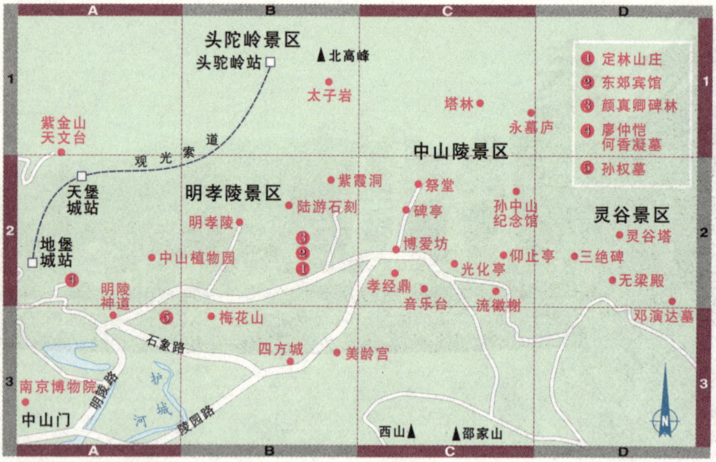

南京钟山景区示意图

游讲解，20元，可到中山陵、明孝陵景区任何景点。

门票：中山陵陵寝将免费对外开放，门票实行免费不免票的方法，每天限制参观的客流量。当超过规定的人数时，就会停止进入。散客通过现场领票方式凭票免费进入。

■ 美龄宫

【宋美龄别墅、蒋介石官邸，室内陈设一如旧式布置】

美龄宫位于南京市区东郊四方城以东200米的小红山上，正式名称是“国民政府主席官邸”，因其位于小红山上，又称“小红山官邸”。1931年建，其原定为国民政府主席的寓所，后改作去中山陵谒陵的高级官员的休息室。蒋氏夫妇常在此居住，并将客厅改建为内部教堂，称为“凯歌堂”。因20世纪三四十年代宋美龄经常在这里做礼拜，不时同蒋介石在这里下榻、休息，便称之为“美龄宫”，相称沿用至今。

美龄宫主体建筑是一座三层重檐山

中山陵

式宫殿，顶覆绿色琉璃瓦。在其房檐的琉璃瓦上雕着1000多只凤凰，为中国国内首次发现。整座建筑富丽堂皇，内部装饰奢侈豪华。四周林木藏盛，终年百花飘香。楼底层为接待室、秘书办公室等，二楼西边是会客室、起居室，东边是蒋介石、宋美龄夫妇卧室。室内陈设均按原样布置。

开放时间：8：00～18：00

地址：南京市玄武区钟山中山陵景区内

门票：30元

灵谷寺

【纪念北伐阵亡将士的公墓，其中无梁殿已有600多年历史】

原址为蒋山寺，最早是在现在的明孝陵的位置上，因明太祖朱元璋选中了蒋山寺的位置做墓址，于明洪武十四年（1381）下令将蒋山寺迁至现址，并赐名“灵谷禅寺”。现在的灵谷寺是1928～1935年在原寺址上建成的中华国民革命军阵亡将士公墓。

灵谷寺大门是一座三拱门的门厅，上覆绿色琉璃瓦，两侧是红墙。大门正南有一个长近百米的月牙形放生池，又称万工池，相传是朱元璋调用万名军工挖掘而成。进大门过雨道是无梁殿。无梁殿原名无量殿，因供奉无量佛而得名，是原灵谷寺仅存的一座建筑，因整座建筑全用砖石砌成，无梁无椽，所以又称无梁殿。殿高22米，南北各有3个拱门，四面皆有窗，结构坚固，气势雄伟，至今已有600多年的历史。

殿前有一座五楹带顶的阵亡将士牌坊，坊前置一对汉白玉雕成的貔貅。殿内墙上书刻孙中山的《总理遗嘱》，还书刻国民革命阵亡将士名单。弧形墓墙后是松风阁，建于几十级台阶之上，阁高10米，外有回廊，四周红柱环绕，

灵谷寺

二楼为中空式，顶覆绿色琉璃瓦，蓝色披檐。阁后甬道正中置宝鼎一座，上刻“名鼎垂勋”4个字。由此向北约百米就是灵谷寺的标志性景点灵谷塔。

灵谷塔高66米，九层八面，为花岗石和钢筋混凝土混合结构。塔内有螺旋式台阶绕中心石柱而上，计252级，每层均以蓝色琉璃瓦披檐，塔外是一圈走廊，廊沿有石栏围护，可凭栏远眺。

由流觞厅向东南即是邓演达墓。墓门正中是一座圆形花坛。两侧有露天游廊左右环抱，廊上架有水泥条架、植紫藤为篷；游廊尽头各有方亭一座。墓前雪松、龙柏，地下铺草坪。墓前有花岗石墓碑，刻何香凝所书“邓演达烈士之墓”。

开放时间：7：00～17：00

门票：35元

特别提醒：位于中山陵东面1.5公里处，与中山陵相近，安排为同一天行程比较合理。

明孝陵石生像

藏经楼 / 孙中山纪念馆

【中山陵的有机组成部分，以书刻俱佳的“三民主义”碑刻为长】

位于中山陵与灵谷寺之间的茫茫林海中，又名孙中山纪念馆。此楼专为收藏孙中山先生的物品而建，包括主楼、僧房和碑廊三部分。楼后有回廊式建筑，壁面镶砌的是冯玉祥将军捐赠的“三民主义”学说全文碑刻，共 6 讲 138 块，每讲分别由当时的书法家张乃恭、陈天锡、蔡允等人书写，是一组书刻俱佳的珍贵文物。

中山植物园

【是中山陵纪念性建筑物之一】

原名总理陵园纪念植物园，位于钟山南麓的明孝陵附近，建于 1929 年。园中有花木展览温室、药用植物园、植物分类系统园、树木园、蔷薇园、地中海景区园、经济植物选育园等，是植物科学研究、观赏和植物学知识普及教育的基地。

明孝陵

【中国帝王陵寝制先河，影响了明清两朝陵墓布局】

明孝陵是明太祖朱元璋的陵墓，也是我国现存古代最大的帝王陵之一，已列入世界遗产名录。坐落在钟山南麓独龙阜玩珠峰下的明孝陵，至今已有 600 多年历史。在经过历史沧桑之后，许多建筑物的木结构部分已不存在，但其空间布局上仍然完整如初，文化遗存与自然景观仍得以作为复现当年之气势的依据。

陵墓分前、后两大部分，陵园围墙长达 45 公里。前部从下马坊开始经四方城，内有“大明孝陵神功圣德碑”巨碑及神道，两旁有石兽、望柱、石翁仲等；后部由正门、“治隆唐宋”碑、孝陵殿、方城、宝城等组成。朱元璋和马皇后就葬在宝城后的土山独龙阜下。

推荐游览线路：下马坊—神烈山碑—大金门—红门和西红门—四方城—石刻。

开放时间：6：30 ~ 18：00

门票：70 元

背包客推荐：明孝陵四季看点

明孝陵一年四季都适宜，但是南京春、秋两季最适宜出游。春天的南京，梅花山梅花盛开，景致迷人。秋天，栖霞山上红叶如火，层林尽染。12 月份如果有缘在南京遇上大雪，那也是令人神往的，江南的雪景妩媚动人。夏季南京有火炉之称，7 ~ 8 月极端最高温有时甚至 40℃。

交通：1. 搭乘游2路、3路、20路公交车可到。2. 地铁：南京地铁2号线下马坊站。

特别提醒：与中山陵相邻，做同一天游览。

四方城

【因建筑形似四方状而得名】

是一座碑亭，位于卫桥与中山陵之间，其顶部已毁，仅存方形四壁，内有立于龟趺座上的石碑一块，碑高8.78米。碑文由朱棣亲撰详述明太祖的功德。

神道

【为明孝陵中最有艺术价值的景点】

由四方城向西经外金水桥，绕过梅花山再折向北，长约1800米。其中段为石象路，这段路上相向排列着12对石兽，分别是狮、骆驼、象和马等6种，每种两对，姿态是一对伏，一对立。后面是一对高大的华表，上雕云龙，气势非凡。折向北面的神道上分别列着4对身着盔甲或蟒袍的文臣武将，体形巨大，为明代石刻的艺术珍品。

大红门

【进入陵墓前的大门】

明孝陵的朱红大门坐北朝南，正对梅花山，门额上书“明孝陵”3个字。碑亭后原建有两御亭，西边叫宰牲亭，东边的称具服殿，今均已毁坏，仅存一

明孝陵

背包客收藏：明孝陵建筑特色

作为中国明陵之首的明孝陵壮观宏伟，代表了明初建筑和石刻艺术的最高成就，直接影响了明清两代500多年帝王陵寝的形制，依历史进程分布于北京、湖北、辽宁、河北等地的明清帝王陵寝，均按南京明孝陵的规制和模式营建，在中国帝陵发展史上有着特殊的地位，故而有“明清皇家第一陵”的美誉。

明孝陵的神道石刻是中国帝王陵中唯一不呈直线，而是环绕建有三国时代孙权陵墓的梅花山形成一个弯曲的形状，形似北斗七星。明孝陵神道的最大特点在于建筑与地形地势的完美结合。其不同于历代帝陵神道呈直线形，而是完全依地形山势建造为蜿蜒曲折的布局。

些石柱和石井栏等。现在享殿为清同治十二年（1873）复建，比原来的要小得多，内供奉朱元璋画像。享殿后是一片纵深百余米、宽数十米的空地，中间有甬道，两边林木茂盛。甬道尽头有石桥，称大石桥，又称升仙桥，意思是过了此桥即为“仙界”。

■ 方城

【可登顶远眺朱元璋与马皇后合葬地宫的城楼】

桥北是一座宽 75 米、高 16 米、进深 31 米的城堡式建筑，称方城。

出方城隧道东西各有石级可登城顶。城顶原建有宫殿式建筑明楼，明楼顶部及木质结构已毁，现仅存四面砖墙。在方城顶上极目远眺，东面有中山陵，南面是梅花山，西面有中山植物园。北面的宝城是一个直径约 400 米的圆形大土丘，即朱元璋和马皇后合葬的地宫。

梅花山

【全国著名的赏梅胜地之一】

在中山门外钟山南，处于明孝陵神道环抱中。因山上多红梅而得名，旧名孙陵岗，三国时吴帝孙权与步夫人葬于此。每年 2 月 28 日 ~ 3 月 18 日在这里举行南京国际梅花节。

梅花山梅园以品种奇特著称，与上海淀山湖梅园、无锡梅园和武汉东湖磨山梅园并称为“中国四大梅园”，居四大梅园之首，每年春季举办“中国南京国际梅花节”。

南京梅花山最为珍贵的就是“别角晚水”品种的梅花，是梅花山的“镇山之宝”。“别角晚水”是真梅系直枝梅类宫粉型的优良品种，花期一般在 2 月下旬至 3 月上旬，花淡玫瑰红色，浅碗状，

背包客推荐：梅花山赏梅线路

线路 1：明孝陵售票正大门—石象路—博爱阁—孙权纪念馆—梅花山大草坪—樱花园——红楼艺文苑

线路 2：明孝陵金水桥—暗香阁—红楼艺文苑—孙权纪念馆—梅花山—石象路——樱花园

线路 3：梅花谷南门—中国梅花艺术中心—石象路—梅花山—孙权纪念馆—红楼艺文苑—梅花山大草坪—樱花园

线路 4：梅花谷东门—中国梅花艺术中心—石象路—樱花园—红楼艺文苑—梅花山大草坪—孙权纪念馆

背包客收藏：明孝陵与中国的皇家陵寝制度

明孝陵对汉、唐、宋的帝陵制度有所继承，但同时又有非常大的创新。

其创新分别表现为：其一，皇帝陵寝神道为后世子孙所共用的制度，这一制度为北京明十三陵所承继；其二，明孝陵在神道设计上并未因循“神道处于陵墓中轴线上”的旧规，而是因形随势、蜿蜒曲折的神道布局，在中国历代帝陵中具有唯一性；其三，明孝陵神道石刻风格多样，造型厚重简朴，以形体高大取胜，雕刻技法注重写实，多用减地技法，代表了中国明初石雕艺术的最高水平；其四，将排水系统融科学性和艺术性为一体；其五，明孝陵的建筑设计首创了在封土及宝城前建筑方城和明楼的布局格式，使后寝部分显得气势雄伟，凌驾于其他区域之上。

明孝陵是明初政治思想、社会文化、审美意识、建筑技术和国家财力的结晶。其陵寝制度，规范着明、清两代五百多年帝陵建设的总体格局和风貌，影响极为深远。

花瓣层层叠叠，多达 45 瓣，内有碎瓣婆娑飞舞，十分漂亮。

交通：地铁 2 号线苜蓿园站，或者乘坐 20 路公交车到明孝陵停车场站、315 路公交车在梅花谷南门站、游 3 路在明孝陵站下车。中山陵还有 3 条赏梅交通专线：中山陵—金水桥、中山陵—卫桥、灵谷寺—金水桥。

中科院紫金山天文台

【我国天象观测的重要基地】

位于南京紫金山西峰上，建成于 1934 年，是一个综合性的天文研究机构。该台开展了对太阳、恒星、行星、人造卫星、射电天文、历算、时间、天文仪器等方面的观测和研究工作，编算出我国的“天文年历”，相继发现一批小行星、彗星、耀星和变星等新天体，为开展星际空间物理、太阳系演化、恒星物理和演化等研究课题提供了宝贵的资料，在人造卫星运动理论、天文仪器制造和天体物理研究等方面，也取得了一定成果。

南京紫金山天文台天球仪

新建的紫金山索道，全长 2350 米，高差 330 米，是我国目前最长的吊椅式索道，从太平门地堡城经紫金山天文台到头陀岭。海拔 425 米的头陀岭为钟山第二峰。

开放时间：8：30 ~ 16：30

交通：乘游 3 或 20 路公交车可达山下。

门票：15 元

南京长江大桥

【天堑飞虹作为金陵四十景之一】

位于南京市西北面长江上，是一座我国自己设计建造的双层双线公路、铁路两用桥，1968 年 12 月 29 日竣工。桥头堡及桥上雕塑的 228 盏钠灯使大桥像一串夜明珠横跨江上。

“一桥飞架南北，天堑变通途”，或许“80 后”都对这篇课文念念不忘。南京长江大桥是继武汉长江大桥、重庆白沙陀长江大桥之后第三座跨越长江的大桥，也是三座大桥中最大一座。南京长江大桥是新中国第一座依靠自己的力量设计施工建造而成的铁路、公路两用桥，它的建成开创了我国“自力更生”建设大型桥梁的新纪元。

栖霞山

【“春牛首，秋栖霞”，南京市民秋游之地，也是中国佛教圣地之一】

栖霞山又名摄山，南齐永明七年（489）法号栖霞的隐士明僧绍将其住宅“栖霞精舍”捐为寺院，因此得名“栖霞寺”。后经历朝增建、毁于战火、修复，

南京长江大桥

到中华民国初年，才又再建道场。赵朴初曾为栖霞山撰写了《重修栖霞寺》碑文，对栖霞寺1500多年的历史作了总结。栖霞山上有南朝石刻千佛岩和隋朝名构舍利塔，且山深林茂，泉清石峻，景色令人陶醉，被誉为“金陵第一明秀山”。每到深秋的时节，栖霞山上成片的枫树红叶如火，景色十分迷人。

开放时间：7：00 ~ 17：30

地址：南京市近郊栖霞区栖霞街88号（近栖霞大道）

交通：距离南京城东北22公里，在火车站附近的长途车站，乘南栖线、南上线、龙栖线、摄尧线、138线到栖霞寺站即可。

门票：25元。每年秋季红枫节期间门票价格有所上调，具体信息参考景区公告。

■ 明镜湖

【栖霞山中的一个人造湖，栖霞寺的第一道大门】

位于栖霞寺大门西面，建于清乾隆年间。湖中有湖心亭，并有九曲桥与岸相连，造型精巧，向东有月牙池，向前就来到栖霞寺大门。

■ 栖霞寺

【南京地区最大的佛寺】

坐落在栖霞山中峰西麓，这里是江南佛教三论宗的发祥地，南京地区最大的佛寺，现存有山门、天王殿、毗卢殿、藏经楼、鉴真纪念堂等主体建筑。

■ 千佛岩

【“东飞天”雕塑是令栖霞寺闻名的另一个重要原因】

南齐永明七年（489），明僧绍之子与法度禅师合作开凿三圣像以纪念明僧绍。梁大同六年（540）三圣像佛龛上出现佛光，惊动齐梁贵族，于是纷纷前来凿石造像，从南朝齐永明二年至梁天监十年（484 ~ 511）逐渐开凿而成。

佛像始有515尊，分凿于294个佛龛中，望之如蜂房鸽舍，号称千佛崖。后来，唐、宋、元、明各代相继在此都有开凿，连南朝在内，共有700尊。佛像大者高数丈，小者仅盈尺。其中“大佛阁”为开凿时间最早、规模最大的一座石窟，无量寿佛坐像高达12米，凿于南齐永明七年（489）。可惜绝大多数的雕塑已在“十年动乱”中被毁。

闻名遐迩的“东飞天”雕塑就在中部102号佛龛中，这个洞龛非常小，共有5座佛像，洞顶的两组飞天为橙色，线条清晰可辨，中间佛像头顶的火焰隐约可见。虽然仅有这么两对飞天，但这是我国所发现的最东部的“敦煌遗迹”。后来又在千佛岩旁的舍利塔上发现了飞天浮雕，其所用技法和人物线条皆与敦煌相似，这一发现进一步丰富了“东敦煌”的文化内容。

■ 舍利塔

【为佛教艺术在江南的代表作，在中国古代建筑史上占有重要的地位】

舍利塔始建于隋仁寿元年（601），原为木塔，后毁于唐武宗会昌年间，现存的舍利塔为南唐时建造。

塔由白石砌成，五层八面，高约18米。塔外壁上刻有浮雕，形象姿态生动传神。塔基上刻着释迦牟尼出家修道的故事，塔身刻有高浮雕天王像、普贤骑象图和文殊菩萨像。塔檐下雕飞天、乐天、供养人等像。第二层以上每面都刻两个圆拱形龛，均内雕一尊跏趺坐佛，共计64尊，雕刻精细，甚为生动。全塔造型典雅、秀美，雕刻细腻、精湛，装饰华丽。

栖霞山千佛崖石窟第21号窟主尊无量寿佛像

石头城

【外秦淮河画舫码头所在地，素有“城市山林”之称】

石头城在清凉山后，南北全长约3000米。城基遗迹为赭红色。此城原为楚威王的金陵邑，筑于楚威王七年（前333）。东汉建安十六年（211），吴国孙权迁至秣陵（今南京），翌年在石头山金陵邑原址筑城。明洪武二年（1369），石头城为应天府城（今南京）的一部分重加修建。此处扼守长江险要，为兵家必争之地。

开放时间：8：00～18：00

交通：乘坐游4路、6路、21路、23路、60路、75路、91路、302路公交车可以到达。

门票：10元

燕子矶

【长江边上三大矶之一】

山石直立江上，三面临空，形似燕子展翅，故名燕子矶。清初康熙、乾隆二帝下江南时，均在此泊舟。矶顶有碑亭，亭中石碑下面有清乾隆帝的题诗。传说，明太祖朱元璋就是在这里登陆的，明太祖皇后的梳妆台就遗留在这里。

而中国的第一个丧权辱国的不平等条约——《南京条约》的签署方英国，也是从这里登陆后占领南京的。

开放时间：6：00～20：00

地址：南京北郊观音门外的直渎山上

交通：乘 8 路、125 路、122 路，燕尧线公交车可达。

门票：10 元

特别提醒：附近的镜山湖，有竹筏可供游人乘坐，观赏湖光山色；湖旁边为我国珍稀动物扬子鳄的人工养殖场。

汤山

【全国四大温泉疗养区之一】

汤山温泉水温常年保持在 50℃～60℃。汤山温泉水中含有钙、镁等 30 多种微量元素，对关节炎、风湿症、高血压等多种顽症疗效明显。

汤山镇西的雷公山中有一个巨大的溶洞群，现已探明溶洞总面积达数万平方米，目前对游人开放的有雷公洞和葫芦洞。1993 年 3 月 13 日葫芦洞内出土了一具较完整的古人类头骨化石，引起了世界的注目。

考古学家在此先后发现了十几种动物化石，据科学鉴定为大约 30 万年前的南京猿人。现汤山猿人洞景区由入口处的石壁雕泉景观、山脚的古人类石刻园、古人类史料陈列馆、遗址洞口山崖猿人雕刻景观、天然溶洞景观、竹园休闲区 6 大块组成。

开放时间：8：00 ～ 18：00

交通：乘 123 路、金汤线、南汤线、汤湖线、汤山旅游专线环一线 / 二线、汤桦线等公交车到汤山东站下车。

住宿：蒋介石汤山温泉别墅参观门票：12 元；江苏省工人疗养院：标准间 200 元 / 间。豪华温泉：汤山颐尚温泉，景区内的五星级酒店，只洗不住门票 158 元、218 元，标准间 600 元 / 间左右。

南京周边最美乡村游

春天踏青赏花、夏天避暑纳凉、秋天采摘瓜果、冬天品尝农家美食。每个人都有一个田园梦：漫步在乡间的小路上，听蛙声一片，看良田百亩，吸一口新鲜空气，吃一块爽口西瓜，享受一份“采菊东篱下，悠然见南山”的安然恬静。

南京周边，遍布着许多美丽的乡村，溧水、高淳、横溪、浦口。南京市区开通美丽乡村旅游直通车，从市区直达江宁石塘人家、世凹桃源、汤山七坊、溧水傅家边、高淳桠溪国际慢城、六合竹镇大泉村等 6 个乡村旅游景点。直通车全为豪华空调旅游车，全程配导游讲解。可通过天猫的南京智慧旅游官方旗舰店（http：//nju.tmall.com）、雅高风光旅游公司（www.nanjingyagao.com）网络购票，发车点（国展中心南门）现场售票，电话预订（025-85520676，15295599810）等多种方式购票出行。

溧水

【百里秦淮源头的明珠】

境内丘陵起伏，河湖纵横，青山绿水，生态环境优良，是名副其实的生态之城。春天是溧水最美的时节，呈现出秦淮源头的美丽乡村的迷人风光。

■ 天生桥

位于溧水县城西侧 2 公里处，国家 AAA 级旅游景区，名列金陵新四十八景，是南京“明文化”旅游胜地，素有“江南小三峡”之盛名。主景区胭脂河是朱元璋为沟通江浙漕运而开凿的一条著名的人工运河，上接石臼湖，下连秦淮河，开凿胭脂河时“以巨石面留为桥，中凿石孔十余丈，以通舟楫，桥因势而成”，故名“天生”。

■ 观音寺

位于溧水县城东的东庐山风景区，是百里秦淮河的源头。观音寺始建于元代，历史悠久，香火旺盛。

新建观音寺为鸡鸣寺下院，它背依东庐山，面临中山湖，建筑规模宏大，是溧水佛教圣地。其所处的东庐山风景区因东汉名士严子陵在此筑庐隐居而得名，更因为百头秦淮的源头而著称。

■ 南京周园

位于溧水县白马镇共和村，与江苏农业硅谷相邻。景区占地面积百余亩，主要是艺术品收藏，馆藏大量红木家具、佛像、古床、根雕、茶海、玉雕等，室外佛道千佛廊和石雕群供奉有 4000 余尊石刻佛像。

占地 30 平方米的红木床王、树龄千年的独木桌王、重达 6.5 吨的龙凤砚台、珍稀的红豆杉茶海，以及 2000 多平方米的大型精美手绘壁画等是其代表性藏品，看过让人无比震撼。

■ 祠堂文化

保存较完整的晶桥刘氏宗祠（傅家边）、和凤诸氏宗祠及杨氏宗祠（三叶园林）、洪蓝芮氏宗祠（蒲塘桥、石臼湖景）、石湫魏氏宗祠（石湫古银杏）都是溧水古镇较有名的祠堂。

■ 古镇美食

东屏湖全鱼宴、怡人山水田园菜、无想鲢子鱼、洪蓝手抓鸡、石湫狗肉全席、十里休闲农家乐土菜等本地土菜。

高淳

【清乾隆钦赐的“江南圣地”，有鱼米之乡的美誉】

高淳县地处长江以南、南京市郊，

高淳老街

农业资源丰富，特色物产丰饶。

全县有固城湖、石臼湖两大天然淡水湖和长江支流水阳江，是清朝乾隆皇帝钦赐的“江南圣地”，素有“日出斗金、日落斗银”的江南鱼米之乡的美誉。薛城古人类遗址、春秋古固城遗址、世界上最古老的人工运河——胥河，明清古街、玉泉古寺等大批名胜古迹保存完好；孔子周游、吴楚争霸、陈毅东征等大批人文景观交相辉映；跳五猖、大马灯、打水洗等民间活动流光溢彩。

特别提醒： 最佳旅游时节：每年春季油菜花开之时是前往高淳旅游的最佳时节。

高淳老街

老街始建于明初，历经明、清两代500多年的不断建设，历史上形成了一条长800余米（最初为1135米），宽3.5米左右的“一”字形街道。老街风景区主要有关王庙、高淳民俗馆、杨厅、新四军一支队司令部、高淳民俗表演馆、新四军驻高淳办事处旧址、乾隆古井等八处景点，以展现古老朴实的古建筑艺术及蕴含其间的丰富民俗文化为主。老街以古典建筑而著称，街中的店铺一般都为楼宇式双层砖木结构，挑檐、斗拱、垛墙、横桁、漏窗齐全，造型别致。

游子山风景区

省级森林公园，四次易名，先叫绵山，后为凉山，孔子到此一游，又叫作游子山，后来乾隆皇帝下江南到此改名叫游山。游子山景色秀丽，形如双龙戏珠，真如禅寺便建在这双龙环抱之中。

“生态之旅”风光带位于高淳桠溪镇西北部，是一处整合了丘陵生态资源而形成的融观光休闲、娱乐度假、生态农业为一体的农业综合旅游观光景区，适合自驾游玩。“瑶池生态之旅”风光带依山傍水，穿林越山，沿途郁郁葱葱，鸟语花香，尽显田园风光、山林情趣，不仅让人领略到登山览胜、赏竹观松、抓鸡摘梨的乐趣，更让人感受到四季瓜果香，把酒话桑麻的农家风情。

高淳美食

固城湖螃蟹：高淳全县湖塘密布，水域面积235平方公里，占县域总面积的1/3，水源丰富，有固城湖、石臼湖两大天然淡水湖和长江支流水阳江，水质优良，十分适合水产养殖。固城湖螃蟹具有“八大”鲜明个性：绿（绿色食品、放心蟹）、早（上市早，全国最早）、大（规格大、4两以上的占60%）、肥（肉质饱满）、腥（蟹腥味十足）、鲜（蟹肉氨基酸多）、甜（口感好、鲜中带甜）、靓（青背、白肚、金爪、黄毛，红膏蟹占95%，是出口的上品）。

老街糕点：高淳的糕点作坊全县有近百家，以云片糕、麻玉糕、软香糕、芙蓉糕为大宗产品。“夏家糕”“张记糕”较为有名。

横溪

【素有“西瓜之乡、苗木之乡、梅花鹿养殖之乡”的美誉】

横溪镇位于江宁区西南部，距南京市中心30公里。横溪地处丘陵山区，龙山山脉、云台山脉、横山山脉绵延相连，青山叠翠，景色宜人；其历史悠久，文化灿烂，镇史载可追溯到春秋战国时代，距今3000多年历史；域内曾是春秋吴楚争霸的古战场，《水浒传》中的“横水桥”，以及古上国安寺、疏云桥及民间“七仙女”传说等更是流传至今，历久不衰；云台抗日旧址、“新四军”军部、抗日民主政府等历史名胜构成横溪源远流长的人文景观；甘泉湖人造景观、蟠龙湖、红星湖自然景致、清静幽深的石塘竹海、郁郁葱葱的森林公园、开敞明朗的田园风光，构筑出横溪独特的“山水田园人文”休闲、生态、旅游风景。

背包客推荐：横溪西瓜节

每年的5月底开始，以西瓜为主题的经济文化节日活动，其间开展文艺表演、经贸洽谈、观光旅游、商品展销、西瓜擂台赛等活动。

浦口

【其中“狮岭雄姿”景区为金陵四十景之一】

位于南京西北部，扬子江西北岸，自然景色静谧秀丽，古树名木与湖光山色交相辉映。“一代草圣、十里温泉、百里老山、千年银杏、万只白鹭、十万亩国家级森林公园”是对浦口旅游的生动概括。主要景点有：求雨山文化园、惠济寺公园、老鹰山观光塔、狮岭雄姿

密林深处

等 30 多处，其中“狮岭雄姿”景区为“金陵四十景”之一。

珍珠泉

【一处极为罕见的自然声控喷泉】

以山、水、泉、林景观为特色，融食、住、游、娱为一体的旅游度假胜地。

相传，明万历年间金陵大旱，只有浦口以西一带因得益于珍珠泉水，农作物依然丰收。人们认为这是龙王爷的保佑，纷纷捐资兴建龙王阁及其他园林建筑，以表示对龙王的感谢，这就是珍珠泉的由来。

进入景区大门左边不远处就是珍珠泉的泉眼，泉水从石缝中涌出，酷似成串的珍珠，因此得名。泉边石壁上有古人所刻的“万斛明珠”。

泉眼前是一个水池，远远望去，池中水珠像雨点在水面跳溅，如同晴天细雨，故称晴雨泉。如在此鼓掌或唱歌，则池中水珠又随声音大小而变化。

开放时间：8：00 ~ 18：00

交通：浦口以西 6 公里处。乘“鼓珍线”公交车可达，168 路公交车到珍珠泉下。

门票：40 元，野生动物园 60 元。联票 70 元。

特别提醒：水上活动区、长城活动区、游乐园项目、野营烧烤区等项目需另收费用。

背包客推荐：浦口特色游线路

“山清、水秀”线路

线路安排：东大门→新入口景区→银瀑观鱼→镜山湖栈道→索道→万米长城

“泉奇、石美”线路

线路安排：西大门→镜山湖→一泉三景→西大门→名石馆→四方当代艺术湖区（中国国际艺术实践展）

禅踪莲（廉）艺文化旅游线路

线路安排：定山寺遗址→头山门→鱼乐轩→临水踏步→龙舟画舫（悬鱼茶社）→无想峰→达摩像

“休闲、游乐”市民游乐线路

线路安排：西大门→竹排→狮虎园→野营烧烤→游乐场

万成生态园

位于石桥镇五四村境内，以徽派风格的四合院为主体的农业休闲娱乐接待中心，仿古园林及休闲长廊环绕的垂钓中心，花丛林中的各种娱乐竞技设施，以及网球场、乒乓球室、卡拉 OK 室、棋牌室、烧烤园、游乐场等旅游项目。

帅旗农庄

位于乌江镇茶棚村境内，集观光、采摘、品尝、棋牌、垂钓、餐饮、住宿等农业生态旅游服务项目于一体。

浦口火车站

位于南京长江北岸，又称南京北站，建于 1914 年，是当年津浦铁路的终起点，历来为南北交通要冲和兵家必争之地。在中国近代史上，孙中山灵柩运达南京、人民解放军发起渡江战役、朱自清《背影》中的镜头皆发生于此，具有独特的民国特色，蕴含着深厚的民国历史底蕴。

老山森林公园

南京唯一的国家级森林公园，地处浦口区境内，与珍珠泉旅游度假区、汤泉风景区相邻，动植物资源十分丰富，山峦起伏，洞壑深幽，万木苍翠，秀竹清新，自然风光优美迷人，集山、林、竹、泉、庙于一身。

实用资讯

交通

南京作为江苏省省会，是华东地区重要的铁路枢纽，京沪、宁铜铁路在这里交会。飞机和公路通往全国各地非常便利，拥有一座国际机场，两座大型火车站以及多个长途汽车客运站，交通十分便利。

另外南京是长江航线上的最大的内河港口，万吨级轮船可终年通航，游客还可以从南京开始对长江三峡的游览。

航空

南京禄口国际机场与国内的大中城市都有航班相通，距市区 35.8 公里，走机场高速公路，行车 45 分钟。

南京市的大型机场一共有三座，其中只有南京禄口机场是民用机场。

电话：025-968890

市区至机场

南京南站至机场，发车时间为每天 6：00 ~ 21：00，每 20 分钟一班。班车点设在南京南站的汽车客运站内，前往机场的旅客可至南站汽车客运站内购票乘车。由南京南站至机场约需 40 分钟。

南京火车站东广场至机场，经停城东龙蟠中路 221 号，乘 17 路、36 路、44 路、59 路、71 路、97 路、141 路、309 路公交车可直达火车站东广场班车发车点，另乘地铁及多路公交车可达火车站；乘 27 路、34 路、37 路、49 路、306 路公交车至公园路或常府街可达龙蟠中路站。火车站发车时间为 5：40 ~ 21：00，每 20 分钟一班，龙蟠中路 221 号经停站每班车晚 10 ~ 15 分钟。

机场至市区

从机场到市区最方便的交通方式就是机场大巴。（票价为 20 元）

机场 1 号线（城东线）：从早上第一个航班落地至当天最后一个航班结束，下客站为雨花广场、秦虹桥（原秦淮区政府）、西华门、南京火车站。

机场 2 号线（城西线）：9:30 ~ 22:30。下客站为翠屏山宾馆（22：30 后由机场

南京南站

南京路牌

1 号线执行）、南京火车南站、中华门地铁站。

出租车：南京出租车起步价为 9 元（3公里内），超出 3 公里为 2.4 元每公里，加收 2 元燃油费。从机场到中华门汽车站坐出租车大约需要 93 元。

机场至周边城市巴士：为方便机场周边城市的旅客进出港，已先行开通了以下城市的直达班车：无锡、宜兴、淮安、扬州、镇江、芜湖、马鞍山、滁州、宣城、铜陵、宿迁、沭阳、江阴、天长。

铁路

南京是连接华北、华东和华中铁路交通的重要枢纽，国家东部地区铁路交通枢纽中心，全国路网格局重要枢纽。

南京目前有南京站、南京南站铁路客运站。

南京火车站

是南京最主要的火车站点，所有经停南京的列车一般都停靠南京站。

地址：南京市玄武区龙蟠路 264 号

交通：乘坐地铁一号线在南京站下车。或乘坐游 1 路、游 5 路、10 路在南京站下车即可。

南京南站

南京南站位于南京市南部新城核心区，停靠经始南京的大部分高铁和少部分往芜湖方向的列车。

地址：南京市雨花台区玉兰路 98 号

交通：乘坐地铁一号线在南京南站下车。或乘坐 190 路、191 路、192 路等公交车在南京南站下车即可。

公路

南京是国家级公路主要枢纽，高速公路路网密度居全国中心城市前列。以南京为中心，有宁沪、宁滁、宁连、宁通、宁合、宁马、宁高、宁靖盐、宁淮、宁蚌、宁常、宁杭等高等级公路呈放射状通往江苏省及周边省市。其中，国家高速公路 5 条：G25 长深高速（宁杭高速）、G36 宁洛高速、G40 沪陕高速（宁合高速）、G42 沪蓉高速（沪宁高速）和 G4211 宁芜高速（宁马高速），国道 4 条：104 国道、205 国道、312 国道、328 国道。

南京汽车客运站

江苏省发车规模最大、客流量最大的客运站，游客基本多选择这个客运站。

地址：位于南京站北广场

南京客运南站

距离高铁南站很近，高铁换乘客车十分方便。

地址：高铁南站西北角

交通：乘坐地铁一号线，或 119 路、192 路、190 路、191 路、19 路公交车在南京南站下车即可。

电话：025-86778366

水路

南京是中国万里长江航线上的最大的内河港口，万吨级轮船可终年通

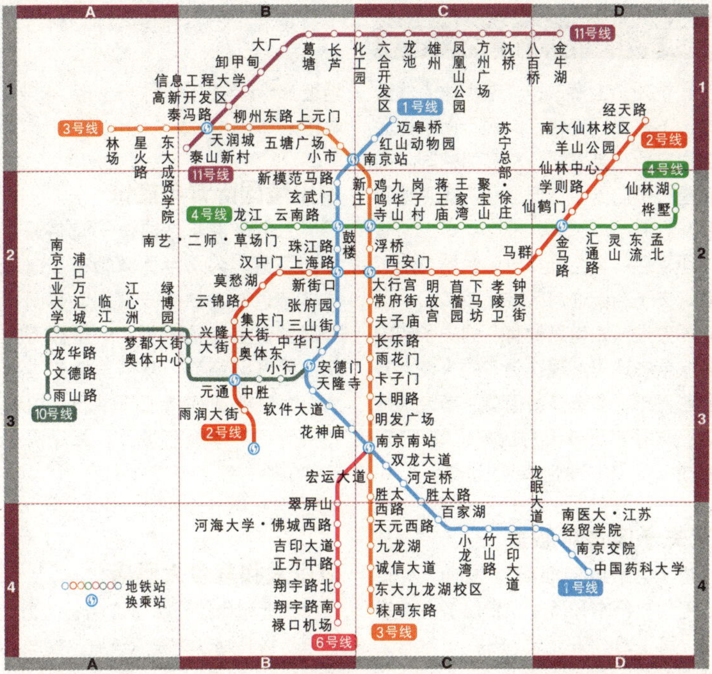

南京地铁示意图

航。每天都有长江客轮往返于重庆、汉口、南京和上海之间。南京港客运站位于下关江边路北首，毗邻铁路南京西站。

轮渡：宁浦线（中山码头—浦口码头）板桥汽渡、江心洲—有恒、江心洲—棉花堤、燕子矶—六合玉带乡、燕子矶—八卦洲、八卦洲—大厂镇

交通：乘游 4 路，10 路、31 路、34 路、302 路公交车直达。

电话：025-85077308

市内交通

地铁

现有地铁 1 号线、2 号线两条线路。元通站、新街口站为南京地铁 1 号线、2 号线换乘站。乘坐南京地铁可使用单程票或“公交一卡通”，票价按里程分为 2 元、3 元、4 元。

公交车

市内有公共电、汽车线路近百条，均为无人售票，普通车单一票价 1 元，空调车单一票价2元,郊县票价1 ~ 4元。

麒麟有轨电车长约 8.95 公里，设 15 个站。河西有轨电车长约 7.76 公里，设 13 个站，其中与地铁换乘站 4 个。

出租车

有四类出租车，分别是普通出租车，英伦出租车，凯美瑞、天籁中档出租车以及比亚迪电动出租车。普通出租车起步价 9 元 /3 公里，之后 2.4 元 / 公里；英伦出租车9元/2公里,之后2.9元/公里;凯美瑞、天籁出租车起步价 9 元 /2.5 公里，之后 2.9 元 / 公里，以上三种出租车均要收取燃油附加费 2 元。比亚迪电动出租车则不收取燃油附加费，起步价 9 元 /2.5 公里，之后 2.9 元 / 公里。

住宿

和杭州、上海一样，南京作为旅游城市，不需要担心住宿问题。南京地区宾馆酒店业相当发达，从高端的国际品牌五星级酒店到中、低档经济实惠型宾馆都有。

通常旅行者会选择市区的景点附近住宿。夫子庙秦淮河区域比较热门，因为毗邻秦淮河，南京最有名的夫子庙国际青旅就在这里。现在更多的人，尤其是文艺青年，会选择新街口、南大南师附近、鼓楼附近，离总统府、朝天宫、玄武湖以及1912酒吧街都比较近。

南京夫子庙青年旅舍

位于夫子庙秦淮河边，交通十分便利。提供自行车和轿车租赁服务。自助洗衣，可上网。55元起/床。

地址：夫子庙平江府路68号

南京国际青年旅舍

坐落在南师大与上海路中间巷内的一栋民国别墅。离市区很近，距离珠江路地铁站步行大约15分钟。可以感受民国建筑的特色，也可以到两个著名学府去感受学院风情。55元/晚起。

地址：上海路83号合群新村7号

南京瞻园国际青年旅舍

坐落于南京老城南最繁华的夫子庙地区，交通便利，有榻榻米标准间，提供意大利菜和啤酒。60元/床起。

地址：将从夫子庙瞻园路80号，搬迁至夫子庙大石坝街142号的乌衣巷口

国际青年旅舍（南京心之旅店）

坐落于1865创意园马家山之上，雨花台风景区，山水城林尽收眼底，交通相比较其他的青年旅舍来说不是十分便利，但是住宿条件和附近环境都很好。

地址：秦淮区中华门外应天大街388号

电话：025-51885858

中山陵国际青年旅馆

中山陵青年旅馆位于闻名遐迩的钟山风景区内，主体为颇有江南古典园林特色原木质中式庭园，其间错落欧洲别墅型尖顶木屋。这里被万亩梅花山紧紧环绕着，从这里徒步去附近的中山植物园、紫金山天文台、中山陵、灵谷寺、明孝陵等景点，都只需十几分钟的路程。

地址：中山陵石象路7号

南京太和紫金大酒店

临近繁华的新街口市中心，北邻鸡鸣寺、玄武湖，南靠总统府、民国风光带、1912街区，人文景观丰富，地理位置优越，酒店西面房间视野风景很好，但是价位偏高。

地址：玄武区太平北路37号

海友客栈

汉庭海友客栈是汉庭连锁酒店旗下品牌，秉承“小房间，大客厅”的理念，并提倡环保自助的入住方式，类似青年旅社，价格也比较低。南京市区中的海友客栈一共有三家。

海友客栈鼓楼店

地址：江苏省南京市玄武区傅厚岗1号（富升大厦院内）

海友客栈汉中路店

地址：江苏省南京市白下区汉中路209号

海友客栈珠江路店

地址：红庙路9号

餐饮

南京小吃，中国四大小吃之一，位列中国四大小吃之首，自六朝时期流传至今已有千年历史，多达百十多个品种。盐水鸭、麻辣小龙虾、鸭血粉丝汤等特色美食颇受大众的好评。南京夫子庙地区茶楼饭店、街边小吃满目皆是，是秦淮传统特色的饮食集中地，与上海城隍庙小吃、苏州玄妙观小吃和湖南长沙火宫殿小吃并称为中国四大小吃地。

除夫子庙外，在湖南路狮子桥步行街、三牌楼大街、三元巷等地，也逐渐形成了比较集中的美食、小吃聚集地。

美食特产

南京盐水鸭

南京被称为“鸭都”，可见南京人嗜鸭之深。盐水鸭至今已有1000多年的历史，具有香、酥、嫩的特点。每年中秋前后的盐水鸭色味最佳，是因为鸭在桂花盛开季节制作，故美名曰：桂花鸭。买上三五鸭头，再来一瓶啤酒，细细品尝慢慢啃，惬意至极。在南京几乎所有的餐馆都能吃到盐水鸭。

麻辣小龙虾

麻辣小龙虾是南京小吃之必选，龙虾比较干净，都是剪腮抽筋的，但是肉质依然肥美而结实。喜欢吃辣、喜欢海鲜的朋友不妨尝尝，特别是南京大排档的小龙虾，口碑不错。

鸭血粉丝汤

在草绿色的汤里半沉半浮着的就是鸭血，像一块块半透明的紫玉，还有象牙白的鸭肠、玛瑙红的鸭肫，香脆有嚼劲，和透明的粉丝缠绵在一起，趁热尝一尝，清香溢口。

秦淮八绝

所谓“秦淮八绝”，指南京八家小吃馆的十六道名点：魁光阁的五香茶叶蛋、五香豆；永和园的蟹壳黄烧饼、开洋干丝；奇芳阁的鸭油酥烧饼、麻油干丝；六凤居的葱油饼、豆腐脑儿；奇芳阁的什锦菜包、鸡丝面；蒋有记的牛肉锅贴、牛肉汤；瞻园面馆的薄皮包饺、红汤爆鱼面；莲湖糕团店的五色小糕、桂花夹心小元。

糕团小点

江南人嗜甜，而南京人吃甜食讲究甜而不恶，糯而不黏，方称为甜品之上乘。此外，光口味好还不行，造型色泽还要出众，所以，南京的糕团大多玲珑小巧，色彩缤纷，入口香甜松软，清香满腔，再来上一壶上好的绿茶，就是顶好的口福了。

烤鸭包

烤鸭包用料是鸭肉，薄薄的面皮里面是鸭汤和鸭肉馅，味道微甜。吃的时候要先把包子顶上咬一个小口，小心地把汤吸走，再咬肉吃。小心不要把包子弄破，也要小心不要被汤烫到。

皮肚面

皮肚面是南京特色风味名小吃，起源于1952年前后。皮肚面汤料充盈，酷似于大杂烩，皮肚、猪肝、香肠、肉丝、西红柿、鸡蛋、青菜、木耳等食材一锅烩。南京比较有名的皮肚面馆有“易记”“许记”等。

美食推荐地

回味鸭血粉丝汤

南京城很有名的街头小吃。鸭血粉丝汤是鸭肠、鸭血、榨菜、香菜、花生米等材料混在粉丝中，汤味鲜美，粉丝

鸭血粉丝汤

筋道，分量也很实在。点一碗鸭血粉丝，再来两块鸭油烧饼，这就是南京本地人的生活。

地址：秦淮区瞻园路42号（近西牌坊）

红透龙虾

龙虾据说来自洪泽湖基地，个头大；口味分红烧、香辣、清水等，肉质饱满、弹性十足。

地址：建邺区汉中门大街65号星湖饭店1楼外卖部

南京大牌档（德基广场店）

很有民俗特色的饭店。门口迎宾的老爷爷长衫马褂，一口南京话。走进去，古朴的装修、老旧的八仙桌、台上的评弹，让人仿佛回到了金陵盛世。狮子头、烤鸭汤包、糖芋苗……南京名点一站吃遍。

地址：白下区中山路18号德基广场购物中心7楼（近地铁新街站）

美木及特色餐厅

店的位置不太起眼，龙虾确实味道十足，肉质饱满，其中一道酱香龙虾滋味醇厚，不可不点，嫩千张薄而不断，汤鲜味美。

地址：山西路西流湾27号

奇芳阁

在奇芳阁可以吃到“秦淮八绝”中的鸭油酥烧饼和什锦菜包。前者鸭香扑鼻，后者分量实在。

地址：秦淮区贡院西街12号（近夫子庙）

蒋有记锅贴店

老南京的最爱。锅贴个头挺大，看上去金灿灿，又薄又脆，带着汤汁。

地址：秦淮区龙门西街5号旁（近贡院西街）

莲湖糕团店

夫子庙边上最平民化的老式点心店。赤豆元宵香、甜、软、糯。牛肉锅贴、牛肉馄饨等味道都不错。

地址：秦淮区贡院西街24号（近夫子庙景区步行街）

尹氏鸡汁汤包店

鸡汁汤包和鸭血粉丝汤是两样让南京人不辞辛苦排队购买的小吃，尹氏鸡汁汤包店在南京有不少分店，比如人潮涌动的湖南路、莫愁路，人均消费10元。

回味鸭血粉丝汤店

鸭血粉丝汤是南京人最喜欢的小吃之一，南京的许多街道上都有它的分店，鸭血粉丝汤有许多店，但“回味”的是最受当地人追捧的。

地方风味浓郁的美食聚集地。“易记”等面馆口碑不错。

老瞻园面馆

可以吃到“秦淮八绝”中的熏鱼面和薄皮包子。小笼包和面食拥有众多粉丝。

地址：南京秦淮区五福街（近来凤小区）

电话：18795866722

易记皮肚面

分量很足，面虽细，但超级筋道；汤味带辣，喝起来鲜美。

地址：明瓦廊 41

许记大碗皮肚面馆

量很大，配菜给得很慷慨。面好吃，汤也鲜美，都是一小锅煮的。六鲜面口碑不错，料足、种类多。

地址：白下区三条巷 104 号（中山东路口）

夫子庙

位于夫子庙南端，东起平江府路，西至来燕路。夫子庙地区是南京小吃的发源地，小小的夫子庙地区，大大小小有几十家小吃店，成了南京小吃集大成之地。蒋有记的锅贴、莲湖糕团店的赤豆元宵和牛肉锅贴、永和园的鸭血粉丝汤和开洋干丝等美食都可以在夫子庙一带品尝到。

地址：贡院街来燕路交叉口南

湖南路美食街

回味鸭血粉丝、尹氏汤包、金陵桂花鸭、天下第一粉、马氏梅花糕、面点煌等特色小吃。

南京也属淮扬菜系覆盖的区域，南京菜精细、味淡，颇有回味。

狮子桥美食街

湖南路的狮子桥是著名的美食街，有很多特色小吃，如回味鸭血粉丝、狮王府狮子头、尹氏鸡汁汤包、莲湖糕团店、“忘不了”酸菜鱼、绿柳居等。此外，散布在新街口和南大附近的众多美食店也为不少网友口碑推荐。一般去南京夫子庙都会尝尝这里美味的老鸭粉丝汤，味道极好。

地址：湖南路狮子桥美食街

三元巷

三元巷位于南京白下区中山南路北段，东起中山南路，西至明瓦廊。如今的三元巷已是一条地方风味浓郁的街道。餐饮名店有要德火锅、哈尔滨水饺、易记、协记面馆、杨四龙虾城等。

地址：江苏省南京市白下区

新民路夜市

新民路夜市已成为小吃聚集地，一到晚上吃货们纷纷出动，热闹非凡。一般来说晚上五六点就开始。这里麻辣烫居多，两排店多数是麻辣烫，其中也有馄饨、凉面和烧烤。

地址：南京市鼓楼区新民路公交站附近

娱乐

“南京 1912”商业街区

位于南京市长江路与太平北路交会处，由 17 幢中华民国风格建筑及“共和”“博爱”“新世纪”及“太平洋”四个街心广场组成。这片青灰色与砖红色相间的建筑群，风格古朴精巧，错落有致地呈“L”形环绕“总统府”，30 多家不同格调、不同规模的酒吧散布在其

“南京 1912”商业街区

周围。以仿民国文化为特征的“南京1912”街区已成为新一代的南京娱乐消费中心，也是南京酒吧夜生活的活动中心。

南京晨光 1865 时尚生活休闲街区

是一个秦淮河畔、明城墙下，集古韵、时尚于一身的时尚休闲消费场所。18 栋用于经营的建筑中，有金陵机器制造局留存下来的 2 栋清代老建筑，有 7 栋民国老建筑，还有晨光集团的 3 栋现代工业建筑；另有 6 幢新建的仿清代、民国建筑。整个街区毗邻秦淮河，河对岸就是有着 600 年历史的明城墙，历史文化氛围十分浓厚。目前入驻的时尚品牌有：御庭精品酒店、王榕生时尚文化有限公司、台湾吉士福餐饮公司、海王宫酒店、“Hello，意大利”西餐厅、乱世佳人 VIP 会所等。

水木秦淮

“水木秦淮”街区位于江苏电视塔下，草场门桥以北，秦淮河与石头城路之间的地带，聚集海内外知名的特色餐饮、个性酒吧、商务情景咖啡吧、西餐厅、SPA 艺术等品牌，配以书吧、茶社，以及常年不断、丰富多彩的各类艺术表演，成为南京大型时尚文化休闲娱乐街区的典范。

交通：302 路公交车石头城南站下，或者乘 11 路、42 路、56 路、65 路、66 路、75 路、91 路、134 路、302 路、811 路草场门桥下

SCARLET 乱世佳人酒吧（长江路店）

南京人俗称的“小乱”，是南京最早流行的酒吧之一。迪吧的音响效果很棒，可谓舞曲先锋。门票男士 20 元，女士免票（周日 ~ 周四）；男士 30 元，女士 10 元（周五 ~ 周六）；楼上包间 300 元。特殊节假日会涨价。

地址：玄武区长江路后半街 1912 街区 8-1 号（近洪武北路）

电话：025-84407656

苏荷酒吧

较旺的人气能持续到后半夜，环境比较喧闹。场地音响灯光效果很好。

地址：玄武区长江后街 2 号南京 1912 商业区 B5-2 号（近太平北路）

电话：025-86638688

爱尔兰吧

以德国黑啤和雪茄为主，黑啤的口感确实很好，价格稍微偏贵。来消费的老外比较多，有外国乐队伴奏。

地址：汉中路金丝丽喜来登 4 楼

天堂隔壁

是一家英式家居式的酒吧。地方虽然不大，但是人气挺旺。清扬的木吉他音乐淳朴舒畅，适宜自弹自唱。

地址：国际贸易中心 21 楼

购物

南京云锦是“六朝古都”留给我们的最奢华的遗产之一，与四川的蜀锦、苏州的宋锦并称“三大名锦”。此外，雨花石作为一种天然的石材，因其花纹变化多端，历代为人把玩，也十分珍贵。

南京的繁华商业街区主要分布在市中心的新街口、城北的湖南路、城南的太平南路和夫子庙地区。此外，珠江路电子一条街也小有名气。

特色工艺品

南京云锦

南京云锦因其绚丽多姿，美如天上

云霞而得名，已有近千年的历史。在古代丝织物中“锦”代表最高技术水平的织物。而南京云锦则集历代织锦工艺艺术之大成，位于中国古代三大名锦之首，元、明、清三朝均为皇家御用品贡品，被专家称作是中国古代织锦工艺史上最后一座里程碑，公认为“东方瑰宝”“中华一绝”。

雨花石

雨花石是一种天然玛瑙石，也称文石、观赏石、幸运石，主要产于江苏省南京市六合及仪征市月塘一带。中国自南北朝以来，文人雅士寄情山水，啸傲烟霞，至唐宋时期达到巅峰，雅史趣事中有关赏石的佳话不胜枚举，神奇的雨花石更是成为石中珍品，有“石中皇后”之称，被誉为天赐国宝，中华一绝。

金陵折扇

金陵折扇是南京独有的一个地方工艺品牌，一度天下扬名。在历史上，南京栖霞龙潭和石埠桥一带是金陵折扇重要的生产中心之一，但是如今，生产折扇的作坊和掌握金陵折扇传统工艺的老艺人已经寥若晨星了。

金陵金箔

以金片手工捶打成厚度不超过 0.1 微米薄片称为金箔。其生产工艺独特，是我国特种传统工艺，历史悠久，源于南朝。金箔主要用作建筑、器物、佛教塑像装饰及名贵中成药的配方。北京故宫、西藏布达拉宫等建筑装饰的金箔均为南京生产。

购物好去处

湖南路

湖南路是很繁华的一条步行街，专卖店是一家连一家，适合普通消费者，值得推荐的是太平洋百货，价位高点，但品牌齐全。

地址：南京市鼓楼区湖南路

交通：乘坐 3 路内环、3 路外环、8 路、22 路、47 路、52 路、74 路、114 路、303 路、318 路、819 路夜班车可以到达

新街口

新街口是南京的市中心，分布了很多大店小店。著名的有新街口百货商店、中央商场，是中档服装的消费场所。购中高档品牌服装可去金鹰国际购物中心、金陵百货、东方商城。

地址：南京市白下区新街口

交通：乘坐地铁 1 号线、2 号线新街口站下车；或乘坐 100 路、16 路、1 路、25 路、28 路、33 路、34 路、35 路、38 路、801 路可以到达。

古玩藏品跳蚤市场

每年的元旦、“五一”和“十一”，全国各地的古玩商贩们都会有组织地来南京朝天宫，举办“古玩藏品跳蚤市场”，场面十分火爆。熙熙攘攘的广场上数百个摊位，商品琳琅满目，小到门票、烟标、小人书，大到古董、玉器、字画，应有尽有。

开放时间：元旦、“五一”和“十一”

地址：朝天宫

走遍中国·江苏

SUNAN
苏南地区

前世今生 / 157
旅行与季节 / 157
焦点 / 157
行程推荐 / 159
预算 / 160

苏州

拙政园 / 161
苏州博物馆 / 162
平江路 / 163
狮子林 / 164
留园 / 165
沧浪亭 / 166
苏州文庙 / 167
网师园 / 168
盘门 / 169
　盘门 / 169
　瑞光塔 / 170
　吴门桥 / 170
虎丘 / 170
山塘街 / 172
枫桥风景区 / 172
　寒山寺 / 173
　枫桥、铁铃关、
　枫桥古镇 / 173
　姑苏水上游 / 173
观前街·玄妙观 / 174
中国苏绣博物馆 / 175
苏州丝绸博物馆 / 175
耦园 / 176
曲园 / 177
艺圃 / 177
天平山 / 177
　红枫 / 178
　万笏林 / 178
　白云清泉 / 178
木渎古镇 / 179
　严家花园 / 179
　虹饮山房 / 179
　古松园 / 180
　榜眼府第 / 180
灵岩寺 / 180
　灵岩山顶花园 / 180
　灵岩山寺 / 180
　韩世忠墓 / 181
　张永夫墓 / 181
　箭泾河 / 181
太湖风景区 / 181
　陆巷古村 / 182
　三山岛 / 182
　明湾村 / 182
光福古镇 / 183
　司徒庙 / 183
　光福塔 / 183
上方山国家级森林公园 / 183
周庄 / 184
　沈厅 / 186
　张厅 / 186
　迷楼 / 186
　双桥 / 186
同里古镇 / 187
　退思园 / 187
　中国古代性博物馆 / 189
甪直古镇 / 189
　保圣寺 / 189
　沈宅 / 190
　万盛米行 / 190
千灯古镇 / 190
锦溪镇 / 191
沙家浜风景区 / 191
虞山 / 192
尚湖 / 192

无锡

锡惠公园 / 193
　惠山泉 / 193
　陆子祠 / 194
　八音涧 / 194
　知鱼槛 / 194
　瞎子阿炳墓 / 194
　寄畅园 / 195
锡山晴云 / 195
东林书院 / 196
薛福成故居 / 196
蠡园 / 197
　四季亭 / 198
　千步长廊 / 198
　春秋阁 / 199
鼋头渚 / 199
梅园 / 200
泰伯祠庙 / 200
灵山胜境 / 200
　灵山大照壁 / 201
　灵山大佛 / 201
　祥符禅寺 / 202
　九龙灌谷 / 202
　灵山梵宫 / 202
　龙头渚 / 202
无锡影视基地 / 203
　三国城 / 203
　水浒城 / 203
　唐城 / 203
京杭运河无锡段 / 203

宜兴

善卷洞 / 205
张公洞 / 205
灵谷洞 / 205
慕蠡洞 / 西施洞 / 206

慕蠡洞 / 206
西施洞 / 206
竹海 / 206
瀛园 / 207
周王庙 / 207
宜兴徐悲鸿纪念馆 / 208
太平天国辅王府 / 208
中国宜兴陶瓷博物馆 / 209
云湖旅游度假区 / 209
茶博园 / 210
大觉寺 / 210
云湖湿地公园 / 210
阳羡茶园 / 210

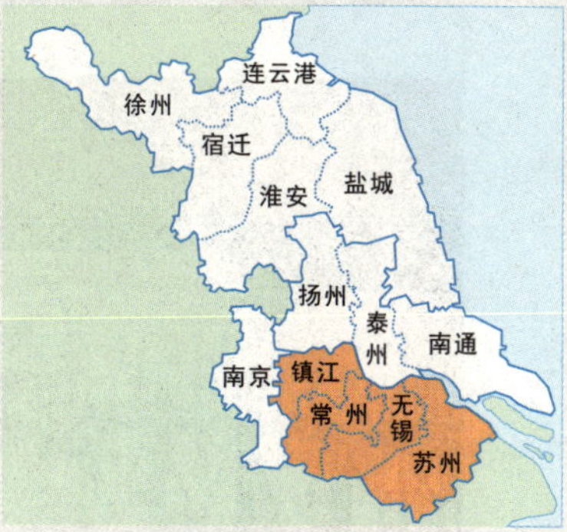

江阴

徐霞客故居 / 211
兴国寺塔 / 211
华西村 / 211
鹅鼻嘴公园 / 212
江阴文庙 / 212
悟空寺 / 212

常州

篦箕巷 / 213
毗陵驿大码头牌坊 / 213
篦梁灯火 / 213
天宁寺 / 213
红梅公园 / 214
文笔塔 / 214
常州中华恐龙园 / 214
淹城春秋遗址公园 / 215
圩墩公园 / 215
南山竹海 / 215
天目湖 / 216

镇江

焦山 / 217
不波亭 / 217
定慧寺 / 217
焦山碑林 / 217
三诏洞 / 218
别峰庵 / 218
百寿亭 / 218
吸江楼 / 218
金山 / 218
江天禅寺 / 218
夕照阁 / 219
楞伽台 / 219
茅山 / 220
北固山 / 221
宝华山 / 221
西津古渡 / 222
季子庙 / 222
沈括故居梦溪园 / 222

走遍中国 · **江苏**

SUNAN
苏南地区

白居易在《忆江南》中所指的江南，包括了浙江东北部的杭州和江苏南部的苏州及其扩散出去的大部分地区。相对江苏而言，便是长江三角洲一带的鱼米之地。

整个江苏省，以长江为界，北部以徐州为代表，爽朗大气，而以苏州为代表的南部地区处处呈现温婉与缠绵。

就是在这里，形成了日后足以改变整个华夏文明构成的吴文化；也是在这里，古往今来诞生了一批又一批影响着中国文化进程的人物，他们丰富着文学、戏曲、绘画、书法的流派和审美意趣。

在这样的人文背景中，再去看坐落在水网之中、街道依河而建、水陆并行的苏州古城；集建筑、山水、花木、雕刻、书画等之大成的苏州园林；去看与湘、蜀、粤绣同被誉为我国四大名绣的苏绣；集江、河、湖、洞、园之美于一身，素有“吴中胜地”美称的无锡小城；去看以紫砂器皿而声名远播的宜兴；看常州古城的淹城遗址、金坛茅山和溧阳天目湖等，对“忆江南”中的那份情怀会有更深一层的理解与体会。

此外，周庄、同里、角直、千灯、木渎、东山……看江南水乡又何必再觅他处。

“上有天堂、下有苏杭”，自然不会是浪得虚名，如果你是苏南地区的匆匆过客，那么请到苏州城的玄妙观，听一曲评弹、买一块苏绣，最重要的是不要错过一顿美食——苏州菜。

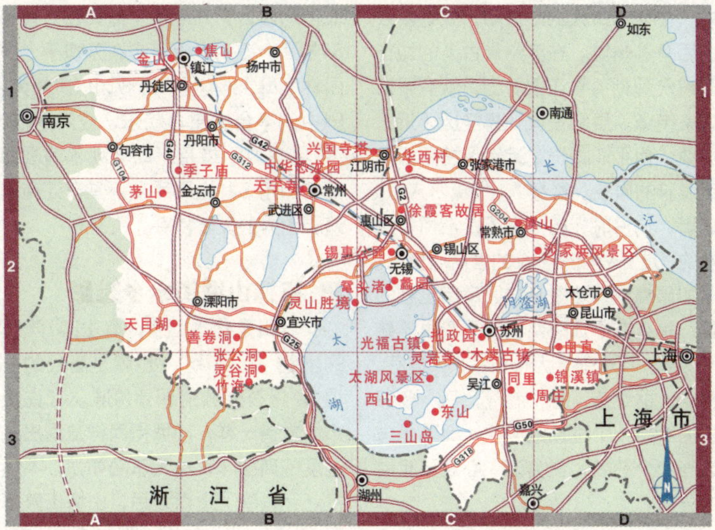

苏南地区交通示意图

前世今生

历史上，江苏省辖区的长江两岸在元代以前大多分属不同的政区。明代一同划归南直隶后，江南属于应天巡抚（江北江浦，六合二县属京师金陵应天府），江北属于凤庐巡抚。清代江苏建省后，曾有数次以长江为界南北分治。江南属于驻扎苏州的江苏布政使管辖，江北和南京属于驻扎南京的江宁布政使管辖。清末一度在江北清江浦（淮安）设立江淮巡抚，与驻扎苏州的江苏巡抚并立。1949～1952年，中共在华东大区下分别设立苏南行署区（驻无锡）和苏北行署区（驻扬州）。1952年9月，苏北、苏南行署区以及直辖市南京市合并为新江苏省，南京被降为省辖市；1958年苏南划9县苏北崇明县共10县划归上海，江苏省由此得来。

旅行与季节

苏南温暖宜人的春天，100多座大小园林内万物苏醒、生机勃勃，一幅动人画卷。另有二月光福古镇的“香雪海”，更是梅花吐蕊，势若雪海，满山盈谷，香气醉人。从1月底至2月举办各种花节，如西山梅花节、虎丘花会、虞山花会、拙政园杜鹃花会、郁金香花展等。夏季特别是6月下旬至7月的梅雨季节，雨水相当充沛。你既可欣赏到桃红柳绿的自然风光，又可品尝鲜桃、碧螺春、糖藕等时令特产。秋季是苏南收获季节，到时新鲜的瓜果、水产的上市，如苏州啤酒节、阳澄湖的螃蟹、处处飘香的桂花。冬季的苏南银装素裹，展现出万千美态，游玩的人较少，是旅游的淡季。然而只有在人少的时候，才能体味出苏州独特的韵味风情。

焦点

■ 漫步平江路看小桥流水人家

在很多人心目中，苏州众多的街道中，平江路是最能体现苏州的城市特色，而且它还拥有着其他街道难有的宁静与朴素。在老苏州人的心目中，先有平江路，后有苏州城。在苏州最古老的城市地图宋代碑刻《平江图》上，就有平江路这条街道。虽和古城一样经历了近千年沧桑，但平江路仍幸运地保持了旧时疏朗淡雅的面貌。置身"小桥流水人家"的老街，仿佛时光已经倒流，沿河弥漫出去的，是充满烟火气息的世俗风情画。

如果喜欢体验在老城区串街走巷的乐趣，那么在平江路两侧的小巷里随处都有惊喜。丁香巷、大柳枝巷、大儒巷、花萼里、丽姬巷、悬桥巷等，每一条巷子都能牵出一个生动的典故，而单是念叨这一个个巷名，便会让人心底泛起温柔的涟漪。

■ 品味拙政园园林之美

苏州是一座园林城市，也是一座城市园林。小巷深处，一座座已经修复或还没有修复的苏州园林中，人类的文化遗产被精心地保护着，被传承着。拙政园是江南园林中最出色的代表，也是苏州园林中面积最大的山水园林，为中国四大名园之一。整个园林的分割和布局非常巧妙，充分采用了借景和对景等造园艺术，美丽绝伦，实在无愧于"中国园林之母"的美誉。拙政园以水景为主，园中的亭台廊榭多傍水，或跨水而设。"爽借清风明借月，动观秋水静观水。"巧妙运用多种造园手法，具有江南园林清雅明秀的显著特点。

■ 夜探山塘街水乡魅影

苏州是枕水之乡，有1100年历史的水巷"山塘街"（也就是唐代的白公堤），保有老城的原汁原味。和许多城市的古街一样，山塘街同样流露出开发过度的商业味，白天车船如龙，不堪嚣扰。不过晚上七点之后，山塘街繁华落尽，别有一番滋味。从阊门渡僧桥开始，华灯沿着街巷次第亮起，形成一条光河。这边厢茶楼中，艺人犹抱琵琶，唱出酥人筋骨的评弹，那边厢菜馆里，螺虾飘香，勾人馋虫……酒足饭饱，只见弯月如弓，顺着河道，跨小桥穿里弄，老苏州的感觉油然而起。

坐条船从山塘河到虎丘，一路上的房子像长在水里：一条长长的巷子到头

品味拙政园园林之美

夜探山塘街水乡魅影

才发现，巷子的石板路居然跟水平面齐平，被子晒在阳台上，而阳台就在水面1米之上。街边很多石拱桥，连接两边的茶楼和照相馆。街上有各种门类的传统艺术，丝绸烙画、剪纸、老法烧制的琉璃，以及各类苏州当地小吃——蟹壳黄、小馄饨、枣泥麻饼、海棠糕、酸梅汁等。

■ 畅游太湖鼋头渚

“太湖佳绝处，毕竟在鼋头。”鼋头渚风景区层峦叠翠，林壑优美，山环水抱，融淡雅清秀与雄奇壮澜为一体，组合成了太湖山水风光的最美处，有“天然画图”之美誉。鼋头渚公园曾是蒋介石的私家园林，堪称“无锡第一胜景”。青山绿水之中，长春桥、澄澜堂、飞云阁、劲松楼、光福寺、陶朱阁等园林建筑点缀其间。

鼋头渚风景区地广景多，可先登临鹿顶山舒天阁，远眺四方，一洗胸襟，再上鼋头渚，或步行盘桓于花径，或赤足涉水于低滩，或乘船弄涛湖面，坐礁凝思，登楼品茗，领略太湖山水之美，最后乘船渡湖，一探太湖仙岛灵秀、神幻之妙。

■ 淘一把精致的紫砂壶

宜兴的紫砂闻名世界，素有“陶的古都、洞的世界、茶的绿洲、竹的海洋”之称。宜兴是“紫砂壶”原产地，拥有石灰岩溶洞80多个，茶园3500余公顷，竹海纵横八百里。来宜兴，品一壶上等的阳羡茶，欣赏精致的陶瓷艺术品，或者寻一件名贵的紫砂器，体味这座城市古朴淳厚。

行程推荐

■ 苏州园林1日游

必游景点：拙政园、狮子林、观前街

可以尝试：品味拙政园园林之美、漫步平江路小桥流水人家、逛观前街买丝绸刺绣、百年老字号品尝苏帮菜

拙政园—狮子林—枫桥景区—姑苏水上游—远眺虎丘—观前街（玄妙观）

畅游太湖鼋头渚

古典园林是苏州的主要看点，而其中又以拙政园、狮子林为代表，这条线路中加入了枫桥景区和水上姑苏，把虎丘作为远观的景点，既可看到这一城市标志性建筑，又节省时间，最后落脚在观前街。

■ 江南水乡日游

必游景点：拙政园、观前街、同里古镇、木渎

可以尝试：品味拙政园园林之美、百年老字号品尝苏帮菜、逛古镇体味江南水乡之美

这条线路主要选择了一些别具代表性的景区，比如同里古镇、木渎和陆巷古村，而不是周庄等游人较多的地方。

D1 盘门景区—沧浪亭—拙政园—虎丘—寒山寺—观前街

D2 苏州—同里古镇（退思园）—夜宿同里

D3 从同里返回苏州—木渎（严家花园—虹饮山房—古松园—榜眼府第）—东山（陆巷古村）—夜宿陆巷古村

D4 返回苏州

■ 无锡—宜兴 2 日游

必游景点：鼋头渚、锡惠公园、东林书院、瀛园

可以尝试：品尝苏帮菜、太湖泛舟赏花、吃太湖各类湖鲜

无锡、宜兴是较为常规的线路，而苏南地区的常州和镇江较为冷僻，不加推荐，但如从无锡到镇江，然后从镇江渡江到扬州，即可将苏南与苏中串联为一条旅游线。

D1 无锡（蠡园—太湖鼋头渚—锡惠公园—寄畅园—东林书院），夜宿无锡

D2 无锡—宜兴（瀛园—善卷洞—陶瓷博物馆），返回无锡

预算

苏南地区旅行开支中，门票占了绝大部分，甚至达到了整个旅行预算的2/3。除去门票，平均每人每天餐饮住宿的预算在 200 元左右就足够了，但如果要做地区内的较长线路的旅行，比如从苏州到周庄或同里，从无锡到镇江转到苏中的扬州，这样的话，交通费便成了最多的一个部分。另外，宜兴隶属无锡，两地间的交通也很方便，所以如果从无锡到宜兴旅行，没必要留宿宜兴，安排一天的游览时间，可返回无锡，从无锡到达其他地区更为方便。

而常州和镇江两地的门票开支略少一些，平均每人每天餐饮住宿的预算在 150 元左右。

苏州

拙政园

【与颐和园、承德避暑山庄和留园合称为中国四大名园】

拙政园是中国私家园林中面积较大的一座，始建于明正德四年（1509），时任监察御史的王献臣是该园的第一任主人，吴门画派的代表人物之一文徵明也参与了设计。

“拙政”二字取自晋代潘岳之《闲居赋》中的“拙者之为政”一句，可见造园者当时官场失意、弃官归田的淡泊心境。历经400多年，园林几易其主，世事沧桑，整体格局却仍保持了明代风格。其中更充分体现了中国古典园林中所包含的东方哲学和审美思想，值得十分仔细地游览。

全园以池为中心，借假山障眼而形成屏风，其间穿插亭轩楼阁，整体风格平淡而不失机巧，朴素而不失惊艳。有人总结说：“池广林茂”是拙政园的园林景观特点。全园由东、中、西三个部分组成，东部原称“归田园居”，因明崇祯四年（1631）归属侍郎王心一而得名，流觞曲水，家田种秫，好似桃源之境。中部是拙政园的精髓，水木清华，美轮美奂。“雨惊诗梦来蕉叶，风载书声出藕花”，以荷香喻人品的“远香堂”是中部景区的主体建筑。

每年6～10月，拙政园都会在此举办盛大的荷花节，“红莲沉醉白莲酣”，一派热闹景象。其余景点包括兰雪堂、芙蓉榭、秫香馆、放眼亭、远香堂、小沧浪、留听阁、浮翠阁等，轩馆亭阁各有异趣，绝无重复。穿过“别有洞天”的圆洞门后，就来到了西部花园。西部原为“补园”。史书记载，补园主人张履谦特别喜欢昆曲，经常同“曲圣”俞粟庐先生在十八曼陀罗花馆切磋曲艺，每当清唱演出进入高潮时，总有一种“余音绕梁，三日不绝”的感觉。西园以池水为中心，回廊曲折其上，无限的幽雅在蜿蜒之中伸展。

2011年5月，拙政园苏绣艺术馆成立，至此苏州园林与苏绣两大文化遗产首次联姻，展现苏州特有的文化魅力。

开放时间：7：30～17：30（3月1日～11月15日）7：30～17：00（11月16日～次年2月29日）

地址：娄门东北街178号

交通：乘游1、游2、游5、202路、313路、529路、40路公交车可达。

门票：淡季70元（1～3月、6月、11～12月）；旺季90元（4～5月、7～10月）

网址：http：//www.szzzy.cn

特别提醒：

1. 园林艺术充分体现了中国传统文化和审美旨趣，如果要更充分地了解其中的内涵，建

拙政园

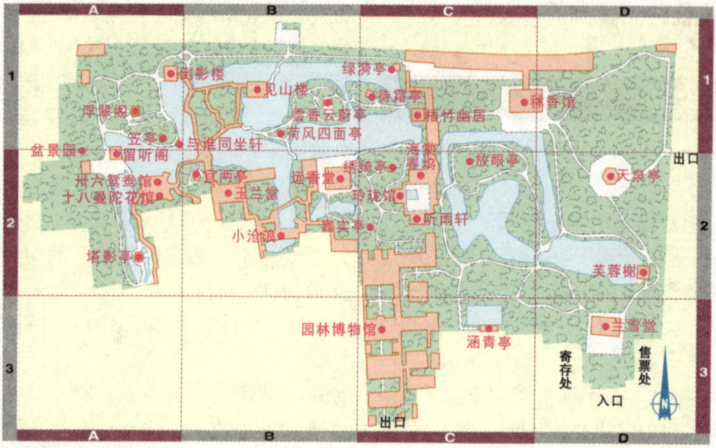

拙政园景点示意图

议在园林入口处租一个手持式电子导游机。

2. 出园后，向西走100米是太平天国忠王府、苏州博物馆、苏州园林博物馆，沿园林路步行百米左右可到狮子林、苏州民俗博物馆。

3. 秋香馆里面有拙政园的免费导游图，有中英日韩多种语言，进去记得拿一份。

4. 最佳旅行季节：春、夏、秋三季皆适宜游玩，4～10月会举行花展（杜鹃花展和荷花展）。冬季景色略显逊色，但是人少，可以静静欣赏园林的美景。

苏州博物馆

【"中而新，苏而新"，传统与现代相结合的新式园林建筑】

位于苏州古城平江区拙政园西侧，包括2006年正式开放的新馆建筑和忠王府古建筑（原苏州博物馆）两部分，设计者为著名的建筑设计大师贝聿铭。

新馆主要为文物展示，展出历代佳作精品千余件，主展区设有吴地遗珍、吴塔国宝、吴中风雅、吴门书画四个富有苏州地方特色的系列常设展览。其中包括从虎丘塔发现的五代越窑秘色瓷莲花碗，从瑞光塔发现的北宋大中祥符六年（1013）所制"真珠舍利宝幢"，商代琰圭、玉琮及唐宋明清的一批瓷器，宋代缂丝、刺绣，明代罗香园刺绣，近代著名苏绣艺术家沈寿绣的十二生肖屏、济公像，清代制墨高手程风地的镌有"康熙乙亥"款的"千岁芝墨"等，皆为难得的艺术珍品。

太平天国忠王府是至今全国保存最完整的一组太平天国历史建筑。基本格局保持着东、中、西三路。主体部分是官署，雄伟肃穆、庄严古朴，乃全园的精华所在；卧虬堂、古典戏台为东路建筑，紫藤盘绕，幽静典雅，气势雄浑；鹤轩为西路建筑，其板壁均为楠木，故名楠木厅（又称花厅），前院庭院有连理宝珠山茶两株，为清初大学士、原园主陈士遴遗物，另一高大的洋玉兰树，有数百年树龄，并有一株桂花，每年总是第一个开花，这些树均为一级保护古树名木。忠王府还保存了400余方秀丽典雅的"苏式彩绘"。数量之多，艺术水平之高，为全国所罕见。

开放时间：9：00～17：00，周一闭馆。

地址：苏州市东北街204号

交通：市内公交游1路、游2路、游5路、

苏州博物馆外观

55 路、178 路、202 路、309 路、313 路、518 路、529 路、923 路等可直接到达。

门票：免费。中文讲解每场 100 元起，英文讲解每场 200 元起。

网址：http：//www.szmuseum.com

电话：0512-67575666

平江路

【苏州最有水城原味的一条古街，江南古镇的一个缩影】

平江路算是苏州保存得最完好的古街了，与观前街一巷之隔，但其清静古朴的生活气息与咫尺外的鼎沸喧哗迥然两个世界。与平江路垂直相接的是诸多狭小的街巷，狮林寺巷、传芳巷、东花桥巷、曹胡徐巷、大新桥巷、卫道观前、中张家巷、大儒巷、萧家巷、钮家巷等，每一个名字背后都可能有着长长的故事。巷子一径是高高的垣墙夹着曲折的街巷，颇有些曲径通幽的意境。

街区格局和 800 多年前《平江图》上所刻"双棋盘"格局基本一致，堪称城市发展史上的奇迹。小桥流水、粉墙黛瓦，房屋的体量、街道的宽度和河道，比例恰当，显示出疏朗淡雅的风格；平江路两边小巷特别是东边，还较好地保留了多条水巷，是今天苏州古城最有水城原味的一处古街区。

地址：苏州市观前街东区

背包客推荐：平江路特色食宿

如果住宿预算在500元左右，与其住星级酒店，不妨选择平江路上的平江客栈。它是由古老民房改建而成，原是明朝望族方家大宅，客栈内的房间依据苏州传统民居布置，木梁瓦顶，回廊小苑，清幽恬静。

大儒巷平江路交界处一面白色影壁上写着"鱼食饭稻"四个楷体黑字，很多人不知道这是一家土灶饭庄的名字。这家饭馆很有特色，有别致的江南情调，有大号鸟笼、渔翁的蓑衣、天花板上挂满农家用来晒鱼的大斗笠。座椅全是板凳，做菜的方法源自老江南的灶膛，保持了菜色的原味。用餐高峰期餐厅生意极好，尤其是靠窗边风景情调俱佳的位子一早就被抢光，偶尔需要等位，以防万一可以提前预订。

苏州城区示意图

交通：紧邻苏州博物馆、拙政园，步行约10分钟即到。可乘游1、游2、游5线，202路、313路、923路、529路、40路、78路拙政园站下。或搭乘轨道交通1号线相门站下，沿着干将路向西约400米。

狮子林

【一座以假山奇石见长的古典园林，素有“假山王国”的美誉】

苏州城东北园林路23号，坐落着一座精致典雅、静谧幽深的古建筑群，这就是苏州四大古典园林之一、有“桃源十八景”美誉的狮子林。狮子林始建于元至正二年（1342），为元代僧人天如禅师为纪念他的老师中峰神僧而创建。园内既有苏州古典园林亭台楼阁的人文景观，更以湖山奇石、洞壑深邃而盛名于世。

入园后便见玲珑石笋石峰，庭院北是主体建筑高敞宏丽的鸳鸯厅。厅的前廊西侧可通立雪堂，后廊西侧门可直通假山洞穴而进入卧云厅，再后为小方厅，其西侧辟门，可登假山。以鸳鸯厅为中心，面向四方的布局颇为巧妙。穿越小方厅，见院中花台上的巨峰气势雄伟，系由9头不同姿态的狮子组成。出庭院后便来到园中正厅揖峰指柏轩，凭轩眺望，满目石峰林立，峰间古柏虬根盘绕。由揖峰指柏轩向南越过一条狭长的小池，就是玲珑俊秀、出入奇巧的假山王国。假山群共有9条线路、21个洞口。横向极尽迂回曲折，为苏州古典宅园中堆

背包客推荐：
狮子林游览线路推荐

燕誉堂—小方厅—揖峰指柏轩—古五松园—见山楼—东部假山—卧云室—西部假山—湖山亭—花蓝亭—真趣亭—石舫—暗香疏影楼—飞瀑亭—问梅阁—双香仙馆—扇亭—文天祥碑亭—御碑亭—修竹阁—立雪堂—出口。

狮子林

山最曲折、最复杂的实例。当代园林专家童俊曾评述狮子林假山“盘环曲折，登降不遑，丘壑宛转，迷似回文”。

清乾隆帝6次游览狮子林，先后赐“镜智圆照”“画禅寺”及现存“真趣”等匾额，还在北京圆明园、承德避暑山庄内仿建了两座狮子林。可见，狮子林备受当时皇家的青睐。

开放时间：7：30～17：30（3月1日～10月15日）；7：30～17：00（10月16日～次年2月底）

交通：搭乘518路、112路、55路、262路、202路、游2、50东线、50西线、游5南线、811、529、游1、游5北线、游1北线、游1南线、309路可到。

门票：淡季30元（1～3月、6月、11～12月）；旺季40元（4～5月、7～10月）

网址：http：//www.szszl.com

特别提醒：

狮子林距苏州美食区观前街步行需20分钟，景点边有新通天府大酒店、吴门人家、狮子林酒店、小肥羊、赵记大酒店。周围还有松粽糖、玫酱糖、脆松糖、脆桃球、软松糖、薄皮糖、枣泥麻饼、小方糕、云片糕等苏州特色食品卖。临顿路有特色火锅、特色馅饼和生煎。平江路有特色的手工奶酪和一些特色小吃甜品。

留园

【有“吴中第一名园”之称，为中国四大园林之一】

原是明嘉靖年间太仆寺少卿徐泰时的东园，园中假山为叠石名家周秉忠（时臣）所作。清咸丰年间，苏州诸园颇多毁损，而此园独存，故名留园。

全园大致可分为中、东、西、北四个景区。其间以曲廊相连，通幽度壑，秀色迭出。廊壁上嵌有历代名家书法石刻300多方，人称“留园法帖”。留园中部辟有水池，乃全园精华所在；西北多山石、盆景，一片田园风光，极富野趣；东南以建筑取胜，有著名的佳晴喜雨快雪之亭、林泉耆硕之馆、还读我书斋、冠云台、冠云楼等斋、轩。

留园的建筑综合运用了江南造园艺术，以建筑结构见长，善于运用大小、

背包客推荐：
留园游览线路推荐

曲溪楼—西楼—清风池馆—自在处—五峰仙馆—揖峰轩—林泉耆硕之馆—佳晴喜雨快雪之亭—又一村—土山（至乐亭）—舒啸亭—活泼泼地—别有天—闻木樨香轩—可亭—小蓬莱—濠濮亭—曲溪楼—古木交柯—绿荫—涵山房—出园。

这是一条能到达园林的最精华部分的线路，以园林中的庭院为起点，经田园风光、山林野趣，然后在山水处结束。

曲直、明暗、高低、收放等变化，组合景观、高下布置恰到好处，营造了一组组层次丰富、错落有致、有节奏、有色彩、有对比的空间体系。留园以其精雕细琢的设计，折射出中国文化中取法自然而又超越自然的深邃意境。

开放时间：7：30 ~ 17：30

地址：苏州市金阊区留园路 338 号

交通：乘游 1、3 路、5 路或 6 路、7 路、22 路、33 路、44 路、70 路、85 路、88 路、91 路、317 路公交车可达；也可乘 101 路、103 路公交车在观前街站转乘游 1 路。

门票：旺季 40 元（4 月 16 日 ~ 10 月 30 日）、淡季 30 元（10 月 31 日 ~ 次年 4 月 15 日）。

特别提醒 1. 冠云峰、楠木殿、鱼化石并称“留园三绝”，乃不可错过之景。
2. 旺季免费提供“吴歈兰熏”表演。

留园

沧浪亭

【现存苏州最古老的园林】

沧浪亭最初的主人为五代时吴越国广陵王钱元的近亲孙承佑的池馆。北宋庆历四年（1044），诗人苏舜钦被贬至吴中，将此园买下并筑一亭台，取名“沧浪”，其意取自“沧浪之水清兮可以濯我缨，沧浪之水浊兮可以濯我足”。几经易主并扩建，至宋代已是“园亭之胜，甲于东南”。现存建筑均为清同治十二年（1873）重建，其布局堪为宋代园林的代表作品。

经历代更迭兴废的沧浪亭，仍不失旧时风韵，清幽古朴中更富于山林野趣。园内以山石为主景，沧浪石亭、明道堂、五百名贤祠、看山楼、仰止亭等建筑被复廊和假山串联，又加以分隔，曲折而又错落。

沧浪亭的花窗漏阁为园林一绝，据说，现在仅是散落全国各地的沧浪亭花窗就多达 108 式，尽管如此，现在园内的花窗仍是十分值得花时间细细玩味的细节。除了做工精巧、构思迥异之外，以窗衬景也是沧浪亭的建筑特色之一。

沧浪亭曾被历代文人名士题诗咏颂，其中以欧阳修、苏舜钦诗句合而为一的亭联“清风明月本无价，近水远山皆有情”最为有名，五百名贤祠更是集周代至清代 2400 年间的吴郡名贤 594 人，而垂范后人。季札、伍子胥、白居易、范仲淹、文天祥、韩世忠、唐伯虎、文徵明、况钟、林则徐等都列在其中。

开放时间：7：30 ~ 17：30

地址：三元坊沧浪亭街 3 号

交通：乘游 2、游 4、游 5、1 路、5 路、27 路、30 路、39 路、101 路、102 路、103 路、218 路、261 路、308 路、309 路公交车均可到达。

门票：旺季 20 元（4 月 16 日 ~ 10 月 30 日）；淡季 15 元（10 月 31 日 ~ 次年 4 月 15 日）

沧浪亭

特别提醒：

1. 沧浪亭隔壁的苏州美术馆暨颜文梁先生纪念馆免费开放，是原苏州美术专科学校旧址，有民国情怀的文艺青年值得一去。

2. 最佳旅游开放时间：四季皆宜。雨天赏雨是个不错的选择，而蚊虫多时慎去。二月中旬至二月底有兰花展，九月底至十月上旬有竹展。沧浪亭里的蚊虫十分了得，特别是夏天去时一定要准备好蚊不叮、风油精之类的防蚊虫叮咬的东西。

苏州文庙

【藏有“天，地，人，城”四大宋碑，旁边是苏州地区最大的古玩市场】

苏州文庙府学是北宋名臣范仲淹于景祐二年（1035）创建的，迄今已有960多年历史，有“江南学府之冠”的赞誉。现在保留下来的重要建筑有棂星门、戟门、大成殿、崇圣祠、七星池、明伦堂等，另有数十棵古银杏及廉石、文天祥石刻等文物点缀其间。现被用作苏州市碑刻博物馆，馆内的“天文图”“地理图”“帝王绍运图”和“平江图”碑，简称为“天，地，人，城”四大宋碑，均为南宋刻石。

范仲淹出任苏州知州的次年，在南园遗址上设学立庙，庙学合一（即文庙府学合一）。范仲淹聘请当时著名教育家胡瑗为教授，因办学有方，一时名闻天下，成为各地州、县学效仿的楷模。此后历经拓建到明清两代府学文庙的规

背包客收藏：文庙石碑

文庙和沧浪亭只隔了一条马路，目前主殿正在修缮，与其他景点相比略显萧条，置身人迹罕至的古迹中，更有一番寻古探幽的情趣。值得一提的是，碑刻走廊尽头的一间屋子里，陈列着四块并不为人熟知的国宝级石碑。其中，“天文图”碑是世界上最古老的石刻天文图之一；“地理图”碑为宋代中国政治地理图，是我国现存最古老的石刻地图之一；“帝王绍运图”碑则是我国古代唯一的石刻帝王世系图；“平江图”碑为宋代苏州市平面图，是现今世界上最古老的石刻城市地理图。对人文地理有兴趣的游客，一定会惊喜自己捡到宝了。

模很大，占地面积近200亩，现有面积仅为当时的1/6。

地址：位于江苏省苏州市人民路

交通：游2、游4、游4路长线、游5、1路、5路、27路、101路、102路、103路、261路、308路、309路、321路、933路公交车可到。

特别提醒：苏州文庙古玩市场也是苏州地区最大的古玩市场。

网师园

【苏州古典园林中"以少胜多"的典范】

原是南宋侍郎史正志退居姑苏时所建的私家园林"万卷堂"旧址，清乾隆中叶光禄寺少卿宋宗元购其地筑园，因毗邻王思巷，故称"网师园"。全园占地虽不及拙政园的1/6，但小中见大，布局严谨，主次分明又富于变化。园内有园，景外有景，精巧幽深。

网师园东部为住宅区，前后三进，其中万卷堂是园主宴席接待的主要场所，虽历经300年仍完好无损、精美绝伦，有"江南第一门楼"的美称。砖雕门楼东西两侧是黛瓦盖顶的风火墙，造型轻巧别致，乃乾隆间物。北部滴水瓦下全用水磨青砖精制而成，既是屋顶支撑物，又是门楼的装饰物。

网师园月到风来亭

整座门楼用凿子和刨子在青砖上运用平雕、浮雕、镂雕、透空雕等艺术手法雕凿而成。

中部的园林景区以池水为中心，水面平静清澈，荡漾弥漫，两端各引出一曲折小溪，贴水平桥一波三折，令人生水广波延、源源不绝之感。环池亭阁小巧轻盈，疏朗雅适，移步换景，诗意天成。园内主要建筑丛桂轩每逢仲秋便香风满轩花满树，由于轩前轩后是山，产生了香气似积发于山坳的意趣，从而表达出"桂树丛生山之阿"的独特景观。

西部为内园，北侧小轩三间，名"殿春簃"，旧时为书斋，以盛植芍药闻名，乃明代古朴爽洁之建筑。轩北置湖石，配以梅、竹、芭蕉，仿若雅致的国画小品。园内另有一眼冷泉——"涵碧泉"，

背包客推荐：网师园游览推荐

游览线路

园门—轿厅—万卷堂—撷秀楼—云窟—五峰书屋—花园—竹外一枝轩—集虚斋—看松读画轩—殿春—月到风来亭—濯缨月门—云岗—引静桥—小山丛桂轩—蹈和馆—钥门出园。

网师园古典夜园游特色活动

每年的3月中旬至11月中旬，每晚开放时间为19：30～22：00上演八个节目，平均每个节目10分钟左右，客人随到随演。

每到夜晚，小巧玲珑的网师园内，淡黄的轮廓灯和大红的宫灯勾勒着临水而建的亭台楼阁，处处显示出江南宅园的高雅风范。富有浓厚的地方色彩和身穿古戏装的评弹、昆剧、笛箫、古筝、民歌民曲、民族舞蹈等，在各厅、堂、斋、阁为游人表演，形成一个厅堂一出戏，游客移步换戏的美妙场面。门票：100元

泉水如蛟龙吐水，贯通了网师园以水为中心的主题。

开放时间：7:30～17:30(4月21日～10月20日)；7:30～17:00(10月21日～次年4月20日)

地址：苏州沧浪区带城桥路阔家头巷11号

交通：乘202路、529路、55路、204路等公交车可到。

门票：淡季30元（1～3月、6月、11～12月)；旺季40元（4～5月、7～10月）

网址：http://www.szwsy.com

盘门

【盘门、吴门桥、瑞光寺塔合称为"盘门三景"】

据古籍记载，苏州城最初是周敬王六年（前514）吴王阖闾命伍子胥所筑春秋吴国都城，盘门为吴门八门之一，古称蟠门。门上曾悬有木质蟠龙，以示震慑越国，又因其"水陆相半，沿洄屈曲"得名"盘门"。现存城门为元至正十一年（1351）修筑，瓮城为元至正十六年（1356）张士诚增建。现存的盘门总体布局和建筑结构基本保持元末明初旧观，水陆两门南北交错并列。

开放时间：8:00～17:00

地址：苏州市沧浪区东大街1号

交通：苏州城内乘游2、游5路公交车可达。

门票：40元（含摇橹船)，塔票6元。

■ 盘门

【国内唯一保留完整的水陆并列古城门】

城楼一层陈设布置古雅，临墙还布置着枪刀剑戟等十八般古代兵器。楼上

背包客收藏：苏州城的历史

中国历史上，在太湖流域曾经有过一个以水稻种植为基础的良渚文明，但四千年前的这段文明在短暂的灿烂之后就消失了。两千年后，从陕西来的太伯与虞仲初创了"勾吴"，这就是历史上著名的"太伯奔吴"，这个以农耕、渔猎为主的部落，就是后来称强于春秋的吴国前身。

公元前514年，吴王阖闾命伍子胥"相土尝水、象天法地"，建成阖闾大城，从此开始了苏州古城的历史。在2500年的漫长历史中，苏州城作为吴国的首都仅有40余年，但伍子胥却因此奠定了苏州城的基本格局。只是在近年的城市改建中，过去的幽深小巷、尽枕河的人家、曲曲折折的水网已经多为柏油马路代替，但总体来说，还是伍子胥造城时的格局。

公元前306年，楚国灭越国，在吴、越故地设江东郡，是为东楚，苏州自此以"吴"为代称，成为东楚最大的都会。后历经秦汉近千年来的发展，苏州于中唐时已成为全国性的经济文化中心，其发达程度仅次于都城长安。

著名诗人韦应物、白居易、刘禹锡都曾在苏州担任刺史，被誉为"诗人三刺史"。宋人也曾以"上有天堂，下有苏杭"来美誉苏州，其"风物雄丽为东南冠。"意大利旅行家马可·波罗甚至将苏州和他家乡的威尼斯相提并论，"东方威尼斯"的盛名由此而来。可见，自吴越起，苏州的发展可谓扶摇直上。明清两代，苏州更是盛极一时，被称为"繁而不华汉川口，华而不繁广陵阜，人间都会最繁华，除是京师吴下有"，其地位的重要性已然堪比今日的纽约。除去清末民国时期的曲折，苏州的发展大体还是顺风顺水的，"鱼禾所自出，苏宇兼之"。

依托于稳固的农业基础，苏州在迈向现代化的今天，依旧风采翩然，焕发着新的生机与活力。"姑苏水城"，美的不仅是历史，还有我们说不清道不明的丝丝余韵。

有巨幅国画《盘门全景图》，再现了盘门及邻近郊外的湖光山色。盘门水城门由两重拱式城门和水瓮城贯穿而成，水闸用铰关可随时开闭，这种周到的战备与防洪设计，是古代筑城史上因地制宜的创举。水城门通道为东南隅内侧修建的洞穴式通道，仄而陡直，古时为守军上下秘密观察和启示闸门之用。

盘门城墙现存300多米，高5米多。从城垣北侧石板坡道登上城墙可以看到整个陆门、水门套城的布置和结构全貌。城墙上的雉堞、垛口、射孔、炮洞、闸口、铰关石、天井（防火用设施）均历历在目。其中间为边长约20米的方形瓮城。瓮城四周城墙陡峭，一旦诱敌深入，闸断退路，如同瓮中捉鳖，可获全歼。

■ 瑞光塔

【因塔内藏有珍贵文物而更显其重要】

为七级八面砖木结构楼阁式古塔，塔高约43米。塔内藏品最为珍贵的有宋天禧元年（1017）入藏的中国早期刻本《妙法莲华经》6卷，有集金银细工、木雕、漆雕描金、珠宝镶嵌等多种工艺于一身的舍利宝幢1座、迄今为止国内发现年代最早的螺钿嵌饰经箱1只，特别是宝幢内木函上的彩绘四天王像，具有明显的吴道子遗风，为罕见的宋画精品。

■ 吴门桥

【苏州市区现存最高的一座古石拱桥】

始建于北宋元丰七年（1084），现桥为清同治十一年（1872）重建。吴门桥为京杭大运河上南北走向的单孔拱桥，桥身以整块条石铺设，桥的建成结束了盘门摆渡的历史。

拾级而上，只见桥下水网交织，舟船往来，远山近水尽收眼底。

虎丘

【虎丘塔为苏州的城市象征，有“吴中第一名胜”之誉】

苏州是春秋时期吴国的首都，传说，吴王阖闾死后就葬于虎丘，因下葬三日后，见有白虎蹲在墓地之上，于是得名“虎丘”。

盘门

虎丘

虎丘虽然高仅36米，方圆300余亩，却有"江左丘壑之表"的风范，绝岩耸壑，气象万千。唐代大诗人白居易在苏州任刺史时，曾凿山引水，修七里堤，使虎丘景色更为秀美。宋代诗人苏轼也曾说过："到苏州不游虎丘，乃憾事也。"

古人曾有评价虎丘之特色，提出"九宜"之说，称虎丘宜月、宜雪、宜雨、宜烟、宜春晓、宜夏、宜秋爽、宜落木、宜夕阳。就是说，任何时候都可见虎丘之美。在城市改建之前，虎丘是苏州的制高点，一进苏州城就能远远地看到虎丘塔，但现在已经被城市新建的高楼所包围，也就看不到了。

园中景点主要有：虎丘塔、天下第三泉、断梁殿、憨憨泉、试剑石、剑池、拥翠山庄、万景山庄等。

开放时间：7：30～18：00

地址：苏州市虎丘山门内8号

交通：到达景区南大门的公交线路：游1路、游2路、949路、146路；到达景区北大门的公交线路：32路、快线3号

门票：旺季（4月16日～10月30日）60元；淡季（10月31日～次年4月15日）40元。

特别提醒：

1. 虎丘是苏州民间集会的重要场所。每年春季这里都举办艺术花会，展出牡丹、郁金香、比利时杜鹃、百合等大批名贵花卉17万盆，数百个品种；秋季举办民俗风情浓郁的民俗庙会（虎丘庙会），展演南北交融的民俗节目。

2. 洞庭"碧螺春"茶蜚声中外，但不知"虎丘茶"早已著名。据《虎丘志》载："虎丘茶色如玉，味如兰，宋人呼为白云茶，号称珍品。"有兴趣的游客，可以购买。

背包客推荐：虎丘婚纱一条街

虎丘旁边有著名的婚纱一条街，大多为个体户手工作坊，以价格低廉和款式新颖而赢得客户好评，每年的春秋冬结婚旺季婚纱供不应求。虎丘婚纱一条街同时也汇聚了一部分外商前来虎丘定做婚纱。上海、苏锡常等地区的新人都会来这边买婚纱。普通的价钱很便宜，300元就可以买一件合意的齐地款婚纱，高档的几千元，网上有攻略教你如何鉴别、砍价。

山塘街

【至今还保存着老苏州风貌的老街】

在苏州的历史上，山塘街是外地经商的人聚居的地方，至今还能看到一些会馆的遗址，只是大多已经残破得只剩下建筑的框架。

运河沿老街流过，这里是“人家尽枕河”的姑苏特色的最好注解，狭窄的街道还保留着石板路面，石拱桥沟通了老街的枝枝蔓蔓。在这里，游人才能真正体会当年郁达夫这样的诗人，为什么发出“苏州城，竟还是一个浪漫的古都”的感慨。

山塘街中段有一家面馆，从饭店的流水牌上可以看到几十种面的名称和价格，走进去，像老街的街坊一样，要一碗面体会一下苏州人的精致生活。

开放时间：8：00 ~ 21：00

地址：苏州市金阊区山塘街65号

交通：到古街半塘桥：6路、10路、40路、317路、324路、529路，游2、游3、游5路；到古先街广济桥、渡僧桥：7路、34路、54路、64路、70路、161路、204路、304路、311路、406路、415路、501路、522路、622路、921路、游1路。

背包客推荐：山塘街观夜景

很多当地人推荐这里买丝绸制品，江南特产价格也比较公道，高档的桑蚕丝巾100块左右。但是，山塘街说实话不如平江路那么有情调，路边小吃也不如观前街的品种丰富。山塘街坐船更无聊，要去外围坐其他船家的船才有意思。不过，光看看夜景倒也还不错。

门票：街区不收费；玉涵堂、泉州会馆、绍兴会馆、古戏台、山塘阁、安泰救火会、江南成衣馆等7个景点门票联票45元。日游套票：100元（含景点、游船、评弹、品茶）。游船票价：25元（旺季20人/班，淡季8人/班），游程45分钟，手摇船100元/船，可乘坐8人。

枫桥风景区

【“姑苏城外寒山寺，夜半钟声到客船”，就是这首诗成就了寒山寺的名声】

很多人会背诵唐代诗人张继的这首《枫桥夜泊》：“月落乌啼霜满天，江枫渔火对愁眠。姑苏城外寒山寺，夜半钟声到客船。”就是这首七绝让寒山古

枫桥

玄妙观三清殿外景

寺、江枫古桥、铁铃古关获得了极高的认知度。

开放时间：8：00 ~ 17：00

交通：乘3路、6路、21路、301路、31路公交车车可达。也可乘33路、44路、301路、307路、游3路公交车到何山桥下，步行上桥后沿匝道至寒山寺；或9路、10路、45路、游3路公交车到来凤桥下，沿枫桥路行10分钟到。

■ 寒山寺

【苏州著名古刹，因张继的《枫桥夜泊》的诗句而扬名】

始建于六朝的梁代天监年间，因唐代贞观年间高僧寒山曾在寺内住持，故名寒山寺。寺内古迹甚多，但张继《枫桥夜泊》诗的石刻碑文，寒山、拾得的石刻像，文徵明、唐寅所书碑文残片是最为重要的，也是游人必看的内容。

历尽沧桑，唐朝时那口夜钟早已失传，现大雄宝殿右侧那口青铜钟，是日本有关人士于1906年捐赠的。

开放时间：7：30 ~ 17：00

门票：20元。12月31日撞钟日门票380元。

交通：324路来凤桥或何山桥下406路来凤桥或者何山桥下33路何山桥下。何山桥、来凤桥是寒山寺附近的站牌，下了以后步行数分钟即可到寒山寺东门。

网址：http：//loading.hanshansi.org/index.html

■ 枫桥、铁铃关、枫桥古镇

【与寒山寺相映成趣，构成姑苏城外的又一道风景】

枫桥是一座造型古朴典雅、横卧于古运河上的古代桥梁。铁铃关和枫桥相依，三面临水，是苏州仅存的明代苏州军民抗击外敌的遗迹。

铁铃关雄居苏州城西水陆要冲，显得分外险要，是江南水乡关隘的典型。枫桥古镇原在盛唐时期就是繁华的商市，建筑古朴淡雅，前街后河，现在仍是一条集游览、观赏和购物于一身的小街。

门票：25元。如乘坐游船，观看评弹为45元。

■ 姑苏水上游

【领略《枫桥夜泊》中的意境，在水上与姑苏城亲密接触】

古画舫将沿运河顺流而下，从枫桥埦游船码头达虎丘、盘门三景、西园寺，听古寺钟声，观古桥、古刹，感受苏州城的另一种柔美情怀。

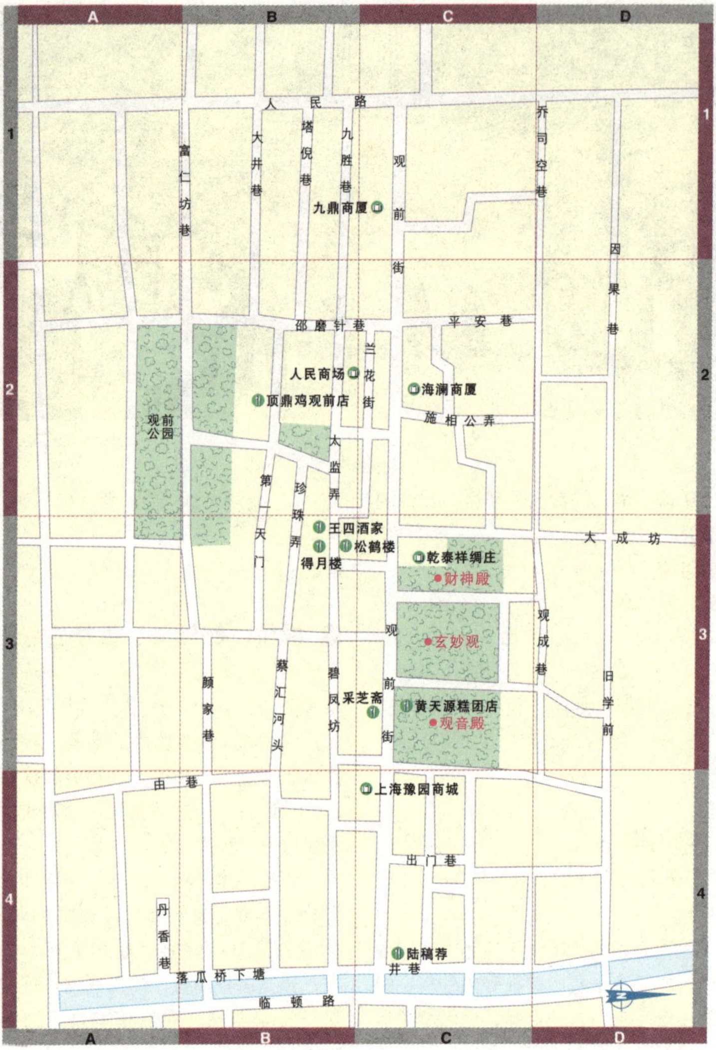

苏州观前街示意图

观前街·玄妙观

【在重现古时繁华市景的观前街，体会古建筑的独具匠心】

观前街曾是苏州城的商业中心区，现在的观前街是在原来的基础上重建复原的，虽然看上去建筑物的簇新多少损坏了老苏州人对于过去的记忆，但复原的观前街依然保有商业街的热闹与繁忙。这里集中了最著名的苏帮菜馆：得月楼、松鹤楼、王四酒家等老字号，丝绸店、点心店、小吃店也都有不少老字号，也是苏州人休闲娱乐的主要去处。不过，坐落其间的玄妙观更让观前街成了苏州必游之地。

玄妙观初建于西晋咸宁二年

（276），观内现存有较为完整的殿阁，东有财神殿、天医药王殿、火神殿、三茅殿、斗姆阁等，西有观音殿、三官殿等，北有蓑衣真人殿、方丈殿等，多数为清代重建，其中部分殿宇为近年修葺。保存在观内的碑刻有数十种，上起宋代，下迄清末，记载了玄妙观的沿革变迁。其中吴道子的老君像、玄宗赞、颜真卿书等碑刻，宋代刻石高手张允迪的摹刻，可称“四绝”碑，是目前国内仅存的两块老子像碑之一，弥足珍贵。

玄妙观三清殿为木结构古建筑，它既是宋代官式建筑的代表，也表现出地方性建筑的特点，是研究宋代南、北建筑差异的重要例证。其内槽中央四缝所用六铺作重抄上昂斗拱，为国内唯一的珍贵范例，被誉为建筑史上的经典之作。

开放时间：7：30 ~ 16：30

地址：苏州市平江区观前街94号

门票：殿堂参观10元，殿堂参观＋飞钹表演＋道教音乐35元。

交通：游1、2路、4路、5路或1路、2路、4路、8路、20路、38路公交车可达。

中国苏绣博物馆

【与蜀绣、湘绣、粤绣并称中国四大名绣的苏绣的专项博物馆】

博物馆于1986年落成，馆址原在苏州著名园林环秀山庄内，1988年年底迁于苏州景德路王鏊祠内。苏绣已有2000多年的历史，始于春秋时期，吴地的苏绣到了明代已形成“精细雅清”的地方特色，清代苏绣发展到鼎盛时期，以图案秀丽、色彩典雅、针法活泼、制作精细而成为中国四大名绣之一。

博物馆陈列分为三大部分：古代刺绣品室、明清刺绣品室、近代刺绣品室，共展出几百件珍贵展品，系统地展示苏绣发展的历史。其中，古代刺绣品室的《姑苏繁华图》，又名《盛世滋生图》；明清刺绣品室展出明代的刺绣立轴《松鼠葡萄》《山鸡白兔》，清代的《仕女种花》《菊石图》等绣品；近代绣品室中陈列的我国杰出的刺绣艺术家沈寿和苏州著名老艺人金静芬的刺绣杰作，均为精品中的精品。

开放时间：8：30 ~ 16：00

地址：苏州市景德路274号

交通：游1、313路、146路、701路公交车可到。

门票：5元

苏州丝绸博物馆

【古代织机和传统工艺的手工操作表演】

苏州丝绸博物馆展示了新石器时代晚期丝绸的起源，直到明清时期丝绸生产的沿革，它是一部浓缩了的中国古代丝绸史。“蚕桑居”是根据近代农家养蚕栽桑的真实情景和桑园再造。跨进“织造坊”，可以见到各种类型的古代织机和传统工艺的手工操作表演，犹如身临明清时期苏州丝绸业“东北半城，万户机声”的繁荣境地。古代云锦、彩经绒、缂丝等著名丝绸品种的织造过程，在这里都得到充分演示。

开放时间：9：00 ~ 17：00

地址：平江区人民路2001号

门票：免费

背包客推荐：
苏州丝绸博物馆周边游

在主馆东北面建有绸庄，坐落在一条仿古街上，参观者可将人民币兑换成专用的仿古钱币，到店铺内可选购各式绸缎。这种参与性旅游，将欣赏参观与选购物品相结合，体现出设计者的匠心。

耦园

【为清代遗风之园林，阁楼掩映、移步换景】

原为清初陆锦的涉园，清同治年间在新任园主沈秉成夫妇的邀请下，由画家顾沄主持扩建。因一宅有东西两园，遂称耦（偶）园，也寓有夫妇偕隐之意。

从耦园的正门进，感觉就是地道的江南小院，曲折幽深，使人想起欧阳修的《蝶恋花》："庭院深深深几许，杨柳堆烟，暮霭无重数……"狭长的过廊赋予建筑一种凝重感，光影交错，如梦似幻。

沿着过廊步入东园，眼前逐渐开阔，亭台楼阁、流觞曲水，无论从何种角度去看都透着一股夫妻间和谐的甜蜜。过了夫妻廊就是"吾爱亭"，相传女主人严永华每日在此弹琴，而左侧的"听琴轩"就是沈秉成听琴的地方。东园北端是一组重檐楼阁，是东园的主体建筑，也是园主的读书楼，琴声、书声在此相和，眼前展开的俨然是一幅伉俪情深的图景；以住宅为中轴，西侧是西园，面积更小，以书斋"织帘老屋"为中心，前有宽敞明亮的月台，后有幽雅清秀的小院。作为全园主景的黄石假山园筑于城曲草堂楼厅之前，石块大小相间，手法逼真自然。严永华在新花园落成时还曾赋诗一首："小有园林趣，当春景物新。各花如好友，皓月是前身。风过松多高，云来石有神。素心终不改，天际想真人。"韶华渐过，斯人已逝，徒留今人于此感慨唏嘘。

耦园山水间

开放时间：7：30～17：00

地址：仓街小新巷

交通：乘701路公交车可达，或从拙政园、狮子林乘人力三轮车，车费5元。

门票：旺季20元（4月16日～10月31日），淡季15元（11月1日～次年4月15日）。

特别提醒：

1. 在游览耦园时，应选择好线路，从东园大门口出入为佳，否则容易迷失方向。游毕可沿白塔东路向西200米，再游"半园"（3元），这些园林虽不出名，但格外幽静、雅致，是拙政园、狮子林等知名景点无法比拟的。
2. 东园、耦园、动物园，三园连为一体，可一同游玩。

背包客推荐：马医科巷寻古

在苏州的小巷之中寻小园、逛历史，才能体会到苏州之精妙。马医科巷这么窄的弄堂，两个人平行大概会拥挤的地方，坐落着许多别致优雅的私人园林。曲园有着深厚的人文内涵，赛金花用过的钢琴、李鸿章赴宴的题词都还保留着，窗明几亮，风雅犹存。苏州还有很多隐藏在巷子深处的精致小园，时间充裕的深度游客不妨细细寻找。

苏州艺圃乳鱼亭

曲园

【取老子"曲则全"之意。】

原为清末著名学者俞樾于同治十三年（1874）得友人资助，购得马医科巷西大学士潘世恩故宅废地，亲自规划，构屋30余楹，作为起居、著述之处。在居住区之西北原有隙地如曲尺形，取老子"曲则全"之意，构筑小园取名"曲园"，宅门悬李鸿章书"德清余太史著书之庐"横匾。小园面积仅200平方米，建廊置亭，结构布局曲折多变，颇有小中见大之奇。20世纪50年代由俞樾之孙、红学家俞平伯先生捐赠给了苏州市政府。

地址：人民路马医科巷43号

交通：1路、101路公交车可达。

门票：1.5元

艺圃

【苏州名园之一】

艺圃前身是明代袁祖庚所建的醉颖堂。袁祖庚（1519～1590）字绳之，长洲（今苏州）人。明嘉靖二十七年（1548）进士，官至浙江按察副使（考核官吏、管理司法的官），四十岁后辞官退隐，在苏州择地建造宅园，并悬匾额"城市山林"，过隐士生活。明亡后，在清初为明崇祯进士姜埰（号敬亭）所有，改称"敬亭山房"，后其子姜实节更名"艺圃"。至道光年间为绸缎业七襄公所所在地。园以水池为中心，池北多建亭榭，池南镇以假山，景色自然明朗，富有山林野趣。

地址：阊门文衙弄内

交通：乘游1路金门站下，204路、313路、301路公交车可达。

门票：10元

天平山

【清泉、奇石、红枫被誉为"天平三绝"】

海拔221米，是苏州西南诸山中最为高峻的一座山峰，山顶平如刀削，视野千里，故名天平山；山上白云缭绕，又名白云山。

天平山红枫

全山分为上白云、中白云、下白云三段。北宋时期范仲淹将其高祖葬于山麓，宋仁宗把天平山赐给范仲淹为家山，又称范坟山。

天平山南麓古枫参天，范仲淹纪念馆便坐落其中。历史上白居易、范仲淹、唐伯虎、康熙皇帝、乾隆皇帝等均在天平山留下了许多的遗迹和传说。

开放时间：7：30 ～ 17：00

地址：苏州城西 15 公里，灵岩山北部

交通：从苏州城里乘 4 路、315 路、662 路公交车，游 4 路可达。从市中心观前街打车到天平山约 50 元。

门票：30 元

特别提醒：最佳旅游季节为每年 10 月 26 日～ 12 月 8 日，为天平山红枫节，其中最佳观赏时间为 11 月 10 ～ 20 日。

■ 红枫

【与北京香山、南京栖霞山、湖南长沙岳麓山齐名的四大赏枫胜地】

天平山的红枫，学名枫香，叶呈三角状，植株较其他几处高大。这片枫林的幼苗，是范仲淹的第十七世孙范允临于明万历年间（1573 ～ 1619）从福建带回的。他把 380 余株枫香幼苗植于山前，现已历经近 400 年的风雨。这些看似老态龙钟的古枫香树，却都是生机勃勃的。这些枫香树由于树龄不同、地势不同，长势有强有弱；又受山体阻挡，所接受的寒气不一样，因此其叶的色彩变化有先有后，有深有浅，甚至出现万绿丛中一株红。更有趣的是，在一棵树的大小枝叶上呈现出嫩黄、橙红、赭红、血牙红、深红等自然景观，似鲜花争艳，为树冠之花，人称“五彩枫”。

■ 万笏林

【观奇石之所，万笏齐举又该是何等壮观】

昂首仰望天平山麓，在苍松翠柏之中满山满谷都是怪石嶙峋，千姿百态。诸多龙头石、蟾蜍石、鹦鹉石、灵龟石、鲸鱼石、钓鱼石、丹石、印石、石幢、象石等。一块块直立的巨石，犹如古代大臣上朝用的记事板“笏”，因此天平山又别称“万笏林”。

■ 白云清泉

【因泉水味甘洌，唐朝“茶圣”陆羽将此泉评为“吴中第一水”】

位于一线天东侧的云泉精舍内。相

传该泉为唐代宝历年间，白居易暇游天平山时所发现。泉池岩壁上一首《白云泉》，便是白居易所作。白云泉为裂泉，由于江南一带雨量充沛，裂隙水源不断，泉水常年不涸，碧清透底，醇厚甘洌。

木渎古镇

【与苏州城同龄的古镇，至今留有数处私家园林以供今人思幽】

一座已有2500年历史的古镇。相传春秋时吴王大兴土木，筑台于姑苏山，建馆娃宫于灵岩山以取悦美女西施，于是“积材三年，木塞于渎”，因此得名。木渎在明清时有私家园林30多处，迄今仍保留了十余处。这些私家园林既秉承了苏州园林的精致幽深，又充满了空旷高远、山林野趣的个性。

开放时间：春、夏、秋季：8：00 ~ 17：00；冬季：8：00 ~ 16：30

地址：苏州城西10公里处

交通：从苏州火车站乘游4，或502、38路公交车到严家花园站下，游4、38路公交车票价2元，502路票价4元；苏州吴县汽车站有中巴开往东山、西山、光福等景点，都途经木渎，票价3元；另可乘64路、65路、511路等公交车可达。

门票：联票78元（含严家花园、虹饮山房、古松园、榜眼府第）。严家花园40元，虹饮山房40元，古松园20元，榜眼府第10元，灵岩山景区20元，明清古瓷馆5元，香溪游船10元，白象湾生态园60元。

特别提醒：木渎为手工艺品之乡，丝绸、双面绣、红木雕件、澄泥砚、书画、石雕等工艺品都是当地特产。

严家花园

【现存私家园林中较大也较完好的一座】

乃乾隆的老师、诗人沈德潜的故居。园中布局疏密曲折、高下得宜，局部处理精巧雅致、幽深婉约。

虹饮山房

【乾隆帝南巡时必游的私家园林，已成了开放式的公园】

木渎文人徐士元故宅，占地广袤，建筑大气。“溪山风月之美，池亭花木

木渎古镇严家花园

木渎古镇虹饮山房戏台春晖楼

之胜"，远超过其他园林，乾隆南巡每到木渎必游此园。

古松园

【雕花楼的精雕细琢可见建筑的细节之美】

清末木渎富翁蔡少渔旧宅，园中的雕花楼精雕细琢，与洞庭东山"雕花大楼"为同一大师作品，堪称南北"姐妹雕花楼"。

榜眼府第

【砖雕、木雕、石雕非江南独有，但却异趣于他处】

洋务运动先导、著名政论家冯桂芬的故居，江南三雕（砖雕、木雕、石雕）为其镇园之宝。

灵岩寺

【相传为美女西施的行宫遗址】

寺院坐北朝南，其中西院为吴王宫遗迹。据《吴越春秋》和《越绝书》记载，越国美女西施来吴国后，深得吴王夫差宠爱。夫差在风景秀丽的灵岩山，为西施修建了富丽堂皇的"馆娃宫"，相传，现灵岩寺大殿即馆娃宫遗址。

开放时间：6：30～17：30

交通：苏州城内有游4、69路、315路、63路、64路、65路、43路、58路、621路公交车可达。

特别提醒：灵岩山上山前有一个公园门票60元，此公园其实直接通向灵岩山寺，而不走公园，也可直接上山，只要灵岩山寺1元门票（为香火券）。

灵岩山顶花园

【原为吴宫御花园，可遥想当年美人流连其中的身影】

园中有月池、日池两口大井，西施常对井梳妆，以水为镜。据地方志记载，明朝一农夫在淘井时，曾发现上镌"敕"字金钗一支，传为西施遗物。

灵岩山寺

【灵岩奇石大概比灵岩塔更吸引人】

主要建筑有大雄宝殿、天王殿等。东院为塔院，有灵岩塔，原名"多宝佛塔"。塔建后多次兴废，其中南宋绍兴十七年（1147）曾将该塔重建，明天启年间雷火毁其所有木构部分，成了一座砖壁套筒，从此人们即称塔为"空心塔"。塔为八角七层，砖身木檐楼阁式，原底层绕有外廊，现仅存柱础和台座。

塔身四面开壶门，其他四面设佛龛，佛像已多数失落。门位上下各层相闪，壁面设柱枋、斗拱，绕有腰檐架平座，现只能见其带焦迹的部分残体木骨，塔顶早废。塔内原为八边形，内室经后期改为圆形，昂首可直观塔顶。灵岩山寺镇寺之宝为唐伯虎手迹《落花诗》。寺内还有大小碑刻147块，系宋元明清时所刻，另珍藏元明清各佛经10部。灵岩寺以灵岩奇石得名，旧有"十八奇石"

之说——灵芝石、石马、石鼓、石龟、石躲堋、出洞龙、升罗石等，至今仍能历数种种。

■ 韩世忠墓

【一代忠烈之臣的最后栖身地】

灵岩山上有许多古墓，其中最著名的是宋朝名将韩世忠之墓。岳飞被害后，韩世忠斥秦桧"莫须有"三字何以服天下，因此被革去兵权。

南宋绍兴二十一年（1151），韩世忠逝世于杭州寓所，时年63岁。十多年后，宋孝宗追封他为蕲王，划灵岩山为赐山，亲自为他题写墓碑名。此碑至今尚巍然矗立，上镌"中兴佐命定国元勋之碑"，为碑刻中的巨制珍品。

■ 张永夫墓

【"灵岩四诗人"不敌"再来人"留给后人的想象与仰慕】

灵岩山香山溪北侧有清朝诗人张永夫之墓，亦称为"再来人之墓"。张永夫名锡祚，生于清康熙十一年（1672），死于雍正二年（1724），与盛锦、黄子云、沈盘同称"灵岩四诗人"。他一生困顿，但拒不受清官府所赠财物，穷饿至死。相传其死后十余年，又来寻生前旧友，出金百两，还清旧日所欠乃去，这就是稀奇古怪的"再来人"之碑的来历。

■ 箭泾河

【不论是"箭泾河"还是"采香泾"都会令后人对西施的美貌想入非非】

灵岩山南脚下有一条溪水，通向太湖，这就是著名的箭泾河，又名"采香泾"。相传为满足西施的需要，吴王射箭为线，开出了这条河道，宫女可泛舟香山为西施采香草。这条笔直的水道没有自然河流的迂回曲折，的确像是由人工开凿。

太湖风景区

【太湖边保留完好的古村落】

东山、西山是太湖边的两个古村落，由于交通的原因，除苏州及周边城市的游人，很少有人听说过这两个地方，于是，这里几乎成了苏州人和上海人的周末度假地。而实际上，这两个古村落早已是著名导演们的拍摄地，从《摇啊摇，摇到外婆桥》《橘子红了》到《红粉世家》都在这里取景。大导演们的眼光自然不俗，加之知名度不高，更多了些清静，不像苏州园林内的人流如潮。

交通：从苏州城内乘车到木渎，然后转乘到陆巷的小巴。

特别提醒：

1. 陆巷以"太湖三白"，即白鱼、白虾和银鱼最为著名，还有清水大闸蟹也是一定不能错过的美味。另外，还有四季水果。
2. 陆巷有度假宾馆，也有私人开设的农家乐式的小旅馆，很方便。

太湖帆船

太湖东山西山旅行交通示意图

■ 陆巷古村

【在东山众多的景点中，陆巷古村是最重要的一处】

太湖边的陆巷是明代正德年间宰相王鏊的故里。王鏊曾连中解元、会元、探花，被唐伯虎称作“海内文章第一，山中宰相无双”。因王鏊母亲姓陆，其村因此得名。陆巷坐落于山坞之中，背靠山峰，面向太湖，风景十分秀丽。村内仍保存有明清古建筑30多幢，以王鏊故居最为著名，沿老宅往后山走，就能看到大片的橘林，这里就是电视剧《橘子红了》的外景拍摄地。

开放时间：8：00～17：00

门票：50元，王鏊故居20元。

■ 三山岛

【艺术家们的采风基地，都市人的休闲之处】

与太湖东山隔水相望，以自然风光为主，因越来越多的从事绘画创作的艺术家把这里当作了采风创作基地而越来越著名。

交通：陆巷码头平日每天14：30有一班轮渡去三山岛，周六、周日10：00和15：00分别有一班，船程1小时左右，船票4元。包快艇80元左右，只需20分钟。从三山岛返回陆巷码头的船每天有两班，早晚各一班。建议在岛上住上一两天，可到永明旅舍投宿，为农家乐式服务，一天三餐包吃住，费用40元。

■ 明湾村

【与东山隔湖相望，因游人不多，其幽静更胜一筹】

这里是田壮壮导演的《小城之春》外景地，村口的老树更让人有时光如梭、恍如隔世的错觉。与陆巷遥遥相对，但明湾村的游人明显少于陆巷，选择这里度假是明智的。

交通：到明湾村有两种走法：一是从苏州市

内乘车到西山镇，然后再转乘到明湾村的小巴；二是先到东山的陆巷，然后乘轮渡过去，但轮渡以乘船人数而定，人少则不开船，受限极大，快艇则价格昂贵。

光福古镇

【屋上有山屋下水，开门波光眼如洗】

镇内有光福寺、光福塔、司徒古柏、天寿圣恩寺等古迹。镇南邓尉山远在2000年前的西汉就开始种梅，冬末春初，各色梅花竞相开放。

漫山遍野的梅花甚是壮观，香气四溢，蔚若雪海，故有“香雪海”的美称，清康熙、乾隆皇帝多次到香雪海探梅。

地址：苏州城西28公里处

交通：从火车站坐64路（4元）大约花1小时15分钟到达光福，或从吴中汽车站乘43、63路公交车到光福，12～18分钟一班，票价5元。

门票：香雪海20元，司徒庙25元，铜观音寺15元；光福景区联合门票为56元，包括司徒庙、铜观音寺、香雪海、石竹园。梅花节期间的门票另设。

苏州光福塔

司徒庙

【“清、奇、古、怪”的汉柏是司徒庙的必看之景】

吾家山下有祭祀东汉大司徒邓禹的司徒庙，院内有当年邓禹种植的汉柏4棵，分别唤作“清、奇、古、怪”，已历经1900余年。明代《楞严经》《金刚经》石刻即保存在院内。

光福塔

【塔、桥、寺构成了佛家修身之所的清幽】

建于梁代大同年间的光福塔为七级方塔，高38米，雄居山巅。

光福塔本名舍利佛塔，塔内原本珍藏着《华严经》和光福讲寺的开山祖师彻和尚的灵骨。唐代会昌末年塔毁于大火。至懿宗时由铜观音寺的方丈四处化缘，筹资重建。

上方山国家级森林公园

【华东地区保存最原始的次生林】

上方山又名楞伽山，山下有楞伽寺，山上有楞伽塔，该塔在苏州诸塔中，仅次于虎丘云岩寺塔而居第二位。登山远望，石湖明山秀水尽收眼底，湖光凝碧，峰峦叠翠。

景区内有千年古刹、石雕佛经、唐代壁画及奇峰异石、摩崖镌刻。登至上方山天柱峰顶，可朝观日出暮赏晚霞。游览云水洞府内，还有多姿多态的石花、石幔，以及高达38米、居亚洲第一的石笋。

石湖面积3.6平方公里，南接太湖、北汇胥江，最后流入苏州市区。越城桥与行春桥形成一道宽大的堤桥，堤桥正北有一座雄伟的“吴中胜景”牌坊，坊额由当代书法家顾廷龙手书。石湖与上方山交相辉映，遥望风景如画，山巅宝塔更为山水增色。明代袁宏道、南宋范成大均曾留诗于此。

每年农历八月十八前后，苏州人素有游石湖的习俗。来自苏州城乡、上海、无锡、常熟，甚至浙江嘉兴、湖州等地的善男信女更是蜂拥而至。他们爬到上方山顶，虔诚地焚香膜拜，形成了一年一度的上方山庙会。

开放时间：8：15 ~ 16：15

交通：苏州城内乘 33 路公交车可达。

门票：45 元

周庄

【有“中国第一水乡”之称，充分体现了“小桥流水人家”的生活场景】

“镇为泽国，四面环水。”这是对周庄水乡小桥流水人家的景致描述。镇内小河呈井字形纵横交错，临河形成街市。在周庄的近千户民居中，明清和民国时期的建筑占 60% 以上，有近百座古宅院第和 60 多座砖雕门楼，还有一些过街骑楼和水墙门，这在江南水乡堪称典型。另外，窄直的河道上横卧着 24 座石桥（其中元至清古桥十余座）。古宅和古桥是周庄最值得骄傲的遗产。

开放时间：日游 8：00 ~ 16：00，夜游 16：00 ~ 21：00。

交通：江苏各地大多有直达周庄的长途汽车，从苏州、上海两地较为方便出入。苏州汽车北站有流水班车到达周庄汽车新站，然后再乘三轮车（或步行）2 公里进入周庄古镇。苏州汽车北站每天 6：55 ~ 17：15，每 20 分钟一班，车程 1.5 小时，车费 15 元。

门票：普通门票 100 元，夜游周庄 80 元，环镇水上游 40 元，江南采珠游 60 元，四季周庄演出 150 元。古镇还有木舟出租业务，80 元 / 船，可乘坐 8 人。

住宿：周庄与上海、苏州近在咫尺，旅游者可以当日往返，也可小住一晚，当地住宿设施比较完备。平日里住宿价格 80 ~ 200 元，周末略有上浮。“五一”“十一”等节假日，住宿价格肯定会翻 2 ~ 3 倍。

特别提醒：

1. 张厅、沈厅、全福寺、古戏台、逸飞之家、南湖秋月园、迷楼、沈万三故居、叶楚伧故居、沈万三水墓、文化街、澄虚道院、蚬江渔唱渔业馆、天富博物馆、周庄博物馆 15 个景点，夜晚也可继续游玩。留宿周庄的游客，需到售票处旁边的拍照点进行免费拍照，门票有效期将延长 3 天。

2. 夜游周庄门票：只限当晚游玩，下午 4 点开始，包含 2 个景点：张厅、沈厅。游玩“怪楼”需另付 20 元。夜游周庄，古戏台建议去听听昆曲。

3.《四季周庄》实景演出门票 150 元，每晚 19：00 ~ 20：00。

4. “万三蹄”是周庄的招牌美味，古镇桥头有家“蹄髈批发门市部”，这里卖的万三蹄较正宗，价格 30 元 / 只。

背包客推荐：周庄旅游指南

到周庄旅游，四季皆宜，但最好不要节假日去，节假日人流如潮，会影响到领略古镇水乡的宁静秀美。如果夜宿周庄，一定不要错过周庄的黄昏和清晨，小桥流水，那时的周庄呈现给人的是更古朴、真实的美。来一碗阿婆茶，听上一曲昆曲更是惬意。

古镇里的住宿一般都是家庭式客栈，开客栈人家的较多，类型也都差不多。一般窗户面对小桥、流水的房间，以及装修偏复古式的，相对来说价格会高些。如果选择在新区住宿的话，可以在景区的集中售票点办理相关手续并保留票根，这样就可以在第二天再次进入周庄游览。

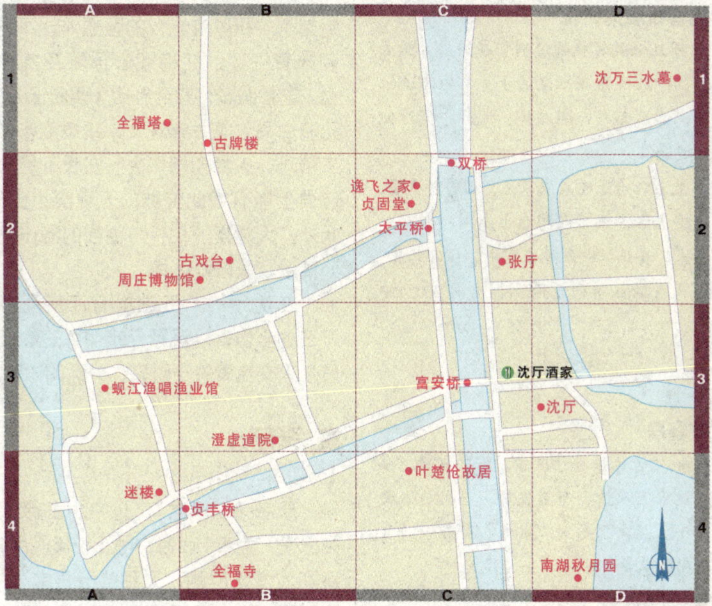

周庄景区示意图

背包客收藏：沈万三其人

沈万三，名富，字仲荣，因排行老三，故被称为沈万三。

元朝中叶，沈万三的父亲由吴兴（今浙江湖州）南浔迁至周庄，沈万三致富后，把苏州作为重要的经商地，但周庄一直是沈万三最钟情的地方，这里始终有他的家业。

沈万三致富后走的是官商结合之道，他曾支持过苏州张士诚的大周政权；明初，朱元璋定都南京，都城的1/3是由沈万三捐资修筑的，于是他的两个儿子被封为官。后因大言不惭地要代皇帝朱元璋犒赏三军，得罪了朱元璋，被发配充军，在当时属荒芜之地的云南度过余生。

沈万三的富甲天下是人所尽知的事实，但对于沈万三是如何致富的却一直没有定论，有“垦殖说”“分财说”“通番说”，不一而足。不过，民间传说为，沈万三家里有个聚宝盆，财宝取之不尽，因而得罪了朱元璋。但是有一点是肯定的，沈家原有垦殖做基业，到了沈万三时，他大胆地进行了对外贸易，才使得财富迅速地聚集。

富可敌国的沈万三在明朝时期经历过三次来自王朝的重大打击，彻底摧毁了沈家基业的则是第三次。明洪武三十一年（1398）二月，沈氏家族有80余人被杀，到了“破屋犹存，亦不甚宏壮，殆中人家制耳”的程度。出身低微的沈万三由贫而富，既盈而覆是元明之际江南地主豪富的一个缩影，一直为专家学者所关注。

背包客推荐：周庄住宿

金钩客栈临河别院

周庄金钩客栈临河别院在周庄古镇里面，位于双桥东侧。坐落于著名的河道银子浜，临水而居，距双桥、沈厅、张厅仅咫尺之遥。

坐在阳台上吃着农家菜，喝着阿婆茶，赏小桥流水，饭后在阳台上上网，别有一番风味。真正体验到吃农家菜、住农家屋、看水乡景的旅游的乐趣。标准间 220 元 / 间起。

地址：昆山市周庄镇银子浜 8 号

东方客房

地处古镇旅游景区旁，闹中取静。客房充满农家风情，布置幽静，房间整体设计成小木屋，真是别有风味，有着一种自然原始的感觉。标准间 80 元 / 间起

地址：周庄镇全功路 251 号

电话：0512-57212501

■ 沈厅

【曾为“江南第一富”的沈万三的旧宅】

沈厅，原名“敬业堂”，清末改名为“松茂堂”。由沈万三后裔沈本仁建于清乾隆七年（1742），坐东朝西，临河跨街计有七进，中间有五个门楼，建筑风格融苏、徽工匠手艺为一体。

沈厅可分为三个部分：前部为水墙门和河埠，专门供家人停靠船只、洗涤衣物之用，为江南水乡的特有建筑；中部为墙门楼、茶厅、正厅，是接送宾客、办理婚丧大事和议事的地方；后部为大堂楼、小堂楼和后厅屋，是日常生活起居之处。整个建筑为典型的“前厅后堂”格局，而前后楼屋之间有过街楼和过道阁连接，形成一个环通的走马楼。

沈厅砖雕门楼的刻工与构思均为精品，尤其以正厅的砖雕门楼最为宏伟，高 6 米的三间五楼砖雕布置紧凑，除正中刻有“积厚流光”的匾额外，四周还装饰着细致的红梅迎春浮雕及各种人物、走兽图案，甚至包括《西厢记》《状元骑白马》等古典戏文，线条流畅，刻工精巧，人物栩栩如生。在长不足尺的砖面上能有如此传神的表现实为少见。此外，大堂楼的栏杆与窗棂的制作也十分精致，属徽派风格。

在沈厅的第五进里有江南豪富沈万三的坐像，以沉默但精明练达的目光与今人交流着关于财富、命运的体验。

■ 张厅

【周庄内，除沈厅外的另一个富门大宅】

原名“怡顺堂”，是中山王徐达之弟徐逵（孟清）后裔在明正统年间所建，清初为张姓所购，改称“玉燕堂”，坐东朝西七进，正厅及后楼为明建筑，其余为清代所建。

■ 迷楼

【原为周庄酒肆，后因与文学“有染”而名声大振】

原名德记酒店，位于小桥流水、极富诗情画意的闹市之中，窗外波光桥影，鸬鹚捕鱼，宾客往来如梭，生意十分红火。20 世纪 20 年代初，南社发起人柳亚子、陈去病和周庄的南社社员王大觉、费公直等人先后 4 次在迷楼聚会，并赋诗吟唱，后将百余首诗编结为《迷楼集》流传于世，而使得周庄迷楼在中国文学史占了一席之地。现在迷楼仍有当年风貌，依水傍桥，舟楫往来，“风景宜人亦迷人”。

■ 双桥

【又名钥匙桥，是周庄的标志性景点】

位于张厅往北在河道交汇处，有圆拱桥（世德桥）和方孔桥（永安桥）联

袂而筑。双桥均建于明万历年间，俗称钥匙桥。著名画家陈逸飞的作品《故乡的回忆》描绘的正是这里。

同里古镇

【全镇水面占1/5以上，为典型的江南水乡古镇】

同里四面环水，镇内被15条小河分隔成7个小岛，49座古桥将古镇串联成一个整体。因建筑多依水而建，所以同里以“小桥、流水、人家”著称，是目前江苏省保存最为完整的水乡古镇之一。同里古镇中明清建筑就占了1/3，这也使得这座依水而建的古镇有着园林般典雅秀丽的气质。其中，列入世界遗产名录的“退思园”更使得同里声名远扬。

开放时间：7：30～21：00；夜游同里：周五至周日18：30～21：00

交通：同里距苏州18公里、周庄10公里、上海80公里。苏州汽车北站有流水车到达，车程35分钟，票价8元；周庄也有直达同里的班车，也可通过水路进入同里，但费时也费钱。

门票：古镇区25元；联票100元（包括退思园、古风园、崇本堂（江南婚俗馆）、嘉荫堂、王绍鏊故居（留耕堂）、珍珠塔、松石公园、耕乐堂、陈去病故居、罗星洲）。夜游同里（仅含退思园）50元。

特别提醒：一张门票最多使用2天，需购票当天下午3：00以后，凭身份证至票务中心盖章。

退思园

【中国唯一的贴水园建筑】

建于清光绪年间，取《左传》“进思尽忠，退思补过”字为园名，为古镇的主要景点。全园简朴淡雅，水面过半，建筑皆紧贴水面，园如浮于水上。园分住宅和园林两部分。其中内园围绕水池而建，称“贴水园”。园内绿水荡漾、古色古香，更有苍松翠柏、石峰林立。九曲回廊的每一花墙都用砖瓦砌成九字，充满诗情画意。

同里

同里景区示意图

背包客推荐：同里住宿

敬仪堂民居客栈

民居改建，雕花大床，风格古朴。房间较小，但服务比较周到，老板很热情，而且老板做的私房菜不错，推荐清蒸童子鸡和酱爆螺蛳。参考价 120 元 / 间。

地址：位于同里著名的三桥景点

吕家客栈

客栈特色菜有花饼子、黄咸菜肉丝、水面筋炖草鸡、三丝鱼卷，普通间 120 元 / 间起。

地址：三桥景区

电话：0512-63330674

恩泽堂民居客栈

位于千年古镇同里水系正中心，风光秀美，小桥流水家门而过。客栈特色菜：花饼子、黄咸菜肉丝、水面筋炖草鸡、响油膳糊、三丝鱼卷等，是同里古镇最大规模的民居客栈之一，有现代型的客房和古典型的客房。标准间 128 元 / 间起。

地址：同里镇东溪街 23 号

电话：0512-63334807

亨复堂根和客栈

很有古城风味的老宅，高堂明镜，古色古香，门口的树都有 300 多年的历史了。标准间 130 元 / 间起。

地址：同里镇新填街 210 号

电话：0512-63330024

古风园明清客栈

位于苏州同里退思园北侧的古风园景点内，客栈内的明清客房是中国古代床榻展示馆的组成部分。全部客房坐北朝南，占一座三层中国古典小楼的第二、第三层。小楼前有上千平方米的小型苏州园林，其中的百年古树、紫藤和精心构筑的鱼池、凉亭、石子路等搭配得错落有致、浑然一体，别有风韵。标准间 150 元 / 间起。

地址：同里古镇东溪街 55 号 (古风园景点)

电话：0512-63323388

角直

中国古代性博物馆

【中国唯一一家私人投资建成的古代性博物馆】

这座博物馆是中国创办时间最早、藏品最丰富的性文化博物馆，展品 4000 余件。1994 年，上海大学教授、著名性学家刘达临在上海青浦创办中国古代性文化博物馆。2003 年下半年迁址同里丽则女校内。这座博物馆在中国绝无仅有，在国际上也享有很高的盛誉，博物馆最古老的展品诞生于 8000 多年前，5000 年前的文物则有 20 多件，分别来自红山、马家窑等文化遗址，被誉为“华人世界五千年来的第一次”。

角直古镇

【水巷小桥多，人家尽枕河】

古称甫里，系唐宋名镇。镇内河道纵横，素有“五湖之厅”（澄湖，万千湖，金鸡湖，独墅湖，阳澄湖）和“六泽之冲”（吴淞江，清水江，南塘江，界浦江，东塘江，大直江）之称。“水巷小桥多，人家尽枕河”是角直浓厚水乡气息的真实写照，仅仅 1 平方公里的古镇区范围内，原有宋元明清时期各式石桥 72 座，现尚存 41 座，号称“中国古桥博物馆”。镇上有白莲花寺、孙妃墓、吴王宫、保圣寺等古迹。同时还有叶圣陶纪念馆、万盛米行、吴东水乡妇女服饰馆、王韬纪念馆、萧芳芳影视艺术馆等景点。

开放时间: 夏季:8:00～17:30;冬季:8:00～17:00

交通: 从苏州城内乘坐 18 路、52 路、518 路、521 路公交车可直达古镇；或从昆山南站乘坐 111 路到南港汽车站，约 25 分钟，步行到古镇路程稍远，可租电动三轮车到达，票价 2 元左右。镇内交通工具为观光三轮车，起步价 2 元，送到各景点。

门票： 联票（不含张林园）78 元。张林园 20 元。

特别提醒:

1. 从每年农历正月初一起角直会连续举办水乡婚礼、打莲湖、挑花、江南丝竹表演、南瓜饼制作表演等民俗活动。
2. 角直的酱菜、蘑菇、河蚌很有名，这里出产的八角红菱尤其有名，不妨品尝一下。
3. 角直古镇不大，可以不在此过夜。

保圣寺

【国务院首批公布的国家一级重点文物保护单位】

建于 503 年，是江南一座著名的千年古刹。寺内唐代著名雕塑家杨惠之所塑的九尊泥塑罗汉，至今仍然保存完好。寺内 200 多间建筑，保持了一流寺庙的格局，号称江南四大寺院之一。元代书画家赵孟頫曾为寺题抱柱联“梵宫敕建梁朝推甫里禅林第一，罗汉溯源惠之为江南佛像无双”。早年郭沫若先生高度

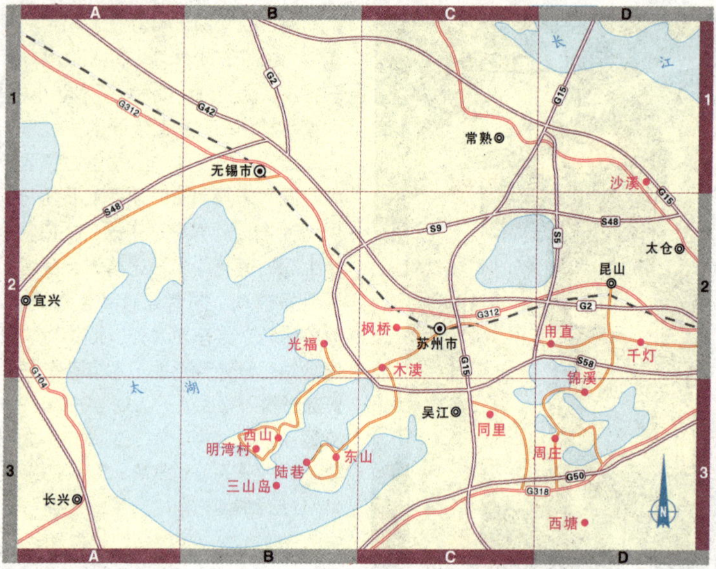

苏南古镇分布示意图

评价保圣寺的罗汉塑像筋骨见胸、脉络在手，尽管受着宗教题材的束缚，而现实感却以无限的魄力向人逼来，使人不能不感到一种崇高的美。

■ 沈宅

【其中的乐善堂为甪直镇最豪华的建筑】

清末教育家、苏南贤达沈柏寒的私邸，建于同治年间，为一幢布局精巧的五进院落，典型的清代建筑。沈宅建筑布局有亦仕、亦商，前店、后宅、左坊、右铺的特色，也是“洋务运动”后，民族工商业在沿海古镇崛起的缩影。其占地约 2500 平方米，现修复开放的仅为 800 平方米。乐善堂是沈宅的最精华部分，为角直镇最豪华的建筑，尤其是堂内的雕饰特别值得细细品味。

■ 万盛米行

【如今成了没有米可以出售的米行】

因为叶圣陶先生的名作《多收了三五斗》而闻名。这原是一家老字号店铺，始建于中华民国初年，当时是吴东地区首屈一指的米行。

千灯古镇

【一条石板古道，一段励志名言】

在江苏众多的历史文化名城中，千灯是为数不多的至今还保留石板路面的古镇之一。千灯最值得看的是有“土建金字塔之称”的少卿山、一线天及水秀桥丽的明清古石桥。千灯还是明末清初杰出的思想家、文学家、爱国学者顾炎武的故乡，其名言“天下兴亡，匹夫有责”激励了无数的仁人志士。

交通：苏州汽车南站每天有班车前往千灯；从昆山火车站乘 107 路公交车到汽车站，转前往千灯的中巴。或出昆山火车站后沿站前国道往东走大约 10 分钟，到柏庐路路口有很多车可到千灯，随到随走。

门票：联票 60 元（包括顾炎武故居、顾园、顾坚纪念馆、延福禅寺、世界第一大玉卧佛、秦峰塔、余氏典当、千灯灯馆、秦望山遗迹、古戏台、大唐生态园）。部分景点可单独售票，如世界第一大玉卧佛，门票 10 元。

特别提醒：千灯位于昆山东南，可与锦溪做一线游览。

锦溪镇

【"看稀奇到锦溪"，因为这里有为数众多的中国私人藏馆】

锦溪的历史可追溯到史前文明，东汉时期的马援曾在此驯马练兵，三国名臣张昭便葬于此，其后更有东晋大画家顾恺之晚年隐居于此。现代的沈从文、刘海粟都曾盛赞过它的美丽。锦溪作为一处古镇，最大特色是这里开设的各类大大小小的私人藏馆，甚至被誉为"中国民间博物馆之乡"。其中有砖瓦博物馆、金石人家书画篆刻艺术馆、书法碑帖艺术陈列馆、中国历代钱币珍藏馆、紫砂博物馆等。

开放时间：8：00 ~ 16：30（12 月~次年 3 月）；8：00 ~ 17：00（4 ~ 11 月）

交通：苏州汽车南站有车直达锦溪；从昆山火车站乘 107 路公交车到汽车站，转往锦溪的中巴前往，票价 5.5 元，50 分钟可达，最早一班 6：00 前后。昆山火车站也有到周庄的私家车，中间可于锦溪下车，价格 8 ~ 12 元。

门票：套票 60 元

特别提醒：莲池禅院门口可坐乌篷船（环水冢及古镇内河道一圈，于古镇内河道码头上岸）100 元 / 船，可坐 8 人。

沙家浜风景区

【芦花放，稻谷香，岸柳成行】

沙家浜位于常熟东南，毗邻阳澄湖，因现代京剧《沙家浜》而闻名天下。因南邻阳澄湖，同时也是享誉中外的阳澄湖大闸蟹主要产地。

域内水网纵横，湖畔芦苇丛生，抗日战争时期，在芦苇荡的绿色帐幔里，新四军战士和沙家浜人民共同谱写了一首首壮丽的战斗诗篇。现辟有芦苇荡、教育馆、春来茶馆等景点。芦苇荡 2200 亩，湖荡中菱荷相间，芦苇密布，古色古香的画舫载着游客穿行在芦苇迷宫中，寻觅抗日战争时期发生在芦苇荡的故事；岸上有按抗日战争时期建造的江南小村庄、沙家浜革命传统教育馆、新四军活动旧址等，依稀让游人瞥见阿庆嫂、郭建光的身影。

开放时间：8：00 ~ 16：30

锦溪古镇

交通：常熟市至沙家浜有专线车可达。常熟不大，据说从老城区的任何一个地方，都可以坐到“沙家浜公交车”，不过下车后到景区门口的一段路是靠步行的。

门票：旺季（6～11月）100元；淡季（12月~次年5月）80元

特别提醒：特色菜肴有：阳澄湖大闸蟹、沙家浜六月黄、美极白水鱼、冰激凌酥卷、川椒鸡等。

虞山

【因商周之际江南先祖虞仲（仲雍）卒葬于此而得名】

常熟市境内，北濒长江，南邻尚湖，因商周之际江南先祖虞仲（仲雍）卒葬于此而得名。山居常熟邑境中央，半抱古城，明嘉靖时为御倭寇，扩筑旧垣，城墙随山势蜿蜒起伏，故有“十里青山半入城”之说，其形胜为江左仅有。虞山景区分虞山公园和虞山国家森林公园两大组成部分，一在山脚，一在山上。公园旁有言子墓和博物馆值得一看。

虞山国家森林公园主要有维摩山庄、剑门藏海寺、桃源涧、仲雍墓、读书台、瓶隐庐等景点，秋天是最佳的观山季节。

开放时间：7：30～17：00

交通：从山脚的虞山公园和言子墓可以乘坐110路、112路、113路、114路、115路、116路、5路、7路、8路、9路等公交车到达。环山的南麓有125、117路公交车，环山的北麓有102、120、9路公交车。此外，可从兴福寺旁乘虞山索道上山。从言子墓可以乘118路专线车上到剑门，但车次极少。

门票：免费，实行部分景点单独收费。其中，登城墙30元、维摩山庄10元。

尚湖

【姜太公钓鱼愿者上钩，便是在此】

尚湖与虞山相映，十里青山半入城，万亩碧波涌西门，为古城平添了千种风情，一向为江南著名的风景旅游胜地。景区主要由荷香洲、橘香洲共同形成的荷香洲公园和烟雨洲、渔乐洲共同形成的钓鱼渚公园及尚湖穿湖大堤、桃花岛等组成。每年4月初至5月，荷香洲的牡丹园内各种牡丹争奇斗艳，形成了著名的尚湖牡丹花会。

开放时间：8：00～16：10

交通：从常熟市区内乘120路公交车可达。因公交车无法直达景区门口，下车后需徒步20分钟左右。

门票：淡季（3～5月、9～11月）80元；旺季（6～8月、12月~次年2月）：60元

尚湖

无锡

锡惠公园

【无锡市区内最大的公园】

公园倚锡山、惠山而筑，两山之间为人工开挖的映山湖，真山假水相互辉映。惠山海拔 328 米，是无锡的主山，锡山是惠山的余脉，早在 4000 多年前，锡山南麓一带曾是新石器时代中晚期无锡先民的大型聚集村落，与“良渚文化”为同一时期，而锡山山巅的龙光塔已成为无锡城的标志。

开放时间：锡惠公园：5：30 ~ 18：00；锡惠名胜区：8：30 ~ 16：30

地址：无锡市惠山直街 2 号

交通：从无锡城内乘坐2路、4路、10路、15路、16 路、81 路、88 路、208 路、216 路公交车，旅游观光巴士到锡惠公园或南海渔村站下车。

门票：锡惠公园 10 元，锡惠园林文物名胜区 25 元。名胜区联票（含名胜区门票、锡惠索道）：45 元；名胜区联票（含名胜区门票、动物园、乐园游乐项目 7 项）：45 元；名胜区联票（含名胜区门票、泥人博物馆）：30 元。

特别提醒：

1. 锡惠公园每年春季都要举办传统的惠山民俗文化庙会，届时无锡城里有八处寺庙都要抬着“老爷”一齐到惠山朝拜。因此，有“老八谢”之说，十分热闹。

2. 寄畅园有两座大门，一座是从古华山门入内过香花桥，在右侧有一座不显眼的向南大门；还有一座在惠山镇的横街上，是最早的原大门。

3. 锡惠公园的后门是一条商业街，出售有名的宜兴紫砂陶器皿和惠山泥人等特产。

无锡惠山寺大悲阁

■ 惠山泉

【因被茶圣陆羽评为“天下第二泉”而名扬天下】

开凿于唐大历年间，原名惠泉。该泉经万千松根蓄存和砂岩涤滤，水质清纯甘冽，唐代茶圣陆羽将其评为“天下第二泉”。宋徽宗钦令建亭护泉，且誉为贡品。宋代大文豪苏东坡慕名多次来品泉，留有“独携天上小团月，来试人间第二泉”的诗句。二胡名曲《二泉映月》即民间艺人瞎子阿炳在惠山泉边以他的亲身体验而写成的，惠山泉也因此而驰名海内外。

为保护惠山泉水特修建一座泉亭，亭壁所嵌的“天下第二泉”石匾为大书画家赵孟頫所书。

背包客收藏：陆羽与《茶经》

陆羽生活在唐天宝年间，这位江西人士在当朝已是一位嗜茶、精茶，并以《茶经》而声名远播的“茶仙”，至于“茶圣”之尊称是后世给予他的最高评价。

陆羽因对茶叶论述，使得茶叶成为一门独立学问而被世人奉为“茶圣”。其实，陆羽不仅对品茶、论茶精通，文学成就也不低，在当时就以文学家的身份而被世人肯定，而且在历史、考古和地理学方面也著述颇丰，但这些都被一本《茶经》的光芒所掩盖了。

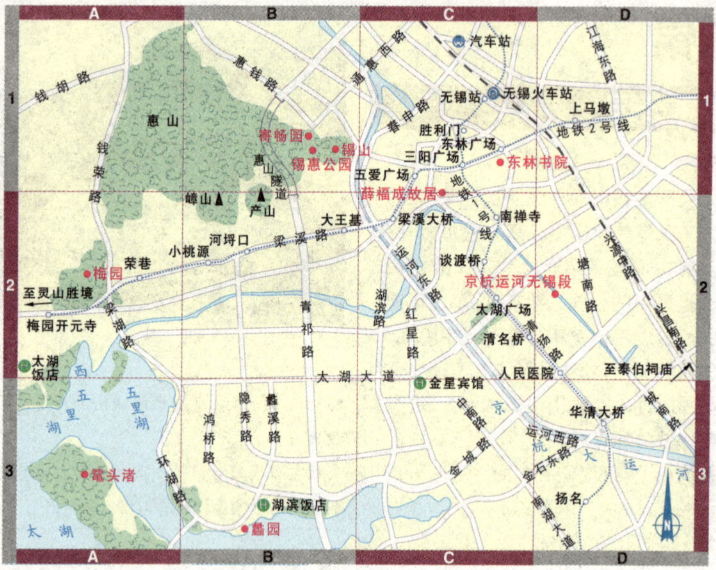

无锡城区示意图

陆子祠

【为著过《茶经》的陆羽而建】

位于二泉亭之上的石平台上，原址为东晋至南齐孝子华宝的居所，宋代在该遗址建陆子祠。乾隆年间改做皇亭，供奉康熙、乾隆所赐的御书。1993年又恢复旧名陆子祠并设品茶座。茶座内布置巨幅漆屏，主体为《陆子品泉图》，再现了这位茶圣的当年风采。

八音涧

【充分融合了引泉、听泉、掇石、藏景的多种古典造园手法】

二泉的伏流从园西墙根引入涧端后，便化为上下三叠，于是无声的泉水就开始变为有声的涧流，创造出“非必丝与竹，山水有清音”的境界。八音涧的掇石艺术，堪称中国古典园林中黄石假山的翘楚。

其堆叠技法是根据黄石山崖的纹理，模拟中国山水画“大斧劈皴”笔法，把涧壁化作了石脉分明、曲折有致、顾盼生姿的天然图画。

知鱼槛

【透过锦汇漪的水面，是欣赏案墩山与惠山以形借景的最佳地】

为中国古典园林中的方形亭式水榭，歇山顶式建筑，三面临水。

临水处的坐身栏板上置有吴王靠，游人可以舒服地坐倚其上，欣赏游鱼、景观。与此同时，这里还是欣赏寄畅园内按惠山余脉堆叠而成的案墩山的最佳点，案墩山、惠山，亦真亦假之间，巧妙地把惠山引入园景，成为其中一景。园景达到了“山在园中，园在山中”的园林效果，也是中国古典园林的借景手法。

瞎子阿炳墓

【中国杰出的民间艺术家阿炳墓地】

中国人中极少有人没有听过那一曲凄婉的二胡曲《二泉映月》，乐曲借无锡惠山泉，表达伤感苍凉的情绪和昂扬愤慨之情，而作曲和演奏者便是无锡人华彦钧（1893～1950），人称阿炳。

阿炳，8 岁在城中洞道观雷尊殿当小道士，曾读私塾，同时研习道教音乐并有突破。少年时起以擅长演奏二胡、琵琶而有名，1927 年双目失明后，沦为街头艺人。阿炳一生坎坷，直到 1950 年中央音乐学院教授杨荫浏等发现了他，并为他录制了《二泉映月》《听松》《寒春风曲》3 首二胡曲及另 3 首琵琶曲，那曾经流落传诵于无锡街头的曲目才算得以流传至今，瞎子阿炳于当年 12 月病殁，于 1953 年迁葬现址。

为了纪念这位民间艺术家，锡惠公园内、阿炳墓前塑有一尊正在演奏二胡的阿炳像。

■ 寄畅园

【代表着我国明清两代造园艺术所达到的最高水平】

位于惠山寺北侧、锡惠公园北部的寄畅园堪称明清造园艺术的代表。园主秦金是宋代著名词人秦观的后裔，因此寄畅园又名“秦园”。明万历十九年（1591），第三代园主秦耀因受其师张居正牵连而解职归乡，寄情山水，改园名为“寄畅园”。

寄畅园汇集了古典园林的诸多造园手法：借景、掇山、引泉、理水，故而既具有江南园林的婉转曲幽，又不失借山建园的妙趣横生。

寄畅园属山麓别墅类型的园林，全园大体可分为东、西两个部分，东部以水廊为主，西部以假山树木为主，布局得当，取法自然。并借景惠山、锡山，重峦叠嶂，湖光塔影，清幽古朴，极富山林野趣，大有“虽为人作，宛自天开”的妙境。园中凤谷行窝、邻梵阁、美人石、锦汇漪、八音涧等景点和建筑引人入胜，使人流连忘返。清高宗乾隆曾认为“江南诸名胜，唯惠山秦园最古”，于是在北京颐和园内仿建了“惠山园”，现今寄畅园内仍保存有康熙、乾隆的御笔匾额。

寄畅园

锡山晴云

【“梁溪八景”之首，欣赏日出朝霞的好去处】

锡山是惠山的余脉，相传在周秦时此山产铅锡，故名锡山。至 2200 多年前的初汉，锡矿开采殆尽，恰巧汉高帝刘邦于该时始设无锡县建制，“无锡锡山山无锡”遐迩闻名。

明初，“锡山晴云”便被列为“梁溪八景”之首。明永乐年间无锡县学教谕李孟昭还曾赋诗《锡山晴云》，描写了登锡山欣赏朝霞晨雾的景色，诗中写道：“山高无锡奠名邦，晴云烂锦明朝阳。光吞深坞岚气润，阴接惠山眉黛长。”600 多年来，锡山晴云依然风姿卓然，魅力未减，内涵丰富，令人神往。锡山山巅建有八角七层楼阁式龙光塔，是无锡风光的点睛之笔，更是无锡的城市标志。

东林书院

【与长沙岳麓书院、九江白鹿洞书院、嵩山嵩阳书院，并称我国古代四大书院】

创建于北宋政和元年（1111）的东林书院，是当时知名学者杨时长期讲学的地方。明朝万历三十二年（1604），由东林学者顾宪成等人重新修复并在此聚众讲学，他们倡导“读书、讲学、爱国”的精神，引起全国学者普遍响应，一时声名大噪。顾宪成撰写的名联“风声雨声读书声声声入耳，家事国事天下事事事关心”更是家喻户晓，东林书院由此始成为江南地区人文荟萃之区和议论国事的主要舆论中心，而这群人也被称为“东林党人”。

他们的锐意革新、针砭时弊的勇气最终惹怒了朝中的阉人，终被处决或流放。但“东林党人”也因此成为中国知识分子具独立思考精神，对社会、国家极负责任的代表群体。

无锡东林书院

东林书院建筑功用主要分讲学、藏书及祭祀等部分。书院布局为东、中、西三条轴线。中轴线上分布有书院正门、石牌坊、东林精舍、丽泽堂、依庸堂、燕居庙、三公祠等讲学建筑。东林书院的标志性建筑和象征就是石牌坊，坊额上题“东林旧迹”和“后学津梁”。

书院西轴线上有晚翠山房、来复斋、心鉴斋、寻乐处、小辨斋等建筑。东轴线则由道南祠以及报功祠、时雨斋、草庐、东林庵等建筑组成。道南祠是东林书院内一处重要建筑，由大门、前堂、享堂组成，为祭祀东林书院创始人杨时的祠堂。道南祠除祭祀历代东林先贤人物之外，在清代其前堂也是开办举业后，考课生员的地方。

开放时间：8：30 ~ 17：00

地址：崇安区解放东路 867 号

交通：乘坐 3 路、10 路、15 路、19 路、21 路、23 路公交车在东门下车，沿解放东路向西。

门票：16 元

薛福成故居

【中国维新派代表人物、中国近代著名的思想家和外交家——薛福成故居】

一座明清建筑风格的大宅院，已修葺一新对外开放。

薛福成（1838 ~ 1894），字叔耘，号庸盦，无锡人，清末改良主义者。早年入曾国藩幕府，后随李鸿章办理外交。1879 年作《筹洋刍议》，提出变法主张。1884 年中法战争期间，任浙江宁绍台道，在镇海参与击退法舰之战。1888 年任湖南按察使。次年任出使英、法、比、意四国大臣。称赞西方的君主立宪制度“无君主、民主偏重之弊，最为斟酌得

无锡东林书院依庸堂

中”。认为资本主义国家“以工商立国”，“工实居商之先”，又称西方人持商为命脉，商“握四民之纲”。认为人口迅速增加是人民贫困的原因，欧洲人口密度虽大，因“能浚其生财之源”，虽人满亦富，因而主张用机器“殖财养民”，强调“工商之业不振，则中国终不可以富，不可以强”。又认为“天道数百年小变，数千年大变”，“唯圣人能法圣人，亦唯圣人能变圣人之法”，希望清统治者变法改良，发展资本主义。著有《庸盦全集》。

开放时间：8：30 ~ 17：00

地址：无锡市崇安区学前街 152 号

交通：乘 5 路、21 路、27 路、31 路、40 路、63 路、86 路公交车至薛福成故居站下。

门票：25 元（白天），30 元（晚上）。

蠡园

【传说中范蠡偕美女西施隐于太湖、泛舟渔歌的地方】

坐落在蠡湖北岸的青祁村的蠡园，正所谓“园以湖名，湖因园胜”。中华民国初年，青祁村人虞循真在此建“青祁八景”；1927 年同村民族工商界人士王禹卿“慨慕范大夫蠡之为人”而兴建蠡园；1930 年，当地小陈巷人陈梅芳紧靠蠡园建渔庄；1952 年两园合并后以蠡园为名开放。1995 年国家邮电部发行的邮票“太湖·蠡湖烟绿”就是将蠡园作为主景的。

蠡园大门保留了原来渔庄古朴端庄的风格，从正门入，进暗廊、月洞，穿过假山屏障，即来到建于 1930 年的“百花山房”。房后有长廊，为布置“范蠡西施故事”的画廊。廊端接小亭，名“思越”，内有西施蜡像。

开放时间：7：00 ~ 18：00

地址：滨湖区青祁村 70 号

交通：从火车站乘 K1、K82 路可达，还可乘坐 77 路、1 路、72 路、103 路、59 路公交车。出租车中山路至蠡园约 30 元（13 公里）。

门票：旺季 45 元（3 月 17 日 ~ 5 月 27 日，7 月 7 日 ~ 10 月 22 日）；淡季 30 元（5 月 28 日 ~ 7 月 6 日，10 月 23 日 ~ 次年 3 月 16 日）。联票 170 元（含蠡园、鼋头渚、锡惠名胜区、锡惠公园、梅园）

蠡园

特别提醒：

1. 太湖游船：游览蠡湖风光20元（满4位开航）。开往唐城20元；开往太湖仙岛包船400元；开往太湖鼋头渚包船250元。

2. 园内有一个游乐园，以世界首创的水上摩天轮“太湖之星”为中心，包括水上摩天轮、海盗船、旋转木马、魔界战神、森林探宝在内的5个游乐项目。摩天轮60元，海盗船20元，旋转木马10元，魔界战神20元，森林探宝10元，联票110元。开放时间：10：00～21：00。

■ 四季亭

【顾名思义，春、夏、秋、冬各置一亭】

建于1954年，四亭造型完全相同，一律黄顶红柱，栋梁间彩绘四季时宜花卉。亭周围有小桥流水，石径穿插。四季亭南沿湖筑大堤半围，长堤西南角临湖屹立六角亭，60只金凤凰，每5只凤凰由一条龙率领。正中绘以双龙戏珠，故俗呼“龙凤亭”，亭旁有游船码头直通鼋头渚风景区。

■ 千步长廊

【临湖而建，是连接老蠡园与渔庄的建筑物】

长廊曲岸枕水，一侧依墙而筑，呈半封闭式。墙上遍开镂空花窗，用一色中国小青瓦砌成，花窗图案各异，是典型的中国民间建筑工艺。在长廊东端，通过延伸入蠡湖的涵洞平桥，便是建于1935年的亭式水榭。水榭呈长方形，

背包客收藏：范蠡其人

范蠡，春秋末期杰出的政治家，早年赴越国，任至大夫。周敬王二十四年（前496），越王允常死后，其子勾践即位。此后，范蠡主持军事，为越国出谋划策，图强雪耻。

经过十余年努力，越国终于转弱为强。越勾践十五年，范蠡建议勾践发兵伐吴。公元前473年，越军在围吴都（今苏州）3年后破城，夫差自杀，越国大胜，并终于吞并吴国。勾践称霸后，范蠡深知勾践为人“可与共患难，难与同安乐”，决计急流勇退，辞官归隐。

鼋头渚

飞檐翘角，顶铺金色琉璃，此处是凭栏观赏蠡湖全景的佳处。长廊尽处设六角月洞门，通向蠡园老区一角。

■ 春秋阁

【范蠡和西施的爱情故事发生于春秋，故以此阁纪念】

阁三层，飞檐翘角，是蠡园的高建筑。底层有范蠡凝神观湖山、西施提篮去浣纱的铜像。假山群在蠡园入口和“层波叠影”之间。

鼋头渚

【无锡城因鼋头渚而声名鹊起】

鼋头渚是无锡西南部太湖之滨的一个状如鼋头的半岛，这里至今仍保存着许多古代吴越史迹，及吴越历史人物的传说。

始建于1918年的鼋头渚公园，曾是蒋介石的私家园林，堪称“无锡第一胜景”。青山绿水之中，长春桥、澄澜堂、飞云阁、劲松楼、光福寺、陶朱阁等园林建筑点缀其间，太湖仙岛、具区胜景、

背包客推荐：
鼋头渚春季赏樱攻略

鼋头渚八大赏樱点：充山隐秀、十里芳径、长春花漪、具区胜境、赏樱阁、人杰苑、樱谷流芳、樱缘桥。

1. 最早赏樱之地是充山隐秀、江南兰苑。鼋头渚最早有樱花看的地方，位于充山隐秀一带。每年3月中旬，片植的果樱便迫不及待要展示花姿。而江南兰苑的福建山樱也是满树绯红，早早报春。

2. 春季最后赏樱之地是中日樱花友谊林。中日樱花友谊林占地约百亩，种植的樱花品种多样，樱花路两边的晚樱，花期较晚，4月上旬才迟迟开放，花期一直可持续至4月下旬。

3. 樱花种类最多的地方当数樱花林，这里共培植了20余种类约上万株樱花，如吉野樱、一叶樱、松月樱、关山樱、垂枝樱等，红、粉、白、绿等颜色都有。

4. 长春桥一带的樱花景色，被誉为“长春花漪”，是无锡历史上最早的赏樱之地。湖堤上以染井吉野樱居多，已有60多年历史。

鼋渚春涛、万浪卷雪、鹿顶迎辉、充山隐秀六大景区各具特色。

开放时间： 非冬季：8：00 ~ 17：30；冬季：8：30 ~ 17：00

地址： 无锡市滨湖区大浮充山村 118 号

交通： 从无锡火车站东广场乘坐旅游观光巴士 K1 路，途经蠡园，终点站到达鼋头渚风景区充山大门；K87 途经锡惠公园，终点站到达鼋头渚风景区犊山大门。市内乘 87 路、1 路公交车可达。

门票： 105 元（含鼋头渚门票、景区内观光游览车、太湖仙岛门票、往返太湖仙岛游船的费用）。

网址： www.ytz.com.cn

特别提醒： 蠡园与鼋头渚在一条线上，先到蠡园，可安排在同一天游览。

梅园

【一处久负盛名的江南赏梅胜地】

距无锡市西郊 7 公里，面临万顷太湖，背靠龙山九峰，以梅花驰名。梅园由我国近代著名的民族工商业家荣宗敬、荣德生于 1912 年所建，1955 年由荣德生之子荣毅仁将园捐献给政府。

进入梅园，一块紫红色的巨石屹立正中，高约 2 米，上镌“梅园”两字系荣德生亲笔所书。天心台前，有三块一字排开、玲珑多姿的太湖石峰，状如“福禄寿”三星。天心台名出于“梅花点点皆天心”之句，台用黄石垒成，上建六角亭。台下三面小溪萦绕。这里梅林最盛，品种尤繁。有洁白素净的玉蝶梅，有花如碧玉、翡翠相托的绿萼梅，有红颜淡妆的宫粉梅，有胭脂滴滴的朱砂梅，还有浓妆艳抹的墨梅等。

在梅林中心区两侧，分别建有对称的清芬轩和揖蠡亭，透过梅林隙可见太湖和蠡湖一角。香海为拱券形门窗房屋三间，四周环廊，面对梅林。诵豳堂与香海南北呼应，面阔九间，中间三间为正厅。中堂高悬的“诵豳堂”匾为书画家吴作人手笔。

另外还有念劬塔、松鹤园、开原寺等景点，开原寺内设有素斋馆，供应寺院风味素斋。

开放时间： 6：00 ~ 18：00

交通： 从无锡城内乘坐 2 路、88 路、91 路、206 路公交车或旅游观光巴士可达。

门票： 60 元

特别提醒： 最佳观赏季节：早春二月。

泰伯祠庙

【为纪念吴国创始人泰伯而设的祠庙】

3000 年前，江南第一个文明古国——吴国的都城就在梅里（今锡山区梅村镇），泰伯祠庙就是祭祀吴国创始人——泰伯的祠庙。每年正月初九为泰伯的诞辰，现已形成传统庙会。孔子称泰伯为“至德”，司马迁在《史记》里把他列为“世家”第一。

开放时间： 7：30 ~ 16：30

交通： 从火车站乘 19 路公交车直达。

门票： 25 元

灵山胜境

【历史文化和自然山水相结合的国家 5A 级旅游景区】

很多人看过吴承恩的《西游记》，里面唐僧去往西天取经。“西天”是指古印度佛祖说法处灵鹫峰，但在无锡太湖国家旅游度假区内也有一座灵山，相传玄奘看到这座山的形状与灵鹫峰十分相似，便赐名“小灵山”，灵山胜境也就由此而来。

灵山胜境由灵山大佛、九龙灌浴、祥符禅寺、灵山梵宫、曼飞龙塔、灵山大照壁、佛足坛、阿育王柱等景区组成。

开放时间：非冬季：7：30～17：30；冬季：7：30～17：00

地址：太湖湖滨灵山路

交通：从火车站乘88路、89路、91路公交车至终点站灵山胜境下。

门票：210元

■ 灵山大照壁

【湖光万顷净琉璃】

灵山大照壁气势恢宏，庄严大气。原全国政协副主席，中国佛教协会会长赵朴初老先生认为灵山胜境与太湖相互辉映，好似佛教中的琉璃世界。因此题写了“湖光万顷净琉璃”的诗句。照壁北面，是赵朴初题的《小灵山》一诗，寄予了对灵山成为新时期佛教圣地、世界佛教文化中心的殷切期望。

灵山大佛

■ 灵山大佛

【迄今为止我国最高的巨型佛像】

矗立在小灵山南麓的灵山大佛，以高88米、重700吨的一尊露天青铜大佛而称“天下第一”。在大佛下置有一块长39.8米、高7米的“灵山胜会”的主题浮雕，讲述了佛教人物和相关故事，栩栩如生的形象引人入胜。利用

背包客收藏：泰伯奔吴

《史记·周本纪》记述：“长子太伯（泰伯）、虞仲知古公欲立季历以传昌，乃二人亡如荆蛮，文身断发，以让季历。”这就是历史上著名的“泰伯奔吴”。

商末，在陕西的岐山有个周氏部落，其首领有三个儿子，大儿子就是泰伯，得知父亲想在身后把部落的权力交给最小的弟弟季历，为了成全父亲的愿望，有一天借口上山砍柴，与他的另一个弟弟虞仲一块离开了周原（今岐山县）。他们一直往南走，最终到了现在的江苏无锡一带，当时还是一块“荆蛮之地”。周太公死后，由季历即位，而后是他的儿子姬昌即位，他便是历史上大名鼎鼎的、灭商创周的周文王。历史学家们，对于泰伯为何奔吴有不同的说法，但泰伯作为吴的开创者却是不容置疑的。

泰伯在这里创立了“勾吴”，也就是后来的吴国的前身。他们入乡随俗，但同时又把中原的先进文化带到了江南一带，他们“以石为纸、以炭为笔、以歌为教”，此后又吸收越、楚、齐等地文化精髓，培育成具有水乡特色、独放异彩的“勾吴文化”，从而构成了中华文化中极为重要的一脉——吴文化。

高科技手段而设计的“圣子出浴”，让游人在充满普世情怀的佛教音乐中观看“圣子出浴”的场景，生动逼真，是了解和感受佛教博大精深文化的重要场所。

■ 祥符禅寺

【千年古刹，揭晓玄奘传法的千年佳话】

始建于唐贞观年间，历史上香火旺盛，高僧辈出，素有“山连鹫岭，法继慈恩”之誉。传说，唐代玄奘法师曾游于此，杭恽将军见其如此喜欢这块“风水宝地”，就出资在灵山脚下修建了“小灵山刹”，由玄奘的大徒弟窥基出任第一任住持。到了北宋大中祥符年间，寺庙改名为“祥符禅寺”。祥符寺于20世纪30年代毁于战火，今之所见乃改革开放后的重建，香火依旧兴旺，成为太湖沿岸重要的佛教圣地。寺内现存的古井莲池、银杏梅桩等成为历史文化的遗存和古刹千年风雨的见证，睹之使人顿生思古之幽情。

■ 九龙灌谷

【灵山胜境的大型音乐动态群雕】

佛教典籍《本行经》记载：佛祖释迦牟尼一诞生就能说话会走路，他向东南西北四个方向各走了七步，每走一步，地上就开出一朵莲花。他一手指天，一手指地，说道：“天上天下，唯吾独尊”，这时候花园里忽然出现了两方池水，天空出现九条巨龙，吐出水柱，为其沐浴净身。灵山胜境的大型音乐动态群雕“九龙灌谷，花开见佛”正是再现了故事中的绚丽景象。

■ 灵山梵宫

【佛教文化艺术的博览圣殿】

与灵山大佛比邻而立，气势磅礴，布局庄严和谐，建筑形式突破传统绿瓦红柱。亭内12根棱木上雕有统，以石材等坚固耐久材料为主，大量运用高大的廊柱、大跨度的梁柱、高耸的穹顶、超大面积的厅堂等，既体现了佛教的博大精深与崇高，又将传统文化元素与鲜明时代特征相融合。

灵山梵宫汇集了众多文化遗产、众多艺术瑰宝和珍品，如精雕细琢的东阳木雕、敦煌技师的手工壁画、光彩夺目的琉璃巨制、古雅精丽的景泰蓝须弥灯和景德镇青花斗彩缸等，将优秀的传统文化演绎得淋漓尽致，令人目不暇接、回味无穷。

■ 龙头渚

【面对万顷太湖，背靠灵山大佛】

龙头渚由大储山蜿蜒伸入太湖中腹形成半岛，酷似青龙伏卧在太湖碧波之中，故名龙头渚。从龙舌、龙眼、龙耳、龙颈到龙背，全长2500米，这里山不高而重峦叠嶂，水不深而烟波浩渺，是一幅天然的江南山水画。

望龙亭是观赏龙头渚的最佳处，远远望去，龙头渚犹如一条青龙伸入太湖湖心。望龙亭前行50米后沿台阶而下，可至云逗崖；再往南50米可见龙耳，龙耳旁边有可上龙颈的“续颈桥”。龙头渚的龙头直插湖心，将太湖分为东西两湖，东面隔湖与苏州相望，西面与宜兴相对，南面可达浙江湖州。

开放时间：8：00～16：30

交通：乘88路、89路公交车到灵山大佛后，再换乘出租车10分钟后到龙头渚。

门票：25元

特别提醒：

1. 登望龙亭远眺，万顷太湖尽收眼底。这里也是观夕阳西下、渔舟唱晚的绝佳处。
2. 此处的龙头杨梅和太湖银鱼是驰名江南的当地特产。

无锡影视基地

【国内较早的、人工搭建的影视拍摄基地】

无锡影视基地包括三国城、水浒城、唐城，位于风光绮丽的太湖边上，但因为建筑时间早，现已不像早时游人如织了。

开放时间：7：30～18：00

交通：从无锡火车站乘坐K82路公交车可先后到达唐城、水浒城、三国城。或乘212路、820路公交车，旅游观光巴士可达。

门票：三国城70元，水浒城65元，唐城50元，三国城＋水浒城联票120元，三国城＋水浒城＋唐城联票160元。

■ 三国城

【中央电视台为拍摄电视剧《三国演义》而建】

占地500余亩的三国城，内有“吴王宫”“七星坛”等几十个大型景点，推出了“刘备招亲”“草船借箭”以及跑马场、湖滨浴场等游人参与的影视旅游项目，是目前太湖影视城中最大的景区。

■ 水浒城

【中央电视台为拍摄电视剧《水浒传》而建】

主要开放拍摄场景有皇宫相府、山寨民宅、衙门监牢、寺院宗庙、街市店铺、酒楼客栈、湖泊苇荡、水泊梁山等。此外，“官船”“大战船”等十多艘仿宋船以及高速游艇也为游客提供乘坐服务。水浒城武术特技队也每天为游客再现电视剧《水浒传》惊心动魄的武打场面。

■ 唐城

【中央电视台为拍摄电视剧《唐明皇》而建】

有“唐宫”“沉香亭”等大小景点近百个，再现了大唐盛世的皇城气派和市井民情，城内唐街还设有餐饮一条街。到此既可领略盛唐风貌，又可了解影视技艺。

京杭运河无锡段

【清名桥，是古运河无锡段的最佳景点】

无锡古运河段，旧时直线穿越无锡城，精华区乃是吴桥—人民桥—清名桥

无锡影视城表演

沿线，林泉祠园、米市货栈、古墩风情、南禅塔影、古桥情韵、老街民宅等，构成一幅江南名城的历史画廊，被海外游客誉为“神奇的东方之旅”。

吴桥，之所以姓“吴”，是因为此桥由清同治十三年（1874）出生的吴梓敬付银建造，可惜的是，吴梓敬在吴桥竣工之前就病逝于上海，无锡各界为了纪念他，以其姓氏命名为吴桥。站在吴桥之上，仰可眺锡山惠山，俯可瞰码头黄埠。

自吴桥沿着运河到老三里桥一段，叫吴桥东路。在吴桥东路上走上几十米，可以看见侧面运河里一个四面环水的圆形孤岛，相传是战国时期春申君黄歇治理芙蓉湖时留下的遗址，名曰黄埠墩。南宋民族英雄文天祥曾被元军俘虏扣押在黄埠墩，运河两岸百姓听闻洒泪跪送，文天祥感慨万分，留下了“金山冉冉波涛雨，锡水茫茫草木春”的悲壮诗句。现今黄埠墩上的正气楼正是无锡百姓为了纪念他所建造的。

与黄埠墩相对应的还有一个运河小岛，叫西水墩。西水墩与茂新面粉厂之间有一座廊桥，坐在廊桥上，映入眼帘的，是刘侯庙的黛瓦和面粉厂的红墙。刘侯庙的二殿有戏台，元宵、中秋等中国的传统节日，保留完好的古戏台上，仍会有戏曲表演。

开放时间：8：30 ~ 21：30

交通：从无锡市区乘501路公交车可达清名桥。

门票：水上游25元（导游讲解费60元），水陆游50元（导游讲解费100元）。

背包客收藏：
无锡段京杭大运河水上游游览线路

跨塘桥—大公桥—清名桥—南水仙庙（回头）—无锡窑群遗址博物馆—伯渎河—祝大椿故居（游客可直接下船，或坐船返回南禅寺）。

宜兴

善卷洞

【与比利时的汉人洞、法国的里昂洞合称为世界三大奇洞】

善卷洞的前洞是个高大深远的天然大石厅，石厅两边是形似青狮、白象的巨石，岩壁上还镌有“伏虎须弥当洞口，青狮白象拥莲台”联句。上洞称“云雾大场”，有倒影荷花、万古双梅、熊猫小居等景点。

乌龙吐水、金鸡独立的景观是当年海水冲刷的痕迹。接中洞与下洞的岩石中通道名“盘梯”，为当年人工开凿而成。下洞为洞天相接，悬崖飞瀑直泻下洞，小桥流水潺潺归赴水洞。水洞即后洞，长约 120 米，水深 4 米多。水洞泛舟，曲折荡漾，加之千奇百怪的石钟乳造型配上彩灯，如游水晶宫。

出水洞后周围还有许多人文景观，如三国时期的“国山碑”、晋代的“祝英台琴剑之冢碑”、唐代的“碧鲜庵碑”，还有始建于南齐的古刹善卷寺。民间传说中的祝英台便出生在善卷洞，现善卷洞周围仍有英台阁、祝陵村以及梁祝故事中“十八相送”地方遗址。

洞景巧夺天工，素有“万古灵迹”“欲界仙都”之美誉。历代名贤雅士文人墨客均在此留下了一篇篇千古绝唱的诗文石刻。

开放时间：旺季（3 ~ 10 月）:07:30 ~ 17:00；淡季（11 月~次年 2 月）：08：00 ~ 16：00

地址：宜兴城西南约 25 公里的祝陵村螺岩山上

交通：宜兴城西南 20 公里的螺岩山。乘宜兴旅游 1 线直达，车费 6 元。

门票：145 元

特别提醒：

1. 在洞内游玩灯光比较昏暗，地面也比较湿滑，入洞后要时时当心脚下的路。
2. 景区附近有不少餐馆，比如胖头鱼（40 元 / 份）、红烧土鸡（20 元 / 份）、清炒山芋苗（5 元 / 份）都是比较有代表性的菜肴。

张公洞

【相传中国道教创始人汉代的张道陵、唐代的八仙之一张果老的隐居修行处】

张公洞实为一个天然的溶洞，但最为神奇的是，即使在炎热的夏天，洞中也可体验到冬之严寒和春秋之暖煦。

张公洞一般游览从下洞进，上洞出。进下洞口后就是宽广豁达、可容数千人的海屋大场。左面洞底幽暗，犹如深不可测的海底。四周怪石嶙峋，石乳、石柱、石幔、石花琳琅满目。从海屋大场左侧进袖管洞，转过三层楼就到了海王厅。海王厅如同一个高大的海底龙宫，两边是对称的石级，大厅中悬挂着一对垂岩构成的宫灯，富丽堂皇。地道洞内高低起伏，中心岩顶有一副象棋盘，故又叫棋盘洞。

由朝天洞口走出即登上了盂峰山顶，极目远眺，只见群山起伏，绵延不绝。

开放时间：7：00 ~ 17：00

地址：宜兴城西南约 22 公里的盂峰山麓

交通：宜兴旅游 1 线直达。

门票：160 元（包含自驾漂流、溶洞探险、自治陶器、和合赐水、文化碑廊等景区）

特别提醒：与善卷洞相距不远，一东一西，称作姊妹洞。

灵谷洞

【绚丽多姿、绚烂纷呈的江南溶洞】

一进洞府，便觉得扑朔迷离，踏上

天桥俯视，只见石崖陡峭，飘飘欲仙，桥下深黑幽幻。第一洞厅面积虽小却洞中有洞；第二洞厅的景物布局严谨，厅中钟乳石层次分明；第三洞厅是最低最大的洞府，洞中巨岩倒挂错落；第四洞厅景色最美，为灵谷洞之精华所在。洞中瀑布布满四周，云雾浮动，水汽弥漫；第五洞厅又称水晶宫，洞内长满形形色色的石笋，洞顶布满了由岩流聚积而成的钟乳石；第六洞厅的穹顶高深莫测，钟乳石高悬，形态各异。

开放时间：冬季：8：00～16：00；夏季：7：30～17：30

地址：宜兴市的阳羡茶场境内，东北与张公洞相近，西南与慕蠡洞、西施洞相距不远。

交通：宜兴旅游1线可达。

门票：40元

慕蠡洞 / 西施洞

【宜兴最大的溶洞之一】

宜兴多溶洞，慕蠡洞、西施洞以慕蠡洞的典型石灰岩溶洞而著名，但两洞与春秋时的两位名人并无关系，不过是借其名冠之，以悦游人而已。

开放时间：7：30～17：30

地址：宜兴西南湖山区的金塘山中

交通：从宜兴乘旅游1线可达。

门票：50元

■ 慕蠡洞

【典型的石灰岩溶洞】

1983年有两名山村少年因猎奇，侧身钻入石缝，发现百余米处有一个景色奇异的大溶洞。该洞是以地下暗河为主的典型石灰岩溶洞，经长期的滴水溶融和凝结，形成了万千姿态的石柱、石笋、石幔、石花等洞天景观。

■ 西施洞

【以美女西施冠名的溶洞】

洞内直径300米，有西施浣纱、西施桥、胭脂溪等50多处景观。洞内景色壮丽奇特、曲折跌宕。

竹海

【宜兴自古便有"竹的海洋"之称】

竹海风景区纵横400公里，连绵于苏、浙、皖三省。风景区主要由镜湖

宜兴竹海

瀛园

区、翡翠长廊区、水景瀑布区、竹种园区、海底区、小海中海区、悬空环游栈道区、千年古寺区、品茗休闲区等组成。景区的镜湖内还有大量15亿年前的活化石——桃花水母。

交通：宜兴旅游1线可达。

门票：80元；景区内游览车，票价10元；索道来回70元。

瀛园

【宜兴城内至今保存最完好的古典园林建筑】

瀛园始建于清乾隆年间，原为谢庭扬的私人住宅，后取“瀛洲仙境”之意改名“瀛园”。

园内疏池有叠石，另有蜡梅、女贞、雪柳、紫薇、绣球、碧桃、白兰等奇花异草相衬。行和厅是瀛园的主体建筑，厅西垒山上面建有“望来亭”。园内生长200多年的16株桂花树，每逢秋季盛放，清香四溢。园林最大的特色在于将宜兴的溶洞特色融入造园艺术，体现了古人的审美情趣与匠心。池西建有“逸兴遄飞阁”，其名为清代画家、徐悲鸿之父徐达章所题。拾级而上，登楼可观赏全园景色。

地址：城南大街城隍庙（电影院）左侧

交通：乘1路、3路、12路公交车可达。

门票：10元

周王庙

【祭祀晋平西将军周处而建的专祠】

周王庙又称英烈庙，位于宜兴东庙巷内，始建于西晋元康九年（299）。晋平西将军周处自幼膂力过人，好生事端，四邻叫苦不迭，将他与山中虎、水中蛟并称“三害”。稍长，周处幡然悔悟，立志除害补过，并拜师读书，后任官为朝廷效力。出征平西时，终因梁王用心险恶，援兵不至，力所不敌而战死。建武元年（304）冬，追认平西将军，后人称“周孝侯”。

周王庙现存建筑共三进。第一进为两层建筑，门楼5间，戏楼1座。第二进为大殿5间，单檐歇山顶，面阔5间，前为轩廊。大殿框架为明嘉靖年间重建，正中塑周处塑像，两壁绘有《射虎》《斩蛟》两幅大型壁画，东西侧厢陈列周处生平事迹资料以及墓墩出土文物复制品等。

开放时间：7:30 ~ 18:00

交通：乘坐2路、12路公交车（从解放东路向南经朝阳路走200米）；游1、游2路（从茶局巷向东走50米）。

门票：5元

特别提醒：大殿两侧还有唐至清代碑刻20余块，其中以陆机撰文、王羲之书《平西将军周府君碑》最为珍贵。

宜兴徐悲鸿纪念馆

【为纪念中国杰出画家、美术教育家徐悲鸿而建的一座纪念性的博物馆】

纪念馆是一座具有民族风格的3层现代建筑，分5个展室，展出了徐悲鸿生平事迹、生平作品及徐悲鸿的学生和一些著名书画家的作品。

开放时间：7:30 ~ 11:00、13:00 ~ 16:40

地址：公园路1号

交通：乘7路、11路公交车在实验小学站下，向西50米右转，前行50米可达。

太平天国辅王府

【曾为太平天国辅王府，现为宜兴历史文物陈列馆】

建筑始建于清代，原为史姓宅第，清咸丰十年（1860）太平军攻克宜兴后，成为辅王杨辅清的府第，后又曾作为忠王李秀成的行辕。王府现存三进，均为硬山顶式。正厅东西两壁各有壁画4幅，第三进正厅1间也有4幅壁画，均为太平天国时期的作品。

地址：贞观路

交通：乘坐3路、6路、12路公交车到王府站下。

门票：5元（学生2元）。

背包客推荐：宜兴紫砂茶具挑选小妙招

挑壶型。一般来说，泡乌龙茶，壶以小巧为美；若是泡普洱茶，壶就要相应大些；身高口小的壶，比较适合泡红茶；壶身扁矮、壶口较大的壶，就更适合泡绿茶。

听壶质。宜兴紫砂茶具因烧制时工艺不同，在硬度上也有区别。辨别方法是，用盖钮轻轻敲击壶身，或把壶平放在手掌上，另一手以食指轻弹壶身，若声音铿锵悦耳，表明火度适中；若声音混沌低闷，表明火度稍嫌不足；若声音清脆高亮，表明火候稍过或者在泥料中加有玻璃水。

看壶态。一把好的宜兴紫砂茶具，应该外观温润细腻，具有自然光泽，线条流畅，拿上手分量匀称。内壁闻起来无任何刺鼻的异杂味。除了造型特殊的壶外，将紫砂壶除盖后倒置在水平的平板上面，壶嘴、壶口、壶把三者必须成一直线。壶盖与壶口的间隙不能太大太松，壶嘴、壶把、壶钮不应有歪斜的现象，衔接处没有裂纹和残损。如果壶身上有刻字或装饰物，要自然美观，与壶身结合完美。

试出水。把宜兴紫砂茶具放在水盆中，若壶不呈倾斜状漂浮，说明壶的重心良好。在壶中注满水，以手指按住壶嘴，然后将壶翻转，若壶的密闭性好，壶盖不会掉下来。松开手指，壶的出水要顺畅有力，水束凝聚不散，壶嘴没有滴沥。如果能将壶里的水倾倒得滴水不剩，说明壶的出水性能非常好。

宜兴太平天国辅王府太平天国时期的彩绘壁画

中国宜兴陶瓷博物馆

【在此一览5000余年的陶艺精巧】

宜兴因盛产紫砂陶器皿而闻名天下，这里荟萃了3万余件宜兴生产的古今紫砂、青瓷、均陶、彩陶和精陶。

开放时间：8：00～16：45

地址：丁蜀镇丁山北路50号

交通：乘5路、6路、45路、46路公交车或游1路可达。

门票：20元

特别提醒：自1990年以来，每年都会举一届“中国宜兴陶瓷艺术节”。

云湖旅游度假区

【湖光山色，蕴藉清幽】

所谓云湖，其实就是以前的横山水库，位于常州与宜兴的交界处。整个旅游度假区有着完全不输给天目湖的秀美湖景，大片的茶田以及湿地公园，来这里踏春可谓名副其实。

云湖水库名为“水库”，实则风景如画。站在水库旁的大坝上，视野里极为开阔的湖面，湖水微蓝，远处是连绵的群山，朦朦胧胧，山水之美无非如此。最美的云湖在傍晚，和爱人一起到大坝上去看日落，当大坝上空无一人时，而眼前又晚霞绚烂、湖光微澜时，那种“一生一世一双人”的感觉会来得格外深刻。

交通：上海到云湖旅游度假区：沪渝高速—沪苏收费站—苏浙沪高速—苏浙收费站—申苏浙皖高速—长兴方向走宁杭高速—宜兴出口—左转再右转进104国道，看到342省道—南岳村左转—沿342省道直行就会看到云海间指示牌，沿指示牌前行即可。单程：242公里，路费100元左右。

特别提醒：

1. 推荐位于云湖旅游度假区15公里外张渚镇的茗岭山。虽然未经商业开发，山路不太平坦，但是如果是喜欢山林野趣的人，这里还真值得一去。茗岭山，号称“苏南最高峰”，是古代南京到杭州的主要官道之一，至今那条历经百年的青石板路在茗岭山依然保留完好，两侧无边的毛竹让人百看不厌。

2. 想尝试地道的农家土菜，推荐大家去云湖大坝下的横山村，那里有最有名的产自云湖水库内的横山鱼头。鱼肉鲜嫩、鱼汤鲜美，这几年甚至很多天目湖的鱼头都是由横山水库提供。人均价格 70 元。

■ 茶博园

【一个体验茶文化的生态观光园】

茶博园位于云湖大坝旁边，依山而建。茶博园里主要分为电子展览馆、茶艺表演馆和体验区三大部分，其中，体验区是最有意思的地方，可以采茶、品茶。每年四五月新茶上市的时候，这里会让游客上山体验采茶，互动性增强很多。

此外，茶博园里还有四个风情各异的茶馆，分别是中国馆、日本馆、英国馆、俄罗斯馆。

■ 大觉寺

【风景绝美的古寺】

大觉寺的位置在半山上，最早是建于南宋期间，距今 700 多年历史，现今为重修建筑。主殿观音殿前的风景最美，既能眺望到不远处的云湖水库，四周还有大片的竹林，视野远处山峦重叠，看在眼里舒服在心里。此外，大觉寺内的石雕也很值得一看，一个个憨态可掬的小和尚或挑水、或发懒，圆头圆脑特别可爱，这令人童心大发的石雕，立刻让大觉寺变得生动起来。

■ 云湖湿地公园

【鸟类摄影爱好者的好去处】

云湖湿地公园的生态环境极佳，去那里除了欣赏周边景色，更主要的是去看那里的各种鸟类，白鹭、苍鹭、红嘴鸥还是常见的，运气好还能见到金翅雀。宜兴有不少摄影爱好者会特地到这个湿地公园拍摄鸟类。

阳羡茶园

【出产“阳羡紫笋茶”，与杭州龙井和苏州碧螺春齐名的贡茶】

坐落在太湖之滨的群山环抱之中，云雾缭绕，空气清新，土壤肥沃。不少游客在饱览了宜兴的湖光山色、洞天奇景之后，都忘不了沏上一杯“阳羡茶”来品尝一番。早在汉朝，宜兴便有“阳羡买茶”和汉王到宜兴茗岭“课堂艺茶”的记载。至唐代，茶圣陆羽在《茶经》中写道：“芬芳冠世产，可供上方。”阳羡茶一跃成为朝廷贡茶，名扬全国。阳羡茶不仅得到了朝廷帝王的赏识，也备受历代名士的赞誉。唐代大诗人杜甫、白居易、杜牧等均为与杭州龙井茶和苏州碧螺春相齐名的“阳羡紫笋茶”吟诗作赋。诗人卢仝更留下了“闻道新年入山里，蛰虫惊动春风起。天子未尝阳羡茶，百草不敢先开花”的诗句。置身阳羡茶园，山清、水秀、茶香，层层山坡铺绿叠翠，青翠欲滴；条条茶垄郁郁葱葱，嫩芽挺秀；树树芳香的新绿，似卧坡的青龙和潮动的海洋，好一派赏心悦目的茶洲世界。

开放时间：8：00 ~ 17：00

地址：市区西南湖父镇的羊岭山麓

江阴

徐霞客故居

【中国最著名的旅行家、地理学家】

徐霞客（1587～1641），名弘祖，号霞客，江阴人，其幼年好学，博览图经地理志。因见明末政治黑暗不愿入仕，专心从事旅行。从22岁始历时34年，足迹遍及23个省市，留下了40余万字的观察所得资料，对地理、水文、地质、植物等都做了详细的记录。《徐霞客游记》一书的地理学价值和文学价值都极高。

徐霞客故居始建于明代，至今保留有400年前徐霞客亲植的罗汉松，以及晴山堂、崇礼堂、徐霞客墓、胜水桥等景点。

开放时间：8：00～17：00

地址：江阴市马镇

交通：在无锡汽车站乘往马镇中巴，或者由江阴汽车站乘2路公交车，由江阴中山站乘10路公交车可达。

门票：10元

兴国寺塔

【宋初佛塔，登高可见江阴古城全貌】

始建于宋初太平兴国年间，原为太平兴国教寺的七级浮屠即佛塔。塔系砖木结构楼阁式宝塔，外层呈八角形，飞檐曲栏，内壁呈四方形，隔层相闪。塔的每一层都有回廊，塔内有转角木质楼梯，层层登高，极目四顾，可将江阴的古城形胜尽收眼底。

交通：市内，徒步可达。

华西村

【“中国第一村”】

华西村位于江阴市区东，华士镇西，面积0.96平方公里，人口1500多人，它是中外闻名的江南小村，江南农村田园旅游中心，其村有名的景点有80多处，华西金塔是它的标志性建筑，七级十七层，高98米。华西村是全国农村走共同富裕道路的典型，1998年三产总产值超过25亿元，利税超2.8亿元，农民家庭存款最少的20多万元，多的200

华西村

多万元。每户住房 450 平方米，家庭资产最少的也有 100 多万元。

开放时间：7：00 ~ 17：00

地址：江阴市华西村江苏华西村

门票：150 元

鹅鼻嘴公园

【特色是防空洞】

鹅鼻嘴公园位于长江大桥旅游区西北部，占地 350 亩，因山势蜿蜒多姿，形如天鹅伸鼻江中而得名。公园由炮台博物馆、滨江游览区、森林休闲度假区、渡江战役纪念馆等组成。

鹅鼻洞全长 216 米，洞高 2 米，宽 15 米。鹅鼻洞存在已久，国民政府为抵制日寇入侵，加紧长江防备，在沿江修筑炮台的同时，挖通修筑了贯穿鹅山南北这座山洞，作为蓄存武器弹药、人员之用。后来国民党战败失利而一直封闭着，抗战胜利后，虽经历战争，这座山洞工事完整无损地保留下来。

开放时间：9：00 ~ 16：30

地址：无锡江阴市黄山路 288 号

门票：30 元

江阴文庙

【江阴古城的儒学圣地和江阴科举时代的最高学府】

江阴文庙始建于北宋景祐三年，后经元、明、清及民初 50 多次扩修，绿树掩映中有一座宏伟壮丽的古建筑群，显得格外静谧。千百年来的历史风雨，使文庙显得破败零落。

由于江阴文庙是江阴古城的儒学圣地和江阴科举时代的最高学府，所以江阴居民历来有大年初一到文庙“走三桥”，以求“鸿运高照”的习俗。

元末文庙遭战乱破坏，后经多次整修，形成了以大成殿、明伦堂、尊经阁、崇对祠、戟门、泮池三桥为主体，庑、斋、坊、亭俱全，左庙制右学制，周长 1539 米的文庙建筑群。

开放时间：8：00 ~ 19：00

地址：无锡市江阴市人民中路 196 号

悟空寺

【悟空塔影旧为青阳八景之一】

悟空寺始建于南朝梁代，与江阴城内兴国塔誉称“澄江双塔”。元末寺毁塔存，现为重建建筑。据出土时放置舍利瓷瓶的石函盖上之铭文，这些舍利是唐代高僧“泗州大僧”僧伽大师的真身舍利。

开放时间：8：30 ~ 16：30

地址：无锡江阴市青阳镇霞客大道公交

交通：乘坐公交车 501 路、502 路可以到达，票价 3 元。

门票：100 元

常州

篦箕巷

【常州梳篦甲天下，梳篦世家延陵地】

常州自古以来就一直以制作篦箕和木梳而闻名，常州梳篦选材精良，工艺讲究，深得人们喜爱。湖北江陵拍马山古墓中出土的战国时期木梳就刻有“延陵西门”字样。

篦箕巷位于常州城西，是古代“毗陵驿”所在地，当初它叫花市街，后来才改称篦箕巷。

交通：从火车站乘 1 路公交车或从天宁寺、东坡公园乘 3 路公交车到江南商场下车，马路对面。

■ 毗陵驿大码头牌坊

【清代，毗陵驿是仅次于金陵驿的江南大驿】

篦箕巷口有一个叫“大码头”的高大牌坊，因为这里本是水码头所在地。从明朝正德十四年（1519）起，毗陵驿即设于此巷，此驿站是专供传递公文的差役和官员途经本地时停船休息或换马住宿的。清代乾隆年间，毗陵驿也被称为皇华馆，因此大码头旁也就有了皇华亭。乾隆南巡途经常州时，有 3 次就是从这个大码头登岸进城的。《红楼梦》中贾宝玉与贾政最后一别便是被安排在毗陵驿的文亨桥。

■ 篦梁灯火

【常州古时西郊八景之一】

明代，常州西门和南门一带几乎家家户户世代从事梳篦生产，从业者成千上万。慕名前来常州城购买梳篦的人络绎不绝，尤其以毗陵驿一带生意特别兴隆，著名昆剧剧目《十五贯》就是以熊友兰来常州买梳篦为主要线索展开的。当时古巷的店面都是骑楼式建筑，挑梁伸出巷道，梁下挂着一盏宫灯，落日西斜时，家家户户灯光闪耀，彻夜不灭，故有了“篦梁灯火”的盛况，现在只剩下了老卜恒顺梳篦店旁边的“篦梁灯火”双檐牌楼。

天宁寺

【东南第一丛林古刹】

始建于唐，以殿大、佛大、钟大、鼓大、宝鼎大而闻名，乾隆曾 3 次到天宁寺上香。寺内主要殿宇有八殿、二十五堂、二十四楼、三室、两阁等建筑。罗汉堂内，五百罗汉个个金身雄伟，神态各异，栩栩如生。大雄宝殿是全寺最大的佛殿，供奉释迦牟尼佛、东方世界药师琉璃光佛及西方极乐世界阿弥陀佛。大殿两侧墙上嵌有石刻罗汉像 518 幅，因其艺术水平之高被视为寺中瑰宝。

开放时间：8：30 ～ 17：00

地址：常州市天宁区罗汉路 1 号

交通：从火车站乘 11 路或 30 路公交车可达。

天宁寺不二法门

门票：80元（含天宁寺、天宁宝塔）

特别提醒：天宁寺素斋十分出名，多数是豆制品，鲜蔬瓜果和香菇、木耳、发菜等山珍海藻也十分清淡可口。

红梅公园

【入目皆花影，处处尽芳菲】

园内的主要建筑为红梅阁，其西侧的古春轩曾是中共早期领导人瞿秋白少年时代的读书处。另有纪念王安石的半山亭、纪念万安和尚的袈裟塔以及千古奇石“冰梅石”等，每个景点都有一段生动的故事。

位于塔园北侧的月季园，其各色月季堪称江南之冠，是全国五大月季观赏基地之一，每逢冬末春初又有红梅怒放。

开放时间：7：30～18：30

交通：从市民广场站乘19路公交车在景福苑站下，步行约120米可达。从天宁寺出来，沿红梅路步行往北几分钟可到。

门票：免费。登文笔塔5元，红梅阁5元。

特别提醒：天宁寺、红梅公园和位于罗汉路的文笔塔相距不远，可做一线游览。

文笔塔

【历史上被常州文人视为笔魂】

文笔塔位于红梅公园南端，始建于南朝齐高帝萧道成建元年间，名建元寺，俗称塔下寺，后改称太平寺，迄今已有1500余年历史。相传每当塔顶有祥光腾现，常州地区必有文人中状元。历史上，常州先后出现了15位皇帝，9名状元，1333名进士，还涌现出了一大批政治、经济，历史、文化、科技等方面的优秀人才。因此，文笔塔被视为常州文化的象征。

塔寺历经兴废，宋代诗人杨万里《题太平寺》诗中就曾有记载：“太平古寺劫灰馀，夕阳惟照一塔孤。”现塔为美籍华人刘璧如等资助，于1982年11月修复对外开放。该塔用花岗石做塔基，为砖木结构，七级八面，每层有拱门，中有螺旋形木梯可供攀登。登塔远眺，全城的景色尽收眼底。塔园内还有笔架山、文笔楼、砚池、红梅阁等建筑景物。

开放时间：6：00～18：00

交通：从火车站乘19路公交车到红梅公园南门站下，步行约205米到达文笔塔；从火车站新丰桥站乘11路公交车到红梅公交中心站下，步行约278米，到达文笔塔。从市内乘1路、3路、7路公交车可达。

门票：5元

常州中华恐龙园

【被称为“东方侏罗纪公园”】

以恐龙为主题，融博物、科普、娱乐、休闲及表演为一体的综合性游乐园。

中华恐龙馆是中华恐龙园的核心和灵魂，是恐龙科普知识的海洋，收藏展示中国系列恐龙化石最为集中的专题博物馆。馆内主要设有影视特效厅、地球演化厅、海洋生物厅、廊厅、丛林厅、溶洞厅、恐龙陈列厅、中华龙鸟厅、恐龙灭绝厅等十多个主要参观游览场所。各厅通过逻辑线路，有分有合，互为关联，以生物演变史作为设计背景，重点突出恐龙从生存、繁衍、演化直至毁灭的构思主线，揭示了生命与环境相互依存，人类必须保护生态环境的主题。

园区内另围绕恐龙馆设有穿越侏罗纪、白垩纪立体迷宫、三叠纪音域魔洞、恐龙山探险、荒滩漂流、动感立体电影、高空滑索、火箭人、超级飞人、热气球升空、模拟攀岩、情侣车、草坡滚球、地震盘、跑马场、亲子园以及水上自行车等娱乐项目。

开放时间：9：00 ~ 17：00（7月5日 ~ 8月24日每晚17：00 ~ 23：00开放夜公园）。

地址：常州市新北区长江东路1号

交通：从市内乘29路、302路公交车可直达，从火车站打车20元左右。

门票：200元

网址：http：//www.cnkly.com

淹城春秋遗址公园

【明清看北京，隋唐看西安，两汉看徐州，春秋看淹城】

迄今已有近3000年的历史，是世界上仅存的三城三河形制的古城，也是我国目前保存下来的最古老、最完整的地面古城池。关于淹城的来历和淹城的主人究竟是谁，史学界和考古界众说纷纭，至今仍无定论。一说淹城曾是商末周初奄国的国都，相传奄君就是周成王时与商代后人武庚勾结发动叛乱的奄国君王，被周成王所灭后，带领残部从山东辗转逃到江南，在这里凿河为堑，堆土为城。3000年的风雨后，留下来无数造化的杰作，自发掘以来，陆续出土了大量几何印纹陶罐、缸、瓮、钵和铜编钟、铜鼎等青铜器，在内城发掘出的独木船，更是轰动了中国考古学界。最大的一只独木船为整段楠木火烤斧凿而成，长11米、宽0.9米、深0.45米，被誉为“天下第一舟”。

开放时间：9：00 ~ 17：00

地址：常州市武进区

交通：乘61路、509路、510路、511路公交车可达。

门票：20元

网址：www.cn-yc.com.cn

特别提醒：购买淹城春秋乐园门票130元，可免费游淹城春秋遗址公园。

圩墩公园

【了解新石器时代的马家浜文化之地】

因圩墩遗址而得名的公园，园内建筑既突出明清古典建筑特点，又反映江南水乡韵味。公园附近的圩墩遗址是至今发现的常州地区最早的原始社会村落遗址，属马家浜文化，是太湖流域一处重要的新石器遗址。

时代早期文化的代表。经测定，马家浜文化的年代为公元前4000 ~ 前5000年。从出土的器物来看，农业经济已成为当时主要经济生活，特别是栽培水稻，培育出粳稻，这是水稻种植的一大发展。为适应当地自然环境，那时渔猎经济也占有一定地位，并处于母系氏族阶段。

背包客收藏：马家浜文化

马家浜遗址面积约15000平方米，从出土的器物和遗迹看，生产工具中磨制石器有孔石斧、弧背石锛；生活用具中的夹砂红陶素面腰沿釜、牛鼻式双耳罐、带嘴平底以及地面木构建筑住房、公共墓地和俯身直肢葬式等，都是马家浜文化时期的主要特征，是一种与黄河流域原始文化不同的文化形态。有考古学家认为，长江流域和黄河流域同是中华民族文化起源的摇篮，并确认以嘉兴马家浜遗址为代表的马家浜文化是长江下游、太湖流域新石器。

南山竹海

【有“天堂南山，梦幻竹海”之美誉】

南山竹海环境宜人，山水相映成趣，风景如诗如画。除了万顷竹海、千年古松、高山镜湖，这里还有古官道、古代军事遗址等人文景观。

景区分为五大功能区，分别为静湖

娱乐区、休闲娱乐区、历史文化区、寿文化区和登山游览区。主要的景点有：静湖、小鸟天堂、古官道、中国第一寿星、吴越第一峰、撞钟祈福等。

开放时间：8：00 ~ 17：00

地址：溧阳市横涧镇李家园村

交通：汽车总站乘坐 109 路空调车至景区门口下车

门票：90 元

特别提醒：夏季景色最佳，可以最好地欣赏到竹海的旖旎风光，且是避暑胜地，玩水赏竹，也是最相宜不过。其他季节，观赏不到竹海风光，景致稍微逊色。

天目湖

【湖水清冽，岛屿无数】

位于苏、浙、皖三省交界处的溧阳境内，300 平方公里的景区包括山水园、太公山，以及体现苏南山野风光的小岭生态休闲园等。沙河和大溪两座大型水库水质清冽、湖岸蜿蜒曲折，布满了大小岛屿，奇花异草与野生动物在此盛开、栖息，形成了和谐的生态系统。茶香、水甜、鱼头鲜为“天目湖三绝”：湖区茶园内精制的“沙河桂茗”“南山寿眉”“水西翠柏”是国家一级名茶；天目湖水保持天然山泉的纯度和矿物成分，超过国家二级饮用水水源标准；湖中鱼种丰富，盛产大灰鲢，以此做成的“砂锅鱼头”鲜而不腥，肥而不腻。

交通：常州汽车站有发往溧阳的班车。

门票：天目湖山水园 120 元，天目湖南山竹海 90 元，天目湖御水温泉 218 元。游船 60 元。

特别提醒：4 月为最佳旅游季节，此时茶香鱼肥，春色遍野。春夏季是溧阳最佳旅游季节。每年一度的天目湖旅游节和两年一届的中国溧阳茶叶节每两年相逢一次，正是溧阳最热闹的时候。而在炎炎夏季，到天目湖去过泼水节，或是到南山竹海万亩竹园内避暑纳凉，玩水赏竹，也是最相宜不过。秋季的天目湖自有另一番景色，而冬季在皑皑白雪中围着火炉吃鱼头，也是独具风味的美事。

镇江

焦山

【江南的“水上公园”，为“京口三山”名胜之一】

焦山多禅寺、精舍、亭台楼阁，以山水天成、古朴幽雅闻名于世。郑板桥、康有为、柳亚子等人，曾在此攻读，这里还办过佛学院，因此有“文化山”之誉。与镇江的另一座名山——金山相比：焦山高大雄伟，金山小巧玲珑；焦山竹木苍翠，金山塔寺辉煌。自古以来，民间就有“焦山山裹寺，金山寺裹山”的说法。

开放时间：8：00 ～ 17：00

交通：乘 4 路、104 路公交车可达。

门票：65 元（含渡船费）。登万佛塔 15 元。

特别提醒：每年 9 月 26 日～10 月 26 日为焦山桂花节。

■ 不波亭

【为海不扬波亭的简称，即定慧寺山门】

门旁左右悬挂着清代光绪年间巴州廖伦所写的一副楹联：“长江此天堑，中国有圣人。”进入山门，迎壁就是对联的横批“海不扬波”四个大字，为明代书法家胡缵宗所书，意为焦山矗立江心，犹如镇海之石，驱逐水妖，故而海不扬波。而在佛教上“海不扬波”又是清平世界的意思。

■ 定慧寺

【乾隆帝曾多次驾临，空灵古刹至今仍为明时风格】

始建于东汉兴平年间，现在的建筑为明代重建，现仍保持明代的建筑风格。大雄宝殿内雕龙描凤的屋顶不用钉子，全部用小方块木头拼合而成，还有飞檐、斗拱，技艺高超。加上殿堂三尊金碧辉煌的大佛，更显得庄严肃穆。

定慧寺天王殿前是一座木结构的古式方亭，上盖琉璃瓦，亭中竖立一块石碑，上面碑文是乾隆皇帝第一次南巡时作的《游焦山歌》，背面是乾隆第三次来焦山时作的《游焦山作歌叠旧作韵》。位于定慧寺西南的华严阁，面临大江，背依峭壁，是一座两层楼临水建筑。每当华严阁皓月当空，江上银涛万顷，天空一碧如洗，交相辉映。“华严月色”是焦山最富诗意的十六景之一。

■ 焦山碑林

【因收有自东晋以来数位大家的书法碑刻而有“书法之山”的美誉】

走过一排枫树，前面为一座精致小巧的古雅庭院，这便是乾隆南巡时逗留

镇江焦山碑林宝墨轩

的行宫。行宫为两层建筑，楼外惊涛拍岸，波澜起伏，故名观澜阁。从观澜阁穿小桥就来到宝墨轩，又名焦山碑林。碑林内珍藏着历代碑刻400多块，镶嵌在回廊亭阁之中。其中最著名的有东晋王羲之书《破邪论序》，唐颜真卿《题多宝塔五言诗》，宋代名书画家米芾的"城市山林"横额、黄庭坚的《蓄狸说》等，这些碑刻无论从史料和书法艺术方面都有很高的价值。

另外，在焦山西麓沿江一带全为陡岩峭壁，有浮玉、栈道、观音、瘗鹤铭等岩石，其上有千百年来历代名人的诗作题刻。包含正、草、隶、篆各种书法，内容丰富，犹如古代书法的展览馆。

■ 三诏洞

【因"三诏不起"的东汉学士焦光而命此名】

又名焦公洞，位于焦山西麓通往山顶的路旁。相传东汉末年，学士焦光不愿做官而隐居于此。汉献帝曾三下诏书请焦光出山做官，他都拒不应诏，世称"三诏不起"。焦光以砍柴卖柴度日，生活十分清贫，他精通医术，常给周围的百姓免费医治。人们为了纪念他，改当时山名樵山为焦山，并在三诏洞中塑像祭拜。

■ 别峰庵

【扬州八怪之一的郑板桥读书处】

在焦山别岭上的翠竹环抱之中，有一座别致的方形四合院，称"别峰庵"，始建于宋代。庵内北侧有小斋三间，天井中有一花坛，桂花树两株，修竹数竿，这里就是清朝著名画家、扬州八怪之一的郑板桥于雍正年间在此攻读学习之处。过道门头上就有"郑板桥读书处"的横额，门上还保留着当年郑板桥手书"室雅何须大，花香不在多"的对联。

■ 百寿亭

【因有百个变体的篆体寿字而得名】

位于焦山西北半山腰别峰庵下。该亭是一座用砖砌成的方形凉亭，周围有墙，墙头与亭檐之间用瓦镶成一排古寿字图案，东西两门山路贯穿其中。南墙内壁中间竖嵌着一块条石，上刻百个不同样的篆体寿字，变化巧妙，别具匠心。

■ 吸江楼

【一座二层高、宜于夏日登楼观日出的佳处】

耸立在焦山东峰绝顶，楼呈八角形，整个结构为水泥仿木，有楼梯盘旋而上，回廊四通，八面有景。

金山

【神话中"白娘子水漫金山寺"的发生地】

金山位于长江边上，江天大禅寺依山而造，殿堂楼台层层相接，从江中远望金山，只见寺庙不见山，素有"金山寺裹山"的说法。金山寺始建于东晋，原名泽心寺，唐时通称金山寺。《白蛇传》中破坏白娘子与许仙美满婚姻的法海就是金山寺的和尚，现金山寺中还存法海、白龙两洞。此外，金山上还有唐代名士刘伯刍所誉的"天下第一泉"。

开放时间：8：00～17：00

地址：镇江市润州区金山路62号

交通：从火车站乘2路公交车直达。此外还有8路、34路、102路、104路、123路公交车可达。

门票：65元

■ 江天禅寺

【与普陀寺、文殊寺、大明寺并列为中国四大名庙】

位于金山寺门口，即金山寺，自古就是一座闻名神州的禅宗古刹。始建于东晋，距今已有1500多年历史。

金山寺

■ 夕照阁

【完好地保存了清乾隆帝南巡驻跸金山时留下的 7 块御碑】

石碑记载的内容大多是乾隆帝 6 次下江南到金山，对金山风景的评价和如何继承清室传统、统治大清帝国的决心。

■ 楞伽台

【一处建于远离大海、高不可攀的大山之处的楼宇】

“楞伽”是梵语，意为“不可往”，或说是大海中远不可达、高不可攀的一座大山。楞伽台在金山的东南，傍山驳石而建造。相传苏东坡晚年受老朋友佛印和尚相托在此写《楞伽佛经》，故又称书经楼。登台顶长廊远眺，碧空万里，江天一色，气势十分壮观。

背包客推荐：金山游览线路

江天禅寺大殿—夕照阁—观音阁—慈寿塔—古法海洞—白龙洞—朝阳洞—玉带桥—郭璞墓—天下第一泉。

寺内另有建于齐梁的慈寿塔，塔高 30 米，为砖木结构，七级八面，内有旋式楼梯可登临塔顶凭栏远眺。慈寿塔西下侧的悬崖上有法海洞。相传，法海和尚是金山寺开山祖师，他在金山寺所住的地方，现洞中塑有法海塑像一尊。而金山西北山脚下玉带桥旁的白龙洞，则塑有白娘子、小青两座白石像，可见金山寺与《白蛇传》的渊源。留云亭位于金山最高处，亭中石碑是 300 多年前，康熙皇帝陪同其母来到金山寺游览时留下的古迹。在留云亭可俯瞰镇江全城。金山东北山腰间的日照岩，是旭日东升时，观日出的最佳处。慈寿塔下的屋内陈列着金山寺的一批珍贵历史文物，如西周宣王时代的铜器“遂启祺鼎”、苏东坡的玉带、明朝著名画家文徵明所绘的金山图与传说为诸葛亮发明的铜鼓合称“金山四宝”。郭璞墓为曾注释过《尔雅》《山海经》《楚辞》等古代重要著作的山西人郭璞之墓，墓碑上刻有“晋赠弘农太守郭璞之墓”，位于金山之西的石簿山上。

镇江茅山景区示意图

茅山

【为道教上清派的发祥地，山中有道教“第八洞天”之华阳洞】

茅山宛如一条绿色苍龙横卧于江苏省句容、金坛、溧水、丹徒、丹阳5县市之间。主峰大茅峰，似绿色苍龙之首，也是茅山的最高峰，海拔372.5米。风景秀丽的茅山星罗棋布了许多怪石，这里曾是新四军苏南抗日根据地的中心。

登临茅峰之巅，东可望太湖，西可观赤山；二茅峰则位于积金峰北，宋时曾在此建德观，现遗址上留有 4 块殿柱基石和砖瓦。抱朴峰位于大茅峰东北，海拔 288 米。相传葛洪曾在此修道炼丹，故建有抱朴庵。茅山老虎岗西侧的华阳洞，相传有茅盈、茅固、茅衷三位真君隐居此洞修道，齐梁时陶弘景也曾隐居洞中著书立说，收徒传教，而获“第八洞天”之殊荣。位于大茅峰北丛林之中的喜客泉，如遇路人行至，便泉水滚滚，实为罕见；而崇寿观前昭明读书台下的抚掌泉则遇旱不涸，路人击掌，泉涌便沸水般沸腾，此为茅山内的两大奇观。

开放时间：7：00 ~ 17：00

交通：常州客运北站有直达句容茅山的班车。

门票：淡季（7 ~ 9 月、11 月 ~ 次年 1 月）90 元；旺季（2 ~ 6 月、10 月）120 元

特别提醒：每年农历十二月二十四到次年三月十八，句容茅山都举行道教庙会，每天都有道场活动，每年 3 月 18 日 ~ 5 月 8 日，金坛茅山都举办登山节。农历二月二十五、三月十八、十月初三为纪念日，每逢此时，香客众多。

北固山

【镇江三山名胜之一】

由于北邻长江，形势险固，故名北固。北固山由前峰、中峰和后峰三部分组成。前峰原为东吴古宫殿遗址，现已辟为镇江烈士陵园；中峰上原有气象楼，现改为国画馆；后峰为北固山主峰，北邻扬子江（长江），三面悬崖，地势险峻，素以“天下第一江山”闻名于世，是风景最佳的地方。

北三国时“甘露寺刘备招亲”的故事就发生在北固山。以险峻著称的北固山，因三国故事而名扬千古。山上亭台楼阁、山石涧道，无不与三国时期孙刘联姻等历史传说有关，成为游人寻访三国遗迹的向往之地。

甘露寺高踞峰巅，形成“寺冠山”的特色。相传始建于三国东吴甘露元年（265），后废屡建，寺内包括大殿、老君殿、观音殿、江声阁等，规模虽不大，名气却不小。

开放时间：8：00 ~ 17：00

地址：镇江市东吴路 3 号

门票：旺季（3 ~ 11 月）40 元；淡季（12 月 ~ 次年 2 月）30 元

宝华山

【佛教律宗第一山】

素有“林麓之美，峰峦之秀，洞壑之深，烟霞之胜”四大奇景，为中国佛教圣地之一。山中隆昌寺距今 1400 多年，而寺中的铜殿，其梁、栋、柱、窗等均为铜铸，其形为楼阁式，供观音像于殿中，是明代万历三十三年（1605）创建，耗资黄金 2000 两，距今已有 400 多年。无梁殿分布在铜殿左右两侧，左边是文殊无梁殿，右边是普贤无梁殿，均属明代建筑门，窗不用一木，外形仿木结构，内用砖瓦代替，纯系砖瓦建造而成。钓鱼矶在隆昌寺之西北，相传是王安石钓鱼处。

宝华山寺院群还珍藏着一批文物，如皇帝用过的枕头、拐杖，唐伯虎的画，岳飞亲书的《满江红》词等。宝华山中还有潮音洞、乌龙洞、白虎洞、志公洞等九处石灰岩溶洞。

开放时间：8：00 ~ 17：00

交通：常州客运北站有直达句容宝华山的班车。

门票：50 元

特别提醒：每年 4 月为宝华山玉兰赏花节。

西津古渡

【集合了津渡文化、宗教文化和民居文化，是镇江历史文化名城的“文脉”所在】

西津渡古街位于镇江城西的云台山麓，是镇江文物古迹保存最多、最集中、最完好的地区。古时西津渡为临江渡口，西津古渡依山临江，风景俊秀，李白、王安石、苏轼、陆游、马可·波罗等都曾在此候船或登岸，并留下了著名诗篇。如今渡口的功能逐渐淡化，但是古代风貌却得以基本完整保存。这里保有英国领事馆旧址、五十三坡、救生会、昭关石塔、观音洞、超岸寺等中外文化、宗教古迹。

英国领事馆旧址现属镇江博物馆。馆内珍藏着不同时代的文物3万余件套，如西周时的鸳鸯尊、春秋时的双螭首三轮铜盘、东吴时的青瓷罐、唐代的“论语”玉烛、宋代的影青雕塑孩儿瓷枕、禹迹图碑、绢本南京府县地图、金棺银椁、元代的青花瓷器、明代的《杏元雅集图》等稀世珍宝。

地址：镇江城西的云台山麓

交通：市内乘K38路公交车可到西津渡站。

门票：免费

西津渡

季子庙

【春秋时，吴王四子季札之墓，因内有沸井涌泉而闻名】

季子名札，春秋时吴王寿梦的第四子。长子诸樊为王，欲以兄弟传国，后季札不受，封于延陵，故称延陵季子，死后立庙奉祀。现只存南庙，庙后为季子墓，庙前立有“呜呼有吴延陵君子之墓”碑。季子庙因沸井涌泉闻名遐迩，其沸井主要分布在庙前的沸井塘边。

现存古沸井有6口，井内水面翻腾鼎沸，滚浪有声。这奇特的景观令游人称奇不已。此外，在庙周边的河沟水塘内，还有多处沸泉在滚涌，从不停息。历代名人如李白、萨都刺、沈德潜等来庙观井后，都留下了不朽的诗文。

地址：镇江丹阳市延陵九里镇南街北端

交通：在丹阳乘行宫专线巴士可达。

沈括故居梦溪园

【北宋时期科学家沈括晚年居住的地方】

沈括在此写成了科学巨著《梦溪笔谈》。梦溪园有岸老堂、萧萧堂、壳轩、深斋、远亭、苍峡亭等建筑。内有沈括全身坐像和文字图片、模型、实物。展现了沈括在天文、地理、数学、化学、物理、生物、地质、医学等方面的科研成就。

地址：镇江市区梦溪园巷内

交通：可于新汽车站、火车站乘10路公共汽车，或大市口乘1路到公交总公司下。

实用资讯

交通

地处长江三角洲的苏南地区，交通十分发达，其中苏州、无锡、常州等市为其交通枢纽。无锡更因处于京沪铁路、新长铁路的交会点，而成为华东地区重要的铁路枢纽之一。区内的交通更以发达而便捷的公路网为主。

苏州

苏州的对外交通方式以铁路和公路为主，因苏州市没有机场，所以乘飞机通常都要借道上海，但两地之间有公路相接，所以也十分便捷。水路是进出苏州的一种辅助方式，主要以大运河为航道，水路交通存在航行时间较长的问题。对于旅行者来说，可顺便观赏运河两岸的风物之长。

航空

苏州没有民航机场，乘飞机要取道上海虹桥机场、上海浦东机场、无锡苏南机场或杭州萧山机场。在苏州干将西路 115 号东航苏州营业处有到上海虹桥机场的班车，票价 50 元，车程约 1 小时40分钟。上海虹桥火车站离机场很近，有直接发往苏州的高速动车，分为一等座、二等座，车程 30 ~ 40 分钟，票价 30 ~ 70 元。从上海浦东国际机场可乘坐机场大巴或者火车到达苏州。乘坐机场大巴需要 3 小时。乘坐火车需要从机场坐地铁到虹桥火车站，再从火车站乘坐高铁或动车到达苏州。地铁到虹桥火车站 1 个半小时，动车或高铁到苏州站约 30 分钟。

锡硕放机场距离苏州市区约 36 公里，到达苏州同样是大巴和火车的方式。大巴每天只有 6 班到苏州。机场有大巴到无锡火车站，火车站到苏州的车次很多，几乎是随到随走。

铁路

沪宁铁路线上几乎所有的列车均停靠苏州，也有苏州始发的车，更多的是外地城市始发路过苏州到上海的。苏州至上海往返的火车平均每隔 20 分钟左右就有一班。

目前苏州有四个火车客运站，分别是苏州站、苏州北站、苏州工业园区高铁站、苏州新区高铁站。其中苏州北站距离市区较远。建议到达苏州站，苏州站靠近市中心和汽车站，游览景点十分便利。

苏州站

位于市区（平江区），京沪铁路上几乎所有经过苏州的列车均会停靠此站。其中，从上海到苏州站的火车 20 分钟左右一趟。

地址：苏州市姑苏区苏站路 27 号

交通：乘坐公交车到新火车站北临时广场、苏州北广场客运站下车。

电话：0512-67513131

苏州北站

苏州北站为京沪高速铁路车站，所有高铁和动车均停靠此站。但距离市区较远，坐公交车要一个多小时，打车到市中心观前街约 45 元。

地址：苏州市相城区富临路

交通：乘坐公交车到京沪高铁苏州北站下车。

苏州工业园区高铁站

又称沪宁高铁园区站，停靠 G 字头和 D 字头高速火车，有从上海、南京以及武昌等地发往苏州的车次。

地址：苏州工业园区至和西路

苏州夜景

交通：乘坐公交车到沪宁城铁园区站广场、沪宁城铁园区站下车。

苏州新区高铁站

主要发售沪宁高铁车票。停靠G字头和D字头动车，有从南京、上海、无锡等方向到达苏州的列车。但是目前停靠的车次较少。

地址：浒墅关镇城铁南路西南侧

交通：乘坐公交车到沪宁城铁新区站西或沪宁城铁新区站下车。

公路

苏州是江苏省通往上海、浙江的东南门户，苏嘉杭高速公路、沪宁高速公路、沪杭高速公路和沪苏浙皖高速公路横贯而过。

苏州有四个长途客运站。其中汽车北站、汽车南站、汽车西站位于市区。吴中区汽车站位于吴中区，有开往乡镇各景区的旅游专线。四个车站均可在官网订票。

网址：221.224.77.214：8081/wsdg_suzhou

苏州汽车北站

位于市中心，靠近苏州火车站。担负着苏州至各省市的长途客运以及江苏境内和周边的短途客运。此外，也是苏州到上海车次最多的汽车站。

地址：西汇路29号(火车站东侧，平门)

交通：乘坐公交车到汽车北站下车。

电话：0512-67530686

特别提醒：苏州汽车北站可以买到旅游集散中心自助游套票，套票包括景点门票和往返的车票，比自己坐车去景点要划算。去往的景点主要是同里、周庄、锦溪等地。

苏州汽车南站

距离苏州站较近，坐快线6路直达苏州站。往吴江市各乡镇中巴流水发车，往浙江方向的长途汽车也多在这里始发。

地址：南环东路迎春路口

交通：乘坐公交车到汽车南站或汽车南站广场站下车。

电话：0512-65204867

苏州汽车西站

地址：苏州新区长江路金山路口

电话：0512-68255168

交通：乘公交车到客运西站下车。

吴中区汽车站

距离市中心有一定距离。这里有发往角直、同里、周庄的旅游专线巴士。也有少量从浙江、上海发往苏州的班次。

地址：吴中开发区广建路 10 号

交通：乘公交车到吴中汽车站下车。

水路

京杭大运河苏杭段有客运航线往返，苏州在南门码头（人民路 8 号）购票上船。每天 17:00 对开一班，次日 7:00 抵达。

天堂号：双人间 150 元 / 人，四人间 98 元 / 人；寒山号：双人间 110 元 / 人，四人间 86 元 / 人；沧浪号、灵岩号：双人间 95 ~ 150 元 / 人，四人间 78 ~ 86 元 / 人；虎跑号、九溪号：双人间 110 ~ 130元/人，四人间78 ~ 88元/人。

问询电话：0512-65209076

特别提醒：售票处除售当日轮船票外，可预售船票，一般季节在开船前 2 小时左右都可购得船票，旅游旺季需提前预订。

市内交通

苏州出租车起步价 10 元。普通公交车票价 1 元，空调车票价 2 元，多为无人售票车。三轮车起步价 2 元，每公里加收 2 元，包车 5 元 / 人 / 小时。另外，因为苏州城不大，骑自行车旅行是不错的方式，在苏州火车站东侧的平门桥一带有许多自行车出租店，大致价格为 4 小时内 2 元，5 ~ 6 小时 3 元，5 元 / 天。办理租车手续时需要身份证及押金。

特别提醒：最好在上车前和车夫谈妥价钱，以免事后发生争执。

无锡

无锡作为华东地区的重要交通枢纽之一，无论东西南北的旅行者都可以乘飞机、火车直接到达，而在华东地区或苏南地区旅行，乘汽车和火车都十分便捷，但火车则因价格低于汽车，所以颇受青睐。

航空

无锡有飞往北京、广州、深圳、成都、昆明、海口的航班。无锡苏南硕放国际机场西北距无锡市区 12 公里，离无锡新区 5 公里。市区与硕放机场之间有定点班车，火车站发车地点在中旅大厦门口（火车站对面），机场到火车站的班车地点在火车站广场，票价 5 元，行程约 45 分钟。无锡至上海虹桥机场的高速专线票价 75 元，车程 2 小时。发车地点在无锡市高墩桥南巷 210 号、社会客运中心 29 号车位。无锡宜兴市还有发往南京禄口国际机场的班车，发车地址是宜兴通贞观路 55 号。无锡坐高铁到虹桥火车站下，全程 1 小时左右，票价 60 元。虹桥火车站坐地铁 10 号线到虹桥机场 1 号楼（2 站）或 2 号楼（1 站）下即可，票价 3 元。

铁路

无锡是华东地区重要的铁路枢纽之一，京沪铁路、新长铁路是无锡市的两条主要铁路交通线。无锡火车站位于无锡市城北，有来往上海、杭州、南京、怀化的始发车。

无锡火车站

地址：车站路 1 号

电话：0510-82301033

特别提醒： 宜兴返回无锡火车站的末班车为 20：00，如果要当晚赶回无锡，请提前做好时间安排。

公路

无锡原有 3 个长途客运站，后全部改迁至位于通江大道与锡沪路交叉口的无锡汽车客运站（火车站北广场）。三站原有发送线路也将陆续搬迁至无锡汽车客运站。

地址：锡沪西路 222 号

特别提醒 无锡汽车客运提供网上订票服务，网址 http：//www.wx8s.com：8081/wsdg_wuxi

市内交通

无锡出租车起步价 10 元。普通公交车票价 1 元，空调公交车票价 2 元。上海交通"一卡通"可在无锡公交车上刷卡。

常州

是沪宁线上的主要停靠站，途经或始发的铁路列车也很多，所以铁路交通十分方便。常州的航空线也几乎覆盖了国内 20 多座城市，但苏南地区内的旅行还是以公路交通为首选，既方便也十分经济。

航空

目前常州已开通北京、广州、深圳、厦门、武汉、大连、昆明、重庆、桂林等 20 余条航线。

常州奔牛机场

地址：新北区罗溪镇

电话：0519-83256257

铁路

沪宁线上火车大都在常州停靠，每天从常州站始发和途经的火车有 100 多列，常州还有始发到北京、铜陵等地的普快列车。

常州火车站

地址：关河东路

常州新火车站

地址：常州火车站北面，仅供动车组和高铁通行

公路

常州每日有数十辆发往杭州、宁波、绍兴、无锡、镇江、扬州、淮安、徐州等地的客车，距南京、上海仅 1 个多小时的车程。

常州长途汽车站

地址：新丰街 18 号

电话：0519-88175312、88110710

市内交通

在常州乘出租车 9 元 /3 公里，一般不出市区 9 元足够了。普通公交车为 1 元，空调公交车为 2 元。

镇江

因与江苏省会南京市紧邻，所以，乘飞机可借道南京，而且沪宁线途经此地，所以乘火车出入镇江就尤为方便了。另外，镇江与扬州之间的大桥的贯通，让苏南与苏中的交通更为便捷了。

铁路

沪宁线上几乎所有的列车均停靠镇江。此外，镇江还有始发上海、天津、温州的列车。

公路

镇江每天有往返于南京、上海、苏

州、无锡、常州的快客。镇扬汽渡昼夜通行，是全省最繁忙的渡口，每20分钟就有一班车从镇江火车站开往扬州。此外，镇江每天还有发往丹阳、扬中、句容、溧阳、泰州、南通、高邮、金坛、盐城、淮安、合肥、江阴、张家港等地的长途汽车。

镇江客运中心站

地址：场中区中山西路67号

电话：0511-85232762

镇江中山西站汽车站

地址：中山西路跑马山口

电话：0511-85621332

镇江南门汽车站

地址：丹阳县华阳路72号

电话：0511-85013270

镇江南门快客汽车站

地址：京口区解放路25号

电话：0511-85013270

镇江汽车总站

地址：润州区朱方路204号

电话：0511-85017730、85625525

市内交通

镇江出租车起步价8元，公交车1元。

住宿

苏南是经济发达地区，而且苏州和无锡又是两座著名的旅游城市，所以其住宿的价格相对要高一些，但无论是在城市还是偏远一些的旅游景区，住宿条件都完全具备高中低不同档次。由于苏南的城市都属于中小型城市，市内交通也十分方便，所以，选择住宿建议首先考虑市中心，而不必是临近景区的旅馆。

苏州

观前街一带是苏州城的中心，这里出行和餐饮都极为方便，离主要的古典园林都不是很远。对于独自出行的旅行者来说，夜晚独自流连于热闹至深夜的观前街也不会有什么危险。

平江客栈

由姑苏古老民房改建而成，原是明

木渎古镇西施桥

无锡惠山泥人

朝望族"方家大宅"。平江客栈坐落于苏州古城的中心，观光以及商务活动均很便利。去商业及购物中心观前街徒步仅需5分钟。搭计程车仅需要5分钟就可以到达著名园林景点，如拙政园、苏州博物馆。驱车10分钟就可到达苏州工业园区，标准间390元/间。

地址：平江区钮家巷33号

电话：0512-65233888

壹棵树青年旅舍

一栋江南园林式的别墅，300多平方米三层复式带20平方米的室外小花园。地理位置非常好；公交直达虎丘、寒山寺、拙政园、苏州博物馆；门口美食街有南北风味的特色美食，等着吃货来扫荡。附近就是一个原始的苏州老弄堂，不仅有世遗，还有名人故居。到壹棵树让您去追随江南慢生活，走在古城区宽敞的石板路，似梦回大清。标准间120元/间起。

地址：景德路与吴趋坊交叉路口（观前街商圈）

电话：0512-86660890

古德花园客栈

在平江路上，白天时在阳台上喝着茶看楼下的人群涌动，有一种市井的幸福感。标准间230元/间起。

地址：苏州市平江区平江路136-2号（观前街商圈）

电话：0512-67317199

无锡

五爱广场为无锡的市中心商业区，交通和餐饮都很方便。无锡城不大，所以无须特地选择景点附近的住宿，除非是以度假为目的的出行。那么建议住在太湖边上的宾馆，可享太湖的幽静。

灵山精舍

坐落于灵山梵宫东畔，古朴、精致、淡雅、山水丛林中，一抹粉墙黛瓦。佛教禅宗体验是酒店的最大特色，整体颇有几分日式庭院的意境。禅景房360元起。

地址：无锡滨湖区马山灵山路1号（滨湖区）

电话：0510-85376888

舒隅酒店

作为中国第一家茶文化主题设计酒店，空间设计大量运用了原木元素，一应俱全的高品质设施，与五星级标准的贴心服务。标准间 360 元 / 间起，是性价比非常高的精品酒店。

地址：靠近无锡新区哥伦布广场

电话：0510-66053888

梁鸿湿地丽笙度假酒店

坐落于内风景如画的梁鸿湿地公园湖畔，国内 RadissonBLU 首家度假型酒店，建筑风格上沿袭了白墙灰瓦的当地元素以及江南特有的园林造景。庭院内丰富的流水、池景，无论是漫步在酒店内或者房间里的景观，环境清幽，适合度假休闲。晚上的大堂很 high，乐队从 7 点多一直演唱到将近 10 点才散。标准间 490 元 / 间起。

地址：无锡新区鸿山街道飞凤路 205 号（锡山区）

电话：0510-88584888

常州

玛奇朵酒店（湖塘花园店）

南靠武进区政府、长途汽车站，西邻淹城春秋乐园、古春秋淹城文化遗址和野生动物园景点，酒店地处武进繁华中心商圈，距离淹城春秋乐园景区举步之遥。特色在于浴室，标准间 210 元 / 间起。

地址：常州市武进区广电西路 380 号（春秋淹城旅游景区）

电话：0519-88992688

中心智选假日酒店

在常州最繁华的市中心，周边商场和饭店林立，距离红梅公园、天宁寺等景点非常近靠近酒店的常州高铁站、BRT 快速公交或是附近充足的出租车便于前往城市的其他地区。标准间 230 元 / 间起。

地址：常州市钟楼区莱蒙都会商业街 7-401 号（市中心商圈）

电话：0519-89896888

镇江

一泉宾馆

位于著名的金山风景区内，毗邻驰名中外的“天下第一泉”，标准间 248 元 / 间。

地址：一泉路 1 号

电话：0511-85511666

镇江宾馆

位于镇江市区的繁华商业街，标准间 198 元 / 间。

地址：中山西路 92 号

电话：0511-85233888

餐饮

苏南的餐饮以“苏帮菜”为主，又分为苏锡菜、常州菜等，但其口味都源于苏帮菜。由于苏南地处吴文化区内，苏南的餐饮文化中极深地渗透

背包客推荐：苏州人饮食月历

1 月、2 月的年节，苏州人讲究吃年糕和元宵，精心挑选馅料准备正宗的年糕，新鲜的南瓜豆沙元宵和鲜肉马蹄元宵最受欢迎。到了春天，吃太湖湖鲜的季节到了，熟悉的太湖三白（白虾、白鱼、银鱼）也该上市了，比如做出特色的湖鲜菜品。再之后就该吃水灵灵的荠菜、莼菜和水红菱了。5 月、6 月杨梅熟了，可以制作杨梅酒。9 月苏州最有名的一道食材——新鲜鸡头米就上市了，时蔬鸡头米、桂花鸡头米甜品都是不错的美味。9 月之后就是众所周知的大闸蟹了。

了吴文化的淡泊与宁静特质，且精于雕琢，加之所有城市都临江毗湖，所以，河鲜是苏帮菜中最主要的原料。苏菜源自淮扬菜，由淮扬菜演变而来，同时又融合了官府菜、市井酒楼菜、书寓菜、船菜、素菜及民间菜的特色，善用炖、焖、煨、焐等烹饪手法，讲究烹饪时的火候，讲究咸中带甜、甜出头咸收口，或酸甜适口。

苏州

中国有“苏、鲁、粤、川”四大菜系，风味各不相同，人称“东酸、西辣、南甜、北咸”，苏菜属于“南甜”风味。“苏帮菜”是由淮扬菜发展而来的，而“船菜”是“苏帮菜”的主要传统形式。船菜顾名思义就是船家在船上所烹饪的菜肴，因临水而居，所以河鲜是船菜最主要的材料来源，以时令的鱼虾、莼菜为主要选料。苏帮菜就具有了时鲜、清雅的特点，而这一特点与吴文化的特质也十分吻合。苏帮菜不仅选料讲究，烹饪过程中对火候、时间的把握也极为严格。再加之用餐时，对于环境乃至器皿的讲究，所以，苏帮菜与淮扬菜同是中国菜系中的“贵族”。

同得兴

著名的苏式菜有：松鼠鳜鱼、清汤鱼翅、响油鳝糊、西瓜鸡、母油整鸡、太湖炖菜汤、翡翠虾斗、荷花集锦炖等。苏州小吃亦闻名天下，蜜汁豆腐干、松子糖、玫瑰瓜子、虾子酱油、枣泥麻饼、猪油咸糕等，都是脍炙人口，不可不尝。

苏州名品

特色饮食——鸡油菜心、西瓜鸡、苏州酱汁肉、酒酿饼、炒肉团、苏州猪油糕、同里闵饼、正仪青团子、油氽紧酵、炒血糯、桂花焐熟藕、桂花鸡头肉、桂花糖油山芋、奥灶面、枫镇大面。

苏州老字号

腌腊生春阳、糕团黄天源、妆品月中桂、茶食叶受和、糖果采芝斋、绸布乾泰祥、糕饼稻香村、酱肉陆稿荐。

具有代表性的苏州菜肴

碧螺虾仁：南太湖淡水嫩河虾，配苏州特产碧螺春茶叶，清熘而成。此菜茶香清醇，虾仁鲜滑，令人回味无穷。

松鼠鳜鱼：采用有太湖石斑之称的太湖鳜鱼加以精细刀功刻花而成。经油炸、淋汁后吱吱有声，形似松鼠，经道光皇帝御笔赐名而得，乃江南最为著名的佳肴上品。

特色餐馆

特色美食街——凤凰街

凤凰街北邻横贯苏州东西的干将路，南接以宾馆、茶楼、工艺为特色的十全街，长不到千米。随着街坊改造，从北到南陆续开出了近二十家大小酒楼。这些酒楼规模不大，均为几桌到十几桌，以苏式菜肴为主，兼收浙江、四川等菜系的特色，尤其注重家常菜的配菜和制作特点，容器小巧、刀功细致、口味新鲜。晚上，灯火通明的餐馆与高低错落、幽静休闲的市民广场形成鲜明的对照。

同得兴

这家苏州面馆按照汤料的不同把面分成红汤和白汤，面条爽滑爽口，白汤焖肉和爆鱼浇头都非常入味，口感很好，保证让你连吃三顿都不觉得腻，是比较厚道的中华名小吃。营业时间6：00～13：00，苏州本地习惯早午吃面，喜欢的旅客要赶早啊，人均消费15元。

地址：平江区人民路嘉馀坊6号

电话：0512-65113808

陆稿荐

苏州卤菜老字号，很多经常去苏州的游客下车就来这里报道。酱肉色泽诱人，肥而不腻，入口即化，是“无肉不欢”之人的最爱。推荐酱肉、酱鸭、酱排骨和酱汁肉，人均40元，经常要排队购买。

地址：平江区观前街8号（近长发商厦）

电话：0512-67270158

松鹤楼菜馆（观前店）

始创于清乾隆二年（1737），有“江南第一楼”之称，是苏州最负盛名的苏帮菜馆。以被乾隆盛赞的松鼠鳜鱼为招牌菜，还有红烧肉、海蜇头、萝卜丝饼也不错，但价格不菲。人均150元。

地址：观前街太监弄72号

电话：0512-67700688

得月楼菜馆（老楼店）

创建于明嘉靖年间的苏帮菜馆，因电影《小小得月楼》而晓知九州。以龙井虾仁为其看家菜，同样得到下江南的乾隆帝赞许。另外得月童鸡、碧螺虾仁也是其拿手菜。观前街店为主店。人均130元。

地址：观前街太监弄43号

电话：0512-65238940

王四酒家

“叫花鸡”是这家的看家菜，到此就餐是万万不可不点的。这道菜并不像它的名字那样“草根”，是一道耗时耗力且工序繁多的名菜，充分地体现了苏帮菜淡而有味、精致耗时的特点。人均110元。

地址：观前街太监弄35号

电话：0512-65227277

黄天源糕团店（总店）

是一家有百年历史的糕点店，每天顾客盈门，软糯香甜的糕点名目繁多。推荐糕团、薄荷糕、玫瑰松糕、猪油年糕、酒酿饼。人均15元

地址：观前街86号

电话：0512-6770442767706106

美珍香（美罗商城店）

猪肉脯、牛肉脯、培根是本店特色，都是现烤的，真材实料，香气扑鼻，味道很醇正。人均50元

地址：观前街245号美罗城B1楼

电话：0512-65810823

茶馆

苏州的茶楼与杭州有一比，只可惜少了一个西湖，所以少了些情趣，不过这里是“一票到底”。所以点一份茶，在这里混个茶饱饭足还是可以的，当然是特指那些吃零食可代正餐的小女孩。尤其是十全街的钱塘茶人值得推荐，有中国古典风格的装修，以宋朝服饰游走店中的店员，还有评弹表演，所以建议前往。到苏州当然应该听听此地的评弹，对于北方人来说，甚至只要是外地人都很难明白台上的

人在唱些什么，但这算是当地的特产。观前街的光裕书社其实就是苏州评弹剧团的舞台，每天会有几场表演，价格也不贵。

无锡

无锡饮食属“四大菜系八大帮”的苏菜系苏锡帮，口味偏甜。著名小吃有王兴记的蟹粉小笼和馄饨、三凤桥酱排骨、清水油面筋、萝卜丝饼等。无锡水产丰富，以太湖银鱼、白虾、白鲴鱼为水中上品。市内主要美食街有中山路、青石路等。

特色餐馆

毛华玉兰饼

特色为玉兰饼、汤团、酸辣汤。人均消费 15 元。

地址：振新路菜场或清扬路 80-2 号

电话：0510-85011961

王兴记（中山路店）

以江浙小吃蟹粉小笼、虾仁馄饨、三鲜馄饨为特色的小吃馆，人均 22 元、

地址：中山南路 221 号

电话：0510-82726484

楼上楼老酒馆（阳光店）

特色推荐菜：糖醋小排、拌面、玉兰饼、炒三鲜、黑鱼面、葱拌大肠煲、竹篓装玉兰饼、经典老式面、牛腩面、迷你玉兰饼、香菇凤爪煲、咸菜带鱼、黑鱼煨汤面。

地址：南长区红星路 229-9 号阳光广场内（近阳光城市花园）

电话：0510-88555777

三凤桥肉庄

酱排骨是无锡的特色，而“三凤桥”则为其品牌，另外还经营水晶虾、一锅鲜、糖水芋头、太湖三白等，人均消费 4860 元。

地址：中山路 240 号

电话：0510-82700605

常州

常州菜是苏菜的一种，既不像大多北方菜系那样味重，也不像大多南方菜系那样喜甜，有一些中庸平和的意味。地道的常州人讲究的常州菜是味道清淡，却又回味无穷。这就使常州菜有了点八面玲珑的特点。常州的小吃在江浙沪一带也颇负盛名，最常见的小吃有加蟹小笼包、大麻糕、萝卜干、酒酿元宵、三鲜馄饨、蟹壳黄等。

特色餐馆

亿家乐馄饨

这里的三鲜馄饨味道非常棒，人均消费 10 元。

地址：红梅新村康云明居对面

长兴楼饭店

百年老店，环境颇具江南特色，以江浙口味为主，又不乏粤川菜系。特色有鱼头汤、牛仔骨、清炒虾仁、凉拌茼蒿、榴莲酥等，人均消费 150 元。

地址：晋陵北路 388 号

电话：0519-85159999

镇江

镇江餐饮有三怪：“香醋摆不坏，肴肉不当菜，面锅里煮锅盖。”镇江香醋喝到嘴里，酸而味鲜，香而微甜不涩，存放愈久味道愈醇，不会变质，所以有“香醋摆不坏”之说；镇江的肴肉，也叫水晶肉蹄，肥而不腻，香酥鲜嫩。镇江人吃肴肉有个习惯，清早上馆子，泡壶茶，放碟姜丝，将肴肉蘸着香醋姜丝吃。这就是“三怪”中的“肴肉不当菜”。

传说古时候，镇江有户人家，妻子为丈夫下面条，疏忽大意将锅灶上的汤罐盖滑入面锅里。谁知这样煮出来的面条比往常好吃，不硬不烂，软熟相当，这就是“面锅里煮锅盖”，也称“锅盖面”。所以在镇江的面店会看到，面锅里撂着一只小锅盖，其原理是，漂在水上的锅盖起着透气，并防止面汤外溢的作用，所以煮出的面条特别好吃。

特色餐馆

妯娌鸭血粉丝店

特色为鸭血粉丝汤，人均消费15元。

地址：京口区大西路55号

电话：0511-85237718

老作坊锅盖面馆

老牌的锅盖面馆，人均消费10元。

地址：大市口小吃夜市附近巷内

购物

“上有天堂，下有苏杭”中的苏州和杭州都是中国丝绸的主要生产地，但苏州的丝绸其实比杭州的更为有名。此外，讲究精致细节的苏州，还有苏扇、苏灯、苏式红木家具等诸多的手工艺品。

但在苏南的工艺品中有三样东西是不能不提的，一为桃花坞年画，二是无锡的惠山泥人，另外一件便是宜兴的紫砂茶具。

桃花坞年画与天津的杨柳青年画、山东的潍坊杨家埠年画、四川的绵竹年画并称中国四大年画，其中门画可谓集历代门神之大全。大阿福作为惠山泥人的代表已有400余年的历史，造型简练稳重，笑吟吟、胖墩墩的大阿福，已发展出不同的造型，但都以表现喜庆、幸福、安乐为主题。

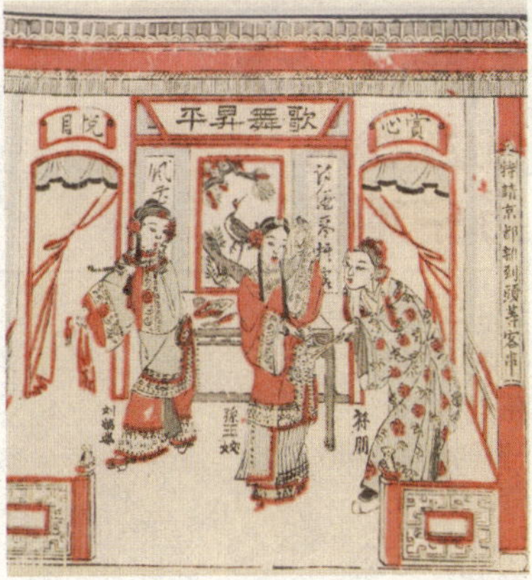

桃花坞年画《歌舞升平》

茶是中国文化中特有的，对于茶的饮用，从陆羽著《茶经》起，便已形成一门独特的学问，还因包含了中国的哲学思想而成为一种中国独有的文化。中国人饮茶不仅对茶叶本身有讲究，对于水和器皿也十分的讲究，而宜兴更因出产紫砂器皿而闻名。除了制作器皿本身的材料优质之外，宜兴艺人们还赋予了紫砂壶以极高的艺术价值，因为宜兴的紫砂壶早已超越了其实用价值本身，而成为具有极高的收藏价值的艺术品。

苏州的十全街东起葑门安利桥堍、西至人民路三元坊口，全长1800米历经千年风雨沧桑，至今依然保留着"水陆平行、河街相邻、两路一河"的传统格局和水乡情调。这里到处铭刻着古老历史痕迹和漫长岁月的印记：周围坐落着网师园、沧浪亭等名胜古迹和名人故居。在这条街上还分布着众多星级涉外旅游饭店以及休闲茶酒吧和特色工艺商店，集丝绸绣品、古玩字画、文房四宝、民间工艺、风味小吃于一体。游人徜徉于此，听评弹，看古吴今韵，深深领略街坊改造第一节的绰约风姿。如今，十全街已成为姑苏城内独领风骚的休闲文化街。

SUZHONG
苏中地区

前世今生 / 237
旅行与季节 / 237
焦点 / 238
行程推荐 / 240
预算 / 240

扬州

瘦西湖 / 241
　虹桥 / 241
　长堤 / 241
　徐园 / 242
　四桥烟雨 / 242
　月观 / 242
　小金山 / 242
　吹台 / 243
　五亭桥 / 243
　白塔 / 243
　二十四桥 / 243
蜀岗景区 / 243
　扬州唐城遗址（成象苑）/ 244
　大明寺 / 245
观音山 / 245
汉陵苑 / 246
个园 / 246
关东街 / 247
何园 / 247
冶春园 / 247
史公祠 / 248
扬州八怪纪念馆 / 248
文昌阁 / 248
小盘谷 / 249
二分明月楼 / 250
卢氏盐商住宅 / 250
朱自清故居 / 250
扬州博物馆 / 250
仙鹤寺 / 251
普哈丁墓 / 251
隋炀帝陵 / 252
宋大城西门遗址博物馆 / 252
西方寺 / 252
汪氏小苑 / 252
旌忠寺 / 253
吴道台宅第 / 测海楼 / 253
匏庐 / 253
茱萸湾风景名胜区
（扬州动物园）/ 253
瓜洲古渡 / 254
高旻寺 / 254
文游台 / 254
高邮当铺 / 254

盂城驿 / 255
龙虬庄遗址 / 255

泰州

梅兰芳公园 / 256
泰州老街 / 256
光孝律寺 / 256
崇儒祠 / 257
安定书院 / 257
日涉园（乔园）/ 257
中国人民解放军
海军诞生地纪念馆 / 258
柳敬亭公园（柳园）/ 258
溱湖国家湿地公园 / 258
溱潼古镇 / 259
兴化千岛油菜花节 / 259
郑板桥故居、纪念馆 / 260
上方寺 / 261
黄桥古镇 / 261
曲江楼 / 261

南通

文峰公园 / 262
濠河 / 262
园艺博览园 / 262
滨江公园 / 263
南通博物苑 / 263
天宁禅寺 / 263
啬园 / 264
狼山风景名胜区 / 264
定慧禅寺 / 265
水绘园 / 266
广福禅寺 / 267
蛎岈山 / 267
圆陀角 / 267

走遍中国·**江苏**

SUZHONG
苏中地区

当京杭大运河纵贯南北，穿过了整个苏中地区时，这里便成了水陆交通的枢纽、漕运的咽喉，从此南北迥异的运河文化在这里交融、延伸、沉淀，形成了扬州运河文化中最丰实的文化元素——兼容并蓄。

作为苏中的代表，回望扬州的历史，便能对其内在的那份气韵有所了解。唐代扬州是东南地区的最大都会，也是当时对外经济文化交流的四大港口之一，当时在扬州的外商达 1 万多人。扬州漫长的历史长河中，一大批政治家、文学家、艺术家曾在此为官游访，以郑燮、金农、李方膺、罗聘等为代表的“扬州八怪”画派在中国画坛独树一帜。清代形成的扬州戏曲、评话、书院、雕版印刷、藏书成了扬州文化的象征。假山峰峦巧叠的个园、楼台亭阁如画的何园，还有以湖上园林代表而著称的瘦西湖等，集北方妙景之雄，兼南方佳境之秀。作为“淮扬菜之乡”，扬州富春茶社、冶春茶社、福满楼更是不容错过。今天，扬州宛如一个富家女子守着祖上曾经的风光，淡定而又有几分风情。

同处江苏中部的还有古称海陵的泰州、长江北岸的南通，它们都曾在中国历史中扮演过十分重要的角色，在中国文化史上有着举足轻重作用的人物，如梅兰芳、张謇等都出自这里。

苏中地区旅行交通示意图

前世今生

作为苏中代表的扬州已有2500多年的建城史。春秋时期，今扬州市区附近称邗。前486年，吴灭邗，筑邗城．这是今扬州属地上最早的城市。前319年,楚在邗城旧址上建城,名广陵。隋代，隋炀帝开通南北大运河，在此修建迷楼，并于618年死在这里。唐代，扬州曾是大唐最重要的港口城市，农业、商业和手工业相当发达，时有“扬一益二”之称（益州即今成都）。唐末五代，军阀混战，扬州遭到严重破坏。宋朝，扬州等主要城市成为新兴商业中心，成为富裕的代名词。清初，扬州城遭受了史无前例的屠杀，称“扬州十日”。但扬州在康乾时期再次发展起来。1853年太平天国运动爆发后，扬州的主要商业区均被抢劫并烧毁。1949年2月，解放军占领扬州，并设立扬州市。

泰州至今有2100多年的建城史。泰州古称海陵，是江淮之间通江入海的交通枢纽和重要门户。汉初置县，东晋时设郡，南唐时为州治，取“国泰民安”之意，始名泰州。1912年改州为县。1949年1月泰州解放，设县级泰州市，为苏北行署、泰州专署所在地。1996年8月，建泰州市。

唐代，南通已有狼山镇遏使的职位。后来，五代吴国曾设丰乐镇、大安镇、崇明镇及狼山镇。后周显德五年（958）初，设立静海军，不久升静海军为通州（今南通市），并设静海、海门两县归通州管辖，州治驻静海。宋代，通州属淮南东路，后改名崇州。明初，静海县废，此后，通州只管辖海门一个县。清雍正二年（1724），通州升为直隶州，隶属江苏布政使司。辛亥革命后改通州为南通县。1949年2月，南通城解放。1950年，南通市升格为苏北行署直辖市。1983年，撤销南通地区，设立南通市。

旅行与季节

春天的扬州烟雨蒙蒙，稀有的琼花正当盛开，花香扑鼻，是旅游的黄金季节。每年4月18日～5月18日，扬州市都举行“烟花三月经贸旅游节”。

逛一逛扬州老巷

此外，每年9月8日～10月8日扬州举办“二分明月文化节”，是赏月的最佳时节。主要活动有游园赏月、乾隆皇帝水上游、运河夜游、美食节等。七八月份是扬州最热的时节，但同时也是淡季，好处就是门票便宜。

泰州一年四季皆宜旅游。每年4月初至5月，泰州都会举办大型的溱湖八鲜美食节、靖江江鲜、汤包美食节，是品尝当地特色美食的最佳时节。春末初夏乘坐橹船畅游溱湖湿地，观赏一场惊心动魄的会船争赛更可为泰州之旅锦上添花。10～11月梅兰芳艺术节、郑板桥艺术节相继登场，使整个泰州弥漫着浓厚的文化气息。

南通春天树木吐绿，桃花、樱花纷争吐蕊，船只梭行于濠河风景区，风景如画；狼山北麓园，亭台楼阁，倒映春水中；水绘园更是百株桃花盛开，春花烂漫。春暖花开之时，更是文峰公园放飞风筝的好时候。夏天到南通可体验如东长沙海滩和启东圆陀角海滩“迪斯科”带来的真正乐趣。南通有“博物馆之城”之称，一年四季皆是参观众多博物馆、名人故居、文物古迹的好时候。

焦点

■ 逛一逛扬州老巷

提起扬州，不能不提到小巷。小巷是扬州的一大特色。不像北京的胡同阔且直，也不像上海的弄堂狭而长。扬州的小巷记载着一段段历史，一桩桩韵事。单是看看巷名就很有趣味：益（一）人巷，二郎庙，三义阁，四望亭……万寿观。从一到万，一应俱全。有的巷名，本身就极富趣味，惹人想象，比如黑婆婆巷、螺蛳结顶巷。还有的巷名记载着历史，比如苏唱街，原来就是戏班集中的所在。扬州古老的小巷就像一壶陈年的老酒，其中的滋味，只有你去过，才尝得出。

■ 品一品淮扬小吃

作为淮扬菜的发源地之一，扬州的

淮扬菜大餐远不如小吃出名，也许是小吃作为老百姓的日常饮食，代代相传，更加有生命力一些。提起小吃，自然不能不说“三春”，即富春、冶春、共和春。老富春的三丁五丁包、蟹粉狮子头，冶春的鸭菜包、豆皮包，共和春的三鲜煨面都鲜美得很。那些老巷里排着长队的小吃，比如小觉林的麻花王、吴字坊的臭豆腐、黄珏的盐水鹅、不知名的卤螺蛳、现磨的黑芝麻糊，还有月明轩的松仁鹅油卷、鱼汤面，蒋家桥的饺面、锅贴。特别是蒋家桥的饺面，为美食家沈宏非及金庸二公子查传倜所推荐，虽然没有吃出食家所夸口的黑松露的味道，但饺子加黑胡椒猪油捞面，创意够新，好吃是意料之中的。

■ 听一段广陵古琴

扬州的广陵派古琴溯源悠久，风格独特，为历代琴家所重视。1932 年，广陵琴家孙绍陶、张子谦、刘绍椿、胡滋甫等人正式创建了广陵琴社。广陵派琴家一脉相承地保持了自身固有的特色，以清幽、恬雅、舒畅、洒脱作为琴曲的美学标准，注意内容和感情的表现，节奏跌宕多变，指法细腻灵活，操缦谐婉自如。品瑶琴的最佳地点，在史可法纪念馆内部的广陵琴社旧址。每天下午，总有人三三两两聚集在那里，弹瑶琴的有之，吹拉弹唱亦有之。

泰州梅兰芳纪念馆（梅园）

■ 学唱一段京剧

作为京剧大师梅兰芳的故乡，泰州城市文化里有着很深的戏曲元素，甚至曾有媒体将泰州的“戏曲三家村”列为戏迷心中的旅游胜地。所以，甭管会不会唱，到了泰州学上两段才是正经事。通常情况下，公园、社区都会看到唱戏的身影，不过想要跟泰州最资深的戏迷票友学上几段，梅园是不二选择。这里戏曲水平之深厚全国闻名，不少名人名家千里迢迢来到泰州，就为了在梅园与当地票友共唱一曲京剧名段。所以说，碰上京剧爱好者来此亮嗓，就算不会也要上去学唱几句，亲自在唱词中感悟泰州戏曲文化的韵味，方才不枉此行。

■ 登顶泰州望海楼

望海楼是泰州城的地标性建筑，到泰州如果不登望海楼，有如到北京不登长城，到巴黎不登埃菲尔铁塔，因此望海楼是泰州旅行的必去之处。虽说名气不算大，望海楼却因其深厚的历史文化底蕴，与黄鹤楼、岳阳楼一样位居中华名楼之列，当地人甚至将它拜为“泰州文脉”。登望海楼一定要登顶。据说该楼在宋代建成时为当地最高建筑，登顶远眺甚至能看到大海，因此取名为望海楼。沧桑变迁使得登楼不再能望海，不过环绕老城的凤城河的秀美风光倒是一览无余。

■ 尝一尝南通鱼鲜

南通美食有句口号，叫作“江鲜、

海鲜、河鲜，天天有鲜；江鱼、海鱼、河鱼，餐餐有鱼“，总之，南通美食最突出的一个特点就是一个字：鲜。江鲜首推号称长江四鲜的鲥鱼、刀鱼、河豚、鮰鱼，海鲜则有号称“天下第一鲜”的文蛤、竹蛏、黄鱼、鲳鱼等，河鲜有螺、蚌、龟及各种淡水鱼。而无论南通市区还是周边景区，以海鲜美食为主打的餐馆随处可见。

行程推荐

■ 扬州 2 日游

必游景点：瘦西湖、富春茶社、何园

可以尝试：品一顿扬州早茶、逛一逛扬州老巷、品一品淮扬小吃

D1 瘦西湖—冶春园—大明寺—史公祠—扬州八怪纪念馆—福满楼

D2 富春茶社—何园—个园—汪氏小苑—普哈丁墓

■ 苏中 5 日游

必游景点：何园、富春茶社、狼山

可以尝试：品一品淮扬小吃、听一段广陵古琴、逛一逛江南古巷、尝一尝南通鱼鲜

D1 高邮—文游台—盂城驿—扬州—何园—宿扬州

D2 扬州—富春茶社—瘦西湖—大明寺—个园—扬州八怪纪念馆—宿扬州

D3 扬州—（泰州）梅兰芳公园—光孝寺—泰州市博物馆—宿泰州

D4 泰州—（南通）狼山—天宁寺—宿南通

D5 南通—（如皋）水绘园—返回扬州

预算

整个苏中地区的旅行重点在扬州，而扬州的旅行支出中门票是较多的部分，如果按平均 250 元 / 天计，那么门票要占去 40%，但如果要去品尝正宗的淮扬菜，这个预算至少要增加 80 元 / 天。剩下的几个地区，包括高邮、泰州、南通以及如皋等地，按 200 元 / 天计，其中往返的交通则成了其中较大的支出，不过，想在南通享受当地的河鲜海鲜，则要多出 50 元 / 天的预算支出。这一地区的纪念品倒是没有什么特别值得花销的。

泰州望海楼

扬州

瘦西湖

【中国古典园林中，承载了太多人文色彩的一处】

瘦西湖其实是扬州蜀岗山流出来的一段自然河道，最终汇入了京杭大运河。经过历代的疏浚治理、建造园林，逐步发展成一处景观。瘦西湖与西湖只差一个“瘦”字，自然是有些溯源的。因文人们慕西湖的美名，鉴于这段河道的瘦长，于是在西湖前加了一个瘦字，传神而又准确，更赋予了这段河道一个少女般的秀丽与婀娜，实在是一个适当的名称。

“两岸花柳全依水，一路楼台直到山。”瘦西湖全长 4.3 公里，长堤、园林、桥梁、亭阁、古塔依循河道的自然走向，张弛有度、疏密有致地呈现在游人面前，常常是在一段曲折的路径的尽头，眼前豁然有开阔的景致，加上历代的文人墨客留下的诗篇无数，更让这一带湖水盛名天下。

开放时间：7：00 ~ 17：30

地址：扬州市维扬区大虹桥路 28 号

交通：乘 20 路公交车到南大门，游 1、2 路到北大门。21 路、22 路公交车到大明寺也可。

门票：150 元

特别提醒：扬州的个园、何园分别与瘦西湖可买联票，135 元。瘦西湖、大明寺、何园、个园，还有古运河船游联票 180 元。

瘦西湖五亭桥

■ 虹桥

【郑板桥、纪晓岚、袁枚都曾聚此赏春】

始建于明崇祯年间，是文人墨客们赏春踏青的聚会地。原为木桥，后改建为青石拱桥，有 3 孔、7.6 米宽，低坡。因状如彩虹，得名虹桥。

■ 长堤

【与西湖有“苏堤”“白堤”相似，瘦西湖有“长堤春柳”，为二十四景之一】

沿瘦西湖西岸，从公园大门到小金山延伸数百米，堤边一株杨柳一棵桃，相间适宜，所谓“多情最是扬州柳”是也，此处为扬州人游春赏景的去处。

背包客推荐：瘦西湖游览最佳线路

位于大虹桥路的南门是相对比较方便的一个路口，因为靠近市中心，交通比较便利，从市中心也可步行前往。此外，选择南门能更全面地欣赏瘦西湖风景，避免走重复的路，相对其他入口，观赏的效果更好。

位于长春路的瘦西湖风景区东门，也是万花园的入口，春天从这里进入瘦西湖便可体会真正的百花簇拥，欣赏各色花卉争奇斗艳。平山堂东路的东北门与东门靠得很近，如果东门游客众多，也可以选择再向西行进一段路程，从东北门进入。

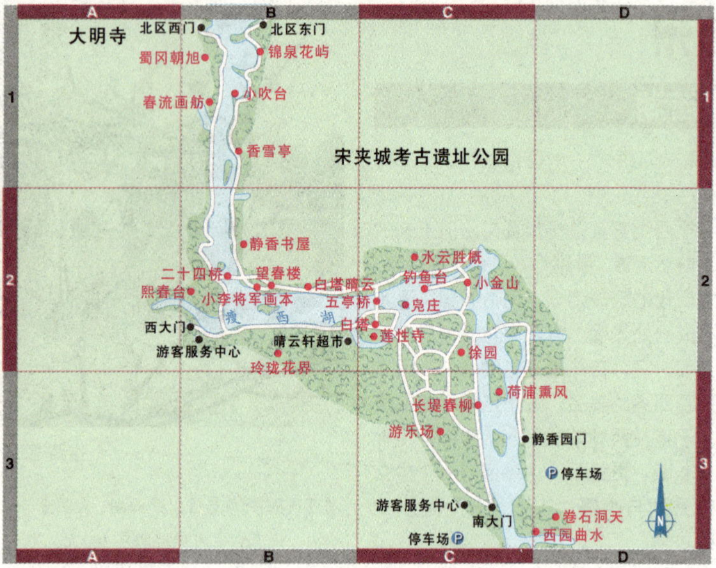

扬州瘦西湖示意图

徐园

【行到此处才算是入了瘦西湖的门槛】

沿长堤走到尽头，便见一圆洞门，上书“徐园”二字。这里过去曾经是军阀徐宝山的祠堂。门内是一池清水，遍植荷花，池周点缀各种形态的山石，几株翠柳迎风飘舞，景色宜人。园内正厅叫“听鹂馆”，馆前陈列有铁镬，据传为南朝萧梁时期的镇水之物,并立有《铁镬记》碑文，说明此物距今有 1400 多年的历史。

最有趣的是园内置有一块太湖石，据说当年某富商想买通官路，便决意将自己这块形状颇似瘦西湖的太湖石运至京城,送给某位能为他谋得一官半职的大臣。结果路遇农民起义，只好半路弃石而逃。后被收藏于徐园，作为镇园之宝。

四桥烟雨

【乾隆南巡路经瘦西湖必到此处，故而不能错过此景】

始建于清康熙年间，现在的园景为 20 世纪 60 年代在原址上重建的。四桥烟雨处于贯通园林东西南北的位置，南可望虹桥，北可眺小金山，西面可观五亭桥，难怪乾隆总在此停留，并赐名“趣园”，其趣在登楼远眺时体味一二。

月观

【因月、桂而闻名的景点】

瘦西湖中临湖而建的一处亭阁，四面皆为格扇，堂后是桂园。当八月桂花盛开之际，闻桂赏月恍如置身月宫与嫦娥、吴刚共饮。此时，天上水下两月并收眼底，为中秋赏月绝佳处。

小金山

【风亭远眺、百年银杏都是小金山不可错过的原因】

为湖中一小岛，原名长春岭，清代中叶为了打通瘦西湖至大明寺的水上通道，在瘦西湖之西北开挖了莲花埂新河，挖河的土堆成了一座小山，又称“小金山”。琴室、棋室和两棵百年的银杏都增添了小金山的书卷之气。山顶有风亭，是全园最高点，可远眺瘦西湖全景。

■ 吹台

【中国古典园林手法中“借景”的典范之作】

传说，乾隆帝曾在此垂钓，而又名钓鱼台。吹台因可借窗外的五亭桥和白塔之景，而成为中国古典园林建筑中“借景”手法中的典范之作。

■ 五亭桥

【扬州市城徽，兼具北方建筑的敦厚、南方建筑的风雅】

又名莲花桥，仿北京北海的五龙亭和十七孔桥而建，远望似亭，更似瘦西湖的一根腰带，走近却是一座四通八达的桥。因桥上建有五座亭子，故名五亭桥，是清代扬州两淮盐运使为了迎接乾隆南巡，特别建造的。

■ 白塔

【从北京北海移置来的景观】

有“一夜造塔”的传说，传说不足信，但白塔的确是北海白塔的仿制品，不过来到南方后明显地瘦身了，显得更加轻灵。

■ 二十四桥

【因杜牧的诗句而平添了浓重的人文色彩】

走到这座长24米、宽2.4米、有24根汉白玉栏杆、共24级台阶的拱桥时，只要念过几首唐诗的人心中都会浮起那句唐诗：“二十四桥明月夜，玉人何处教吹箫。”可杜牧是实写了二十四桥，还是站在这里遥望着扬州城而虚指扬州桥之多呢？这已经成了中国文学史上的一个谜。但不论如何，传统意义上的瘦西湖到此算是结束了。

背包客收藏：二十四桥的笔墨官司

人们花了1000多年的时间来论战“二十四桥之名的来历”，这不能不说是瘦西湖备受关注的结果。是二十四个歌女于月明之夜在此吹箫，还是诗人登高远眺时感慨水路密布的扬州城古桥之多？对此，至今没有一个定论，不过是给景区增添了些谈资罢了。尤其有趣的是，传说，乾隆帝下江南路经扬州，见一小桥横卧水面，但无名，于是说：“我们一行23人，就叫二十三桥吧。”随行一妃子却回道：“应为二十四桥。”因为她已经怀上了龙种。乾隆听罢，龙颜大悦，于是赐名二十四桥。

瘦西湖白塔

蜀岗景区

【集扬州历史上众多文人雅士与人文事件于一身的景区】

唐时的扬州有“上下两重城”的说法，上为衙城，下为罗城，而连接这上下20公里扬州城的便是蜀岗。现在与瘦西湖相邻的蜀岗景区，由唐城遗址、大

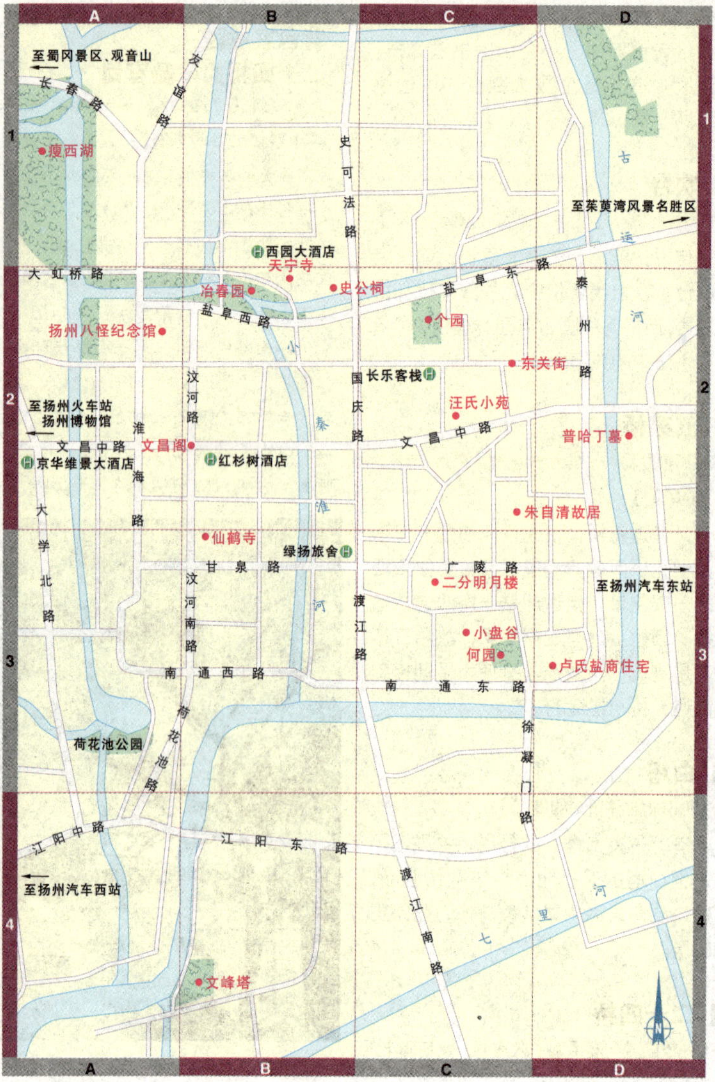

扬州城区示意图

雄宝殿、鉴真纪念堂、斋藏经楼、平山堂、栖灵塔、卧佛殿、鉴真纪念馆、康熙碑亭、天下第五泉、放生池等组成，成了聚合扬州历史人文景观的重要景区。

开放时间：7：30 ~ 17：30

地址：蜀岗中峰平山堂1号

交通：乘坐5路公交车、游1路、游2路可达。

门票：免费

■ 扬州唐城遗址（成象苑）

【目前国内保存最为完整的古城遗址之一】

处于平山堂、观音山的东部，为唐代扬州古衙城的四周城垣，夯土城墙、城门、角楼高出地面5 ~ 10米，唐式建筑风格的遗址至今保存完好，出土过唐代珍贵文物，可以想象“街垂千步柳，霞映两重城”的盛唐扬州的繁华景象。

■ 大明寺

【号称“淮东第一观”的千年古刹】

大明寺始建于南朝刘宋孝武帝大明年间，其后寺名几度更改，1980年恢复“大明寺”原名。它既是一座佛教庙宇，更是一处名胜风景，由大雄宝殿、平远楼、平山堂、御园、鉴真纪念馆、栖灵塔、天下第五泉组成。其中以平山堂最引人注目。

北宋大文学家欧阳修曾在扬州任太守，平山堂为他在任时修建，因此处凭栏远眺可见江南诸山，得名“平山堂”，现在还悬挂有“远山来与此堂平”的匾额。当时常有文人墨客受欧阳修之邀，在此谈诗论道，而欧阳修也曾在《朝中措》里记载了这段生活。清光绪五年（1879），在蜀岗谷林堂之北，建起了欧阳修祠，祠堂后壁嵌有欧阳修石刻像。

观音山

【隋炀帝行宫——迷楼故址】

观音山是隋代迷楼故址，据《迷楼记》载，迷楼是隋炀帝行宫，浙江匠人项升设计，“凡役夫数万，经岁而成。”隋炀帝曾说：“使真仙游此，亦当自迷。”

观音山的佛像很有特色，不同于一般寺院以“释迦牟尼”为主像，其他佛像皆众星捧月，此处以“菩萨”为主体，同时供奉四大佛教名山菩萨。从观音山的山门走出，自东侧绕到后面，就是唐城遗址。映入眼帘的是一望无际的茶园，在唐代的繁华情景已经看不到了。这里是扬州的自然制高点，远眺江淮南北，一览无余。

交通：公交游1、游2、5路可抵达观音山。

门票：10元

大明寺

扬州个园

汉陵苑

【西汉第一代广陵王刘胥及王后的墓葬，全国罕见的大型墓葬之一】

又名汉广陵王墓博物馆，是一座融文物与园林为一体，反映扬州汉代文化、经济的人文景观。苑中展出了西汉第一代广陵王刘胥及王后的墓葬，属帝王级的“黄肠题凑”式木椁墓，规模宏大，结构严谨，是全国罕见的大型墓葬之一，距今已有2000多年的历史。

该墓虽被人大规模的盗掘，但仍出土大批文物，如银器、铜器、铁器、玉器、漆器、陶器、木俑等，约有千件之多。其中的全套铜浴器、兵器带钩盾皆为罕见之物。

另外还展出了“兴盛的汉代扬州”陈列和“扬州第一美女——刘细君”的故事介绍，以及新开发的汉代娱乐活动。

开放时间：8：00 ~ 17：00

地址：扬州市平山堂东路98号

交通：乘25路公交车到汉广陵王墓站下车即可到达。

门票：30元

个园

【中国四大名园之一，以竹和石而著称的江南私家园林】

个园始建于清嘉庆年间，原为两淮盐业总商黄至筠的私家园林，因主人喜竹，以竹之本固、心虚、体直、节贞，有君子之风而羡之，所以取竹字的偏旁“个”字做园名——个园。园内植有品种繁多的竹子，阳光下投影在地呈现诸多“个”字，与叠石相互呼应，其间有楼台厅轩相连，小巧而又不失风韵，流连其中妙趣横生。扬州以名园取胜，名园以叠石取胜，个园的叠石立意精巧，气势深雄，更胜一筹。

开放时间：旺季（1 ~ 2月、7 ~ 8月、12月）7：15 ~ 18：00；淡季7：15 ~ 17：00，请参考当天景区开闭园具体时间。

交通：乘游1、游2路直达。

门票：旺季（3 ~ 6月、9 ~ 11月）45元；淡季（1 ~ 2月、7 ~ 8月、12月）30元。联票（含何园、个园、大明寺）135元。个园和古运河船游联票90元。

关东街

【扬州城里最具有代表性的一条历史老街】

扬州有2500年的悠久历史，人杰地灵，城内至今留下了不少文物古迹，东关街就是扬州城里最具有代表性的一条历史老街，全长1122米，街巷内商行林立，名人故居比比皆是，个园也在街道一侧。

东关街以前不仅是扬州的水陆交通要冲，而且是商业、手工业和宗教文化中心。街面上商家林立，行当俱全，陆陈行、油米坊、鲜鱼行、八鲜行、瓜果行、竹木行近百家之多。

和东关街紧紧相连的是东圈门古街区。这里除有老字号店铺外，还集中了众多古迹文物，有个园、逸圃、汪氏小苑，还有扬州较早创办的广陵书院、安定书院、仪董学堂，和明代的武当行宫、准提寺，马监巷内有建于清康熙五十三年（1714）的清真寺，在东关街西头有香火很旺的财神庙和广储门街口的砖砌圈门。

地址：扬州市广陵区东关街

交通：可乘25路、45路、58路、210路、旅游观光巴士、旅游专线等到东关古渡站下车。

何园

【扬州古典园林中建园最晚，也是目前保存最为完好的一座】

原名寄啸山庄，园主人姓何，故名何家花园，简称“何园”，是扬州尽人皆知的园林。因建于晚清，所以园林建筑充分地吸收了西洋建筑的审美情趣，是一座中西合璧的园林建筑。

何园以西洋风格的二层小楼为主体，但屋顶却为中式飞檐，另有后花园、片石山房等。复廊是整个建筑的特色之一，由复廊将后花园的东西两部分连为一体，最主要的是，复廊所表现出来的立体交叉的建筑结构思想，已初显现代城市立体交叉的端倪，在同时期的建筑中实为罕见。另外，通过回廊上的“观园镜”，可通观全园景色，给人以“山外青山楼外楼”的景观印象，充分体现了建筑艺术与自然景物融为一体之美。

园中的片石山房为园林以湖石取胜的点睛之笔。池上有太湖石山子一座，相传为石涛和尚手笔。石涛是我国明末杰出的大画家，片石山房门楣上的“片石山房”额便为石涛墨迹。此园的设计，以石涛画稿为蓝本，顺自然之理，行自然之趣，表现了石涛诗中“四边水色茫无际，别有寻思不在鱼。莫谓池中天地小，卷舒收放卓然庐”的意境。

开放时间：7：30～17：15

地址：扬州市广陵区徐凝门大街66号

交通：乘9路、19路公交车，游1、游2路可达。

门票：旺季45元；淡季30元。瘦西湖＋何园联票150元

冶春园

【曾为清代扬州八大名园之一，碧水绿杨相映成趣】

原本是清代诗人王渔洋的私园，后为增添瘦西湖沿岸景色，在乾隆御码头以西，将沿湖的升庆茶社、香影廊茶社、冶春花社等连成一片，建成园林。取用“冶春园”旧名。园内建有水绘阁、香影廊、餐英别墅、问月山房等古典建筑。临水而筑，水景天成，以水取胜。

狭长的瘦西湖从冶春园南面而过，临湖筑有草庐水榭，古朴清雅。园内还陈列着数万盆扬派盆景，数千尾各色金

鱼以及各种名贵花木，更显满园春色。曲径湖水之间，是水绘阁和香影廊，阁与廊之间又有曲栏勾连，皆沿湖而筑。水绘阁与香影廊房屋形式虽不大却极富层次，南部临水处茅屋草顶，阳光一照，满顶金黄。房内花隔为壁，临水处又有“美人靠”。阁与廊一半建于水上，人处于其间，有别样曼妙的体验。

开放时间：7：30 ~ 17：30

地址：扬州市维扬区汶河北路和盐阜路交叉口东北侧

交 通：乘 1 路、4 路、16 路、18 路、21 路公交车可达。

门票：免费

史公祠

【明末抗清英雄史可法的祠堂】

明末清初，入关的清王朝在扬州遇到了最为顽强的抵抗，所以才有了历史上惨痛的“嘉定三屠，扬州十日”一幕，而其抗清代表人物便是明朝兵部尚书兼东阁大学士史可法，为纪念他而建史公祠。现祠内陈列了他的手迹及一些珍贵的文物资料。

开放时间：7：15 ~ 18：00

交通：乘游 1、游 2 路公交车可达。

门票：20 元

扬州八怪纪念馆

【对于八位以创新而成绩卓著的艺术家的纪念】

扬州八怪生前即已声名远播，其中李方膺、高凤翰、李鱓先后分别为康熙、雍正、乾隆 3 代皇帝召见，或试画，或授业。扬州八怪在书画艺术上的大胆创新之风，不断为后世画家所传承。近现代名画家如吴让之、赵之谦、吴昌硕、齐白石等，都各自在某些方面受“扬州八怪”的作品影响而自立门户。

纪念馆主展厅为明代的楠木大殿，东西廊房及珍品陈列厅，陈列有扬州八怪书画代表作供游客品赏。还有金农寄居室复原陈列，展现了扬州八怪书画创作生活的历史氛围。

开放时间：8：00 ~ 17：00

地址：扬州市驼岭巷 18 号

交通：乘 3 路、4 路、5 路、18 路公交车可达。

门票：旺季（3 ~ 5 月、9 ~ 11 月）25 元；淡季（6 ~ 8 月、12 月~次年 2 月）15 元

文昌阁

【与北京天坛的祈年殿极其相似的楼阁】

建于明代万历年间，因是扬州府学的魁星楼，故名“文昌阁”。阁高 24.25

背包客收藏：史可法

史可法是河南祥符县（今开封市）人，生于明万历三十年（1602），他为官清廉，政绩卓著，是明末著名的政治家。弘光元年（1645），史可法拜东阁大学士兼兵部尚书，督师扬州。清摄政王多尔衮，以数万人马进攻扬州，多次劝降，史可法不应，终因寡不敌众，扬州失守。自刎未成被俘，不屈就义，时年仅 44 岁。扬州是江南顽强抵抗清军的第一座城，也是清军入关以来首次遇到的军民一体的坚强抵抗。为了对扬州人民进行报复，多尔衮下令烧杀抢掠持续十天。扬州城破后，史可法就义已 12 天，由于当时天气较热，尸体腐烂不能辨认。次年，史可法义子史德威只得葬史可法衣冠于扬州梅花岭下。清乾隆四十一年（1776）正月追谥“忠正”。因此牌坊上题额为“史忠正公墓”。其爱国事迹正如诗人贺敬之所言：“史可法人可法书可法，史可法今可法永可法。”

米，八角三级砖木结构建筑。阁的底层四面辟有拱门，与街道相通。登楼四眺，远近街景，尽收眼底。现处在现代化的高楼林立之中，成为扬州城市的标志性建筑。

地址：文昌路和汶河路交叉处

交通：乘103路、17路、20路等公交车可到。

门票：免费

小盘谷

【大园宜动观，而小盘谷则宜静处】

原来是清代两江总督周馥家的园子。因为园内假山峰危路险，苍岩探水，溪谷幽深，石径盘旋，故名小盘谷。与个园、何园相比，小盘谷占地面积不大，但妙在以少胜多，以小见大。小盘谷分

扬州八怪纪念馆

背包客收藏：扬州八怪

"扬州八怪"作为革新画派的代表人物，其中有金农、黄慎、郑燮、李鱓、李方膺、汪士慎、高翔和罗聘，之所以称他们为怪，是因为他们在作画时不守成规，离经叛道，奇奇怪怪，再加上大都个性很强，孤傲清高，行为狂放，所以称之为"八怪"。

"八怪"最喜欢画梅、竹、石、兰。他们以梅的高傲、石的坚冷、竹的清高、兰的幽香表达自己的志趣。其中罗聘还喜画鬼，他笔下的鬼形形色色。

金农（1687 ~ 1764），人称八怪之首，博学多才，50岁后始作画，长于花鸟、山水、人物，尤擅墨梅，作品有《墨梅图》《月花图》等。黄慎（1687 ~ 1768），擅长粗笔写意，人物画造诣最高。作品多以神仙佛道为题材，《醉眠图》《苏武牧羊图》为其代表作。李鱓（1686 ~ 1762），受徐渭、石涛影响较大，以"水墨融成奇趣"，作品有《秋葵图》《松柏兰石图》。李方膺（1695 ~ 1755），擅画松、竹、梅、兰，晚年专门画梅自喻，作品有《游鱼图》《潇湘风竹图》等。高翔（1688 ~ 1753），擅画山水、花鸟，喜画疏枝梅花，作品有《弹指阁图》等。汪士慎（1685 ~ 1759），擅画，与金农、高翔、罗聘被时人称四大画梅高手，作品有《墨梅图》等。罗聘（1733 ~ 1799），金农的弟子，终生不仕，以卖画为生，作品有《鬼趣图》《醉钟馗图》等。郑燮（1693 ~ 1765），即板桥先生，擅画竹、兰、石。他还创造了一种集真、草、隶、篆于一身的六分半书体，人称"乱石铺街"体。

东西两部分，由一道花墙将园子分隔成两个庭院。墙内山池，墙外花木。一边是人工精心构造的琼楼阆苑，一边是绿叶扶疏的自然景色，其间有月洞相通。一幽一旷，一密一疏，一文一朴，互为映衬，相得益彰。择一清风微拂之日，徜徉于其间，方能领会此园之妙处。

开放时间：8：00～18：00

地址：丁家湾大树巷42号

交通：乘游1路公交车可达。

门票：免费

二分明月楼

【扬州私家园林中“旱园水做”的杰作】

建于清代中叶的二分明月楼，以著名诗句“天下三分明月夜，二分无赖是扬州”而得名。二分明月楼坐北朝南，以一池湖水为中心，建有二分明月楼、迎月楼、夕照楼、梅溪吟榭等，处处扣紧一个“月”字，真正体现了诗句中对于明月的赞美。

地址：广陵路263号

交通：可乘8路公交车到绿杨旅社站下车，或乘2路车到新扬饭店站下车。

门票：免费

卢氏盐商住宅

【为扬州现存规模最大的盐商住宅建筑】

原为扬州大盐商卢绍绪的住宅，始建于1894年，前后进深达百余米，高十多米。从外表看青砖黛瓦与一般住宅无异，但进入院内顿感其恢宏之气，各院的进深之间充分运用了古典园林中的“借景”手法，所以宅院建筑的视觉变化丰富。以盝顶六角亭、石船舫为扬州民宅之一绝。

卢氏盐商住宅坐落于康山文化园旁，临街朝南的大门气派而考究。门楣上的砖雕异常精美，虽经沧桑岁月，但仍可辨出砖雕上神态各异的人物活泼灵动，栩栩如生。整个卢宅构筑考究、豪华气派。原前后共有九进建筑，200多处房间。卢氏园中的门楼、住宅楼、意园、藏书楼等，为保存完好的原有建筑。旧馆后有装修考究的藏书楼一座，保存得相当完好。藏书楼西侧有一架在扬州罕见的百余年古紫藤。

地址：康山街22号康山文化园旁

交通：乘旅游观光巴士到何园站下车即可。

门票：15元

特别提醒：卢氏古宅现为扬州人吃早茶的地方，环境清幽。推荐五丁包、烫干丝、蟹黄汤包。

朱自清故居

【扬州典型的民居“三合院”建筑】

是20世纪30年代朱自清曾经生活过的地方，是他在扬州居住时间最长且保存最为完好的一处。原为陈姓住宅，建于清光绪年间，现第二进用作朱自清生平事迹陈列。

开放时间：9：00～17：00

地址：老城区安乐巷27号

交通：乘33路、66路、12路到琼花观下车，琼花观大门对着的马路南边有个小巷子，路边上有个朱自清故居的指示牌，进去后一直走就是朱自清故居了。

门票：10元

扬州博物馆

【由扬州中国雕版印刷博物馆，扬州博物馆新馆组成】

馆藏重点之一是清代书画，还有扬州本地出土和传世的古代陶瓷，都颇具特色。

扬州博物馆

开放时间:9:00～17:00（16:00停止入场），周一全天闭馆（国家法定节假日除外）

地址：扬州市文昌西路468号

仙鹤寺

【与广州怀圣寺、泉州清净寺、杭州凤凰寺同为我国伊斯兰教四大清真寺】

又名礼拜寺，寺形如仙鹤，并且保存完整，相传为宋代普哈丁所建。普哈丁是伊斯兰教创始人穆罕默德的第十六世裔孙，宋朝时从大食国来到中国，学习中国的古老文化艺术，传播伊斯兰教。从当时都城开封出发，途经武昌沿长江到宋时阿拉伯人聚集较多的扬州传教。在武昌停留期间，他对黄鹤楼的古老建筑风格极感兴趣，来到扬州后，在构寺时既符合伊斯兰教寺院的要求，又突破阿拉伯圆形穹顶尖拱门等建筑特点，大胆地采用了中国大屋顶殿宇的建筑形式。

开放时间：7：00～18：00

交通：乘29路、32路、307路、313路、315路公交车。

门票：10元

普哈丁墓

【相传为穆罕默德圣人第十六世裔孙普哈丁的身后地】

南宋咸淳年间来扬州传教。墓园为典型的阿拉伯式建筑，初建于南宋时期，清代又进行过多次修整，集中保存了一些我国元代遗留下来的阿拉伯文墓碑。

开放时间：8：00～12：00、13：30～17：30。

交通：乘12路、26路、33路、66路公交车可达。

门票：12元

隋炀帝陵

【隋炀帝的最后归宿】

隋朝末年，天下大乱，隋炀帝游幸到扬州时，大臣宇文化即发动兵变，逼缢隋炀帝，葬在江都宫的流珠堂下。唐朝平定江南后，以帝礼移葬于今扬州城北4公里的雷塘南平冈上，这就是隋炀帝的陵墓由来。之后帝陵被毁，直到清嘉庆十二年（1807）大学士阮元为其立碑建石，扬州知府伊秉绶隶书“隋炀帝陵”。

开放时间：8：00～17：00

地址：扬州市邗江区龙尾路（槐泗镇雷塘北侧）

扬州汪氏小苑

交通：乘303路公交车到隋炀帝陵站下车即可到达。

门票：10元

宋大城西门遗址博物馆

【还原宋代扬州城概貌的遗址博物馆】

遗址附近的五代城墙马面（城墙女墙上的战棚），北宋及南宋的瓮城门道也值得一看。瓮城外砖铺路面都是立砖铺地的历史原状，路牙严整，路面呈中高边低的弧状，且砖与砖之间排列整齐，错落有致。

地址：四望亭路

西方寺

【隋代的建筑，是凭吊“扬州八怪”之金农之地】

前身是隋朝所建的避风庵，现存建筑为明代大殿和晚清复建的廊房、方丈室。殿后有古银杏一株，树干数围，为明代遗物。乾隆年间，“扬州八怪”之一的金农曾寄居西方寺内，度过晚年。

地址：驼岭巷西段北侧

汪氏小苑

【昔日主人汪竹铭是著名徽商】

汪氏小苑主人祖籍安徽旌德，咸同年间来扬投入盐号，到第二代汪竹铭时，在盐业经营上卓有成效，构筑了这片住宅，是现存扬州大住宅中最为完整的清末民初盐商住宅之一。小苑组群布局规整，体现儒家中庸之道思想。庭园玲珑精巧，住宅小苑糅为一体，曲折多变。装修雕琢精湛，取材珍贵。

地址：东圈门历史街区东首“地官第”14号

交通：乘4路、12路、26路、32路、33路、

66路至扬州市文昌中路（琼花观）站台下。

门票：旺季35元，淡季25元。

特别提醒：在汪氏小苑后花园内新建了一座剪纸博物馆，以展示、保护、传承、抢救和研究中国剪纸艺术为宗旨。

旌忠寺

【内供释迦牟尼玉佛一尊】

相传，此地是梁昭明太子萧统文选楼旧址，现今此处藏有清代重要的佛教经典——乾隆版《龙藏》一部，共七千余卷，为扬州珍藏的古文物之一。该寺现为扬州佛教协会驻地。

开放时间：8：00～18：00

地址：旌忠巷东端北侧

交通：从扬州市内乘2路公交车可达。

门票：10元

吴道台宅第/测海楼

【江南三大豪宅之一、江南四大藏书院之一，实为扬州之一胜景】

吴道台宅第是江南三大豪宅之一，扬州中医博物馆也位于其中。

原建筑为清光绪十四年（1888）修建而成，耗时5年。整个宅第为长方形大院落，规模宏大，结构精巧，雕工精致，保存完好，为扬州古建筑中独具一格的住宅建筑群。

测海楼在鱼池之北，上下两层，为江南四大藏书楼之一，其建筑规模全盘模仿宁波藏书楼"天一阁"，名冠一时。测海楼的底层为"有福读书堂"，为子孙读书之处。吴氏后代多受书益，著名剧作家吴征铸、著名的医学生物学家吴征鉴、中科院院士及著名核物理学家吴征铠均出自吴氏门下。

开放时间：8：00～18：00

交通：可乘4路、旅游观光巴士、旅游专线到第一人民医院（吴道台府）站下车即可。

门票：旺季（3～11月）30元，淡季（1月～次年12月）20元。

匏庐

【为利用不规则余地设计之典范】

为民国初年镇扬汽车公司总经理卢殿虎所建，由当代扬州造园名家余继之设计。以横长别致著称，小中见大，别有洞天。因为进园由狭巷进入，分左右两小院，形如瓢葫芦，故称"匏庐"。匏庐面积虽小，却委婉紧凑，现为扬州文物研究室。

地址：甘泉路211号

茱萸湾风景名胜区（扬州动物园）

【半岛生态型植物园】

因汉朝此地遍植茱萸树祛邪造福而得名，建有华东地区一流的动物散养观赏区，分别有猛兽区、食草动物区、宠物区、猴岛、水禽鱼类观赏区、鹤生态园、海狮表演馆、猛兽表演馆等，游客可零距离与动物接触。

这里还是西汉吴王刘濞开邗沟之起点，以及"世界第一人工运河"京杭大运河的扬州"黄金码头"所在地。环岛还建有8公里的运河风光带，有季节特征明显的植物林带（雪松林、柿子林、竹林等）及各类花卉观赏园。茱萸湾春有茱萸、春梅、桃花、樱花、牡丹、芍药、琼花，夏有荷花、紫薇、月季，秋有桂花、红枫，冬有蜡梅等。

茱萸湾还是国内最大规模的观赏性茱萸林，吴茱萸、食茱萸、山茱萸种类齐全，茱萸树共达1500余株，茱萸林面积达30余亩。

开放时间：9：00 ~ 17：00

地址：扬州市区东北郊湾头镇茱萸湾路1号

交通：乘32路公交车在终点站下即可。

门票：45元

瓜洲古渡

【不但是处优美的江河渡口，还是无数历史传说的发生地】

这里曾经是唐代高僧鉴真起航东渡日本的地方；宋代王安石《泊船瓜洲》诗"京口瓜洲一水间，钟山只隔数重山"，也曾停靠这里；就连民间传说杜十娘怒沉百宝箱的故事也发生在这里。

扬州处在长江与京杭大运河的交叉口，瓜洲古渡自古就是连接南北交通的要道，康乾二帝及历代诗人墨客途经瓜洲，都会留下脍炙人口的诗篇。

古渡公园如今有古渡遗址、御碑亭、沉箱亭等原建名胜，还先后兴建了银岭塔、锦春园、映影池、园中园、"瓜洲古渡"碑、牌楼、观潮亭、游泳池等景点，并投资扩建了古渡宾馆、南苑餐厅等旅游服务设施，现已成为集历史遗迹凭吊与现代人文景观欣赏于一身的休闲、旅游、娱乐场所。

地址：扬州市邗江区瓜洲镇

交通：由瘦西湖开往润扬森林公园的16路在"瓜洲古渡"站下车。

门票：8元

高旻寺

【临水建寺布局的代表，扬州八大名刹之首】

始建于隋，清朝因康熙第五、六两次南巡和乾隆第六次南巡都曾在此驻跸，因此规模逐渐扩大，到清代中期高旻寺建筑群达到顶峰，与镇江金山寺、常州天宁寺、宁波天童寺合称我国佛教禅宗的四大丛林。

高旻寺临水而建，活泼轻灵的规划构成曲折幽深的空间，幽雅而又含蓄。实际上是佛教建筑形态的民居化、花园化，由世俗情态代替了宗教神秘色彩。寺内的天中塔共9层、高72米，呈八角形，供着72尊玉佛。

开放时间：7：00 ~ 18：00

交通：乘37路公交车到江海学院（高旻寺）站下车即可到达。

门票：免费

文游台

【文学大家聚会饮酒之地】

文游台在高邮市区东北泰山庙（又名东岳庙）后的东山上。据地方志记载，始建于北宋，经多次重修，现在大部分建筑为清嘉庆十九年（1814）重建。因宋代苏轼路过高邮时，曾和孙觉、王巩、秦观等文人在此饮酒论文而得名。

此台筑于山顶，山南坡有3个平台和石级。顶上是重檐歇山板瓦顶的二层楼厅。现存石刻内容有"苏轼生日祝寿图""苏轼画像"和秦观、秦少章、黄庭坚、米芾、阮元等人的诗文和书法，还有陈深、龚啸、陈有宗、宋江等人的题字，不过其中大部分是后代按照真迹手卷刻成的。

开放时间：8：30 ~ 17：30

交通：高邮城内乘2路、7路公交车可达。

门票：30元

高邮当铺

【国内保存最完整的清代当铺旧址】

当铺最早开设于清代中期，据载是奸臣和珅的私产。以后几经易手，至清末民初，绅士马士杰（曾任民国政府民政厅厅长、江苏省代省长）是当时当铺的最大股东。1927年前后，当铺遭到军阀孙传芳部下的抢劫后歇业。

高邮文游台四个石雕狮子

当铺占地面积2500平方米，基本布局和结构保存较为完整，五排四进，现存有柜房、客房、首饰房、号房等80多间。其中位于当铺中心的二层存箱楼（首饰房）不仅保存完整，且结构特殊，四周高大的风火墙和周围其他房屋隔开。客房（接待用房）梁架上的镂空浮雕精致，有象征祥瑞的鲤鱼莲花纹，体现了清代乾隆嘉庆时期的建筑风格。

地址：高邮北门外人民路和北门大街交会处

交通：乘3路、5路公交车可达。

盂城驿

【江南驿史上仅存的遗迹】

始建于明洪武八年（1375），此驿规模宏大，由牌楼、照壁、鼓楼、厅房和秦邮公馆、驿丞宅等房屋组成。盂城驿的邮驿史展览室南边有一座供奉“敕封驷马王爷之神位”的马神庙，系古驿马神殿旧址上重建。昔日驿丞以至马夫对马神的顶礼膜拜，就是因为驿道上所谓的高效通信速度，是以夫死马毙的代价换来的。

盂城驿的不远处有专供驿马饮水的马饮塘。那马神庙前面还有无马的马棚和马槽，以及蹲伏在一旁的四座上马石墩，都是秦汉或秦汉之前的地面遗存。

地址：高邮城区南门大街馆驿巷内

门票：30元

龙虬庄遗址

【代表了江淮地区东部的史前文化】

龙虬庄遗址总面积43000平方米，四周环水，共有新石器时代的房址4处，出土了石器、玉器、陶器、骨角器等各类文化遗物2000余件，尤其是有4000余粒碳化稻在同一个地方的不同深度发现，将我国人工栽培水稻的历史提早到5500年前。

地址：高邮市区东北约5公里处

泰州

梅兰芳公园

【大师故居处，数点梅花香】

我国京剧艺术大师梅兰芳祖居泰州，梅家的四代祖辈故居就在现在梅兰芳公园的所在地鲍坝村。梅兰芳纪念馆由原梅兰芳史料陈列馆和梅兰芳公园合并而成，景区分为：入口区、梅兰芳坐像广场、史料陈列区、京剧知识长廊、仿古戏台、梅兰芳纪念亭及梅园区、滨河水榭、出口区等景点。公园三面环水，丛林相拥，风景雅致。梅兰芳史料陈列馆陈列着大师大量生前活动照片和实物。梅树是这里的一大特色，梅亭也是以梅花为造型，梅亭檐下枋子里侧嵌刻着梅兰芳大师《贵妃醉酒》等5出代表戏的木雕戏剧场面。亭的东侧则是一尊洁白的汉白玉梅兰芳坐像。

开放时间：8：00～17：30

地址：东城河凤凰墩，迎春东路90号

交通：可乘1路、2路、22路、28路、116路、118路、游1路等公交车到梅兰芳公园站下车即可。

门票：30元

泰州梅兰芳故居

背包客推荐：梅园夜公园表演

晚上6点半到10点梅园夜公园开放，除了欣赏园内和城河夜景外，还将有由中国戏曲学院的学生们带来的京剧表演，表演时间为晚上7点半到8点，感兴趣的戏迷朋友不要错过。夜游梅园的票价和白日的价格一致，均为30元。

泰州老街

【泰州最繁华的商业区，更是非物质文化遗产的聚集区】

在凤城河畔桃园景区外，一个麻石铺就的明清小巷，穿梭在深深的四合院落，声声入耳的评弹说唱，满街悠悠飘香的小吃，加上悠长悠长的叫喊吆喝声，绵延600米，一条青砖黛瓦的古建筑带，这就是“泰州老街”。从以前到现在，已有300年了。泰州老街，是一条年轻的老街，世俗文化和世俗生活在此肆意展现。“老行当”在此延续，“老手艺”在此复活。

地址：泰州市海陵区迎春东路梅兰芳公园对面

交通：乘1路、2路、22路、28路、116路、118路、游1路等公交车到梅兰芳公园站下车即可。

光孝律寺

【一座收藏有许多珍贵文物的寺院落】

光孝寺始建于东晋义熙年间，清乾隆九年（1744），经扩建后最终修成香雨楼、左右长廊、观音殿、地藏殿、韦

驮殿、天王殿等宏伟建筑群。

寺内现保存完好的珍贵文物有：贝叶经数页、乾隆版《龙藏》1部、旧拓《汝帖》上下册、王振鹏《历代贤后妃图》册页12幅、祝允明草书长卷1卷、董其昌手书《心经》1卷、《丰乐亭记》手卷1帧、《金刚经》碑拓1卷、朱耷花鸟册页10幅以及各种质地的观音像、罗汉像、念珠、手珠等。

开放时间：8：00～17：30

地址：位于五一路90号

交通：乘5路、6路、8路、9路、10路、15路、16路、29路、36路可达

门票：10元（逢初一、十五免票）

崇儒祠

【祭祀明代启蒙思想家、泰州学派创始人王艮的祠堂】

始建于明万历四年（1576），现已扩建为王艮及泰州学派纪念馆，入祠后第一进大门为“崇儒祠”石额，门两旁立石鼓，两侧砌八字墙。

第二进为立本堂。第三进为乐学堂，明代建筑，抬梁式构架，柱下安覆盆式石础。其东墙廊壁上嵌有《心斋先生祠堂》石碑，并展出泰州学派16位重要成员的图文介绍。第四进为贤人堂，供奉王艮半身塑像及新刻大理石质王艮《乐学歌》，陈列有关王艮文物史料与名人书画；详细介绍王艮生平、哲学观点和泰州学派成就。

开放时间：8：00～17：30

地址：五一路光孝寺的旁边

交通：乘5路、16路公交车可达。

背包客收藏：王艮与泰州学派

王艮，字汝止，号心斋。生于明成化十九年（1483），卒于明嘉靖十九年（1540），泰州安丰场（今江苏东台安丰镇）人。他出身于作为盐丁灶户的平民之家，最终成为名播天下的学者宗师、明代泰州学派的创始人，在我国明代思想史上占有重要的地位。

作为一个思想家，他吸收了王阳明的“良知”说，同时又提出了“百姓日用即道”“身为本，天下国家是末”等观点。作为一个教育家，他特别注重平民教育，他把孔子的有教无类的教育思想发扬光大，身体力行。他的思想反映了当时生产力发展的进步要求，代表了中下层人民的社会思想，具有一定的“启蒙”思想倾向和反对封建正统的进步意义。

安定书院

【为江苏省内最古老的书院之一】

南宋宝庆二年（1226）由知州陈垓在胡瑗讲学旧址创建，书院内的古建筑蝴蝶厅和胡公祠保存完好，院内还有一株九百多年的古银杏，枝繁叶茂。

开放时间：8：00～17：30

地址：迎春西路36号，泰州中学附属初中内

日涉园（乔园）

【苏北地区现存最古老的园林之一】

神宗万历年间，太仆寺卿陈应芳倚宅建园，取晋陶渊明《归去来辞》中“园日涉以成趣”句意，命名为“日涉园”。刘少奇到苏北巡视曾在此小憩，1956年梅兰芳回乡，也曾下榻于此。

日涉园布局小巧雅致，颇具江南园林之神韵。整个园林以山响草堂为中心，南部凿池叠山以成主景，北部辟有庭园。草堂前，池水蜿蜒，山石环抱，主峰上立着三枝石笋，亦似三柄长剑，直指天空。

园林最大特色是注重花木的配置，

各建筑物的命名也往往与此有关，例如二分竹屋、皆绿山房、松吹阁、因巢亭、蕉雨轩、文桂舫等。其中核心景区以乔木为主，假山之上古柏森森；松吹阁、因巢亭等高阁旁多辅以高松、梅林；山坳后隐藏竹、屋，庭前后栽蜡梅丛桂，轩周围以牡丹、芭蕉，从时间配置上也可适应四季景色的变化。

开放时间：9：00 ~ 17：00

交通：1路、游1线公交车可达

门票：40元

中国人民解放军海军诞生地纪念馆

【新馆主体建筑新颖别致，酷似军舰】

1949年4月，中国人民解放军海军在泰州白马庙诞生。纪念馆分为海军诞生地旧址和新馆两部分。

开放时间：9：00 ~ 17：00

交通：乘3路、6路公交车可达。

门票：20元

柳敬亭公园（柳园）

【中国说唱艺术界一代宗师——柳敬亭的故居】

柳园的总体布局是以中国传统庭园的手法，充分利用自然形成的南高北低的地势走向为基础，以柳敬亭塑像、纪念馆为主题，将照壁、景墙、花卉、树木、景石与绿化相结合互相渗透，把较小的空间隔开，造成深远的庭园效果。园内沿河沿池遍植垂柳，形成内外连绵环绕的柳堤。傍晚时渔舟夜泊，景色尤为别致。

开放时间：8：00 ~ 17：30

地址：海陵区南门外的东打渔湾

交通：从泰州长途汽车站乘坐到打渔湾方向的车可达。

门票：10元

溱湖国家湿地公园

【莫道江南花似锦，溱潼水国胜江南】

溱湖国家湿地公园位于里下河地区，盐城、南通、泰州三市交界处，长江水系与淮河水系在此交汇，水网密布，四通八达，形成了特有的湿地生态环境。作为长江文化与黄河文化的过渡区，吴越文化和楚汉文化的连接点，溱湖风景区具有独特的民俗风情和深厚的文化底蕴。这里有全国第二个、江苏首个国家级湿地公园——溱潼国家湿地公园。

每年清明节的第二天，都会在溱湖风景区举办一年一度的溱潼会船节。溱潼会船源远流长，已有近千年历史。1000多年来一到会船的日子，当地老百姓“上到八十三，下到要人搀”都要赶

背包客收藏：一代说唱大师——柳敬亭

柳敬亭本姓曹，名逢春，明神宗万历十五年（1587）生于泰州曹家庄，他15岁那年因犯法被迫离家出逃。由于他爱听人讲故事，就学起了说书，并以此谋生。18岁时，柳敬亭流浪江南，以敬亭山为名，并指路旁柳树为姓，从此开始说唱艺术生涯。柳敬亭擅长说的书目有《西汉演义》《隋唐演义》《水浒》《说岳全传》等。

柳敬亭一生走遍大江南北，且善交各地文化名流，因而在民间赞柳的诗词极多。孔尚任的《桃花扇》便据此为素材写成，在没有现代传播工具的古代，说书艺人便是传播大众文化和评说时事的公众人物。

溱潼古镇

来参加。相传南宋时岳飞旗下的义军与金兵曾在溱湖鏖战。此后，当地百姓于清明时节撑船祭奠阵亡将士，形成风俗。

会船分为篙船、划船、花船、贡船等。种类不同，项目不同，各领风骚。届时千舟竞发，百舸争流，场面壮观。赛船结束后还有酒会、送头篙等民俗活动。

交通：泰州汽车东站有发往溱潼的班车。

门票：100 元。联票（含溱湖、溱潼古镇）120 元。公园内可选择步行或乘坐橹船（船票 60 元）

溱潼古镇

【古镇地聚千年秀】

溱潼古镇有着两千多年的历史，旅游区内风光秀丽，麻石当街。小溱湖巷、八仙桥巷等一大批明清时期的建筑群，保存完好，风貌依旧。镇区里店铺林立，人如海，花如潮。古山茶院里的“中国茶花王”，树高 11 米，树龄数百年，每年清明节前后，万朵茶花竞放。民俗风情馆，展示了秦砖汉瓦、耕织器具，彰显了溱潼人民的聪明才智。

交通：泰州汽车东站有发往古镇的旅游班车。

门票：40 元。溱湖 + 溱潼古镇 120 元；溱湖 + 溱潼古镇 + 云海温泉 320 元

兴化千岛油菜花节

【垛田上绽放的灿烂，“中国最美油菜花海”】

兴化是一座有着 2300 多年历史的文化名城，不仅是郑板桥的故乡，也是

背包客推荐：古镇美食

溱湖湖区水质好、无污染，盛产鱼虾、菱藕、水瓜、鱼饼等无公害绿色产品。

溱湖八鲜：溱湖簖蟹、溱湖青虾、溱湖甲鱼、溱湖银鱼、溱湖四喜、溱湖螺贝、溱湖水禽、溱湖水蔬。

施耐庵笔下“梁山水泊”的原型地之一，“中国最美油菜花海”的千岛菜花、江苏省最大的水上森林——李中水上森林、岳飞抗金的乌巾荡等都在其辖区之内。

去兴化参观千岛菜花风景区，看万亩菜花黄，水乡菜花的灵秀，惊赞“中国最美油菜花海”的壮观景色，游览江苏省最大的人工湿地生态林——李中水上森林公园，乘木筏漂游，观野鸭放飞，感受“河有万湾多碧水，田无一垛不黄花”的醉人风景。

交通：在泰州长途车站乘坐到兴化的长途班车，兴化市内乘坐直达该乡镇的乡间公交。

门票：100元（门票+游船）

特别提醒：菜花花期一般是4月，花期20天左右，每年的4月初～5月初为期一个月，定期举办菜花节，其间会有美食节、民俗表演、文体活动。

郑板桥故居、纪念馆

【“难得糊涂”的板桥先生故居】

为纪念清代书画家、文学家郑板桥而建立。郑板桥以诗书画三绝盖世，曾是清代“扬州八怪”的领衔人物。竹是郑板桥绘画、诗作最主要的题材，也是郑板桥的气质写照。

郑板桥像

纪念馆所辖的郑板桥故居，为南北8间的清代民房建筑，藏品1181件，其中郑板桥书画墨迹33幅，金农、闵贞、郑銮、刘熙载等人的书画348件，当代名人为纪念郑板桥、施耐庵而作的书画833件。

开放时间：8：30～17：50

地址：泰州兴化市东北的昭阳镇牌楼北路2号

交通：泰州汽车西站与南站有发往兴化方向的班车。乘2路、4路公交车能到达。

门票：20元

背包客推荐：兴化特色美食

兴化的好吃街是当地有名的小吃一条街，各种小吃都可以在这里寻觅到。牙签肉、凉面、砂锅、馄饨……还有很多传统小点心店，颇有怀旧的味道。

沙沟大鱼圆风味独特，类似鱼丸。沙沟大鱼圆大如乒乓球般，盛在碗里色泽金黄，里面肉色雪白，鲜嫩爽口，油而不腻，暖在心窝。

米甜酒，又名糯米浆酒。兴化米甜酒是选用优质糯米为主要原料，辅以陈酿米烧酒发酵而成，色泽透明，浆液醇浓，鲜甜可口。

被誉为兴化安丰一绝的三腊菜历史悠久。三腊菜以野麻菜为主要原料，具有开胃通气、驱寒止痛之功效。几百年来，到了腊月，安丰不少人家要做一些三腊菜。

上方寺

【寺名来源于"视兴化，如四时木"之佛说】

上方寺是中国佛教禅宗、临济宗磬山派的嫡传法脉，祖庭为浙江天目山报恩寺。寺庙初建于明朝崇祯年间（1628～1644）。据说，明朝末年，报恩寺朗然法师云游兴化，发现这方净土与佛说"视兴化，如四时木"相暗合，遂在兴化城东大徐垛筑寺，定寺名为上方寺。1944年上方寺毁于战乱，现寺庙为1966年在乌巾荡风景区重建。

开放时间：8：00～17：30

地址：兴化市北郊的乌巾荡公园北部

交通：在市汽车站乘坐往西鲍乡方向的车可达。

门票：5元

特别提醒：方竹、磬古蜡梅、枯枝牡丹为上方寺"三宝"。

黄桥古镇

【一座具有悠久历史的千年古镇】

黄桥建于北宋神宗元丰年间，是苏中、苏北地区通往苏南的重要门户，也是苏中苏北地区规模最大的集镇，素有"北分淮倭，南接江潮"的水上枢纽之称。

古镇至今保留完好的明清建筑就有2000余间，以及少量的宋代建筑。现有东、南、西3片传统古街区，有古街巷24条、古寺庙3座、宗祠7座，还有大批唐宋明清石刻、木匾。黄桥又是陈毅、粟裕等老一辈无产阶级革命家指挥的著名的黄桥战役之地，至今仍保留着不少革命历史遗迹遗址。抗日救国时期，一场震惊中外的黄桥决战为黄桥的历史增添了新的辉煌，一曲黄桥烧饼歌从此唱响了大江南北。新四军黄桥战役纪念馆为江苏省革命传统教育基地，并被国务院确定为全国红色旅游经典景区。

交通：坐火车或者是汽车到黄桥下车，之后坐出租车就可以到达。

门票：60元

曲江楼

【新四军苏北指挥部旧址】

曲江楼因位于古运盐河拐弯处，故名曲江楼，这里曾是新四军苏北指挥部旧址。1940年夏秋，新四军抗日东进。9月，新四军苏北指挥部驻曲江楼，总指挥陈毅下榻于楼上，运筹帷幄，为我军决战黄桥前打赢了政治仗，进而取得了"黄桥决战"的胜利。

馆内有大量革命史料。一楼的革命史料陈列室，以大量的照片、史料、实物展示了1940年9月以来与姜堰有关的革命斗争历史。二楼的抗日战争纪念室分"百万旌旗抗战开""抗日合作见精诚"和"红旗十月满天飞"三大部分，再现了当年新四军东进等一系列反映姜堰人民抗日斗争的历史，警示人们以史为鉴，勿忘历史。

开放时间：8：00～17：30

交通：泰州汽车东站乘开往泰兴的班车可到

门票：免费

南通

文峰公园

【已有百余年历史的公园，以田园神韵取胜】

公园于1898年建成，原名长春园。三面环水，北有文峰塔，东毗纺织博物馆，与濠河形成“水包园，园包水”的格局。园中有湖，湖畔有“长春楼”，供游人小憩品茗。

文峰公园的北门，与文峰塔隔濠河相望。横跨于濠河上的塔影桥，迎面可看塑石假山。由石洞入园后，一幅高4米、宽8米的石崖浮雕呈现眼前，亦名“青春浮雕”。河边有一座引人注目的建筑物，就是文峰公园中的主体建筑长春楼（又名茗憩楼）。整座楼中有亭、院、廊，保留了中国园林传统的特色。楼东有“圣萱亭”，系海外华侨所捐建，园内有日本捐建的“契城阁”和“双吉亭”。

园内遍值花木，有牡丹园、杜鹃园、樱花园、桂花园、梅园、月季园等，四季有花。牡丹园、梅园颇为典型，常有新郎新娘特来此佳境摄影留念。

在东南角有一座掩映于一片竹丛之中的“映竹精舍”，内设有棋室及蓝印花布艺术展览馆。同时，在文峰公园内还设有南通地区规模最大的动物园，华南虎、非洲狮、金钱豹、孔雀、棕熊等30余种珍奇禽兽。

地址：南通市崇川区文峰路（三元桥东）

交通：可乘8路、40路公交车到元桥站下车即可。

濠河

【护城河，南通的标志之一】

史载“城成即有河”，已有1000多年的历史，也是中国保留最完整的护城河。濠河景区的范围很广，包围了整个老城区，濠河与江南园林相结合，有着独特的魅力。濠河东南端，五级六角、飞檐翘脊的文峰塔矗立河沿。文峰塔塔院内，建有南通书画院和个鋕艺术馆。文峰塔附近澄澈的水面，与中国第一个纺织博物馆——南通纺织博物馆及文峰公园、人民公园融为一体。南濠河畔，有中国人自办的第一个博物馆——南通博物苑，以及太平兴国教寺大殿、濠阳小筑、濠南别业、女红传习所等建筑群。西濠河沿，苏北第一塔的南通电视塔高耸入云。

开放时间：8：30 ~ 18：30

地址：南通市濠河西路55号

交通：乘坐旅游专线7路、15路、16路等公交车在濠西书苑站下车就可以到

园艺博览园

【以江苏园林精品为原型】

园区涵盖着黄泥山、马鞍山两山，与狼山、军山、剑山遥相呼应，共占地48.5公顷，由中国美院风景研究所主持规划编制，全方位展示江苏园林精品。园区依山傍水，动静结合，各景点错落有致，造型各异。包括江苏十三市的代表景点；结合南通园博园的地形地貌构思设计：连云港—水映松竹、扬州—二分明月、淮安—桑田村庐、宿迁—林霭秋雨、徐州—西溪探源、南京—梅林花雨、无锡—爱屿情波、常州—闻香寻芳、苏州—枫桥夜泊、镇江—西山径幽、泰州—翠园绿坡、盐城—禅语寻踪、南通—映山镜泽。

交通：市内乘坐86路公交车到园艺博览园站下车，或乘88路到园博园东站下车。

门票：32元

滨江公园

【江苏省长江沿线最大的滨江公园】

是一处集观光、游览、休憩于一身的临江生态公园，游客在此可以亲近江水，体验长江雄姿，观赏山水田园风光。整个景区充分体现了南通作为我国长江口重要港口城市和城乡相间的田园城市特色。徜徉在江边，“滚滚长江东逝水”的壮美与秀美的田园风光相得益彰。

交通：88 路公交车可到达。

门票：免费

南通博物苑

【中国人最早创办的博物馆】

由晚清状元、近代民族实业家张謇于清光绪三十年十二月九日（1905 年 1 月 14 日）创建。苑内建立了中馆、南馆、北楼和东楼，内有四个陈列馆，陈列自然、历史、美术、教育四部分文物与标本，总数近 5 万件。苑内文物、标本来源于各地人士和寺院捐赠。博物苑融西方现代博物馆和中国传统园林艺术为一体，苑中广植花草树木、养殖珍禽异兽，与室内展品呼应，另有各种园林设施点缀其间，呈现出高雅和闲适的氛围。

背包客推荐：南通博物馆之旅

南通有“博物馆之城”的美誉，城中博物馆遍布，除了南通博物苑外，还有南通珠算博物馆（崇川区濠北路 58 号）、南通纺织博物馆（崇川区文峰路 4 号）、南通蓝印花布博物馆（崇川区濠东绿苑 81 号）、南通风筝博物馆（市环城西路 1 号）、南通城市博物馆（环城南路 1 号）、南通民间艺术馆（人民中路十字街八仙城二号区二楼）、给水技术博物馆（崇川区黄泥山路）。

天宁禅寺塔

新中国成立后增加的藏品有：海安青墩新石器时代遗址出土的石器、陶器、玉器和骨角器以及汉代的煎盐工具；晚唐青瓷皮囊式壶；明万历年间“陈若虚记”瓷乳钵；南通名医陈实功（号若虚）特制的研药用具；扬州八怪中南通人李方膺的画和近代刺绣家沈寿的绣品。

开放时间：9：00 ~ 17：00，周一闭馆。

地址：濠南路 19 号

交通：乘 7 路、8 路公交车可达。

门票：免费

特别提醒： 露香园的《昼锦堂记》字绣长屏 12 幅、沈寿绣《耶稣》像为美术精品。

天宁禅寺

【与狼山广教寺、如皋定慧寺同为三座现存南通唐寺】

始建于唐朝，以山门、金刚殿、大雄宝殿、药师殿为中轴结构。

西北为光孝塔，山门前有照壁一

块，门前有石狮一对同为护持。天宁寺的主体建筑大雄宝殿是宋元遗留下来的木结构古建筑，殿高近 40 米，面阔三间，进深四间。藏经楼西北角还有一座玲珑秀丽的光孝塔。

开放时间：7：30 ~ 18：00

交通：濠河专线公交 7 路可到。

门票：免费

啬园

【清末状元张謇先生的墓园】

1926 年 8 月 24 日，近代著名的实业家、教育家张謇先生病逝，同年 11 月 1 日出殡葬于此园。因张謇号“啬庵”，故旧称“啬公墓”。

张謇墓茔居全园中心轴线北端，墓的东南畔为“张氏飨堂”，堂内曾陈列张謇画像、各界人士祭奠的诗文、书法、挽联等。墓园的中部，飨堂右侧是“憩厅”。啬园将此厅辟为专室，以珍贵的历史图片展示张謇先生的爱国思想和开拓精神。

“憩厅”后横一小溪，因张謇生前喜爱养鹤，故溪西小池内雕塑着几只形态各异的白鹤。园内东南隅建有“鱼乐廊”，这里溪水清澈，游鱼可数，上有曲折迂回的小桥沟通，与南侧形若游艇的“环溪映山楼”隔水相望。

开放时间：8：00 ~ 17：30

地址：南通市崇川区南郊路 150 号

交通：可乘 48 路公交车到啬园站下车即可。

门票：淡季（1 ~ 2 月、6 ~ 8 月、12 月）15 元，旺季（3 ~ 5 月、9 ~ 11 月）20 元

特别提醒：又称南郊公园，园内有烧烤项目。

狼山风景名胜区

【狼山道场被列为全国佛教八小名山之首】

位于南通市南郊，景区由狼山、马鞍山、黄泥山、剑山和军山组成，通称五山。狼山居其中，海拔 106.94 米，最为峻拔挺秀，文物古迹众多。

南通狼山风景区

因山上的岩石多呈紫色，故后人又称之为紫琅山，南通市因而也得了“紫琅”这个雅致的别称。狼山原在长江之中，唐代高僧鉴真第三次东渡日本曾在狼山停留避风，北宋时狼山才与陆地相接。自宋至清陆续兴建了庙宇殿塔，总名广教寺。

进狼山山门为法乳堂，原为广教寺的“大雄宝殿”，又称释迦殿。堂内三面瓷砖壁画是中国自东汉到近代的18位著名高僧的画像，为当代著名画家范曾所作。出大殿西侧拾级而上是一座七级四面的实心砖塔，称幻公塔，为纪念北宋太平兴国年间（976～983）狼山广教寺的住持和尚智幻。塔北有一碑亭，亭内有明嘉靖三十九年（1560）所立的《抚台平倭碑》，记载明代抗击倭寇的史实。

登上狼山之巅即可见广教寺的主体建筑群，进门就是萃景楼，紧接着是圆通宝殿，殿后的支云塔建于北宋太平兴国年间（976～983），为南通三塔之一（另两塔为市内的文峰塔和光孝塔）。塔后就是著名的狼山大圣殿。狼山大圣为唐代僧人，他南游江淮，为民医病治水，深受爱戴。唐中宗尊他为国师。殿内大圣菩萨身披龙袍，法相庄严。两旁为他的弟子度慧岸和木叉。山下东南麓有“初唐四杰”之一骆宾王的墓，与骆墓并列的是南宋民族英雄文天祥的僚属金应，以及清朝《五山全志》编纂者刘南庐的墓。狼山北麓以山为屏而构园，悬崖陡壁上题刻甚多，又称“题名坡”。西部临水的巨石被近代著名书画家吴昌硕题为“大磊落矶”。

开放时间：6：00～17：00

交通：5路、14路、86路、88路公交车可达。

门票：淡季（6～8月、11月～次年1月）50元；旺季（2～5月、9～10月）70元

定慧禅寺

【碧水环绕丹楼绕殿的唐代寺庙】

定慧寺初建于隋朝开皇十一年（591），是一座建筑风格独特、山门北向（中国古寺庙山门均为南向）的千年古刹，现存的定慧寺主体建筑系明朝万历年间重建。

寺门原本是南向的，明嘉靖年间倭寇侵扰如皋，为了保护城内安全，1554年修筑了城墙。由于地区扩展，新砌的城墙将定慧寺包入城内。这样，定慧寺北有古城河（玉带河），南有护城濠河，西有玉莲池（已荒废），东有放生池，形成了“水环寺”的地势。明万历年间重修定慧寺时，将山门改为北向，整个建筑协调起来，原山门处改建成藏经楼。

定慧寺平面布局呈“回”字形，外为楼堂内为殿宇，布局严整建筑宏伟。山门为九檩穿斗式硬山建筑，进山门就是天王殿，迎面一尊大肚弥勒佛像，佛背座面是韦驮天尊像，一坐一立。殿东西两侧有四大天王塑像。殿后一庭院，院中安放万年宝鼎一尊，过庭院便是定慧寺的主体建筑大雄宝殿。大殿为合掌形状串角砖木结构，四个飞檐翘角挂有铜铃。大雄宝殿正中的如来佛端坐于莲花之上，在佛额上镶夜明珠一颗，全身用赤金贴塑，红中透黄，光泽灼目。大佛身后千佛相绕，姿态优美，表情各异。整座佛山布局疏密有致，庄重优美。大雄宝殿后为藏经楼，珍藏各种版本的藏经。楼下为玉佛堂，供奉重6.5吨的玉石卧佛一尊。

以天王殿、大雄宝殿、藏经楼为中轴的两侧，环绕众多的楼堂、寮房。东侧有祖堂、观音堂、关帝殿、云水台、功德林等，西侧有华严楼、念佛楼、斋堂、讲经堂、寮房等，形成“楼抱殿”的格局。

开放时间：6：00～18：00

地址：如皋市如城镇曙光路 17 号

交通：从南通汽车站乘坐如皋方向的班车可达。

门票：5 元

水绘园

【徽派园林作品的孤本，一段旷世情爱的见证】

有人这样评价："南北东西皆水绘其中，秋峦葩卉，一一掩映，若绘画然。"可谓之水绘园的建筑特色，但明末才子冒襄（字辟疆）与金陵名妓董小宛的爱情故事才是让水绘园声名远播的真正原因。

水绘园始建于明朝万历年间，为冒氏别墅，至冒辟疆已历经四代，园林也已大致完善。明朝灭亡后，冒辟疆心灰意冷，决心隐居不仕，于是将水绘园改名为水绘庵。当时的名士吴伟业、王士祯、孔尚任、陈维崧等人纷纷前来如皋相聚，水绘园一时成了他们诗文唱和之所。

现今的水绘园包括人民公园、雨香庵和水明楼。其中，水明楼是清乾隆二十三年（1758）安徽盐使汪之珩营建的，建筑中包含着汪氏仰慕冒辟疆、董小苑之情，以及缅怀水绘园的深意。水明楼小巧玲珑，十分精致，雨香庵则在水明楼西边与其紧紧相连。水明楼、雨香庵的建筑群布局融汇了我国南北园林的特色，是我国古代建筑艺术的杰作。

开放时间：8：00 ～ 18：00

地址：如皋市碧霞路 299 号

交通：由南通汽车站乘坐如皋方向的班车，然后在如皋乘坐工农桥方向的车在水绘园下车。

背包客收藏：秦淮八艳之董小宛

董小宛，名白，字小宛，别号青莲女史，苏州人士。少年时，因其父不务正业而家境贫寒，沦入青楼。因其聪慧、美貌成为"秦淮八艳"之一。

富家公子冒辟疆，风流倜傥，才气过人，与陈贞慧、方密之、侯方域等人因对朝廷颇有异议，并结社金陵，想以文人之微力以伸张正义，被称为"四公子"，但终因势力单薄而未果，并受摧折。冒辟疆从此寄情于山水声色。董小宛一直仰慕冒公子，两人相识后，经历种种磨难最终结为秦晋，董小宛嫁入冒家。虽为冒辟疆之妾，但两人琴瑟和谐，与其家人也相处甚好，算是"秦淮八艳"中归宿最好的一个。

据说，董小宛热衷美食，现在江南一带日常所吃的走油肉就是她的发明之一，所以又称董肉。如皋的"董糖"也是她的发明，这种用芝麻、炒面、饴糖、松子、桃仁和麻油为原料制成的酥糖，在当地十分有名。有人把董小宛与伊尹、易牙、太和公、膳祖、梵正、刘娘子、宋五嫂、萧美人、王小余并列为我国古代十大名厨。

在民间传说中，董小宛被与顺治帝为情出家的董鄂妃混为一谈。历史的真相是：小宛 16 岁嫁到冒家时，顺治才两岁，直到小宛 27 岁去世，一直未曾离开过冒辟疆，而顺治也未曾出家。董鄂妃是内务大臣董鄂朔的女儿；董小宛是积劳成疾，重病而死的。冒辟疆作有《影梅庵忆语》，记载小宛始末及其行事以及两人的情意，成为一则佳话。

门票：50 元

特别提醒：如皋博物馆就在园内，收藏许多如皋出土的珍贵文物。

广福禅寺

【一代高僧松年法师的修行处】

据史料记载，广福禅寺始建于唐贞观二十年（646），为唐代鄂国公尉迟恭之子尉迟宝林将军所建。

广福禅寺山门门额由赵朴初题写，山门内供一尊笑口常开的弥勒佛，抱柱书联“暮鼓晨钟惊醒多少山河名利客，经声佛号唤回无边苦海梦中人”。寺内东钟楼、西鼓楼相对而立。钟楼供地藏菩萨，鼓楼供伽蓝菩萨（关云长）。第二进殿宇为天王殿，中央面南供千手观音，背面供护法韦驮。飞檐翘角、双层大屋顶的大雄宝殿呈正方形，殿中有 6 根珍贵的楠木为柱。名刹出高僧，当年妙一、广衍、戒心等法师曾先后在广福禅寺住持过。

开放时间：8：00 ~ 17：30

地址：海安县东北郊的明道村

交通：从南通长途汽车站乘坐到海安县的班车，然后再乘坐到凤山路方向的短途车。

门票：5 元

蛎岈山

是一个天然两栖生物岛，岛上以盛产牡蛎而闻名，故称蛎岈山。主要有渔港风光游览、海上休闲、蛎岈奇山观赏、海上观日出、滩涂采集、捕海洋生物、坐骡马彩车等。

地址：海门市东灶港东北方向的黄海中

交通：南通有直达海门的车。

圆陀角

【江苏最早看到日出的地方】

位于长江海口北侧，东邻黄海，南系长江。风景区最早的建筑是长江入海纪念碑，纪念碑为船造型，正对东方。风景区内还有全国最大的大禹石像，高达 19.99 米。

寅阳楼设在风景区东北隅的海堤外边，取意于“天圆地方”，是天人合一的东方哲学思想的体现。登楼可见到海上日出、日落的壮美。圆陀角是长江入海口处，东海和黄海也在此分界，于是更可见三水交汇的壮观景色。

交通：从南通长途汽车站乘坐到启东市的班车。

门票：20 元

实用资讯

交通

苏中地区是指包括扬州、泰州和南通在内的市县，这一地区沟通着以徐州为中心的苏北和以苏州为中心的苏南地区。处于江苏省的中心腹地、“长三角”的广大区域，铁路和公路交通方式已经足够方便和快捷，几个主要的城市中以南通机场为主。扬州和镇江之间的过江大桥建成开通后，江南和江北之间的交通更加方便了。

因有长江和大运河流经苏中地区，以扬州为例，水路交通也十分发达，但因水路交通所需时间过长，所以现在多以铁路和公路交通为主。

扬州

扬州的扬泰机场距离扬州市中心只需 1 小时左右的车程。坐飞机来扬州是个不错的选择。直达扬州或者停靠扬州的火车有很多，扬州火车站和江都站的车次都非常多。火车方式也非常方便。扬州有三个汽车客运站，省内或邻省的汽车开往扬州的班次也很多。扬州瓜洲渡口与镇江之间有汽渡往返，也可搭载行人，横渡长江的感觉还是相当不错的。从上海到扬州乘火车需费时很久，可考虑在镇江转乘汽车。

航空

扬州市与泰州市共用一个机场，扬泰机场。扬泰机场距离扬州市区约 30 公里，车程约 1 小时。

地址：扬州市江都区丁沟镇扬州泰州机场

交通：机场巴士起点为市区友好会馆，直达机场，需 45 分钟，票价 25 元。也可乘坐 30 路公交车至达安大路与机场路十字路口，下车步行约 20 分钟抵达机场。

电话：0514-89999999

铁路

扬州有两个火车站，扬州火车市内的扬州站和位于江都区的江都站，一般来说，到扬州旅游的游客一般在扬州站下车。

扬州火车站

扬州火车站在扬州市邗江区，距扬州市中心约 8 公里。

地址：邗江区文昌西路

交通：乘坐 26 路、22 路公交车至火车站广场站下车即可。

江都火车站

江都站离扬州城区较远，一般不建议在这里下车。

地址：江都区仙女镇北区新都北路北端

交通：乘坐江都 22 路公交车至火车站下车即可。

公路

扬州目前有三个汽车站，分别为扬州汽车西站、扬州汽车东站和扬州城北汽车站。但扬州西站是进出扬州的主要起始站。

扬州汽车西站

扬州汽车西站即总站，也是离瘦西湖最近的一个站。

地址：邗江区邗江中路 302 号（近江阳西路）

交通：乘坐 12 路、18 路、20 路、61 路、65 路、66 路、209 路公交车至汽车西站下车即可。

电话：0514-87963658

网址：www.yqjtgs.com

扬州汽车东站

东站规模较小，但距离市区较近。

地址：广陵区运河西路 47 号

瘦西湖

交通：乘坐12路、19路、25路、26路、44路、58路、101路、205路、210路、212路公交车至汽车东站下车即可。

电话：0514-80975207

扬州城北汽车站

该站营运线路为经扬子江北路以北的省际、市际、县际班线。

地址：邗江区扬子江北路与北绕城公路交界处南侧

交通：乘坐5路、25路、50路、216路公交车至城北客运总站下车即可。

电话：0514-80975312

水路

扬州瓜洲镇的镇扬汽渡与镇江之间有汽渡往返，也可搭载行人。虽然通过镇扬大桥过江更迅速舒适，但横渡长江的感觉还是相当不错。票价为3元。10分钟左右到镇江西津渡。来往时分频繁，几分钟就有一班。

地址：邗江区瓜洲镇

交通：到汽车西站乘16路到终点站即可

电话：0514-85623349

市内交通

扬州是苏中地区的一座安静而闲适的中小城市，市内主要景点都在游1路、游2路沿线，两条公交线路都是空调车，车费2元；市内出租车为桑塔纳和富康，起步价7元/3公里，另收1元的燃油附加费，2.4元/公里；三轮车起步价5元，是城内的一种补充交通方式，乘着这种交通工具，其节奏倒是与小城的悠闲很配合。

泰州

泰州位于江苏省中部，各路交通方式都较为便利。泰州的机场是与扬州合用的，但距离泰州市区并不远。泰州火车站6条黄金始发线路通往全国60多个主要城市。当地客运交通也很便捷，京沪、盐靖、启扬高速公路纵横全境。当地交通方面，公交车和出租车的价格也保持在普通水平。

航空

扬泰机场是扬州市和泰州市共建共用的机场，距泰州市区约20公里。

交通：机场巴士从泰州高港汽车站—泰州医药城—泰州南站—扬州泰州机场，票价 19 元

铁路

泰州火车站一共有 22 趟列车经过，从泰州火车站始发的火车有 6 趟，主要开往广州、汉口、兰州等地，主要往来于南通、南京、扬州等地。

泰州火车站

地址：泰州市姜堰市京泰路 1 号

问讯电话：0523-95105105

公路

泰州公路交通发达，有高速公路 4 条。从泰州走高速公路过江阴长江大桥到上海仅需 3 小时。泰兴、靖江、姜堰等城市每天有多班快客发往上海交通大学徐家汇站。从泰州走高速公路到南京、无锡、苏州、南通、淮安等城市均在 2 小时左右，到扬州则不到 1 小时。

泰州现有 3 个长途汽车站，分别为泰州汽车东站、泰州汽车西站、泰州汽车南站，分别经营开往省内不同地区的班线。从泰州到达上海、南京等地的班车主要从泰州汽车南站发出，泰州汽车南站又名泰州汽车客运总站。

泰州汽车南站

地址：泰州海陵区青年南路

电话：0523-86883786

泰州汽车东站

地址：泰州市海陵区兴泰北路南通路交叉口北侧

电话：0523-6222320

泰州汽车西站

地址：泰州市扬州路东进西路交叉口东北侧

电话：0523-6883789

市内交通

泰州出租车以普通桑塔纳和神龙富康为主，起步价 7 元，公交车则实行无人售票，上车 1 元。

南通

南通位于江苏省东部，东抵黄海，南望长江，交通还算发达。南通有一个民用机场，国内主要城市都有航班直达。铁路运输方面，南通有一个火车站，但途经的列车车次较少。南通有三个汽车客运站，周边游客以乘坐汽车为佳，用时较少，更为便捷。南通本地公交线路多，出租车价格便宜，非常方便。

航空

南通机场位于市区东北 12 公里的通州市兴东镇，主要为发往北京、天津、成都、深圳、武汉和广州的航班。

地址：南通市通州区兴东镇

交通：机场有大巴直达市区，终点站是十字街站（大润发超市），票价 10 元。除机场大巴外，还有 622 机场专线从机场发出前往市区，票价 2 元

电话：0513-86560050

网址：www.ntcaac.com

铁路

南通有一个火车站，在市区内，但途经南通的列车车次较少。

南通站

地址：南通市港闸区永兴大道

咨询电话：0513-80141711

水路

南通是我国十大港口之一，也是长江水系江河运输直达中转的枢纽。

南通与上海每天有两班快艇往返。上海—汉口、上海—重庆的江轮均停靠

南通。从市区、长途车站到南通港可乘4路公交车直达。

电话：0513-83512270

公路

南通市内有三个汽车站，陆路交通发达。

南通汽车客运站

南通最大的汽车客运站，也是离市中心最近的客运站。

地址：崇川区人民西路86号（近凯乐酒家）

电话：0513-83512816

永兴汽车站

地址：外环北路859号

电话：0513-85559023

狼山汽车客运站

地址：长江中路99号

电话：0513-85719180

市内交通

南通出租车起步价为8元/3公里，燃油附加费2元。普通公交车1元，空调公交车2元。

住宿

与苏南相比，苏中地区虽也是经济发达地区，但因不是旅游热点地区，所以苏中的住宿价格相对要便宜一些，各城市的宾馆星级却一应俱全。另外，因各城市均属于中小城市，所以投宿宾馆的位置便没有严格的要求，只要安静、卫生、安全，住在城里的任何地方都很方便。

扬州

扬州虽不大，但是市内都遍布着档次不一的酒店和旅店，满足不同维度游客的需求。市内也有很多连锁酒店，价格在150元以上，价钱便宜的旅店在汽车客运站周边，但是离景区有一定距离。背包客可以选择青年旅舍，价位适中，氛围轻松，不乏舒适。若想品尝地道的扬州小吃又能欣赏美景，最好就住在文昌阁附近。但如果想度假休闲的话，首选瘦西湖风景区，还可以泡温泉。

金陵大饭店

紧邻扬州市最大的景观广场来鹤台广场。酒店周边闹中取静，距离汽车西站乘车10分钟，距离火车站乘车15分钟，出行交通便利。标准间430元/间起。

地址：邗江区文昌西路318号（邗江市文化广场西行约50米）

电话：0514-85588888

扬州文昌阁

远锦国际大酒店

靠近玉盛公园，周边有扬州大学南校区、扬州大学信息工程学院、扬州大学广陵学院等高校，闹中取静。房间里的硬件设施还是比较新的。标准间 100 元/间起。

地址：邗江区华洋路 29 号（近吉安路）

电话：0514-87771888

二十四桥宾馆

位于瘦西湖与蜀岗景区之间的一家星级宾馆，从瘦西湖西门出来，往北走不了多远就能看到这家庭院式的宾馆，离蜀岗景区也就两三站地。宾馆门口有旅游专线公交车经过。标准间 298 元/间。

地址：扬子江北路 486 号

电话：0514-87808999

京华维景大酒店

扬州市第一家四星级宾馆，位于市中心的文昌路上，从宾馆的窗口就能看到扬州城的标志性建筑——文昌塔，步行到富春茶社也十分近。标准间 325 元/间。

地址：文昌中路 559 号

电话：0514-87322888

红杉树酒店

宾馆周围有扬州八怪纪念馆、文昌阁、个园等景点，如果希望宾馆处于闹市区，这家宾馆比较合适。标准间 100 元/间。

地址：文昌中路 499 号

电话：0514-87801888?

绿扬旅社

这是一幢建于中华民国时期的老房子，坐落在扬州老城区的小巷内，房子看上去已经有些破旧，但门口有"重点文物保护单位"的牌子。这是扬州的第一家旅社，建筑中间有一个天井，由三面三层的砖木建筑围合，曾经繁华一时。据说，郁达夫、梅兰芳等文化名流都曾在此下榻。但这里的住宿条件比较一般，标准房 120 元/间，名人居室 180 元/间。

绿扬旅社

交通：从汽车西站出来有一趟 8 路公交车，在站牌上就有绿扬旅社这一站。

电话：0514-87341590

扬州长乐客栈

扬州长乐客栈为文物保护建筑，分别由民国初年钱业经纪人李鹤生的逸圃、清末民初盐商华友梅的华氏园，以及清代名将李长乐的将军府三处古宅及其他宅院翻建而成，是集历史风貌、传统特色、原生态与时尚休闲于一身的古建筑民居式主题精品酒店。单人房 438 元/间，标准间 598 元/间。

地址：广陵区东关街 357 号
电话：0514-87993333?

泰州

泰州的住宿很方便，海陵区是泰州市的中心区域，泰州市的大部分酒店宾馆集中在此，酒店宾馆各种价位都有。在区内酒店又多集中在坡子街，以及济川东路万达广场附近和东城河景区周边。坡子街是泰州的商业街，有很多快捷酒店，入住非常方便。万达广场附近分布着各种价位的酒店，有很多选择。东城河景区的宾馆酒店多在人民东路附近，距离美食街税东街很近。

原野大酒店

酒店房间有落地窗，可以享受太阳照进房间的惬意感。早餐花样比较多，味道不错。酒店设施比较新，干净舒适。住在酒店高层可以俯瞰。标准间 110 元 / 间起。

地址：泰州海陵区南通路 30 号
电话：0523-82101888

泰州绿晶国际大酒店

位于市中心商业区的人民广场附近，标准间 110 元 / 间。

地址：凤凰东路 83 号
电话：0523-6398888

泰州国泰大酒店

位于市区鼓楼路繁华地段，出行十分方便，标准间 156 元 / 间。

地址：鼓楼路 15 号
电话：0523-89996111

泰州美丽华大酒店

足不出店就能享受泰州式的早茶。配有浴缸，能体验泰州当地“晚上水包皮”的生活。毗邻泰州市政府，距离市中心不算太远。酒店周边的交通还不错，门口就有多条公交线路，去往市中心以及各大景点、车站都十分方便。标准间 250 元 / 间起。

地址：泰州市海陵区凤凰东路 66 号（开发区商圈）
电话：0523-86396666

华侨城温泉奥思廷酒店

泰州华侨城温泉奥思廷酒店坐落在美丽的溱湖畔，溱湖国家湿地公园旁，极富创意地将江南风情与京韵文化完美结合，是一家京剧文化主题温泉酒店。水质为重碳酸硅钠型，富含偏硅酸、游离二氧化碳、锂、锶、锰等多种矿物质。对治疗心血管病、肥胖症、皮肤病等多种疾病有辅助医疗的功效。标准间 280 元 / 间，温泉房 690 元 / 间。

地址：泰州姜堰市溱潼溱湖大道 2 号
电话：0523-88881999

南通

南通市的宾馆大多聚集于濠河风景名胜区，也有一部分靠近狼山风景区。这两个住宿区域宾馆风景都不错，且宾馆的价格差得也不多（从一百多到四五百不等）。总的来说，濠河风景名胜区更靠近市中心，交通较为方便，邻近的景区也相对较多；靠近狼山风景区的宾馆更靠近海，较有情调。游客可根据自己需求选择。

鹏欣花园国宾酒店

位于长江边上的一个高尔夫练习球场里，依山傍水，就位于狼牙山的旁边，晚上可以看到山上的灯光夜景，酒店的房间都分布在各别墅中。标准间 520 元 / 间起。

地址：开发区山水路 1 号
电话：0513-85708888

金陵华侨饭店

位于濠河北岸，夜景不错；邻近中国珠算和审计博物馆；酒店门口公交线路很多，去景区和市中心都比较方便，酒店的饭菜味道不错。标准间 200 元 / 间起。

地址：崇川区濠西路 39 号（濠西路与钟秀中路交会口）

电话：0513-85068888

文峰饭店

因坐落在古朴典雅的文峰塔下而得名，位于风景秀丽的濠河之滨，店内环境幽静宜人，百年古树苍天、风景宜人。标准间 248 元 / 间起。

地址：青年东路 1 号

电话：0513-85011888

餐饮

苏中地区以淮扬菜为特点，其中扬州是中国四大菜系之淮扬菜系的发源地之一，扬州菜与淮安菜合称淮扬菜。

淮扬菜始于春秋，兴于隋唐，盛于明清，康乾盛世以及满清皇帝数次的南巡，更使淮扬菜的知名度和烹饪技艺达到前所未有的高度。所以有“玩在杭州、穿在苏州、吃在扬州”之说。

淮扬菜的形成当然与其所处的地理环境有关，苏中地区处于江河水网之中、气候适宜，自然意味着水产的丰富，鲜鲫、春莼、蒲蟹、竹虾、柳鱼比比皆是，另外，海味产区也近在咫尺。而淮扬菜的另一个特点就是精湛的刀功、火候，所以选料、制作都十分精致的淮扬菜才会有那种清而不淡的特征。在 1949 年开国大典上的“开国第一宴”、1999 年中华人民共和国成立 50 周年大庆宴会都是以淮扬菜为主角。

扬州

扬州是中国四大菜系之一淮扬菜系的发源地。康熙、乾隆皇帝将淮扬菜水平带到了极高的高度，堪称人间至味。淮扬菜最大的特色就在于南北皆宜。扬州菜注重本味、讲究火工、擅长炖焖，口味清淡鲜美、甜咸适中。著名的“三头”（蟹粉狮子头、扒烧整猪头、拆烩鲢鱼头）就是扬州菜的代表作。此外，扬州特色小吃也远近闻名。在四望亭路及望月路一带是扬州的美食聚集地。所以扬州可称得上吃货们的天堂了。

“早上皮包水，晚上水包皮”形象地说明了扬州人的生活品质。所谓“皮包水”就是吃早茶，而“水包皮”就是泡澡堂和扦脚。

得胜桥的富春茶社是扬州吃早茶的首选地，也是作为一个扬州游人不能错过的项目之一。把午餐和晚餐安排在四望亭路的得意楼或者河南路上的福满楼，品味有“开国第一宴”之称的淮扬菜，如果预算充分那么在冶春茶社品闲茶，也是一种享受。此外，扬州的高邮县也是一处“鱼米之乡”，以传统美食中的高邮董糖、界首茶干、三垛方酥、临泽水晶月饼为代表，另外，高邮的双黄蛋更是声名远扬。苏北地区的大多数地方能买到高邮的鸭蛋制品，以三湖、红太阳、新润等牌子较为著名。

特别提醒：10 点以后早茶基本就结束了，国营茶社中午 1 点以后也不怎么营业了，所以要吃扬州著名的早茶得赶早。当然午饭、晚饭也有点菜可吃，但一些名点可能就没了。扬州的特色服务业“三把刀”（厨刀、修脚刀、理发刀）很有名。来到扬州。“陆琴脚艺”和“苏扬足部护理”是扬州的两个著名品牌，开了很多连锁店，传业者均为全国女劳模，修脚的手艺十分精湛。

传统美食

扬州炒饭

可谓鼎鼎大名。相传源自隋朝越国公杨素爱吃的碎金饭，即蛋炒饭，是具有淮阳风味最著名的主食。扬州炒饭品种丰富，有“金裹银”“什锦蛋炒饭”及“青菜炒饭”等。什锦蛋炒饭是最典型的品种，常用的配料有鸡蛋、海参、火腿、青豆、香菇、笋、葱花等。

蟹粉狮子头

久负盛名的扬州地区传统名菜。据传，此菜始于隋朝。狮子头有多种烹调方法，既可红烧，亦可清蒸。因清炖嫩而肥鲜，如“蟹粉狮子头”，成菜后蟹粉鲜香，入口而化，深受人们欢迎。在各淮扬菜餐馆都能尝到这道美味。

扒烧整猪头

“三头”之一。扬州的扒烧整猪头源于北方农家的做法。这端上桌的猪头实际上叫猪脸更合适些，毕竟所有的骨头都已在烹调过程中剥离了。这道菜要预订的原因就在于它做起来特别复杂，没有半天工夫根本无法上桌。本菜肉质烂熟，肥而不腻，香气扑鼻，是一道老少皆宜的美食。

扬州炒饭

拆烩鲢鱼头

扬州有谚：“鲢子吃头，青鱼吃尾，鸭子吃大腿。”扬州大花鲢，胶汁多，肉肥茸，无土腥气。此菜以5公斤以上的大花鲢头作为主食材。鱼头无骨，口感肥嫩，汤白汁稠，营养价值极高。很多本地餐馆都可以吃到拆烩鲢鱼头。

扬州特色小吃

扬州十大名点：三丁包子、千层油糕、双麻酥饼、翡翠烧卖、干菜包、野鸭菜包、糯米烧卖、蟹黄蒸饺、车螯烧卖、鸡丝卷。十佳特色小吃：四喜汤团、生肉藕夹、豆腐卷、笋肉小烧卖、赤豆元宵、五仁糕、葱油酥饼、黄桥烧饼、虾籽饺面、笋肉馄饨。这些小吃都可以在小吃街上或本地老字号餐馆里品尝到。

全藕宴

扬州湖泊众多，盛产荷藕。“全藕宴”包括：蜜饯捶藕、吉祥藕球、鸳鸯莲逢汤、葡萄藕糕、桂花藕粉圆、藕海参、糖水花香藕、炸藕夹、葱花藕饼、荷叶叫化鸡、荷叶粉蒸肉、金莲瓣、琥珀莲羹、荷叶八宝粥、甲鱼莲子羹、糯米烂藕、莲菜八宝饭、百年和合水晶糕、荷塘戏鸭、荷花金针木耳汤。

特色餐馆

富春茶社

扬州的早茶其实就是早餐，茶在其次，关键是菜品，有几样是比较有代表的，比如扬州干丝、三丁包，另外还有千层油糕、双麻酥饼、笋肉锅贴儿、扬州饼、蟹壳黄、四喜汤园、生肉藕、狮子头等。这里以套餐制为主，有20元、25元、28元不同的档次，一般来说，

富春茶社三丁和五丁包子

两个人点一份就够吃了。

地址：国庆路得胜桥35号巷里

电话：0514-87233326

特别提醒：每天到富春茶社吃早茶的人很多，最好起个大早，否则连队都排不上。另外，茶社还设有包间，比较讲究的人最好预先订个包间，就餐环境和品质才会有保证。

冶春茶社

这里也是吃扬州早茶的地方，虽然与富春茶社仅一字之差，但价格却是差之千里，当然菜品是一样的。

地址：丰乐上街10号，西元大酒店对面

电话：0514-87314650

福满楼

大煮干丝、扬州狮子头、蟹粉豆腐羹、蛋黄豆腐、牛腩煲馄饨、刺参烧鳜都是淮扬菜中的代表菜，而福满楼作为扬州一家老字号的饭店，自然是品尝淮扬菜的地方。

地址：河南路

电话：0514-87344777

食为天酒店（西区店）

本地宴请酒店之一。淮扬菜做得不错，蟹粉狮子头肥瘦相间，香而不腻；清炒虾仁个头小小，虾肉新鲜Q弹；扬州炒饭颗颗分明，非常地道。环境装修自有一番格调。

地址：邗江区扬子江中路785号(近文昌中路)

三香碎金扬州炒饭

地道正宗的扬州炒饭，粒粒分明，金黄美味，价格实惠，人气很旺。但是近年口碑有所下滑。

地址：邗江区四望亭路105号(近宋大城)

扬州人家食府

扬州人家食府是一个大型的吃淮扬菜的好地方。在国际酒店下面。餐厅也非常的大，环境幽雅，里面的灯光也是比较亮的，桌椅摆放整齐。这里的淮扬菜味道很正宗。

地址：广陵区解放南路88号

怡园饭店

这家早茶很受欢迎，大煮干丝是很多人的最爱，高汤香浓鲜美；蟹粉狮子头做法正宗。临街大厅是欣赏夜景的妙处。

地址：扬州市四望亭路1号(汶河路四望亭西南侧)

盛宴

地道的淮扬菜馆，常常要等位。环境也不错，很清雅。蟹粉狮子头很有嚼头，木桶牛肉和剁椒鲢鱼头被点率也相当高。本地人常常请客招待外地人的餐馆。

地址：邗江区四望亭路45号(近淮海路)

菜根香饭店

很有名的老字号，出品正淮扬菜。狮子头不松不紧，蟹粉味很浓；扬州炒饭配料丰富，颗粒饱满；煮干丝入口即化，汤头也很鲜。而且分量很足，价格又实惠。

地址：广陵区国庆路115号(近公交8路)

粗茶淡饭

采光效果不错，桌椅摆放十分整齐，给人很温馨的感觉。服务员也很热情，服务小姐也很温柔漂亮，地理位置也不错。可以吃到很多扬州的特色小吃。

地址：广陵区东关街207号(近个园)

扬州迎宾馆中餐厅

厨师做菜非常用心讲究，可以吃到正宗红楼宴。红楼宴，是《红楼梦》书中所写菜肴的创新。红楼宴菜谱包括一品大观、四干果、四调味、贾府冷菜、宁荣大菜等各大类菜。其中一品大观为有凤来仪、花塘情趣、蝴蝶恋花；四干果：栗子、青果、白瓜子、生仁；四调味：酸菜、荠酱、萝卜炸儿、茄鲞。

地址：扬州市维扬区友谊路48号(前门)/长春路1号

泰州

泰州菜属于淮扬菜系，制作精细、清鲜平和。特色菜品种主要有八宝刀鱼、龙眼滚珠、清蒸鲥鱼、蟹黄粉皮、泰州干丝、黄桥烧饼、靖江蟹黄汤包等。特色小吃主要有金松皮蛋、黄桥烧饼、中庄醉蟹、烫干丝、溱潼鱼饼等、油炸臭干、五味干丝、鱼汤面、姜堰酥饼、农家荞面汤饼、柴墟蝉翼饼、宣堡小馄饨、大炉饼等。

传统美食

泰州梅兰宴

共有21道菜、9道面点和小吃。其中有18道菜取名于梅兰芳的代表剧，

黄桥烧饼

如锦凤还巢、林黛玉怜花、楚霸王别姬、杨贵妃醉酒等。“梅兰宴”以淮扬风味为主，用料考究，制作严谨。追求本味、清鲜平和、菜品雅丽、形质兼美。

靖江蟹黄汤包

是中华六大名点之一，享誉大江南北已有近200年的历史。其特点是稠而不油、油而不腻、皮薄如纸、汤多味美。刚出笼时“放在盘里如座钟，夹在筷上像灯笼”，蟹油金黄，轻轻晃动，宛如一枚软壳蛋。品尝汤包要记住12字要领:“轻轻提，慢慢移，先开窗，后吸汤。”

泰州干丝

干丝是泰州早餐名点，一般有煮干丝与烫干丝。干丝洁白，姜丝金黄，另加一小撮虾米，浇上黄豆酱油和纯香小磨麻油，一经拌和，黄白相间，一碟食毕，齿颊留香。“菽乳淮南是故乡，乾嘉传世九丝汤，清清淡淡天资美，丝丝缕缕韵味长。”

黄桥烧饼

历史上，黄桥曾是江淮一带的粮食集散地，黄桥烧饼便是挑夫们的快餐。在黄桥决战中又成为支援前线的主食，随着新四军的脚步传遍大江南北，并入选开国大典国宴。现分普通和精细两大系列20多个品种，用料考究、制作精细、色泽黄亮、香脆可口，是江苏省名点之一。

特色餐馆

南园宏运楼

蟹黄汤包一级棒，皮薄，汤汁鲜美。

地址：靖江市人民中路40号

老季市私家菜馆（工农路）

非常好吃的一家江浙菜馆。店内的装潢很复古，八仙桌很有古韵。菜品的味道好，装盘也十分好看。

地址：靖江市工农路2号（近人民中路）

仁和楼

仁和楼的早餐绝对的一级棒。很多当地人都来这里吃早餐。黄桥烧饼又松又香。

地址：泰兴市府前街19号（近市中心）

会宾楼新永泰大酒店

算是泰州的老字号了。在泰州颇负

名气，价格实惠，味道也不错。干丝和蟹黄包的味道很正宗。

地址：青年南路 39 号（近凤凰东西路）

双鱼公司直营店

人气颇高的一家肉脯店。肉脯、香肠、肉干的味道都特别好。这里的肉脯既可以做菜，也可以当粮食吃。价格实惠，味道也好。

地址：车站路 46 号

南通

南通美食有句口号，叫作“江鲜、海鲜、河鲜，天天有鲜；江鱼、海鱼、河鱼，餐餐有鱼”，总之，南通美食最突出的一个特点就是一个字：鲜。江鲜首推号称长江四鲜的鲥鱼、刀鱼、河豚、鮰鱼，海鲜则有号称“天下第一鲜”的文蛤、竹蛏、黄鱼、鲳鱼等，河鲜有螺、蚌、龟及各种淡水鱼。而无论南通市区还是周边景区，以海鲜美食为主打的餐馆随处可见。

特色美食

文蛤

南通盛产的文蛤有“天下第一鲜”之美誉，古代曾列为贡品上献朝廷。文蛤肉有爆炒、煨汤、烧烤、生炝等多种食法，铁板文蛤、金钱文蛤饼等为南通名菜。

文峰双竹

主要原料是竹蛏，配以竹笋爆炒而成。竹蛏主要产于如东滩涂，秋冬季节到清明前后收获的竹蛏体肥味佳。

狼山鸡

以南通南部的狼山命名，原名“岔河山鸡”“马塘黑鸡”。现到狼山游览的游客一般都会特意品尝美味的狼山鸡。

南通跳面

又叫曹顶面、切面、小刀面。由于加工工艺讲究，外观粗细均匀，条长爽滑，柔韧有筋，因而久煮不煳。食时，韧而不硬，耐嚼有味。倘若配以各种不同的浇头，佐以酱油、猪油、味精等拌炒，味道特别可口。

南通火饺

是南通传统的小吃，其制作比较简单。因制作时要求用正烧着的沸水，炸时用旺火热油，成品同饺子相似，故称火饺。外菜美观，色泽金黄，外香脆，内软糯，馅心鲜嫩，富有卤汁，滋味鲜美。

芙蓉藿香饺

藿香味清凉芳香，是良好的中药材。南通的点心师利用藿香叶做饺皮，桂花豆沙做馅心软炸而成的藿香饺，入口清凉留香。

烹籽鱼

又称凤尾鱼，南通地方特产之一。凤尾鱼体形与刀鱼相似，体长10多厘米，因肉薄籽丰，故称籽鱼。每年立夏至大暑期间，凤尾鱼从吕宋洋洄游到长江口产卵，形成鱼汛。雌性凤尾鱼的腹部有许多红色卵块，营养丰富，味极鲜美。

金钱萝卜饼

创制于清朝末年，形如金钱，纹路清晰，皮子酥松，馅心腴美鲜香。

缸片

又叫斜角儿，是南通一带的经济小吃，属烧饼一类。因成熟工具是缸炉，且外菜呈菱形，成品分两片，所以南通地区称之为缸片。色泽金黄，外壳香脆，里层绵软，香咸可口。

特色餐馆

海景苑大酒店

评价很高的一家店，环境和服务都很好，海鲜很新鲜。特色的文蛤饼和酱汁佛手瓜人气很高。

地址：启东市吕四镇环城北路515号（近新汽车站）

梅林春晓（马鞍山店）

位于半山腰园林中，面临长江，梅林围绕。观滚滚长江，品江海河鲜，别有一番味道。

推荐菜：江虾、鮰鱼、奇鱼炖蛋、河豚、刀鱼、清蒸鲥鱼。

地址：崇川区狼山黄马山风景区马鞍山半山

电话：0513-85700888

特别提醒：南通市青年中路是著名的美食一条街，分布了广东煲鸡馆、奇香堂、仁和福满楼、吉祥和酒家、刘巧儿汤店等几十家餐厅。在南通市内乘5路、6路、13路、53路公交车可达青年中路。

购物

扬州特产

扬州剪纸

隋炀帝三下扬州，广筑离宫别馆，恣意游乐。每到冬天，园苑中花树凋零，池水结冰，隋炀帝令宫女们仿照民间剪纸，用彩锦剪为花叶，点缀枝条，挂于树上，布置出如同春夏之交艳丽景色，以赏心悦目。唐代，扬州已有剪纸迎春的风俗。立春之日，民间剪纸为花，又剪为春蝶、春钱、春胜，“或悬于佳人之首，或缀于花下”，相观以为乐。

扬州漆器

扬州漆器具有悠久的历史，早在2000多年前的西汉时期，已有相当的工艺水平。至元代，扬州已成全国漆器制作中心，明清时期达到全盛时期。清代后期，扬州漆器出口外贸已较兴盛，远销欧美等国，年销量2万多件，“岁入三万两”。

扬州漆器主要分雕漆嵌玉、平磨螺细、骨石镶嵌、点螺、刻漆、彩绘钩刀、漆砂砚7个类别。产品有屏风、地屏、挂屏、台屏、衣柜、酒柜、电视柜，及各式桌、椅、几、凳、瓶、盘、筒、盒等家具和陈设用品300多种。

扬州玉器

扬州是我国玉器重要产地之一。古籍《书经·禹贡》中便有“扬州贡瑶琨”的记述。早在汉代，扬州琢玉技艺已有相当高的水平，至唐代已闻名全国。明、清两代，名匠辈出。现藏在中国工艺美术馆珍宝馆内的大型玉雕《大禹治水图》就是清代乾隆年间扬州玉雅艺人的传世珍品。

购物地

文昌商业中心

扬州最繁华的商业街在文昌路，汶河路和文昌路交会于文昌阁，周围很热闹。金鹰国际、百盛商业大厦、大润发超市都坐落在这条街上。

地址：扬州市文昌中路与汶河北路交会处汶河路广场

交通：乘坐17路、23路、27路、29路、30路、32路、33路、37路、4路、5路、6路、62路公交车文昌阁站下车即可到达。

时代广场

时代广场里的世界流行通道虽然全是私人小店，但是都很有特色，店主开价虽不低，但还价余地很大。

地址：扬州市广陵区文昌中路269号（近时

代广场西大门）

交通：乘坐途经石塔寺站、文昌阁北站、文昌阁东站、仙鹤寺站的任意公交车均可到达。

泰州

梅兰春酒

选用优质高粱、小麦为主要原料，色泽微黄，清澈透明，香气幽雅，酒体醇厚。1992 年，朝鲜金日成主席访问扬州时，梅兰春酒被选作国礼。

靖江肉脯

靖江猪肉脯选料精细，采用传统工艺，配以多种天然香料，经过十多道工序精心加工而成。产品色泽鲜艳、味道鲜美、食用方便、回味无穷，曾两次荣获国家金质奖。远销日本、俄罗斯、东南亚及港澳地区，是馈赠之佳品。

泰兴白果

白果是银杏的俗称，泰兴是银杏之乡，以盛产果大、仁满、浆足、壳薄、粒重、色白、味甘糯、耐储藏的“大拂指银杏”而著称于世。泰兴白果营养丰富，药食俱佳，经常食用可预防老年痴呆、哮喘痰咳等疾病，尤其对心脑血管疾病有特殊疗效。

靖江竹编

靖江人用竹子编篮子洗菜，编斗笠避雨，编鱼篓、虾篓捉鱼捉虾等。竹编技艺在实践中不断发展，现在已经发展出更多越来越精致的主编工艺品。

泰州面塑

面塑内容取材多为传统民间故事。一块面团，经过搓、揉、捏、掐、压、剪、按等十几道工序，就成了一件艺术品。泰州面塑艺人王洪祥是当地的名人，他的面塑精致到出神入化。

南通

在南通购物方便、商品繁多、品种齐全。具有悠久历史的蓝印花布，经久耐用，蓝白分明，具有强烈的民族风格。南通风筝，色彩缤纷，技艺精湛，放飞稳定、优美，独特的哨口风筝，风中奏乐，买一只让亲朋好友也欣赏下会“唱歌”的风筝。

此外，誉为“官礼茶点”的嵌桃麻糕、全国三大名腿之一的如皋火腿和白蒲茶干、西亭脆饼等土特产，也是南通购物的首选。

SUBEI
苏北地区

前世今生 / 285
旅行与季节 / 285
焦点 / 286
行程推荐 / 287
预算 / 288

徐州

龟山汉墓 / 289
汉文化景区 / 289
沛县汉城 / 291
戏马台 / 291
徐州博物馆
（原乾隆行宫旧址）/ 292
户部山古民居、
徐州民俗博物馆 / 292
云龙山 / 293
徐州汉画像艺术馆 / 295
北洞山汉墓 / 296
圣旨博物馆 / 296
李可染旧居艺术馆 / 296
淮海战役烈士纪念塔 / 296
云龙湖 / 297
黄楼 / 297
耶稣圣心堂 / 297
马陵山风景区 / 297
快哉亭公园 / 297
燕子楼公园
（江苏省园艺博览园）/ 297

连云港

花果山 / 298
南天门 / 298
三元宫 / 298
义僧亭 / 299
屏竹禅院 / 299
水帘洞 / 299
女娲遗石 / 300
海州古城 / 300
孔望山摩崖造像 / 300
海清寺塔 / 300
东西连岛 / 301
连云港海滨浴场 / 301
云台山渔湾 / 301
东海温泉 / 302
苏马湾生态园 / 302
秦山岛 / 302
徐福故里 / 302

宿迁

洪泽湖湿地保护区 / 303
乾隆行宫 / 303
项王故里 / 304
骆马湖湖滨浴场 / 304
嶂山森林公园 / 304

淮安

周恩来纪念馆 / 305
周恩来故居 / 305
周恩来童年读书处 / 305
镇淮楼 / 305
关天培祠 / 306
吴承恩故居 / 306
刘鹗书屋 / 306
勺湖 / 306
河下古镇 / 307
淮安府署 / 307
洪泽湖大堤 / 307
荷花荡 / 308
清晏园 / 308
盱眙明祖陵 / 308
淮安第一山 / 308

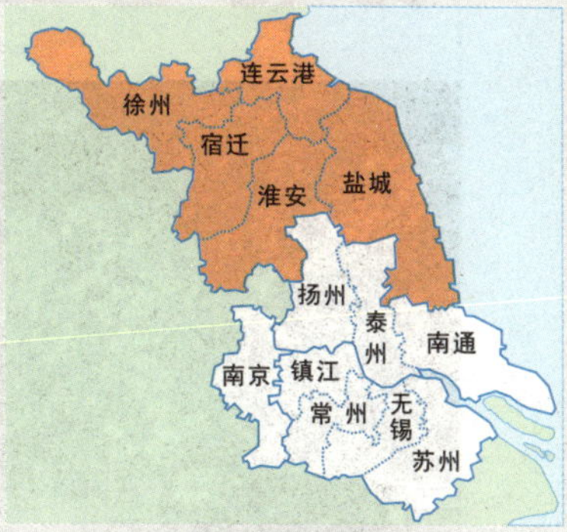

盐城

大纵湖 / 309
新四军纪念馆 / 309
盐城水街 / 309
陆公祠 / 310
盐城市博物馆 / 310
盐城大丰麋鹿自然保护区 / 310
盐城丹顶鹤自然保护区 / 311

走遍中国·江苏

SUBEI
苏北地区

徐州作为苏北地区的中心城市，古称彭城。中华易经和养生学的鼻祖彭祖、汉代开国皇帝刘邦、人杰鬼雄的项羽都出自这里。汉高祖刘邦从这里开始他的争霸战，统一天下建立西汉王朝。数百年的两汉盛世造就了徐州这个博大精深的两汉文化中心，并以“汉代三绝”——汉墓、汉画像石、汉兵马俑为两汉文化代表。除此之外还有汉皇祖陵、项羽戏马台、九里山楚汉古战场以及刘邦《大风歌》的歌风台等两汉遗迹。毗邻徐州的连云港市素有“东海第一胜境”之称。将军崖岩画记录了我国最早的天文观测信息；东汉时期的艺术珍品“孔望山摩崖造像”是我国最早的佛教摩崖造像；吴承恩《西游记》中描绘的花果山、渔湾的海滨浴场、墟沟镇西墅区的海鲜一条街等构成了连云港这处使人流连忘返的旅游度假胜地。

宋朝的镇淮楼、“两淮刹首”的慈云寺、“水下皇陵”的明祖陵，均坐落于淮安。汉初三杰之一的韩信、汉赋大家枚乘、建安七子之一的陈琳、巾帼英雄梁红玉、明代文学大师吴承恩、民族英雄关天培都在这座江淮古城留下了自己的痕迹。淮安还是一代伟人周恩来的故乡。宿迁是秦末农民起义军领袖西楚霸王项羽的出生地。清代乾隆皇帝南巡经过这里，留下了乾隆行宫。

2100 多年的历史给古老的盐城留下了众多的古迹。这里是《水浒传》作者施耐庵的故乡，也是全国著名的杂技之乡、淮剧之乡。

苏北地区旅行交通示意图

前世今生

历史上，江苏省辖区的长江两岸在明代以前分属不同的政区。宋代分属淮南东路和江南东路、两浙西路。南宋以前，苏北一直是繁华地区。如春秋战国时的彭城（徐州）、汉代的淮阴。苏北在南宋黄河夺淮以后洪水灾害频发，经济文化发展开始落后于江南地区。元代分属河南江北行省、江浙行省。明代一同划归南直隶。明清时，由于地处京杭运河的节点上，淮安一度十分繁荣。

清代江苏建省后，曾有数次以长江为界南北分治。江南 4 府 1 州属于驻扎苏州的江苏布政使管辖，江北 3 府 2 州和江宁府（南京）属于驻扎南京的江宁布政使管辖。清末一度在清江浦（淮安）设立江淮巡抚，管辖江宁布政使所辖地区，与驻扎苏州的江苏巡抚并立。

民国时期，江苏省省会设在南京（1912 ~ 1929）或镇江（1929 ~ 1949）。苏北南半部设立以泰州为中心的苏北行署区，北半部成立以徐州为中心的淮海省。民国以后，苏北地区通过兴修导淮入江、苏北灌溉总渠等水利工程，已经成为重要的农业区。

新中国成立后，苏北是一个行政区划，包括江苏长江以北的所有地区，即盐城、南通、扬州、徐州、连云港、宿迁、淮安、泰州 8 个省辖市。1949 年到 1952 年，中共在华东大区下分别设立苏南行署区（驻无锡）和苏北行署区（驻扬州）。后为了更好地制定经济发展的政策需要，将苏北定义为包括江苏省北部的徐州、连云港、宿迁、淮安、盐城 5 个省辖市的地区，而扬州、泰州、南通即原先苏北沿江三市则被定义为“苏中地区”。

旅行与季节

盐城最佳旅游季节：夏、秋季节。这一时节，保护区内万物生机勃勃，秋天更是漫步芦苇荡的最好时候。推荐景点：大丰麋鹿保护区、丹顶鹤（珍禽）保护区、大纵湖度假区。

宿迁最佳旅游季节：每年的 5 ~ 10 月是最佳旅游时节。到淮安旅游最好是选择春、秋两季。6月中旬至7月上旬是雨季，气温不太高，但降雨频繁。

如果您是小龙虾的爱好者，每年9月的盱眙龙虾节则是前往淮安的最佳时机。每年10月初的汉文化国际旅游节期间是游览徐州的最佳时节。

焦点

■ 游“孙大圣老家”花果山

花果山以古典名著《西游记》所描述的“孙大圣老家”而著称于世，山中古树参天，名胜古迹众多，历代文人墨客的足迹遍布山中。与《西游记》密切相关的景点很多：孙悟空出生地——娲遗石、惟妙惟肖的猴石、八戒石、沙僧石、栩栩如生的唐僧崖，以及七十二洞、定海神针、仙砚、拐杖柏、晒经石、团圆宫等，特别是水帘洞更是闻名遐迩。

■ 两汉文化看徐州

徐州是两汉文化的发源地，这里有“彭祖故国、刘邦故里、项羽故都”之称，有超过6000年的文明史和2600年的建城史，被称为“千年帝都”，有“九朝帝王徐州籍”之说。徐州历史文化遗存丰富，尤其是古文化遗产中的汉代三绝，即汉墓、汉兵马俑、汉画像石。

作为汉文化翘楚之地，汉文化景区由原狮子山楚王陵和汉兵马俑博物馆整合扩建而成，是以汉文化为特色的全国最大的主题公园，囊括了被称为“汉代三绝”的汉墓、汉兵马俑和汉画像石，集中展现了两汉文化精髓。每年10月初，徐州都会举办汉文化国际旅游节，其间可观看到大型广场仿古文化仪式表演《汉宫盛典》及汉乐、汉舞、汉民俗表演，参观汉代出土文物精品展、徐州民间工艺品展，到沛县汉城可观赏大型仿古文化仪式表演《高庙祭典》。

■ 探访乾隆行宫

乾隆行宫始建于清代顺治年间，改建于清康熙二十三年(1684)。后经雍正、乾隆、嘉庆各代皇帝的复修和扩建，形成了现在占地36亩，周围红墙，三院九进封闭式合院的北方宫式建筑群。乾隆皇帝六次下江南，五次宿顿于此，并建亭立碑，帑金修缮。

300多年来，龙王庙行宫以其悠久的历史和美丽的传说，以及独特的宫式建筑风格和丰富的文化内涵，向人们展

游“孙大圣老家”花果山

盐城自然保护区观赏丹顶鹤

示着其独特的魅力。

■ 盐城自然保护区观赏丹顶鹤

“走过那条小河，你可曾听说，有一个女孩她曾经来过……还有一群丹顶鹤轻轻地轻轻飞过。”歌曲《一个真实的故事》讲述了一位姑娘为救丹顶鹤而牺牲的故事。这个真实感人的故事就发生在丹顶鹤的“故乡”——盐城。你是否也渴望着有一天，可以“飞”到这个发生过动人故事的地方，看看美丽的丹顶鹤。

丹顶鹤自然保护区总面积有 360 多万亩，核心区面积约 15 万亩。这里有着芦苇丛生的天然植被、丰富多样的海涂生物、人迹罕至的空旷宁静，是禽类生活的理想场所。每年来这里越冬的国家一级珍禽丹顶鹤就有 600 多只，雁、鸭类更是成千上万，蔚为大观。这里还有珍禽标本馆，主要陈列鹤家庭成员各个种类的标本，同时陈列栖息在保护区的其他珍禽标本，多达 260 余种，令游人大开眼界，美不胜收。

■ 参观一代伟人周恩来的故乡

淮安人杰地灵，人文景观众多，文通塔、镇淮楼、韩信故里、水下泗州城、明祖陵、吴承恩故居、梁红玉祠、关天培祠，特别是周恩来故居、周恩来童年读书处、周恩来纪念馆、周恩来遗物陈列馆等历代名人的故居遗迹分布境内。

淮安是周恩来的故乡。周恩来纪念馆位于淮安市城北的桃花垠，建在三面环水的人工半岛上，是一座展现周恩来一代伟人风采的巍巍丰碑。整个建筑造型既有传统的民族风格，又有现代建筑特色，建筑的每个部分寓意深蕴，表达了人民缅怀周总理的心愿。在纪念馆的北侧还建有周恩来遗物陈列馆。从这里乘游艇，可直达周恩来故居。

行程推荐

■ 徐州两汉文化主题 1 日游

必游景点：徐州汉文化景区、徐州博物馆、龟山汉墓

可以尝试：参加汉文化节、参观汉兵马俑、探访乾隆行宫

汉兵马俑博物馆—狮子山楚王陵—淮海战役纪念塔园林—徐州博物馆—云龙湖风景区—龟山汉墓

■ 徐州两汉文化主题 2 日游

必游景点：徐州汉文化景区、徐州博物馆、龟山汉墓

可以尝试：参观汉兵马俑、探访乾隆行

徐州水下兵马俑陈列馆六号俑坑

宫、漫步民居村落

D1 狮子山楚王陵—汉兵马俑博物馆—淮海战役纪念塔园林—戏马台—民俗博物馆—徐州博物馆

D2 泉山森林公园—云龙湖风景区—云龙山风景区—汉画像石馆—龟山汉墓—徐州汉城

■ 连云港生态 2 日游

必游景点：渔湾风景区、花果山、东西连岛

可以尝试：逛海滨、赏古迹、尝海鲜

D1 渔湾风景区—西大堤—苏马湾生态园

D2 宿城船山景区—高公岛黄窝风景区

■ 苏北背包自助 6 日游

必游景点：徐州汉文化景区、龟山汉墓、洪泽湖湿地、盐城麋鹿、丹顶鹤自然保护区

可以尝试：品尝盱眙小龙虾、漫步芦苇荡、观赏稀有野生动物

D1 徐州（狮子山楚王陵、龟山汉墓）—沛县汉城（汉高祖原庙、歌风台）—徐州

D2 徐州—宿迁（乾隆行宫、项王故里）—泗洪洪泽湖自然保护区（夜宿洪泽县）

D3 洪泽县—盱眙县明祖陵—淮安（周恩来故居、吴承恩故居）

D4 淮安—盐城（陆公祠、大丰麋鹿自然保护区）—连云港

D5 连云港—徐福故里—孔望山摩崖造像—连云港墟沟海鲜美食街

D6 连云港花果山景区—连云港

预算

苏北地区的消费相对苏南来说要便宜 1/4 左右，所以除了门票开支以外，每天住宿餐饮交通的费用完全可以控制在 200 元以下。徐州地区的两汉文化游、连云港的民俗游平均每天 200 元（门票占了很大开支）足够了。如果在连云港渔湾地区吃海鲜，或者在海滨浴场消费水上娱乐项目则要多准备 100 元 / 天。

淮安明祖陵，盐城的丹顶鹤、麋鹿自然保护区以及宿迁洪泽湖自然保护区的预算不会超过 150 元 / 天。如果要把整个苏北的两汉文化游遍，六七天的旅行费用 1500 元足够了。

徐州

龟山汉墓

【一处西汉夫妻合葬墓浩大工程，堪称汉代一绝】

作为西汉第六代楚襄王刘注夫妻的合葬墓，龟山汉墓以山为陵，全部为人工疏凿而成的两座并列相通的合葬墓。其中南为楚襄王刘注墓，北为其夫人之墓。两墓均为横穴崖洞式，有南北二甬道。汉墓内的15间墓室，室室相通，大小配套，主次分明。

龟山汉墓的四大谜团至今让历史考古学家难得真解：第一，汉墓的两条甬道长56米，沿中线开凿，最大偏差仅为5毫米，精度达1/1000；两条甬道相距19米，夹角为20秒，误差为1/16000，且墓道两壁都磨平如镜。按当时的技术水平，如何才能修建这样精致的墓道？第二，龟山汉墓为典型的崖洞墓，其15间墓室和两条墓道总面积达700多平方米，容积达2600多立方米，几乎掏空了整个龟山山体。当时是如何掌握山体的石质和结构使施工得以顺利进行的？第三，刘夫人墓室的前厅和棺室及石柱上分别留有乳头状石包，分布走向呈不规则排列，绝非工艺点缀，它到底是什么意思？有人认为它象征着照明的灯盏，还有人认为是象征着楚襄王刘注上应天星，但都不能自圆其说。

最后一个谜，也是龟山汉墓最神奇的地方。楚王棺室北面墙上清楚地显示着一位真人大小的影子，它身着汉服，峨冠博带，做拱手迎宾状，被称为“楚王迎宾”。这一形象是在墓室正式开放后逐渐形成的。有人认为它是长期渗水所致，但影子外却没有任何渗水痕迹；有人认为是由于岩石石质不同而形成，但它为什么偏偏出现在楚王棺室呢？无人知晓。

开放时间：8：00～19：00

地址：徐州九里山经济开发区境内龟山西麓

交通：乘13路、21路、37路公交车到龟山汉墓站下，其中37路站点较近，在景区大门口，13路站点距离景区仍有很远的一段路。

门票：80元

汉文化景区

【原狮子山楚王陵和汉兵马俑博物馆整合扩建而成】

汉文化景区是以汉文化为特色的全国最大的主题公园，囊括了被称为“汉

徐州汉画像石艺术馆，羽人麒麟图

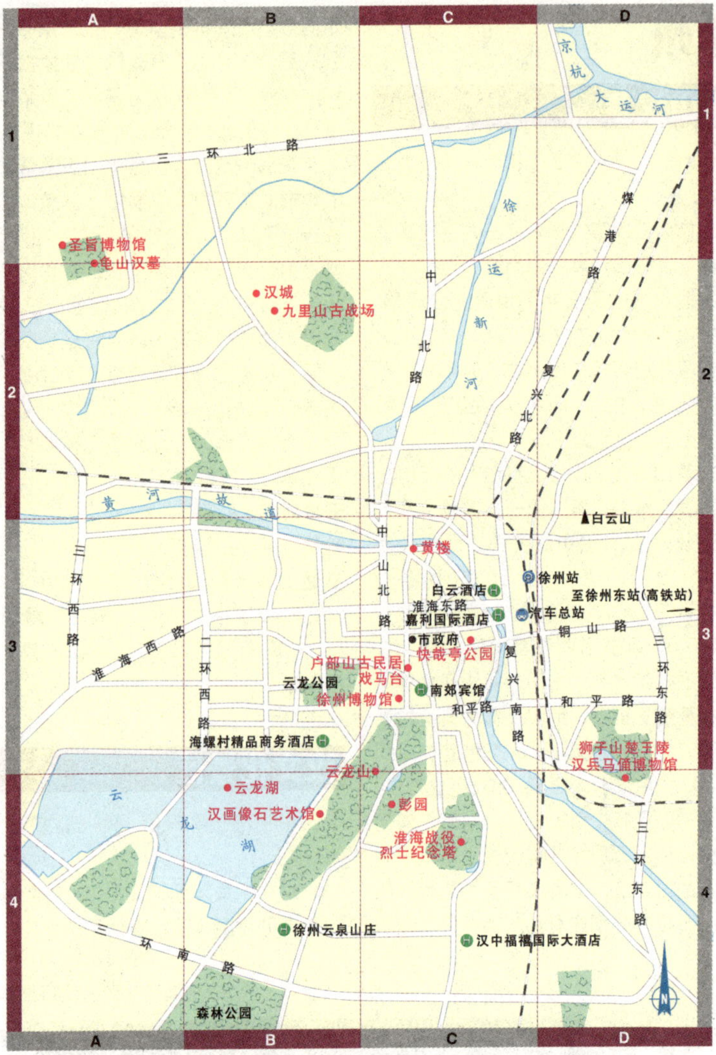

徐州城区示意图

代三绝”的汉墓、汉兵马俑和汉画像石，集中展现了两汉文化精髓。

“秦唐看西安、明清看北京、两汉看徐州。”两汉400年间，徐州共有13位楚王、5位彭城王。楚王陵是西汉早期分封在徐州的第三代楚王——刘戊的陵墓，楚王陵凿石为室，穿山为藏，墓室嵌入山腹内深达百余米。其庞大的规模、恢宏的气势、奇特的建筑结构，令人叹为观止。

徐州汉兵马俑博物馆是中国遗址性博物馆，发掘两条步兵俑坑和警卫俑坑，两条步兵俑坑东端皆遭不同程度的破坏，现存陶俑2393件，其中一号坑1016件，二号坑1377件。

核心区主要以“两汉文化”——狮

子山楚王陵、汉兵马俑、汉文化交流中心三个博物馆、羊鬼山展亭（王后陵）、水下兵马俑博物馆为代表，通过对历史资源的进一步挖掘，修复和保护，重现汉文化精髓；外延区包括汉文化广场、市民休闲广场、棋茶园、考古模拟基地、划草场等，通过建设独具特色的景观、景点和配套设施，为游客和市民提供丰富的参观游览路线和休闲娱乐场所。主要景点有汉文化广场、狮子山楚王陵、汉兵马俑博物馆、水下兵马俑博物馆、汉文化交流中心、竹林寺等。

开放时间：8：30 ~ 17：00

地址：徐州市东三环兵马俑路 1 号

交通：乘坐 5 路、58 路、65 路、605 路、608 路公交车在楚王陵站下车即可。

门票：90 元

网址：http：//www.hwhjq.com/

电话：0516-83566263

沛县汉城

【因出了汉高祖刘邦，而获“千古龙飞地，王侯将相乡”之美誉】

沛县地处江苏西北、微山湖西畔，沛县汉城位于沛城中心，由汉城公园、汉街、汉高祖原庙、歌风台等大型仿汉建筑群组成。同时汉城内还有大风歌碑、琉璃井、高祖原庙、射戟台等众多传统历史景点。

歌风台建筑总高 26.8 米，是汉城建筑群的制高点。现存有省级重点保护文物“大风歌碑”共 3 块。第一块为汉碑，字体浑圆遒劲，结构匀称优美。据《沛县志》和《徐州府志》记载，为东汉蔡邕或曹喜所书。今人冯亦吾先生考证为西汉沛人文学家爰礼所书。诸说不一，但被公认为我国的书法珍品。汉碑现存部分约为原碑的 3/4，石质坚细，虽历 2000 年风雨剥蚀，文字仍清晰可辨。第二块碑称为元碑，系元代大德年间摹刻。第三块又称甲子碑，是 1984 年请书法家按原碑规模摹刻的。

开放时间：8：00 ~ 18：30

交通：由徐州汽车站乘坐到沛县的汽车，车票 40 元。由沛县汽车站步行到沛县汉城约 1 公里。

门票：25 元

戏马台

【项羽遗踪，徐州现存最早的古迹之一】

公元前 206 年，盖世英雄项羽灭秦后，自立为西楚霸王，定都彭城（今徐州），于城南里许的南山上，构筑崇台，以观戏马，故名戏马台。历代在台上营建了不少建筑物，诸如台头寺、三义庙、名宦祠、聚硅书院、耸翠山房、碑亭记等。

随着岁月的流逝，时移世变，昔日的建筑物已湮没殆尽。今之戏马台经历了 1986 年、1999 年、2000 年三次重修扩建，结构严谨，布局匀称，错落有致，沉雄庄重。前区为两组宏伟的仿古皇家建筑群，以丰富的资料展示西楚霸王悲壮的一生，包括雄风殿、巨鹿大战、霸王别姬、鸿门宴、定都彭城等展室。后区依山就势，设计为百米长廊，长廊以古来咏台诗词，当今书法大家笔迹勒石镶壁，既能陶冶游人性情，又使人在游览中受到教益。景区内遍植名木异卉，

背包客收藏：
汉文化国际旅游节

每年 10 月，汉文化国际旅游节期间可观看到大型广场仿古文化仪式表演《汉宫盛典》及汉乐、汉舞、汉民俗表演，参观汉代出土文物精品展、徐州民间工艺品展，到沛县汉城可观赏大型仿古文化仪式表演《高庙祭典》。

徐州戏马台

更有霸业雄风鼎、重九台、乌骓槽、系马桩、项王武库、人杰鬼雄石等诸景点缀其间，使戏马台景区疏密有致，蔚为大观。

开放时间：8：00 ~ 17：00

地址：徐州市云龙区项王路 1 号

交通：从火车站乘 19 路公交车到戏马台下。

门票：30 元

徐州博物馆（原乾隆行宫旧址）

【乾隆南巡时的华丽行宫】

创建于 1960 年、坐落在云龙山北麓的徐州博物馆，原址为清高宗乾隆皇帝于清乾隆二十二年（1757）南巡时的行宫旧址（现存大殿和东西配房各两座）。

陈列楼设有 8 个展厅，各类文物精品近千件。其中包括乾隆行宫及碑园陈列汉至唐代墓志、石幢和唐宋时期书法名家的法帖刻石近百方。还有土山汉墓曾出土的银缕玉衣、鎏金兽形砚等珍贵文物展示于众。

开放时间：8：30 ~ 17：00

地址：和平路 101 号

交通：乘游 2 路、11 路车到云龙山站下。

门票：免费

电话：0516-83804400

徐州民俗博物馆

户部山古民居、徐州民俗博物馆

【苏北乃至苏鲁豫皖接壤一带少有的古民居建筑群】

“穷北关，富南关，有钱的都住户部山”，是徐州流传很广的一首民谣。因为徐州常遭黄河水患，位于徐州城外最近的制高点户部山便成了一些官绅富贾不惜重金择地建宅的首选。从明末至中华民国初年的几百年间，户部山周围高宅大院密布，民居鳞次栉比。其中既有甲第官宦之家，也有富商之宅。这些古建筑依山就势，参差错落，构思巧妙，形成了独特的建筑风格。

位于户部山民居中的徐州民俗博物馆，则将当地居民生产、生活、婚嫁，还有民间艺术、地方戏曲、民间绝活等充分地展示出来了。

“里生外熟”“鸳鸯楼”是户部山古民居独特的建筑方式。所谓“里生外熟”是指垒砌的墙体分为两层，外层为砖砌的清水墙，内层为土坯，这种建造方式既降低了造价，也能起到很好的保温作用，使房间内冬暖夏凉。鸳鸯楼的建筑形式为国内仅有，由于户部山古民居多依山而建，可谓地无三尺平，为充分利用地形地势减少工程量，在落差较大的地方建造了这种独特的鸳鸯楼。楼分两层，上下叠压，底层墙体部分利用了原有山体，楼内天梯、楼上楼下的门朝向刚好相反，布局十分巧妙。

古民居中比较著名的有清道光年间翰林崔涛的府邸（崔家大院）、清康熙年间徐州状元李蟠府邸。还有号称“户部山八大家”的郑家大院、翟家大院、余家大院、刘家大院、张家大院、李家大院等。这些民居历尽沧桑，新中国成立后还保留完整的有古民居院落 17 处，分院 54 个，比较完好的民居近 600 间。

翟家大院建于南侧余家大院和北侧郑家大院之间的狭长地带。因为地块不规整，所以布局更加灵活多变。大门东向，几进院落迂回曲折，有房屋 40 余间。目前仅存的两处鸳鸯楼（另一处在崔家大院）中，只有翟家的按原貌进行了修复。翟家的后花园有伴云亭，为户部山东部较高的地方，从这里俯视这片民居，鳞次栉比，错落有致，赏心悦目。

户部山周围也是活跃的商业区和苏鲁豫皖交界地区最大的货物集散地。老盐店是旧时盐业专营时的管理机构，前半部分售盐、储盐，后部是管理机关，形成了典型的“前店后衙”格局。

开放时间：8：00～18：00

交通：从市内乘 19 路、20 路、39 路、51 路、60 路、62 路、65 路及游 1 路公交车到戏马台站下。

门票：10 元，讲解 20 元。

电话：0516-3805809

云龙山

【熟读苏轼《放鹤亭记》、借卧“东坡石床”、回想文豪风采】

云龙山是苏北的名山，因山形蜿蜒如龙，且常年云雾不散，所以得了一个如此吉祥的山名。云龙山正门设在北麓山脚，门楼为花岗岩砌成的仿明代牌坊式建筑，高十余米，三开间，中间门楣上书“云龙山”三个大字。

大士岩景区位于云龙山西麓，为徐州知州姜焯所建。清康熙五十八年（1719），姜焯于此处得异石一块，遂命工匠雕成观音大师，又盖庙宇，故名曰大士岩。院内大殿三间，青瓦红柱，彩绘挂落，鲜艳夺目。大殿内凿石为龛，龛内观音大士慈眉善目，安详端坐。

出大士岩后，经半山亭，过白鹿洞即到黄茅岗。这里岗岭四合，林壑秀美。乾隆来徐时，就曾题写了“黄茅岗”三个大字，刻在峭壁上，著名的“东坡石床”就在岗上。北宋神宗元丰元年（1078），

云龙山

背包客收藏：云龙山庙会

俗称“云龙山会”，大士岩的观音会始于清康熙年间。当时徐州知州姜焯派人凿刻了观音像，信佛教者多来拜祭，久而久之形成观音会，民间称为云龙山会。

开放时间：每月农历二十九

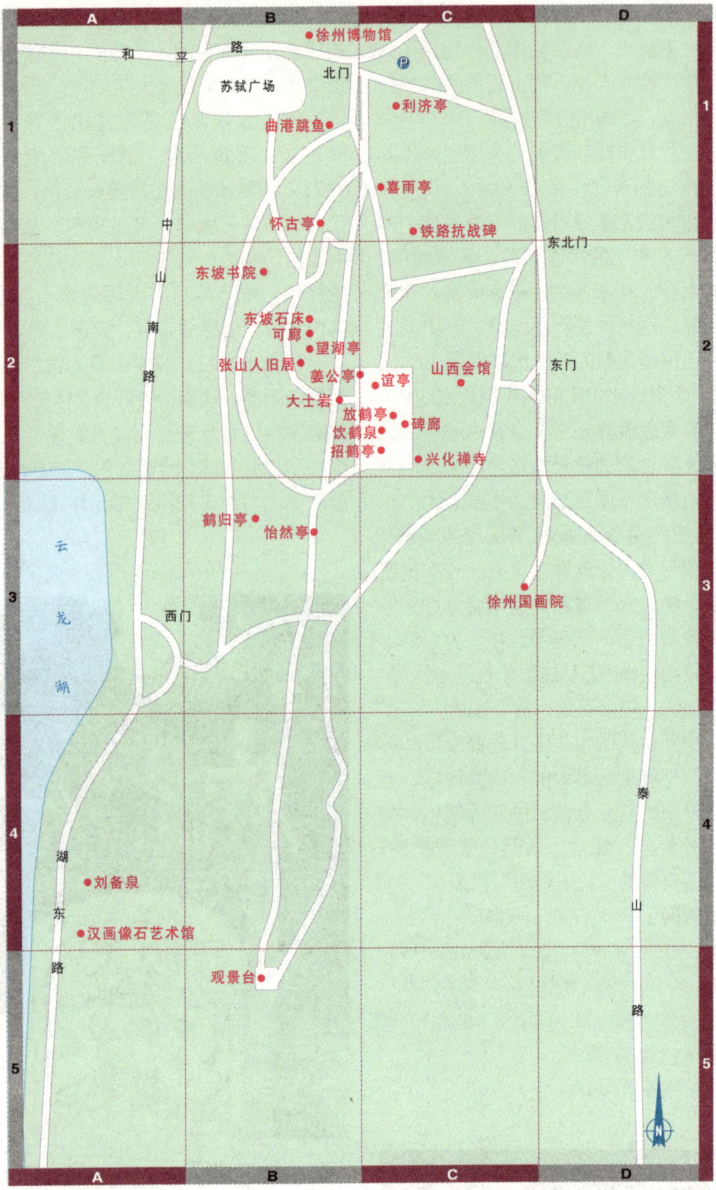

云龙山景点示意图

苏轼与好友一起登云龙山饮酒而醉，经黄茅岗时体力不支卧于石上，并赋诗“醉中走上黄茅岗，满岗乱石如群羊……”此后，苏轼卧过的那块石头就叫东坡石床。诗句就刻在石床附近的峭壁上。

沿大士岩拾级而上便来到山顶平台——放鹤亭。亭南北长 11.95 米，东西深 4.95 米，歇山飞檐，古朴幽雅，门上悬匾，上书“放鹤亭”三字为苏轼手迹。放鹤亭最初为北宋元丰年间张天骥所建。此人自号云龙山人，于黄茅岗下躬耕自乐。苏东坡就仕徐州后，与其性情相投，遂结为好友。常带宾佐吏往见张山人，于放鹤亭中饮酒。在苏轼《放鹤亭记》中对此多有载述。现今放鹤亭为新中国成立后重建。

由放鹤亭沿东线下石梯即到兴化寺。兴化寺原名石佛寺或大佛寺，因北魏时于悬崖上凿石佛而得名。石佛高十余米，原来暴露于大自然间，饱受风雨剥蚀。至明洪武三十一年（1398）法僧胜吉始建石佛的保护大殿，此后多次毁建，直到明正统元年（1436）才具备如此规模。大雄宝殿依山而建，悬崖峭壁被覆在殿内，又因悬崖峭壁与山体相连，每逢阴雨天，便有水渗入，或如瀑布，滴水自上而下，形成了殿内山水奇观。峭壁有无数洞穴，洞穴内佛像形态各异。

大殿南北山墙外有钟亭、鼓亭。钟亭内悬于梁上的铁钟重约半吨，铸于明宣德三年（1428），钟上刻有“风调雨顺”四字。每逢清晨黄昏和尚诵经之时，悠扬的钟声便从这里发出，俗称徐州八景之一“佛寺钟声”。

交通：乘2路、11路、19路、35路、38路、游2路、601路、603路、604路、606路、608路公交车到云龙山正门下车。

门票：30元

徐州汉画像艺术馆

【收藏、陈列、研究汉画像石的专题博物馆】

徐州是中国汉画像石的集中分布地之一，共出土汉画像石700余块。徐州汉画像石艺术馆占地1万平方米，由一组仿汉唐式建筑群组成，收藏汉画像石珍品500余块。

汉画像石雕刻浑厚有力，画风质朴简洁，具有很高的艺术欣赏价值。雕刻技法有阴线刻同浅浮雕两种。线刻细腻真切，有阴柔之丽；浮雕浑雄苍健，有阳刚之美。从中我们既可观看神仙世界的歌舞欢腾和富贵人家的奢华，又可见市井百姓的喜怒哀乐和劳作的艰辛。

开放时间：8：30～17：30

徐州汉画像石艺术馆

地址：徐州市泉山区湖东路

交通：乘游2、22路公交车到滨湖公园站下。

门票：联票90元（楚王陵＋汉兵马俑＋汉画像石＋竹林寺）

北洞山汉墓

【西汉楚王的地下豪宅，是我国已挖掘出土石墓中最大的一个】

北洞山汉墓系西汉时期某楚王之墓，墓室结构奇特，技术高超。

该墓出土文物千余件，其中200余件彩陶俑，造型美观，色彩艳丽，为国内罕见。它也是迄今为止被发现的第一个依照墓主人生前生活方式建造的帝王墓宅，堪称地下宫殿。

地址：北郊茅村镇洞山村

交通：由徐州汽车站乘坐往茅村镇方向的汽车可达。

门票：10元

圣旨博物馆

【目前国内唯一一家陈列圣旨的展馆】

位于九里山两汉文化旅游区内，与西汉楚襄王刘注墓毗邻。馆内珍藏着明、清时期圣旨数十道，其中有从大清开国皇帝到末代皇帝溥仪等10代皇帝的圣旨，以及伪满洲国时期的指叙令等稀世珍品。

此外，馆内还陈列了清代状元书法、科举试卷和官吏使用的器物、饰品等。

交通：乘13路、37路公交车在九里山下。

门票：15元

李可染旧居艺术馆

【徐州名人、国画大师——李可染的旧居】

馆内“旧居”为四合院结构。南屋正墙上挂着李可染的巨幅杰作《黄山人字瀑》，两旁是李可染早年居室，西墙上悬挂着李可染书写的齐白石印语“痴思长绳系日”。室内家具陈设朴素淡雅，古色古香，亦如故旧。北屋和西屋为生平事迹陈列室。

艺术品陈列楼分为上下两层展厅，陈列有李可染生前捐赠的《漓江山水天下殊》《黄山烟云》《江南喜雨图》《荷塘消夏图》《五牛图》《苦吟图》等40余件传世之作。

开放时间：8：00～17：30

交通：乘游1、游2路、18路、19路、20路、39路公交车可达。

门票：10元

淮海战役烈士纪念塔

【为纪念奠定了解放全中国基础的淮海战役而立】

纪念塔高38.15米，塔的上端雕刻

背包客收藏：一代国画大师——李可染

李可染先生1907年3月26日生于江苏徐州，13岁开始学习传统山水画，16岁入上海私立美专学习。1929年入杭州（国际）西湖艺术院，后师从林风眠等教授，研习西画。1943年应聘为重庆国立艺专讲师，从事中国画教学、创作和工作。1946年应徐悲鸿之聘为国立北平艺专中国画教授，同时师从齐白石、黄宾虹潜心于传统绘画的研究与创作。

在画坛辛勤耕耘七十余年的一代宗师——李可染先生，用毕生的精力致力于中国画技法的革新，他的努力实践让古老的中国山水画获得了新的生命。同时，李可染先生自成体系的教育思想成为活跃于画坛的“李可染学派”。

着由五角星、步枪和松子绸带组成的塔徽，塔身正面镶嵌着毛主席当年题写的“淮海战役烈士纪念塔”镏金大字。塔座正面镌刻着镏金碑文，记述着淮海战役的历史经过以及烈士们前仆后继、广大群众奋勇支援前线的英雄事迹。1948年11月6日至1949年1月10日，中国人民解放军在以徐州为中心的广大地区进行了伟大的淮海战役，淮海战役的胜利为解放全中国奠定了基础。

开放时间：9:00～17:00(16:15停止进馆，(周一闭馆)

地址：徐州市解放南路2号

交通：乘11路、19路、65路、游1路、游2路公交车可到。

门票：免票

云龙湖

云龙湖风景区位于徐州城区西南部，现有水面5.8平方公里，市区中山路南端即为云龙湖风景区大门，是疗养度假的极佳场所。

交通：乘75路公交车到水上世界下，或乘游2、22路公交车云龙公园下。

门票：免费。水上世界30元。

黄楼

历史上的黄楼建于北宋神宗元丰元年（1078）。黄楼内有许多碑刻，其中最著名的要数苏辙撰写、苏轼亲笔所书的《黄楼赋》。现在的黄楼为1988年复建。

耶稣圣心堂

为1910年德国传教士吴若瑟设计并主持修建的。耶稣圣心堂十字形的布局、券顶的拱形结构和宽厚的砖石墙体体现了西方教堂的建筑艺术特征。

地址：青年东路216号

马陵山风景区

以其奇特的自然景观、丰富的历史文化内涵和种类繁多的动植物资源著称。清代乾隆皇帝六度南巡，三次到马陵山游览。

地址：新沂市南郊

快哉亭公园

建于北宋天禧元年（1017）。北宋熙宁十年（1077），苏轼调任徐州知州后，常约宾朋来此避暑，并以亭为题，作词文多篇。苏辙作有《快哉此风》。该楼为徐州古城的五楼之一。

地址：解放路

燕子楼公园（江苏省园艺博览园）

中心展示区有植物群落生态园、自然山溪园、岩石园、水生植物园等9个生态园。在此可以欣赏到奇花异草相互依存、互惠共生的场景。

地址：云龙山西北面的余窑

连云港

花果山

【“东胜神州”“孙大圣故里”——古典名著《西游记》的取材地】

花果山最高峰玉女峰海拔 625.3 米，是江苏省最高峰。

开放时间： 旺季：7：00 ~ 17：00；淡季：8：00 ~ 16：00

地址： 连云港市新浦区花果山乡郁林路 5 号

交通： 在连云港市中心新浦乘 10 路公交车；在新浦区华联广场南 200 米的快客站乘墟沟专线车均可到达。景区内需排队乘小巴（20 元）上至玉女峰，再乘索道（25 元）下至水帘洞，步行游玩景点，如屏竹禅院、七十二洞等，三元宫可乘小巴（15 元）返回山门。

门票： 旺季（3 ~ 11 月）100 元；淡季（12 月 ~ 次年 2 月）50 元

花果山

特别提醒： 游览花果山如同重读《西游记》，山上各处景点与《西游记》故事紧密相连。建议随身携带一本《西游记》，这样会增加游览的情趣。

■ 南天门

【《西游记》里的玉皇大帝灵霄宝殿的外大门】

既能从山门乘汽车直抵花果山山顶，也可以步行沿仙人桥、竹节岭、十八盘登山。攀上十八盘后便是南天门，每次孙悟空上天求救兵都是先经过这里通报。由南天门下行到达九龙桥。

作为花果山的主景之一，九龙桥位于群山环抱的幽谷之中，有九条大涧象征九龙在这里汇合，然后奔流大海。九龙桥建于明代，为体量较大的砖构拱桥。桥旁的大银杏作为宋代的遗物已逾千年。桥上山风阵阵，桥下流水潺潺，松涛盈耳，鸟语花香。桥南有九龙将军庙，也就是这座桥的桥神庙；北面高处是茶庵，过去专供游客休息品茶，现辟为吴承恩纪念馆。

■ 三元宫

【曾盛行于苏北一带的三元道义信仰的建筑群】

沿山路继续攀登或乘缆车可至三元宫。三元道义的信仰源远流长，早在 1600 多年前的东晋时代，干宝的《搜神记》上便载有东海人陈光蕊的三个儿子得道升仙后分管天、地、水三界的记叙。

明代苏北鲁南三元道义的信仰十分普及，明万历十五年（1587）淮安人谢淳举家扩建三元宫，奠定了三元宫建筑群的基础。《西游记》的作者更是三元

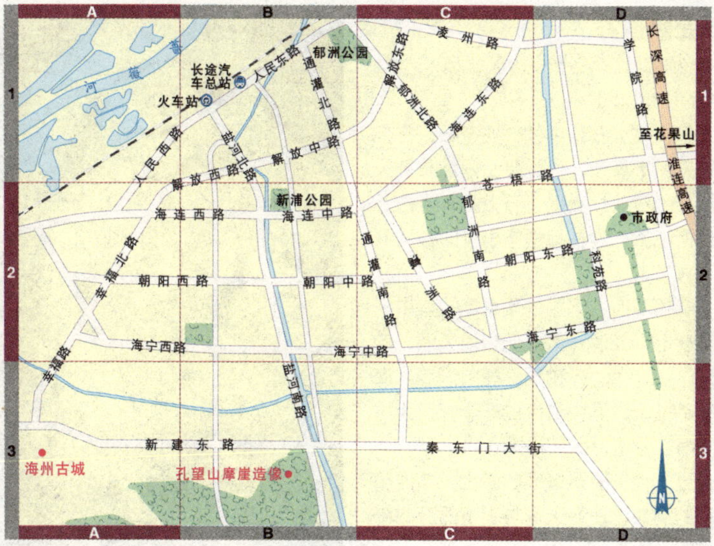

连云港城区交通示意图

道义的坚定信仰者，书中说唐僧便是东海人陈光蕊的儿子。近年三元宫易名海宁禅寺，改塑释迦牟尼佛后，原三元圣像已被移至东配殿。

■ 义僧亭

【为了纪念三元宫的抗日僧众而建的纪念亭】

拾级而上便来到义僧亭。1938 年夏天，三元宫惨遭日寇飞机轰炸后，寺僧们联络山民共 20 余人奋起自卫，多次成功地伏击了搜山的日寇。1939 年的农历七月十四早晨，日寇集中 300 余人兵分四路围剿三元宫及所属寺庙，残杀僧民。几天后日寇又将三元宫及所属的玉皇宫、九龙庙、屏竹社等 13 处庙宇全部放火焚烧为一片瓦砾。

■ 屏竹禅院

【失而复得的“金镶玉竹”的存身之地】

禅院坐落于一片“金镶玉竹”之中，嫩黄色的竹竿上每节都有一条绿色的浅沟，位置上下交错此前彼后，好似在金板上镶进一块块碧玉一般。这种罕见的金镶玉竹在宋代的文献上便见记载，后逐渐失传。近年来在云台山上发现几百株野生的“金镶玉竹”，珍稀品种失而复得，1993 年 6 月邮电部发行的特种邮票“竹子”，其中第二枚就采用了“金镶玉竹”。禅院中的惠心泉一井两眼，水质上乘，过去禅寺的和尚就是用此泉水烹茶待客的。

■ 水帘洞

【花果山最神奇，也是最吸引游人的地方】

《西游记》的作者吴承恩就是受到这个水帘洞的启发，在小说中给早期的孙悟空提供了一个神话色彩浓郁的活动场所。

水帘洞是一个天然裂隙洞穴，内有人工隧道可通下层平台。洞前珍贵题刻“印心石屋”系清代道光皇帝手书，而“灵泉”二字是嘉庆年间知州师亮采的手笔。“灵泉”指的是洞里那口方形小井，井虽不大却常年有水，大旱不涸。民间传说通往东海龙宫的海眼指的就是它。

女娲遗石

【“女娲炼石补天”传说的奇石所在，也是孙大圣的出生地】

是夹在大石缝中的一块奇石，它上不靠天下不着地，传说是女娲炼石补天剩下来的石头。女娲遗石上方有半边石卵，据说另一半在孙悟空出世时被崩到山下去了。

有关《西游记》的景点比较集中在照海亭七十二洞一带。例如海天洞、二仙洞、法龙洞、万佛洞、朝阳洞等。海天洞是七十二洞中最大的一个，因为由高僧悟五营造，故又称悟五洞。

当年他剔除石缝间的淤土，凿通相关联的洞穴，使海天洞与上下四旁的小洞连成一体。

海州古城

【有2000多年的历史，是连云港市的前身】

位于锦屏山北面，当年建陇海铁路时就是从这里开始的。秦始皇统一中国后，公元前212年在海州建朐县，并立石阙，作为“秦东门”。在秦汉时期，海州已是能泊数十只商船的开放商埠。秦始皇五次东巡，三次途经海州，使之成为当时唯一对海外开放的门户。海州城入口处的秦东门就是很好的印证。海州古城的城门阙上有原中国佛教协会会长赵朴初的手书——“东海名郡，海州古城”。

地址：海州区古城内（近锦屏山）

交通：27路公交车可到

门票：15元

孔望山摩崖造像

【比普遍认为的最早的佛教石窟艺术——莫高窟石窟造像早约200年】

因相传孔子曾登临此山以望东海，故名孔望山。

孔望山摩崖造像

摩崖造像依据山岩的自然形势雕刻出各种形态的造像，是我国佛教造像艺术的雏形。造像分成13个组体刻在东西长17米、高8米的峭崖上。最大的图像高1.54米，最小的头像仅10厘米。采用传统的汉画像雕刻技法来表现外来的佛教题材，是孔望山摩崖造像的特征。

地址：新浦区孔望山南麓西端

交通：在市内乘5路公交车可达。

门票：40元

海清寺塔

【自汉朝以来，经历大小地震18次但依然挺立的佛塔】

为供养“释迦真身舍利”和“阿育王灵牙”而建，故名“阿育王塔”。因塔原建于海清寺前，又称“海清寺塔”。据塔的第5层东南面嵌的碑文记载，塔身建于北宋天圣九年（1031），距今已有近千年的历史。

该塔为仿阁楼式，九级八面，相对高度为40.58米，塔身、心柱、内廊梯级、腰沿、卷刹为砖砌而成。塔门南向，东、西、南、北面各辟券门，外壁内绕以走廊，中央有八边形砖柱，内设梯级。每层高度与直径的比例合理、匀当。外轮廓线卷刹柔和，整个建筑显得雄浑凝重。

1978年，国家地震局和文物局将该塔列为具有抗震能力的古建筑。

地址：云台乡大村水库之滨

交通：在新浦区百货大楼站乘12路公交车，花果山景区站下，向西北步行约810米可达。

门票：20元

东西连岛

【江苏省最大的海岛】

位于连云港市东面海域上，从连云港北望，有一长条形岛屿横卧于碧波之中。它像一个忠实的卫士，日夜守护在连云港的进出口处，与大桅尖奇峰对峙，成为南北二屏障。4～10月旅游最佳，气候温暖而湿润，阳光充足。夏可游海滨，秋可品海鲜。

开放时间：8：00～19：00

地址：连云港市连云区连岛镇

交通：乘坐33路公交车到终点下车即可

门票：旺季（4月29日～10月31日）50元；淡季（11月1日～次年4月28日）30元

连云港海滨浴场

【连云港海湾一带最大的海滨浴场，有“江苏北戴河”之称】

海滩连绵十多里，水清沙细。规模稍小的海滨浴场，有墟沟镇的老海滨浴场，离城区最近，徒步即可到达。另外黄窝风景区、西墅风景区、苏马湾浴场等都靠近渔村，也是游泳纳凉的好去处。

开放时间：9：00～21：00

地址：西连岛镇，赣榆县小口的海州湾旅游度假区内

门票：旺季（5月2日～10月31日）50元；淡季（11月1日～次年5月1日）30元

特别提醒：夏季为最佳旅行季节。每年7～8月举办“连云港之夏”盛会，此时来此可避暑，更可开展多项水上运动、水上娱乐。

云台山渔湾

【被称誉为“江苏的张家界”】

位于连云港市云台山东南，距市区约20公里，与小蓬莱同样具有仙气。这里以瀑布、峭壁、怪石叠化而成，最为奇特的是一年四季流水不断。

游览渔湾循“三潭、一洞、三汪”为主线。即三龙潭、二龙潭、老龙潭、藏龙洞、绿水汪、清水汪、黄水汪。其中以老龙潭最有神采，瀑布落差40多米，游人至此伸手可及。瀑布轰轰纷泻，飞珠溅玉。半山腰的藏龙洞更为精彩，洞里能容纳数十人，洞门挂着长流不息的水帘，水帘上折射着七彩霓虹。

渔湾自然风景区过去曾是个渔村码头，后来海水东退，山下才逐渐变为良田。这里山僻人稀，自然环境很少遭到破坏，民风淳朴，有浓郁的田园风味。《镜花缘》中对山林风光的描述，多取材于这一带。在明代《云台山志》中，“渔湾龙潭”是“云台三十六景汲浪”的景致，因道路陡险而少人探及。

交通：在华联广场西南角公交枢纽站有去连云港渔湾的旅游空调大巴车，票价5元，全程40分钟左右。

门票：40元

特别提醒：

1.4～10月最佳。连云港气候温暖而湿润，四季分明，阳光充足。夏季可以游海滨，秋季可以品海鲜。

2.渔湾景区周边有农家乐，方便大家食宿、烧烤、露营；周边有配套商业街，销售地方特产，比如水晶、山货等。

东海温泉

【现已成为疗养胜地】

位于东海县西北部，因临近羽山，又称“羽山温泉”，是连云港市新近开发的旅游温泉。温泉发现于唐代，早见于史籍记载。这说明人们早在1000多年前就对它开发、利用。目前，东海温泉已开发成疗养胜地。国内外游客在饱览连云港海光山色、名胜古迹之后，驱车前往，洗尘肴濯足，是一件惬意美事。羽山温泉属于钠钙型水，富含钠、钙、镁、锌等元素，特别是放射性气体氡的含量比较高，有着重要的医疗价值，对关节炎、高血压和多种皮肤病有明显疗效。水质可与西安华清池、南京汤山温泉相媲美。浴后再喝上一杯略带咸味的温泉水，不仅增进食欲，而且可以治疗肠胃疾病。

交通：坐车到东海火车站，在东海县火车站乘坐3路公交车可到达东海温泉。

门票：138元

苏马湾生态园

【一个融休闲、娱乐、观光为一体的度假胜地】

苏马湾生态园的自然景观和人文景观相互辉映，形成独特的旅游观光带。到这里旅游，给你最大的体会那就是“喧闹”，白天的苏马湾生态园溪响淙淙、鸟鸣啾啾，晚上的苏马湾生态园风涛澎湃。到苏马湾生态园旅游，可以站在“海天一色”石碑旁眺望一望无际的大海，是放松身心、抒情的好去处。还可以陪同自己的爱人来到“海誓山盟”，它将祝愿你们的爱情地久天长。如果住宿的话，林间小木屋是不错的选择，小木屋设施齐全，晚上还能听着海涛入睡。

秦山岛

【秦山古岛，黄海仙境】

位于江苏省北大门赣榆县境内，在赣榆新城区东15.3公里海面上，分为东、中、西三峰。

岛上名胜很多，有千年古亭、李斯碑、徐福井、天妃宫、受珠台、秦东门、古炮台等20余处主要景点，其中秦东门高达10余米，蔚为大观。2011年4月12日，国家海洋局公布了第一批176个开发利用无居民海岛名录，秦山岛名列其中。

交通：可乘新浦—赣榆客车到赣榆汽车北站下车，改乘公交2路车或青口—柘汪专线至宋口村秦山岛景区接待处

徐福故里

【秦代那位为实现秦始皇长生不老的梦想而远离故土的方士——徐福的故里】

公元前219年，秦始皇东巡至赣榆，要徐福为其入海求仙药。徐福带领3000童男童女和众多技工武士出航，一去不返。现在徐福村建有徐福祠，祠内供奉着徐福塑像，建有徐福故里文物陈列室和汉画像石长廊。

地址：市区北部金山乡的徐福村

交通：连云港长途汽车站有直达的班车。

宿迁

洪泽湖湿地保护区

【这里有“震旦鸦雀”、全国唯一的湖边森林，也有始建于东汉的“水上长城”】

保护区总面积约 526 平方公里，核心区常年水深 60 厘米，区内芦苇丛生，水草丰富，有鱼类、两栖类、爬行类动物 90 种、鸟类 194 种，其中最大的鸟类种群是有着 30 余万只的白鹭，属国家重点保护动物的大鸨、白鹳、丹顶鹤、白额雁及猛禽有 30 多种。新发现的“震旦鸦雀”是全球濒危物种，已列入世界自然资源保护联盟的濒危物种红皮书中。洪泽农场白鹭自然保护区、杨毛嘴湿地自然保护区以及泗阳县的杨树林保护区已成为生态保护的重要基地，城头林柴场鸟类自然保护区更是号称全国唯一的湖边森林。

洪泽湖大堤北起淮阴区码头镇，南至洪泽县蒋坝镇，全长 67 公里，全部用石料人工砌成。大堤始建于东汉建安年间，至清乾隆年间方建成。洪泽湖大堤的筑堤成库规划和直立条式防浪墙坝工程技术代表了当时世界的最高水平，有着“水上长城”的美誉。

交通：由宿迁市乘坐到泗洪县的长途汽车，然后在泗洪县汽车站乘坐发往洪泽镇的班车。

门票：60 元。门票 + 小火车 + 游船 100 元

特别提醒：由于洪泽湖湿地保护区旅游开发较晚，生态环境保存相当好。尤其是当地的民风淳朴，简单的吃住在老乡家便可以解决。但保护区交通滞后，没有专门的观光车或者游船，适合背包客安排四五天的自助游。

乾隆行宫

【一座全木结构未用一根铁钉的古代建筑】

乾隆行宫，又称龙王庙行宫，建于清康熙二十三年（1684）。因乾隆帝六下江南，五次宿顿于此并建亭立碑，故称为“乾隆行宫”。现存有殿阁亭台 20 多处。行宫前部分为献殿，殿后左右尚存钟楼鼓楼，往北便是由乾隆御笔题诗的御碑亭。天王殿是这一组古建筑群的主体，金檐石基，气度恢宏，上覆绿色琉璃。两厢是东西廊房，殿为祭台，两旁古松参天。整个建筑群斗拱飞檐，雕梁画栋，结构严谨，装饰华丽。而建筑接口处未曾用一根铁钉，工艺十分精致考究。

乾隆行宫

项王雕像

地址：位于宿迁市西北骆马湖南岸皂河镇

交通：由宿迁汽车站乘坐到皂河镇的汽车可到达。

门票：60元

项王故里

【这位中国历史上极富传奇色彩的英雄人物的故乡】

西楚霸王项羽诞生地，项王故里四周有400多米的青砖院墙。从南向北，依次为石牌坊、石阙、大门、英风阁、项王故居纪念室。纪念室为仿汉建筑，室内塑有虞姬像。院中广植柏、桐、槐，有株相传项羽手植槐，历尽沧桑，主干虽已断裂干枯，但新枝仍很繁茂，苍劲挺拔。

开放时间：8：30～17：30

地址：宿迁市宿城区思虞路

交通：在市内乘1路、5路公交车可达。

门票：120元

骆马湖湖滨浴场

【融休闲、旅游、观光、度假为一体的娱乐场所】

骆马湖是江苏省第四大淡水湖。位于骆马湖东岸，这里水域广阔，水岸浅缓，水波平静，水质清新，透明度居全省淡水湖之最。湖的风景很美在湖面上可以乘船游伐，可以在沙滩上漫步。

交通：从宿迁市区坐游1路公交到湖滨浴场即到

嶂山森林公园

【被称为“江苏的西双版纳”】

位于宿迁市北郊。是一个自然与人文相结合的大型景区。这里属层峦翠迭的丘陵岗地，最高处，海拔73.4米（为市区之最）。境内峰峦起伏，沟壑纵横；碧水小湖，森林幽古，形成特异的风光带，被称为“江苏的西双版纳”。园区有森林6000亩，树木70余种，天然草坪遍布山间，野生动物100多种。登高远眺，湖光山色、城市新貌、田原风光尽收眼底。著名的宿迁八景中三峰夕照、葡萄醉月二景即在园区内。

地址：宿迁市宿豫区311乡道嶂山林场嶂山大道

交通：乘1路公交车可达。

门票：5元

淮安

周恩来纪念馆

【为纪念中华人民共和国开国总理周恩来而建立的一座大型纪念馆】

位于淮安市城北的桃花垠，建在三面环水的人工半岛上，为纪念周恩来同志而建。

整个建筑造型既有传统的民族风格，又有现代建筑特色，建筑的每个部分寓意深蕴，表达了人民缅怀周总理的心愿。邓小平同志为“周恩来纪念馆”题了馆名。

纪念馆四面环水，由主馆和辅馆两部分组成。主馆底部基台呈方梯形，而馆体呈八棱柱体，在庄严中具有动感；基台周围由四根巨大的花岗岩石柱撑起锥形大屋顶。与主馆相呼应的辅馆呈“人”字形展开。主馆分为三层，一层展厅共分八个部分，通过翔实的文献史料和珍贵的文物图片以及5台电视显示屏，展现周恩来一生。二层瞻仰厅置放着周恩来坐像，展现的是总理手握长卷，微笑凝视着前方的形象。

在纪念馆的北侧还建有周恩来遗物陈列馆。纪念馆正面隔湖望去，南面是观景台，它由廊厅和两座高达16米的剑碑组成。从这里乘游艇，可直达周恩来故居。

开放时间：7：30～18：30

地址：淮安市城北桃花垠

周恩来故居

【一代伟人、新中国第一位国家总理周恩来的诞生地】

纪念馆分主馆和副馆。副馆平面为“人”字形，副馆拥抱主馆，象征着周恩来永远和人民在一起。

主馆有4根11米高的栋梁大柱，象征着周恩来生前多次提出的要实现四个现代化。

开放时间：7：30～17：00

交通：乘61路、62路、63路公交车可达。

门票：免费

周恩来童年读书处

【市区古运河北岸的万家花园，周恩来嗣母陈氏祖辈的府邸】

1904年秋，6岁的周恩来随父母、嗣母移居清江浦（今淮安市）外祖父的万公馆，并在万府家塾馆继续读书。1905年9月，因万府家塾馆办得不理想，周恩来随嗣母、生母迁居到万府南面的陈家花园。嗣母请来塾师，自立家塾馆。学生一共4人：周恩来和他的弟弟周恩溥，还有他的两个表妹。在这里，周恩来先后读了《四书五经》《西游记》《水浒》《三国演义》《说岳全传》《镜花缘》等许多古籍名著。

1907年春，生母（万氏）病故，家塾馆因无力维持而关闭。周恩来带着弟弟周恩溥、周恩寿返回老家淮安附马巷居住。

交通：从市内可乘坐2路、7路公交车到达。

门票：免费

镇淮楼

【淮安城的标志性建筑】

建于北宋建隆元年（960），原为镇江都统司酒楼。清乾隆年间，为取震慑淮水之意，遂更名“镇淮楼”。新中国成立后重修的镇淮楼屹立在高约8米的台基上，基台正中为拱形门洞，宛如城门。东西两侧为拾级而上的方砖踏步。基台上是两层砖木结构的高楼，面阔三间，楼高18.5米，楼顶为重檐九脊式。

镇准楼

镇淮楼公园内还有金桂、玉兰、雪松、龙柏、蜡梅和法国女贞等各式花木，还有日本前首相田中角荣赠送给周恩来总理故乡的樱花。

开放时间：7：30 ~ 18：30

交通：乘 61 路、68 路公交车可到达。

门票：登楼 5 元

关天培祠

【清朝支持林则徐禁烟的著名将领】

关天培，江苏淮安人，曾任广东水师提督，支持林则徐禁烟主张，后在抗击英军入侵虎门战斗中以身殉职，后被谥封为“忠节公”。关天培祠堂内有关天培塑像一尊，陈列着林则徐题写的挽联及关天培的生平。

开放时间：8：00 ~ 17：30

交通：乘 63 路公交车可达。

门票：免费

吴承恩故居

【中国古代四大名著之一的《西游记》作者，吴承恩是中国尽人皆知的人物】

位于淮安河下打铜巷内，是一座典型的明代风格的建筑。两幢宅院，辅以回环曲折的抱廊和竹木花卉，显得典雅秀丽，古色古香。其中以“射阳移书斋”举世闻名，吴承恩的《西游记》最后就在这里完成。

开放时间：8：00 ~ 18：00

地址：淮安市楚州河下镇打铜巷

交通：乘 66 路公交车可达。

门票：40 元

刘鹗书屋

【你可能没有读过《老残游记》，但你不可能没有听说过刘鹗】

因《老残游记》而闻名的作者刘鹗（1857 ~ 1909）生活和著书处。此外，刘鹗对殷墟甲骨文字学的建立也做出了一定的贡献。

地址：和平路地藏寺巷内

勺湖

【碧水、长桥、画舫、亭阁、碑园、相映生辉】

在城西北隅，濒古运河，因形似一把勺子而得名，如今已辟为勺湖公园，湖滨有一四层佛塔，湖光塔影，引人入胜。

踏进"文通塔苑"的门槛，首先映入眼帘的是双亭回廊。过文通塔，即踏上勺堤，左侧是绿波荡漾的湖水，右为与淮中校园毗邻的白身青檐的云墙。由此向东北眺望，清晰可见远处的两道玲珑别致的洞门，令人有芳径通幽之感。过了两道洞门，园中的一些古色古香的建筑即呈现眼前。这些建筑，皆顺着地形水势，庄重而淡雅。湖心岛上原大悲阁旧地，现建的一座厅堂，东侧的贴水曲廊和扇形水榭，湖中建的石舫，舫上有两层楼阁，登楼可鸟瞰全湖景色。湖心岛南北有虹桥与陆地相连。

地址：淮安市楚州区西门大街

交通：乘 62 路、67 路公交车可达。

门票：6 元

河下古镇

【已有 2500 多年历史的古镇】

位于古邗沟入淮处的古末口，曾名北辰镇。从公元前 486 年，吴王夫差开凿了沟通长江和淮河的邗沟开始算起，河下已有 2500 年以上的历史。因运河而兴，因运河而衰。鼎盛时，河下古镇有“扬州千载繁华景，移至西湖嘴上头”之美誉。这里曾诞生巾帼英雄梁红玉、大文学家吴承恩等历史名人。明清两代这里曾出过 67 名进士、123 名举人、12 名翰林，有“进士之乡”之称，文化底蕴十分深厚。明清时，河下是淮北盐集散地，淮北盐运分司曾设在这里，并有很多盐商在这里业盐。

地址：淮安市淮安区西北隅

交通：乘 62 路公交车在礼字坝下车，步行前往即可。

淮安府署

【府署的大堂体量为全国之最】

淮安府署的建筑历史可以追溯到南宋时期，现存衙门原为南宋五通庙，元为沂郯万户府。明洪武元年，知府范中以元淮安路总管府府署（现漕运总督部院处）加以修葺为府署。洪武三年，新任淮安知府姚斌在城中选址，结果选中了上坂街以北南宋五通庙和元沂郯万户府，便加以修建改造，作为淮安府的新府署，一直沿用到清末。衙内有房屋 50 余幢、600 余间，分东、中、西三路，中路有大堂、二堂、六科用房等，东路为迎宾游宴之所，西路为军捕厅，大门外有石狮，照壁、牌坊等。淮安府署的大堂体量为全国之最，面积超过 500 平方米。

地址：淮安市楚州区东门大街

交通：乘 61 路公交车在府前路下车即可

门票：60 元

洪泽湖大堤

【世界上最长最宽、有着“水上长城”美誉的人工河堤】

北起淮阴区码头镇，南迄洪泽县蒋坝镇，全长 67 公里，全部用石料人工砌成。大堤始建于东汉建安年间，至清乾隆年间方建成。洪泽湖大堤的直立条式防浪墙坝工程技术代表了当时世界的最高水平。洪泽湖大堤石堤全长百余里，雄伟壮观，蜿蜒曲折共 108 弯，犹如“水上长城”。长堤沿线有众多的名胜古迹，如高良涧青龙庵、三国时大将邓艾饮马池遗址、九龙湾、周桥大塘、乾隆御碑、滚水坝、黄罡寺、三河闸等。

背包客收藏：洪泽湖大堤历史

洪泽湖大堤始建于东汉建安五年（200），由广陵太守陈登主持建筑，初为 30 里，始称“高家堰”。明永乐年间，督运陈宣在武墩至周桥之间兴工修堤，明万历年间，河漕潘季驯将大堤延筑至蒋坝，洪泽湖大堤基本建成。从明万历八年（1580）起，洪泽湖大堤就开始增筑直立条石墙护面，历经明清两代 171 年，使用千斤条石 6 万多块，且规格统一，筑工精细，充分展示了我国古代水利建设的高超技艺。

荷花荡

此处拥有荷花田2.24平方公里，三面环湖相拥，生态环境优美。唐朝宰相魏徵、宋代诗人苏东坡均来此留下众多墨宝。荷花荡风景秀美，景点众多，有荷花仙子、碧荷亭、观荷园、长廊、陈州亭、凤凰桥等。

地址：淮安市金湖县闵桥镇横桥乡

交通：金湖汽车站乘坐公交车到闵桥下车，然后乘坐三轮车即可到达

门票：免费

清晏园

【虽不比苏州园林的精巧，但却代表了中国漕运史上官宦之家的生活场景】

始建于清朝康熙年间，园林规划融北方的开阔与南方的玲珑为一体，是苏北地区最有代表性的古典园林，也是中国漕运史上唯一保留下来的官宦园林。

开放时间：9：00～17：00

地址：淮安市清浦区人民南路92号

交通：乘2路、7路公交车可达

盱眙明祖陵

【明代开国皇帝朱元璋祖父、曾祖父、高祖父衣冠冢，朱元璋祖父朱初一的实际下葬地】

明祖陵建于明代初年，清康熙十九年（1680）因黄河夺淮，毁于洪水，在洪泽湖中沉睡了近300年。1962年因干旱，洪泽湖水位下降，江苏省文物普查工作队在沿洪泽湖西岸寻访古徐国遗迹时发现。

陵墓外罗城周长与泗州城等长，中间为砖城，里面为砖砌皇城。诸多的殿、

明祖陵

庑、房、库、亭、桥等交错其间，陵区松柏万株。21对石像工艺精美，形态生动，神态逼真，比明孝陵、十三陵更为高大，是明朝石刻里的绝品。

开放时间：7：30～17：30

地址：盱眙县城西北约10公里处

交通：在盱眙县乘1路、4路公交车到汽车北站，然后换乘至小南庄的中巴车到明祖陵路口，再雇一辆小三轮到达明祖陵。

门票：50元

淮安第一山

【拥有米芾的真迹“第一山”的石碑】

因北宋著名诗人、书法家米芾作《第一山怀古》诗而著名。第一山左拥翠屏峰，右揽风坡岭。山上古木葱茏，胜迹众多，风景秀丽。

地址：盱眙县淮河北路

交通：乘1路、2路、4路公交车可达

门票：30元

盐城

大纵湖

【享有“水乡泽国”“鱼米之乡”盛誉】

位于盐城市区西南，距市区 37 公里，呈方形，大纵湖畔的北宋庄为镇政府机关所在地。大纵湖镇隶属江苏省盐城市盐都区，以濒临大纵湖而得名。大纵湖形成于南宋之前，距今已有 800 多年历史，这里不仅有丰富的湿地生态资源，并且有着隽永的人文历史。

交通：由盐都汽车站乘开往大纵湖班车可到大纵湖旅游度假区，15 分钟一班。

门票：100 元

新四军纪念馆

【全国中小学爱国主义教育基地、全国爱国主义教育示范基地】

坐落在建军东路北侧的新四军纪念馆，建于 1986 年，共分群雕、碑林、展厅、园林四个景区。进入纪念馆大门，广场东西两侧屹立着“英勇战斗”和“拥军支前”两组高大的红色花岗雕塑。桥头两旁各有一座用整块汉白玉雕成的少先队员塑像。

展览大厅的中间展出了新四军佩戴的“N4A”臂章图案。门前陈列着飞机、大炮、军舰等，序厅里有新四军重建军部后的五位领导人：刘少奇、陈毅、张云逸、赖传珠、邓子恢为主体的大型雕塑。巨幅屏风嵌刻着毛泽东起草的《中国共产党中央革命军事委员会命令》。展厅内辟有新四军历史资料馆、音像馆和书画馆。

交通：市内公交车 3 路、5 路、29 路可达。

门票：免费

盐城水街

【好一派江南水乡风光】

紧邻串场河，位于东进路和世纪大道之间，是海盐历史文化风貌区的主景区。在这里可以观赏民间绝活和文艺表演，品尝地方小吃，还可以买到旅游文化商品和地方名特优小商品。除了水街，海盐历史文化风貌区还包括中国海盐博物馆、美食街、娱乐街、水城等板块。

交通：乘 12 路、206 路、21 路公交车可到。

盐城水街

陆公祠

【纪念南宋抗元英雄——陆秀夫的祠堂】

始建于明洪武年间，为飞檐琉瓦、三进两厢式古典建筑，是纪念南宋末年左丞相陆秀夫的祠堂。抗战期间陆公祠一度被毁，新中国成立后在原址按原貌重建，1984年又一度重新修复。

现前门上悬武中奇题“陆公祠”石刻横额，正殿仰止堂由刘海粟题名，供奉周振威创作的陆秀夫大幅绢画像。后院浩然堂为李敦甫题名，内悬张爱萍上将题写的“海岳忠贞”横匾，中为彭英创作的陆秀夫全身塑像，四壁为曹晋杰、吴继平合作介绍陆秀夫生平的24幅巨幅连环画。东、西厢房陈列陆秀夫的遗稿和遗墨等文物，极为珍贵。

开放时间：8：00～17：30

地址：儒学街陆公祠巷6号

交通：乘1路、20路、24路公交车可达。

门票：10元

盐城市博物馆

位于盐城市新四军重建军部旧址——泰山庙内，共收藏有文物及资料16000件，是反映盐城历史的地方综合性博物馆。

开放时间：8：30～11：30、14：30～17：30

交通：乘10路、19路、21路公交车在泰山庙下车即到。

门票：5元

盐城大丰麋鹿自然保护区

【以麋鹿为主、多种动物共存的海滨野生动物园】

20世纪60～80年代，在大丰沿海陆续出土了麋鹿的骨骼，经考证确认包括大丰在内的苏北南部沿海是麋鹿的故乡。1986年8月，林业部和世界野生生物基金会（WWF）合作从英国伦敦的七家动物园引种39头麋鹿到保护区，目前麋鹿种群发展到数百头。除了主要保护对象麋鹿外，保护区内属于国家一级保护动物的有大天鹅、河鹿等19种，以及鸟类95种，为候鸟重要越冬地之一。

这里河海港汊蜿蜒交错，盐土沼泽星罗棋布，裸地、草地、芦苇、蒲荡、竹园以及刺槐林，展现了海边的原始风貌。而且气候温和，雨量充沛，四季分明，无霜期长，是麋鹿最理想的放养地。登上观鹿塔，碧波万顷的芦荡，一片连着一片的红果盐蒿尽显眼前，野生的麋鹿群在其间隐没。

开放时间：8：00～18：00

地址：大丰市东南海滩

交通：从盐城汽车站乘长途班车，车程约2.5小时。

门票：55元

背包客收藏：麋鹿

麋鹿俗称“四不像”，角似鹿非鹿，头似马非马，身似驴非驴，蹄似牛非牛，是我国的特产。麋鹿原是苏北沿海的野生动物，历朝皆列为献给皇帝的贡品。

殷末周初，是其繁盛时代；秦汉时期，由于气候条件的变化和人类滥捕，数量急剧减少；到了元朝，麋鹿仅生存于皇家猎苑之中。迨至清代，北京南郊皇家猎苑仅存两百多头麋鹿，这是当时世界仅有的麋鹿群。1900年，八国联军攻陷北京，麋鹿被抢劫一空。1901年，英国的贝福特公爵用重金从法、德、荷、比四国收买了世界上仅有的18头麋鹿，以半野生的方式集中地放养在乌邦寺庄园内，麋鹿免于绝灭。

盐城丹顶鹤自然保护区

【全球70%的野生丹顶鹤的越冬地，世界上最大的野生丹顶鹤群集结地】

全称为“江苏盐城国家级珍禽保护区”，是我国环境保护系统中唯一的大型鹤类自然保护区，也是国家一类珍禽丹顶鹤的第二故乡。

1992年9月被国务院列为国家级自然保护区，1993年10月被联合国教科文组织接纳为世界“人与生物圈”保护网络成员。

丹顶鹤自然保护区有着芦苇丛生的天然植被、丰富多样的海涂生物、人迹罕至的空旷宁静，是禽类生活的理想场所。这里是全国第一个海涂型自然保护区。每年金秋十月，一群群丹顶鹤便从黑龙江齐齐哈尔市扎龙自然保护区成群结队飞到这里越冬，最多时有1000多只，约占全球野生丹顶鹤数的70%。

保护区是生物多样性十分丰富的地区之一，区内有植物450种、鸟类379种、两栖爬行类45种、鱼类281种、哺乳类47种。其中国家重点保护的一级野生动物有丹顶鹤、白头鹤、白鹤、白鹳、黑鹳、中华秋沙鸭、遗鸥、大鸨、白肩雕、金雕、白尾海雕、白鲟共12种。

地址：江苏省盐城市东部沿海滩涂

交通：盐城有直达保护区的专车

门票：30元

特别提醒：保护区内提供简单的餐饮住宿条件；保护区的最佳旅游时间为每年冬季。

实用资讯

交通

苏北交通以徐州和连云港为中心枢纽，再向南辐射宿迁、淮安和盐城。所以无论在苏北哪个地区旅行，徐州和连云港都是最佳的出发地。

徐州

徐州是重要的交通枢纽城市，外部交通十分便捷，火车、飞机、客车样样通达。观音机场是徐州唯一的民用机场，航线比较多。铁路客运方面，徐州站是全国比较大的铁路交通枢纽，徐州东站主要停靠的是高速列车组。此外，徐州市内还有三个主要的长途客运站，全国的主要城市以及周边省份都可以坐大巴到达徐州。

航空

徐州观音机场位于距市区东南42公里的睢宁县双沟镇，与徐州通航的城市有北京、成都、重庆、广州、海口、昆明等。海天假日酒店（徐州淮海西路252号，矿务局对面）有民航班车前往观音机场，每个航班起飞前2个小时发车，车票20元。

铁路

徐州是重要的铁路交通枢纽城市，南来北往的列车都会经过这里。目前市内有两个客运火车站，分别是位于市中心的徐州站和只有高速列车通过的徐州东站。

徐州站

徐州站是全国比较大的客运站之一。到达徐州站的车次非常多。普通列车和高速列车均有停靠此站。

地址：徐州市复兴南路235号

电话：0516-83924142

徐州东站

徐州东站距离徐州市区有一定距离，停靠的均为高速列车。

地址：徐州市鼓楼区京台高速与G206交叉口

公路

徐州市内目前有三个汽车站，分别是位于火车站边上的汽车总站，线路比较多的汽车南站，以及客运西站。

汽车总站

靠近火车站，主要运营的是省外长途客车到达徐州的线路。另外还有县区的客车，和省内部分长途客车停靠。

地址：复兴南路69号

电话：0516-83724118

汽车南站

南站以停靠省内的县区客车和徐州南面安徽等地的近途客车为主。

地址：徐州市泉山区

汽车西站

主要运营的是河南安徽部分县市到达徐州的车次。

地址：淮海西路420号

电话：0516-85765855

市内交通

徐州火车站前的游1路（汉文化旅游线）、游2路（云龙风景区）公交车基本上将市内景点、景区都串联起来了。普通公交车起价为1元，空调公交车票价为2元。出租车起步价是7元/3公里，之后1.4元/公里，6公里以上2.1元/公里。从机场打车到市区约150元。

徐州户部山古建筑群：魏家园

连云港

连云港是陇海铁路的终点，被誉为"亚欧大陆桥的东方桥头堡"。连云港唯一的机场白塔埠机场，开通有至北京、上海、广州、桂林、大连等地的航线。连云港有两个火车站：连云港站和连云港东站，连云港站车次最多，位于市中心，建议乘坐到连云港站。周边城市到连云港最好乘坐长途汽车，方便快捷。

航空

连云港市白塔埠机场位于连云港市的东海县，距离市区约30公里。机场现在开通有飞往北京、广州、西安、郑州等城市的航线。

地址：连云港市东海县白塔埠镇

电话：0518-85521666

网址：www.lygairport.com

铁路

连云港市区有连云港和连云港东两个主要的客运火车站。两个火车站均有始发徐州、北京、南昌、汉口、宝鸡、上海、乌鲁木齐、广州、太原等城市的列车，其中在连云港站经停，终点站均为连云港东站。建议可以在连云港站下车，先游览花果山，晚上乘公交车前往连岛，吃海鲜。

连云港站

地址：连云港市新浦区人民东路

电话：0518-85067540

特别提醒：

1. 连云港站离花果山相对较近，去各个景区的公交车也多。
2. 火车站离长途汽车总站仅500米，对于前往沿海其他城市的游客来说很方便。

连云港东站

地址：连云港市开发区五羊路

特别提醒：

1. 离连岛和海边较近，住宿也方便，如果先去连岛可以考虑从此站下车。
2. 到连云港港口需要在连云港东站下车。

公路

作为淮连高速公路的终点城市，204国道横穿连云港而过。连云港市有多个长途汽车站，从连云港乘坐长途汽车到达南京只要 4 小时，到上海也才用 7 小时。连云港市有多个长途汽车站，最主要的有连云港市长途汽车总站和苏欣汽车客运站。

连云港市长途汽车总站

又称新浦汽车总站，市际、省际的长途班车多在这里始发。

地址：人民路 19 号，新浦火车站广场西侧

电话：0518-85632222

苏欣汽车客运站

主要有到常德、常熟、长沙、杭州、济南、南京、宁波、青岛、烟台、扬州、镇江等地的汽车。

地址：新浦区瀛洲路 26 号

电话：0518-85632173

市内交通

连云港出租车起步价 5 元，公交车起步价 1 元。

宿迁

铁路

宿迁没有火车站，可以就近坐火车到徐州站，然后从徐州站步行约 220 米，到达火车东站乘坐 83 路，经过 4 站，到达汽车南站（也可乘坐 602 路、58 路、专 1 路、23 路、60 路。出租车要 15 元左右，然后从徐州坐车去宿迁。

公路

宿迁长途汽车总站

有往北京、上海等地的卧铺汽车。省内班次以往徐州、淮安方向居多，需 1.5 ~ 2 小时车程。

地址：西湖路 358 号

电话：0527-84365585

市内交通

宿迁出租车起步价 5 元，公交车起步价 1 元。另外还有一种客运的小型面包车，起步价 3 元 /2 公里。

淮安

淮安交通发达，可通过飞机、火车、客车等与外部相连。境内有淮安涟水机场，距离淮安市中心 22 公里，距离涟水县城 10 公里。火车仅淮安火车站供货运，位于淮安市经济开发区，距淮安市中心约 8 公里。淮安共有 12 个长途汽车站，以位于淮海北路的汽车总站最为重要。市内以公交和出租车为主。公交普通车 1 元全程，空调车 2 元。出租车 7 元起步。

航空

淮安涟水机场目前有飞往北京、广州、宁波、厦门、武汉、重庆、西安、浦东和虹桥等地的航班。

火车

淮安火车站

地址：淮安市淮阴区淮海北路与珠江路交叉处

电话：0517-83721222

交通：乘坐 1 路、7 路、11 路、12 路、39 路、52 路等到汽车北站，下车步行 300 米。

公路

淮安虽然通火车，但停靠的班次并不多，所以进出淮安主要的交通线路还是靠从徐州和南京方向来的长途汽车。

淮安汽车客运总站

地址：淮安市淮海北路 67 号

电话：0517-83902875

淮安城南汽车客运站（新南站）

地址：淮安市淮海南路、枚皋路口

电话：0517-83943426、83786528

淮安汽车客运北站

地址：淮安市淮海北路620号

电话：0517-84922520

淮安开发区汽车客运站

地址：淮安市开发区苏州街8号（汕头东路以北，北侧紧邻富士康园区）

电话：0517-83902895

特别提醒：淮安市主要旅游景点多在楚州区，8路公交车基本上串联了淮安市的各大旅游点。

盐城

盐城市位于江苏省中部偏东地域，交通发达。可选择乘坐火车、飞机、客车等方式到达。乘坐飞机可以直达盐城南洋国际机场。乘坐火车可以到达盐城火车站，换乘十分方便。盐城长途汽车站有很多开往附近省市的长途客车线路。市内交通主要以出租车和公交为主。

航空

盐城南洋机场开通了北京、广州、上海浦东、长沙、昆明、武汉、南通、首尔仁川、中国香港、台北桃园、曼谷等十余条航线。建军中路34号民航售票处有民航班车前往。

地址：盐城市亭湖区迎宾大道

电话：0515-88215023

网址：www.yccas.com

火车

乘坐火车到达盐城也是一个非常好的选择。

盐城火车站

盐城火车站位于亭湖区跃进路，目前开通有多条线路可直达北京、青岛、成都、兰州、哈尔滨等城市。

地址：盐城青年路

交通：可以乘坐3路、11路、19路、22路、23路、38路、55路、68路、206路、b支4路在火车站下车即可。

电话：0515-87042538

网址：www.ycstation.com

公路

盐城作为宁靖盐高速公路的北部起点，到南京、苏州、无锡、上海只要3小时车程。

盐城长途汽车站

开通了到达附近省市，包括深圳、广州、徐州、临沂、苏州等，以及到达附近部分景点的长途大巴车。

地址：盐城青年路

电话：0515-88334973

住宿

徐州

徐州虽然不大但独具楚汉遗韵，住宿大部分都集中在市区，配套设施相对完善，去周边景点打个的二十几块钱可以横穿整个徐州市。火车站、汽车站附近都分布着各类星级和经济型酒店。云龙湖周边的住宿是度假酒店式的，相对安静，空气好，是休闲散心的好地方，就是价格稍贵。东南角的汉文化景区周边推荐徐州城邦快捷宾馆、徐州上海长兴会馆，方便游览景区，不过大部分人会返回市里住宿。

嘉利国际酒店

坐落于徐州淮海广场南侧，毗邻徐

州火车站和汽车总站，设计新颖，建筑独特，既有交通之便利又无闹市之喧嚣。标准间170元/间起。

地址：徐州市云龙区津浦西路202号（市中心商圈）

电话：0516-83838888

白云酒店

位于徐州市复兴北路，淮海广场西侧，徐州火车站正对面，特别醒目，一出站就能看见，步行200米就到，十分方便。房间温馨舒适，性价比较高。标准间170元/间起。

地址：徐州市鼓楼区复兴北路13号（徐州火车站正对面）

电话：0516-83705999

海螺村精品商务酒店

对面就是云龙湖风景区，不管是去爬山，还是去淮塔、博物馆，都很近。此外早餐也不错，干净清爽。房间是中式古典风，很有味道，看夜景不错，基本上云龙湖小南湖尽收眼底。标准间120元/间起。

地址：徐州市泉山区湖北路36号

电话：0516-85809999

汉中福禧国际大酒店

与中国矿业大学文昌校区和徐州科技创业园为邻，人文氛围浓郁，交通便利。标准间250元/间起。

地址：徐州市解放南路中国矿业大学商务中心5号楼（云龙湖景区商圈）

电话：0516-85538880

徐州云泉山庄

位于云龙湖畔，具有古色古香的中国园林式建筑特色，标准间428元/间。

地址：金山东路18号

电话：0516-87789999

连云港

连云港市的宾馆酒店业发展迅速，在繁华的市中心随处可找到合意的高、中、低档次宾馆。追求实惠的游客在市区各大街小巷也能找到中小型旅馆或招待所，一般消费在50～150元不等。如果想要临海赏景，也可选择连岛周边的海景房，价格相对较高。如果是居住在花果山景区的话，景区西侧也有不错的酒店供选择。

海州湾会议中心

位于连云港市东部商务中心区——连云新城内，依山、傍海、邻岛、亲湖的独特绝佳环境，演绎完美的港城山海文化。海景房500元/间起。

地址：连云港市连云区连云新城内

电话：0518-81398888

福如东海温泉大酒店

位于号称华东第一温泉的——连云港温泉旅游度假区，餐饮提供当地土菜和淮扬菜等多种菜肴，可以享受300平方米的四季露天温泉泳池。酒店温泉浴——小松原，是当地人推荐的最好也最正宗的温泉泉眼。标准间300元/间起。

地址：连云港东海县温泉旅游度假区汤姑路6号

电话：0518-87882888

阅海楼酒店

位于连云港连岛海滨旅游度假区内，与连岛浴场、苏马湾生态园只一步之遥。辅楼标准间336元/间。

地址：连云区连岛环岛路1号

电话：0518-82601888

宿迁

枫华丽致酒店

采取星级标准设计的同时，融入台

湾风格，标准间 208 元 / 间。

地址：宿豫区泰山路 1 号

电话：0527-84490888

沭阳名流世家公寓酒店（沭阳巴黎店）

地处商业中心，周边餐饮娱乐设施齐全，银行、商超距酒店仅百米。地理位置优越，交通畅通便捷。标准间 120 元 / 间起。

地址：沭阳巴黎新城 F 座

电话：0527-83995555

淮安

淮海国际大酒店（三星级）

位于淮安市中心淮海广场，地处闹市区，标准间 260 元 / 间。

地址：淮海北路 31 号

电话：0517-83930888

神旺大酒店

钵池山公园对面，交通方便。淮安神旺大酒店环境幽雅温馨，装修精致典雅。标准间 290 元 / 间起。

地址：淮安清河区翔宇大道 156 号（淮安中心区商圈）

电话：0517-83971111

鼎立国际大酒店

豪华五星级酒店，共 30 层，为淮安第一建筑高度。

地址：淮安市经济开发区厦门路 6-1 号

电话：0517-83798888

盐城

盐城迎宾馆

曾先后接待过江泽民、胡耀邦、吴邦国、朱镕基等党和国家领导人。可以品尝到特色地道的盐城本帮菜。标准间 400 元 / 间起。

地址：盐城市开发区天山路 1 号（近世纪大道）

天鹅湖国际大酒店

毗邻美丽的白天鹅公园，性价比非常高的星级酒店。标准间 240 元 / 间起。

地址：阜宁香港路 578 号

电话：0515-68589999

餐饮

苏北菜式的口味除了淮扬菜以外，其余的口味都偏辣，尤其以徐州为代表。随便走进一家徐州餐馆吃饭，如果你不对老板特别交代，上来的菜可能全部都是辣的。徐州有“一咸三分味，一辣到十成”和“不能吃辣不当家”之说。

由于徐州人对辣椒情有独钟，因此不少外地的餐饮业进入苏北尤其是徐州地区后，为了迎合当地人的喜好，原本很清淡的口味，也逐渐变得越来越辣了。比如海鲜，按说海鲜类菜肴应保持原有的鲜嫩不宜做辣，可很多海鲜餐馆烹制的海鲜不得不做得很辣，连云港的海鲜一条街就最盛行这种“辣味海鲜”。

徐州

徐州古称彭城，源于彭祖和他所建立的大彭氏国。彭祖是我国烹饪界公认的始祖，相传在尧之时，彭祖因为擅长烹饪野鸡汤，得到帝尧的赞赏而受封，在现在的徐州一带建立了大彭氏国。徐州的菜点秉承大彭古风，制作考究，风味独特，而且几乎每一道菜点都有一个动人的传说。例如“羊方藏鱼”，因为将鱼置于割开的大块羊肉中文火同炖而得名，汉字“鲜”字即源于此。

位于徐州城北 40 公里处的崔寨，则是著名的“狗肉之乡”，街上随处可见用棉被盖住的热腾腾的“鼋汁狗肉”，每 500 克才 17 元左右。徐州火车站有很多去崔寨的中巴车，票价6元，1小时就能到达。徐州的解放南路和复兴南路则是著名的美食街，如果要吃小吃就得去徐州淮海路上市二院对面夜市。

特色美食

羊方藏鱼

中国古典菜中，“羊方藏鱼”被称为中国第一名菜，至今已有4300年历史。“羊方藏鱼”现代也叫套菜、二套菜，其做法是将鱼置于割开的大块羊肉中，加上调料同烹，蒸炖皆可，其味鲜美无比。

烙馍

烙馍用未发酵的面烙成，吃到嘴里柔韧、有嚼头。烙馍作为一种徐州特有的面食，已经有2000多年的历史了。相传楚汉相争时，刘邦帅并与徐昂与作战，为了能让行军途中的战士吃上一顿饱饭，徐州的老百姓急中生智，发明了一种极简介快速又方便实惠的面食。

徐州两来风，烙馍撒子

蝴蝶馓子

徐州的蝴蝶馓子以其香脆、咸淡适中、馓条纤细、入口即碎的特点，赢得人们的喜爱。徐州的蝴蝶馓子外形美观，口感颇佳。苏东坡在徐州任职期间喜食这种馓子。

特色餐馆

徐州下淀羊肉馆

特色为羊肉，人均消费约28元。

地址：下淀路

徐州阿毛烧烤店

特色为烧烤，人均消费15～20元。

地址：复兴北路74号

电话：13905206471

淮安文楼包子店

特色为蟹黄包，人均消费约34元。

地址：北门外文楼

烙馍村

这里的环境具有当地民俗特点，很多仿汉代的雕塑，室内也装潢得古香古色。点菜不需要看菜单，在餐厅门口看着菜品材料点菜即可。特色菜品就是徐州有名的地锅系列，地锅鱼、地锅鸡，其中招牌菜是现烙的烙馍，配以各种咸菜、芝麻盐、大酱、小香葱，颇为地道。

地址：泉山区三环南路（近泉山森林公园）

老家地锅

这家店位于湖北路上，生意火爆。地锅源自徐州农家传统烹饪方法，将鸡、鱼等置于铁锅之中，在土配制成的锅灶上用木柴烧熟，待到沸锅时将面饼贴于锅沿同煮。这里的地锅鸡分量很足，黏稠浓郁，味道辣中带甜。

地址：湖北路与煤建路交叉口

同仁居（户部山店）

同仁居是口碑很好的饭店，徐州的老字号，人气很旺。菜量大，价格便宜；再加上徐州的辣，一般3个人2菜1汤基本就够了。

地址：户部山D1综合楼（近建国西路）

马市街饣它汤（青年路）

该店位于马市街上，马市街的饣它汤名气最响，每次去总要排队。古老的木头桌椅，油光四溅。饣它汤（同"啥"汤）徐州人早餐爱喝的一种鲜汤。已有4000多年的历史。饣它汤使用野鸡和稷米同熬而制成的汤，其味美可口。

地址：鼓楼区马市街

连云港

连云港菜肴以海鲜为主，原汁原味的海鲜大排档多集中在墟沟镇西部的西墅区、连云区的火车站附近。肉嫩可口的酒醉螃蟹、清香鲜嫩的生熏黄鱼、颜色金黄的锅塌鲸鱼、肉鲜汤美的蟹黄煨鱼肚均是当地美味佳肴。

特色美食

凤尾虾

凤尾虾属金陵菜，在南京文献《白门食谱》中就有它的记载。烹饪好之后虾肉洁白，尾壳鲜红，形似凤尾，衬以绿色青豆，色彩艳丽，虾味鲜嫩，佐以鸭油烹调，其味更美。

美蓉套蟹

连云港海蟹极多，美蓉套蟹是以煮熟的蟹肉和蟹黄配以蛋清、鸡汤、料酒等精心制作而成。菜内包含猪肉、鸡脯肉、鱼茸、火腿、香菇、冬笋、虾仁等时令鲜品，以蟹壳作模具，连蒸三次。成菜形似芙蓉，故而得名。此菜宜趁热食用，"一热三鲜"是其最大特色。

啤酒

连云港市啤酒厂是江苏省内较大的啤酒厂之一，曾得到青岛啤酒厂的大力支持，特别是酿制技术方面。该厂生产的啤酒色清透明，呈金黄色，有浓厚的酒花和麦芽香味，酒味醇正，二氧化碳气很足，泡沫细白，持久性长，超过上海啤酒，可与青岛啤酒媲美。

蟹黄煨鱼肚

鱼肚是名贵干货原料之一，将其与连云港盛产的海蟹相配，堪称人间美味。做法是用高汤将鱼肚煨两遍，用猪油加葱、姜块炝锅，放入蟹黄、鱼肚一起翻炒即成。看着蟹黄味鲜，色黄亮；吃起来鱼肚软滑，汤汁浓郁。

奶汤鱼皮

奶汤鱼皮要选用连云港特产的海口白河鱼皮，配以火腿、冬菇、虾仁、兰笋等料，加鸡汤烧制而成，虾仁盖在汤面。此菜汤浓肉嫩，十分可口。

特色餐馆

美味斋龙虾城（朝阳路店）

这里是美味斋龙虾城的分店，装修比解放路那家好多了

地址：新浦区朝阳路（大润发西侧）

军民海鲜馆

这家店总的来说不错，环境也还行，服务态度还好啦，这里的海鲜很新鲜，很适合与亲朋好友一起去吃。

地址：新浦区墟沟海棠路海鲜一条街10号

八仙渔港

好的地理环境好的服务态度，让人吃过后想再次来这美丽的地方。

地址：新浦区陇海东路 36 号（万润花园对面海鲜一条街）

美味斋龙虾城（朝阳路店）

这里是美味斋龙虾城的分店，装修比解放路那家好多了。

地址：新浦区朝阳路（大润发西侧）

陇海路步行街

可在海味小吃知名的陇海饭店，常年供应时鲜海味的连云饭店、新港饭店，以及在以专设海味馆常年供应各种海鲜名菜遐迩闻名的黄海饭店等处，品尝到连云港当地的美味佳肴。

地址：位于幸福路和郁州北路之间。

海鲜一条街

海鲜一条街分布在连云区海滨大道西侧，可以吃到风味十足的“海鲜大排档”。凤尾虾、梭子蟹、板栗烧鸡都是不错的选择。食客多以外地游客居多。

地址：连云区海滨大道西侧

淮安

淮安是淮扬菜的主要发源地之一，而淮安菜则是“淮扬菜”的一个重要组成部分。其菜式讲究烹饪火候，要求菜肴“酥烂脱骨而不失其形，滑嫩爽脆而不失其味”，原汁原味，风味清新。在明清时期，淮安作为京杭大运河交通上的政治、经济、文化中心，淮安菜也经历代创造与革新，形成了许多各具特色的酒楼菜馆和传统风味的名菜名点。到了清乾隆年间，淮扬菜系已经成为全国四大菜系之一。

其中淮安鳝鱼菜、开洋扒蒲菜、鸡油烩蒲菜、淮安茶馓、淮安文楼汤包等均是其美味上乘之作。宿迁的竹竿街是当地极具特色的龙虾城美食一条街，在此可品尝到“十三青龙虾”“骆马龙虾”等各种风味。此外，干丝、黄狗猪头肉、芥末粉皮、霸王别姬、泗洪子鱼锅贴、乾隆贡酥、皂河烧饼等宿迁美食亦值得一尝。

另外，银鱼是淮安洪泽湖区的名贵水产品，其肉质细腻无骨刺、将银鱼干浸泡一下然后同鸡蛋合炒，鲜嫩味美；干炸银鱼外脆里嫩，色泽金黄；银鱼焖蛋，肥香鲜嫩；以银鱼做汤，别具风味。高沟捆蹄为涟水县高沟镇清代名师郑国文所创。捆蹄以精选的瘦蹄髈肉、干小肠衣为主料，配以桂皮、丁香、甘草等辅料精制而成。食用时放回原汤里煮熟冷却后即成。入口肥而不腻，咸中带甜，香软可口，在淮安城各大饭馆均有供应。

淮山药是淮安著名的土特产，属根茎类、宿根性植物。可烹制各种滋补食品，一般在寒露节气前后开始收获的品质最好，销路广。金针菜又名黄花菜，遍及淮安全市各地。其色泽金苋、干而光亮，具有轻身明目的药效。

特色美食

盱眙小龙虾

淮安最出名的美食非盱眙小龙虾莫属。小龙虾肉质洁白细嫩，味道鲜美，价格低廉。以独特香料烹制的麻辣小龙虾、十三香小龙虾，香气浓郁。

平桥豆腐

平桥豆腐是江苏的一道名菜，提及这菜的来历，还与乾隆南巡有关。平桥是隶属淮安的一座古镇，濒临京杭大运河的东岸，古色古香的街道，加上淳朴敦厚的乡风民俗，使这里很自然地成为了富有情趣、令人向往的地方。

辣汤

淮安文楼汤包

文楼兴办之初，包内馅心以肉皮、鸡丁、肉块、蟹黄、虾米、竹笋、香料、绍兴酒等 12 种配料混合而成，先加温成液体，后冷却凝固。把冷冻后的馅心纳入包内，入笼而蒸，出笼汤包中的馅心成液体，用手撮入碟内，倒上香醋，撒上姜米，再用香菜，上席后，食用时以餐具点孔，用嘴吸入，汤鲜美可口。

淮安茶馓

淮安茶馓是享誉海内外的中华美食名点，是淮安土特产之一，是用上白精面，拉出像麻线一样的细面丝绕成四寸多长、一寸多宽的套环，环环相连，呈梳状、菊花形等网状图案，放入麻油锅中泡炸而成，质地酥脆，味道香美。其历史悠久，文化底蕴深厚。在街边小店可买到。

特色餐馆

盱眙杨四龙虾馆

挺有名气的龙虾馆，麻辣、香、吃的过瘾，价格不低，人气很旺。

地址：盱眙县城五墩西路（县中医院对面）

洪泽湖老鱼馆

环境不算很好，但却是当地数得着的特色饭馆，有名的淮扬菜都在这里能吃到，停车很方便，菜量也大。

地址：清河区淮海北路 90-5 号（近健康东路）

清河生态园美食城

离市区有点远，环境很好，的确是生态的，植物很多，淮扬菜做得非常地道，也有部分的粤菜，停车很方便。

地址：清河区水渡口大道 100 号(近宁连高速)

百年文楼

吃汤包最正宗的地方，淮安很有名的老字号酒楼，淮扬菜做得非常地道，人气也非常旺，吃早饭的比较多。

地址：大闸口越河美食街 A 区 1 幢 101-104

盐城

盐城的东台鱼汤面原系宫廷食品，其汤浓稠如乳，点滴成珠，面白细匀，鲜而不腻，为传统名点。生炝条虾是盐城沿海地区的特产，将生虾先加盐、曲酒杀菌去腥后，再加入腐乳汁、白酱油、白砂糖等辅料，即可食用。盐城奇园的蟹黄包已有 300 多年历史，以个大膘肥黄多的活母蟹和精面为原料制作，味道极鲜美。盐城糖麻花特点是香甜酥脆，油而不腻。

产于盐都县龙冈镇北沙岗地带的龙冈茌梨，形似纺锤，味似嫩菱。另外还有首乌糕、杨五香肠、阜宁大糕、大纵湖醉蟹等都是盐城的著名美食。

特色美食

奇园蟹黄包

盐城亭湖区的传统名点。选用盐城西乡湖中的母蟹，其蟹个大、膘肥、黄多。和以猪肉、精面等原料制成，其味鲜美。

东台鱼汤面

东台鱼汤面属于苏菜，主要原料是面条，口味是鲜香，工艺是煮，汤白汁浓，滴点成珠，清爽可口。

生炝条虾

盐城沿海地区的名菜。因虾呈长条形，取名条虾。又因虾外壳白里透清，故又名白条虾。

白炖鲻鱼

鲻鱼是盐城名特海产，肉肥味美，配以猪油丁、火腿片、香菇片、笋片等，上笼以旺火蒸熟。炖熟的鲻鱼肉呈蒜瓣状，汤清味浓，色泽美观，鲜嫩可口。

烩素鱼皮

是将山芋粉放入沸水锅中凝成粉皮，切成长方块，呈鱼皮状。辅以鸡汤、火腿、鸡脯肉等下锅烧沸，味道鲜美，清爽可口。

建湖藕粉圆子

以藕粉做外皮外，其馅心也很精美，是将腌渍过的糖板油丁，加光桃酥，以及金橘饼、核桃仁、花生仁等多种果料混合制成。形如弹丸，呈淡紫色，娇嫩肥泽，柔软丰满，甜而不腻，桂香满口。

特色餐馆

盐城饮食服务公司奇园点心店

这家的蟹黄包是盐城人人都知道的美味，人均消费 7 ~ 10 元。

地址：建军中路 205 号

电话：0515-8365195

洪祥大酒店（大庆东路店）

盐城的老字号门店，虽然不太起眼，但是味道是相当的正宗哦！很多当地人来这里吃早点。

地址：大庆东路 3 号

奇园早点

吃早餐的好去处，虽然价格比之前涨了，但是味道还不错，深受当地人的喜欢。

地址：江苏省盐城市亭湖区

盐城迎宾馆

宾馆距离市区有一定的距离，交通不太方便。但是宾馆的环境超级好，花园式的布局，非常漂亮。菜品的味道也很赞。

地址：盐城市开发区天山路 1 号（近世纪大道）

淮扬土菜馆

很地道的淮扬菜，价格也不是很贵，菜量也比较大，可以尝尝。

地址：海陵南路 77 号

购物

徐州

邳州银杏

邳州境内银杏种植历史悠久，四户镇白马寺古银杏为北魏正光年间所植，树龄已有 1500 余年。10 万亩连片银杏园被评为“国家级生态示范园”，银杏叶生产基地在全国率先通过国家 GAP 认证。

窑湾绿豆烧酒

窑湾牌绿豆烧酒始产于清代康熙二年（1663）。当时皇宫后宰门守将马从凯宫庭保健秘方带回家乡酿酒配制而成。窑湾牌绿豆烧酒在历史上曾有“金泊酒”“辣黄酒”之雅称，备受雅士的青睐。

连云港

连云港在土特产以及工艺品上都有

自己的独具特色的产品，而且具有一定知名度。连云港东海县是我国水晶的重要产区，素有“水晶之乡”之称。连云港市内以海产品丰富，东方对虾、羊毛虾、梭子蟹最具当地特色。其他新鲜海产均四季供应，价格合理。

水晶工艺

连云港市东海县是中国的“水晶之乡”。这里的水晶以白色为主，也有烟、茶、黄、粉红和紫等诸色。除众多自然天成的水晶观赏石以外，水晶制品也很出名，比如水晶酒具、水晶眼镜、水晶项链、水晶胸花、水晶戒指等。

汤沟酒

“南国汤沟酒，开坛十里香”，这是古人对汤沟酒的赞誉。汤沟大曲成名于明朝末年，无色透明、容香浓郁、酵甜甘洌、回味持久。

海产品

东方对虾和羊毛虾，是连云港市著名特产，味道极其鲜美，炒菜、包饺子、烧汤均佳。鲜海产主要有带鱼、比目鱼、鳍鱼、鲍鱼、鲸鱼、鲤鱼、马故鱼，另外还有虾、鲍鱼、章鱼等。

草编工艺品

麦秸团扇，是连云港的一大特产。而今草编的各种生活用品及工艺品，编织精致，畅销海内外。

汪氏滴醋

汪恕有滴醋为清朝醋师汪恕有所创，始产于康熙十四年(1675)。该醋香味浓醇.风味独佳,300多年来盛誉不衰。醋的色泽鲜明，无浑浊，酸度浓醇，酸而不厌，食之让人健脾开胃，增强食欲，帮助消化。

葛藤粉

连云港葛藤粉是山民采云台山野生葛藤根，洗净捣碎之后制成的。葛藤粉洁白细腻、金星闪烁，温水调匀，开水冲熟,黏稠,呈半透明状,令人望而生津。它具有解热和降低血糖、化痰生津功能，冲服可治烦热、口渴、喉痹等症。

淮安

金湖大米

金湖地处亚热带北缘，丰富的水土资源，优越的生态环境，符合生产绿色、无公害食品的基础要求，生产的水稻无污染、金湖县素有“鱼米之乡”美称，是全国优质稻米生产基地。

淮安红椒

淮安红椒源自清浦，产于中国地理南北分界线的特定生态区域，淮安红椒果实粗牛角形，色泽水红色，微带淡黄；辣味适中，营养丰富。

徐州泥塑

宿迁

洋河大曲

名酒“洋河大曲”，产于江苏省宿城区，就是用当地“美人泉”的水酿制而成的。

泗洪大米

泗洪大米产自洪泽湖西岸，外观整齐，色泽透明，蒸煮有清香味，米饭软硬适中有光泽，咀嚼香甜，口感柔韧，米粥黏稠，入口爽滑。

泗洪大枣

泗洪大枣果实呈椭圆形，果实之大为全国已知品种之首。果皮完熟浓红色，肉质酥脆，汁液较多，风味甘甜，核小。

盐城

东台发绣

东台工艺美术厂的刺绣艺人在继承传统工艺的基础上，运用了滚、缠、接、套和虚实等针法，采用黄、灰、赭、白等多种人发，并利用深浅浓淡之发作为“色线”，按图赋色，画绣结合，创造出“墨中有色，色中有墨”的彩绣。

洋马菊花

洋马镇是久负盛名的“中国药材之乡”。菊花有着清肝明目、提神醒脑之功效。

徐州黄楼公园楼